| 제11판 | 세무사시험 준비를 위한

회사법 진도별 기출문제 및 모의고사 600제

會經社

이 책의 머리말

『세무사시험 준비를 위한 회사법 진도별 기출문제 및 모의고사 600제』가 벌써 11판을 출간하게 되었다. 이렇게 끊임없이 출판을 거듭할 수 있는 것은 세무사시험을 준비하는 수험생 여러분의 애정과 관심 덕분임을 잊지 않고 있으며 감사드린다.

2021년 기출문제까지에서 볼 수 있듯이 앞으로의 시험은 법조문 중심의 출제가 될 것이 분명하므로 조문을 암기하는데 주력하여야 할 것이며, 상법시행령까지도 공부해야 할 것이다.

이와 같은 관점에서 모의예상문제와 2021년까지의 기출문제를 섞어 진도별로 40문제씩을 묶어 총 15회차로 문제를 실었다. 그리고 최신 개정법을 반영하여 기출문제들을 수정 · 보완하였다.

편저자로서의 작은 바람은 새로이 출간되는 제11판도 세무사시험의 마지막 정리 겸 실력배양을 위한 보충교재로서의 역할을 충분히 다 할 수 있었으면 하는 것이다.

이러한 바람을 충족할 수 있도록 앞으로도 꾸준한 노력으로 책을 up-date할 것을 약속드린다.

세무시험을 준비하는 수험생 여러분의 더 많은 사랑을 받기를 간절히 바라며, 수험생 여러분의 마지막 목표를 달성하는 영광을 기원한다.

마지막으로 본 서의 출간을 위해 물심양면으로 애를 쓰신 회경사 사장님과 출판사 직원 여러분에게도 감사드린다.

2021년 7월

편저자 이상수

contents

이 책의 차례

01 진도별 모의고사 7
02 진도별 모의고사 22
03 진도별 모의고사 40
04 진도별 모의고사 55
05 진도별 모의고사 71
06 진도별 모의고사 89
07 진도별 모의고사 105
08 진도별 모의고사 123
09 진도별 모의고사 142
10 진도별 모의고사 158
11 진도별 모의고사 174
12 진도별 모의고사 190
13 진도별 모의고사 208
14 진도별 모의고사 226
15 진도별 모의고사 244

01 진도별 모의고사

해 설 및 정 답

문 1_회사에 관한 설명 중 옳지 않은 것은? (2006 세무사)

① 상법상 회사는 모두 법인격을 가진다.
② 회사는 상행위를 하지 아니하더라도 상인이다.
③ 회사는 해산하여도 권리능력을 상실하지 않는다.
④ 유한회사의 내부관계에 관하여 상법에 다른 규정이 없으면, 조합에 관한 민법의 규정이 준용된다.
⑤ 회사는 그 대외적 활동에 의하여 얻은 이익을 구성원에게 분배하여야 한다.

④ 합명회사와 합자회사 및 유한책임회사의 경우에는 상법에 다른 규정이 없으면 조합에 관한 민법의 규정이 준용되지만, 주식회사나 유한회사에는 조합에 관한 규정준용규정이 없다.

정답_④

문 2_상법상 회사에 관한 설명 중 옳지 않은 것은? (2007 세무사)

① 상법상 회사는 다른 회사의 무한책임사원이 될 수 없다.
② 판례는 회사의 정관의 목적범위를 회사의 목적인 사업에 속하는 행위, 그 사업을 수행하는데 직접·간접으로 필요한 행위 또는 목적에 배치되지 않는 행위로 넓게 해석하고 있다.
③ 청산중의 회사는 청산의 목적범위 내에서 존속한다.
④ 합명회사의 사원이 정관의 목적에 위반하여 행위를 한 경우 다른 사원 과반수의 결의가 있으면 제명된다.
⑤ 회사의 기관이 정관의 목적범위를 벗어난 행위를 한 경우에 제한긍정설에 의하면 상대방이 선의이더라도 그 행위는 무효이다.

④ 합명회사의 사원이 정관의 목적에 위반하여 행위를 한 경우 다른 사원 과반수의 결의로 법원에 제명의 청구를 하고, 법원에서 제명선고를 하게 된다(제220조 제1항).

정답_④

문 3_상법상 회사에 관한 설명으로 옳은 것은? (2009 세무사)

① 재단법인은 영리사업을 수행하더라도 상법상의 회사가 될 수 없다.
② 민사회사는 상행위를 하지 아니하므로 상법상의 회사가 아니다.
③ 외국회사는 상법의 적용을 받지 않는다.
④ 유한회사는 2인 이상의 사원이 존재하여야 한다.
⑤ 비영리사단법인은 영리사업을 수행하는 한 그 범위 내에서는 상법상의 회사로 인정된다.

② 민사회사는 상행위를 하지 아니하더라도 상법상의 회사이다(제169조 참조).
③ 외국회사는 상법의 적용을 받는다(제618조, 제621조 등).
④ 유한회사는 1인 이상의 사원이 존재하면 된다(제543조 제1항 참조, 제609조 참조).
⑤ 비영리사단법인은 영리사업을 수행하는 한 그 범위 내에서는 상법상의 회사로 인정되지 않는다.

정답_①

문 4_상법상 회사에 관한 설명으로 옳지 않은 것은?(다툼이 있으면 판례에 따름) (2019 세무사)

① 상법상 회사라 함은 상행위나 그 밖의 영리를 목적으로 하여 설립한 법인을 말한다.
② 상법상 회사는 합명회사, 합자회사, 유한책임회사, 주식회사와 유한회사의 5종으로 한다.
③ 상법상 회사의 주소는 본점소재지에 있는 것으로 한다.
④ 지점이 있는 회사는 본점 및 지점소재지에서 설립등기를 함으로써 성립한다.
⑤ 상법상 회사는 다른 회사의 유한책임사원이 될 수 있다.

해 설 및 정 답

① 상법상 회사라 함은 상행위나 그 밖의 영리를 목적으로 하여 설립한 법인을 말한다(제169조).
② 상법상 회사는 합명회사, 합자회사, 유한책임회사, 주식회사와 유한회사의 5종으로 한다(제170조).
③ 상법상 회사의 주소는 본점소재지에 있는 것으로 한다(제171조).
④ 지점이 있는 회사라도 본점소재지에서 설립등기를 함으로써 성립한다(제172조).
⑤ 회사는 다른 회사의 무한책임사원이 되지 못하지만(제173조), 상법상 회사는 다른 회사의 유한책임사원은 될 수 있다.

정답_④

문 5_상법상 회사에 관한 설명으로 옳지 않은 것은? (2017 세무사)

① 회사란 상행위나 그 밖의 영리를 목적으로 하여 설립한 법인을 말한다.
② 합자회사의 청산인은 유한책임사원 전원의 의결로 선임하여야 한다.
③ 회사의 주소는 본점소재지에 있는 것으로 한다.
④ 회사는 본점소재지에서 설립등기를 함으로써 성립한다.
⑤ 회사는 다른 회사의 무한책임사원이 되지 못한다.

② 합자회사의 청산인은 무한책임사원 과반수의 의결로 선임한다(제287조).
① 제169조 ③ 제171조 ④ 제172조
⑤ 제173조

정답_②

문 6_상법상 회사에 관한 설명으로 옳지 않은 것은? (2016 세무사)

① 합명회사 성립후에 가입한 사원은 가입전에 생긴 회사 채무에 대하여 다른 사원과 동일한 책임을 진다.
② 합자회사의 유한책임사원은 출자가액에서 이미 이행한 부분을 공제한 가액을 한도로 회사채무에 대한 변제 책임을 진다.
③ 유한책임회사의 사원은 신용이나 노무를 출자 목적으로 할 수 없다.
④ 유한회사의 사원은 정관에서 제한이 없는 이상 지분의 전부 또는 일부를 양도할 수 있다.
⑤ 합명회사의 사원은 무한·연대책임을 부담하므로 회사가 주장할 수 있는 항변으로 합명회사의 채권자에게 대항할 수 없다.

합명회사의 사원은 무한·연대책임을 부담하며, 회사가 주장할 수 있는 항변으로 합명회사의 채권자에게 대항할 수 있다(제214조 제1항).

정답_⑤

문 7_상법상 회사에 관한 설명으로 옳지 않은 것은? (2021 세무사)

① 회사란 상행위나 그 밖의 영리를 목적으로 하여 설립한 법인을 말한다.

② 주식회사와 합명회사가 신설합병을 하는 경우, 그 설립되는 회사는 주식회사이어야 한다.

③ 회사는 다른 회사의 무한책임사원이 되지 못한다.

④ 해산후의 회사가 합병하는 경우, 해산후의 회사를 존속하는 회사로 할 수 있다.

⑤ 법원은 회사의 설립목적이 불법한 것인 때에는 직권으로 그 회사의 해산을 명할 수 있다.

해 설 및 정 답

① 회사란 상행위나 그 밖의 영리를 목적으로 하여 설립한 법인을 말한다(상법 제169조).
② 주식회사와 합명회사가 신설합병을 하는 경우, 그 설립되는 회사는 주식회사 또는 유한회사 또는 유한책임회사 이어야 한다(상법 제174조 제2항).
③ 회사는 다른 회사의 무한책임사원이 되지 못한다(상법 제173조).
④ 해산후의 회사가 합병하는 경우, 존립중의 회사를 존속하는 회사로 하는 합병만 가능하다(상법 제174조 제3항).
⑤ 법원은 회사의 설립목적이 불법한 것인 때에는 직권으로 그 회사의 해산을 명할 수 있다(상법 제176조 제1항).

정답_②, ④

문 8_상법상 회사에 관한 설명으로 옳지 않은 것은? (2010 세무사 수정)

① 합명회사의 경우 1인에 의한 설립이 가능하다.

② 회사는 다른 회사의 무한책임사원이 되지 못한다.

③ 상법상 회사의 종류에는 합명회사, 합자회사, 유한책임회사, 주식회사와 유한회사가 있다

④ 합명회사는 회사채권자에 대하여 직접 · 연대 · 무한의 변제책임을 지는 사원만으로 구성된 회사를 말한다.

⑤ 주식회사의 주주는 자기가 인수한 주식의 가액을 한도로 회사에 대하여 출자의무를 질뿐 회사채무에 대하여는 직접 책임을 지지 않는 것이 원칙이다.

합명회사는 사원 2인 이상이 정관을 작성하여야 하므로(제178조), 1인에 의한 설립이 인정되지 않는다.

정답_①

문 9_상법상 회사에 관한 설명 중 옳지 않은 것은?(통설, 판례에 따름) (2006 세무사)

① 1인회사에서 주주총회결의가 그 소집절차나 결의방법이 상법 규정에 위반된 경우에는 1인 주주의 의사에 합치되더라도 무효이다.

② 공공단체는 상행위를 하여도 회사가 되지 않는다.

③ 합명회사에 있어서 복수의 사원은 회사의 성립요건이자 존속요건이다.

④ 유한회사는 1인의 사원만으로 설립이 가능하다.

⑤ 법인격부인의 법리가 적용되면 일시적으로 주주의 유한책임 원칙이 부정될 수 있다.

① 1인회사에서 주주총회결의가 그 소집절차나 결의방법이 상법 규정에 위반된 경우에는 1인 주주의 의사에 합치하면 유효하다는 것이 통설과 판례의 입장이다.

정답_①

문 10_상법상 회사에 관한 설명으로 옳은 것은? (2012 세무사)

① 유한회사의 사원총수는 50인을 초과할 수 있다.
② 주식회사 설립 시 주식발행사항의 결정은 정관에 달리 정하지 아니하면 발기인 과반수결의에 의한다.
③ 회사는 유한책임회사의 사원이 될 수 없다.
④ 주식회사는 영리를 목적으로 하는 사단법인이어야 한다.
⑤ 합자회사는 1인의 사원에 의한 설립이 가능하다.

해 설 및 정 답

② 주식회사의 설립시 주식발행사항 중 정관에 달리 정하지 아니하는 경우 발행 주식의 종류와 수, 액면주식의 경우에는 발행가액과 수, 무액면주식의 경우 발행가액과 자본금으로 정하는 금액은 발기인 전원의 동의를 얻어야 하고(제291조), 청약기일, 납입기일, 납입장소 등 기타 발행사항은 발기인 과반수의 결의에 의한다.
③ 회사는 무한책임사원이 될 수 없을 뿐이므로(제173조), 유한책임회사의 사원은 될 수 있다.
④ 주식회사는 영리를 목적으로 하는 법인이다(제169조).
⑤ 합자회사는 적어도 무한책임사원 1인과 유한책임사원 1인이 있어야 하므로(제268조), 1인의 사원에 의한 설립이 불가능하다.

정답_①

문 11_상법상 1인회사에 관한 설명 중 옳지 않은 것은? (2004 세무사)

① 유한회사의 경우 1인에 의한 회사 설립이 허용된다.
② 합명회사와 합자회사의 경우 1인회사가 인정될 수 없다.
③ 1인주식회사에 대해 1인주주와 1인회사는 별개의 인격이라고 보아 1인주주의 업무상 배임죄를 인정한 대법원 판례가 있다.
④ 1인주식회사에서 실제로 주주총회를 개최한 사실이 없다 하더라도 1인주주에 의하여 의결이 있었던 것으로 주주총회의사록이 작성되었다면 특별한 사정이 없는 한 그 내용의 결의가 있었던 것으로 볼 수 있어 형식적인 사유만에 의하여 결의가 없었던 것으로 다툴 수는 없다는 것이 대법원판례의 입장이다.
⑤ 1인주식회사는 감사에 갈음하여 감사위원회를 둘 수 없다.

⑤ 1인주식회사라 하더라도 회사의 기관은 두어야 하며, 이사를 4인 이상 둔 경우에는 정관의 규정으로 감사위원회를 둘 수 있다.

정답_⑤

문 12_1인 주식회사의 법률관계에 대한 대법원 판례의 입장으로 틀린 것은? (2008 세무사)

① 주주총회 소집절차에 흠결이 있어도 1인주주가 참석하여 결의하면 결의 자체는 유효하다.
② 주주총회를 개최하지 않았어도 1인주주에 의하여 결의가 있었던 것처럼 주주총회 의사록이 작성되었으면 결의가 있었던 것으로 볼 수 있다.
③ 영업의 전부양도에 있어서 1인주주이자 대표이사의 동의는 주주총회의 특별결의를 대신할 수 없다.
④ 1인주주가 임무를 위배하여 회사에 손해를 가하면 배임죄가 성립한다.
⑤ 1인주주가 회사재산을 횡령한 경우 횡령죄를 구성한다.

③ 영업의 전부양도에 있어서 1인주주이자 대표이사의 동의는 주주총회의 특별결의를 대신할 수 있다는 것이 판례의 입장이다.

정답_③

문 13_상법상 1인 회사에 관한 설명으로 옳지 않은 것은? (다툼이 있는 경우에는 대법원 판례에 의함) (2011 세무사)

① 1인 주식회사의 1인 주주 겸 대표이사가 회사재산을 임의로 처분하면 횡령죄가 성립할 수 있다.
② 1인 주식회사의 경우 그 1인 주주가 유일한 주주로서 주주총회에 출석하면 따로 주주총회의 소집절차는 필요없다.
③ 합자회사의 경우 1인 회사의 설립이 인정되지 않는다.
④ 1인 주식회사의 경우 1인 주주가 회사를 대표하여야 한다.
⑤ 합명회사에서 사원이 1인으로 되는 경우 해산사유가 된다.

해 설 및 정 답

1인 주식회사의 경우라 하더라도 이사는 별도로 두어야 하고, 원칙적으로 이사회에서 대표이사를 선임한다(제389조 제1항).

정답_④

문 14_회사의 법인성에 관한 설명으로 옳지 않은 것은? (2005 세무사)

① 상법상 회사는 모두 법인이다.
② 자연인의 주소에 상응하는 것이 회사의 본점소재지이다.
③ 원칙적으로 회사의 재산은 주주의 채권자에 의한 강제집행의 대상이 되지 않는다.
④ 회사의 법인격 남용을 사후적으로 규제하는 방법으로 해산명령제도 등이 거론된다.
⑤ 법인격부인론에 대해서는 법인격을 영원히 박탈하게 되어 기업유지이념에 반한다는 비판이 있다.

⑤ 법인격부인론은 특정행위에 대해 법인격의 부인을 하는 제도로, 법인격을 박탈하는 제도가 아니다.

정답_⑤

문 15_회사의 법인격이 남용된 경우에 관한 판례의 입장이 아닌 것은? (2001 세무사)

① 회사가 외형상으로는 법인의 형식을 갖추고 있으나 그 실질에 있어서는 완전히 그 법인격의 배후에 있는 자에 대한 법률적용을 회피하기 위한 수단으로 쓰여지는 경우에는, 그 배후자인 타인에게 회사의 행위에 관한 책임을 물을 수 있다.
② 회사가 외형상으로는 법인의 형식을 갖추고 있으나 그 실질에 있어서는 완전히 그 법인격의 배후에 있는 자에 대한 법률적용을 회피하기 위한 수단으로 쓰여지는 경우에 회사의 행위에 관하여 회사도 책임을 지는 것은 당연하다.
③ 회사의 대표이사가 회사의 운영이나 기본재산의 처분에 있어서 주식회사 운영에 관한 법적 절차 등을 무시하고 위법부당한 절차에 의하여 외형상태를 유지하는데 불과한 경우에는 회사의 법인격이 부인될 수 있다.

본 문제는 법인격부인론에 대한 판례의 내용으로서 ①②③은 1974년 서울고등법원판례의 내용, ④⑤는 1988년 대법원판결의 내용을 중심으로 만든 지문이다. ⑤번의 기판력과 집행력의 확장문제에 있어서는 부정하는 것이 일반적 견해이다.

정답_⑤

해 설 및 정 답

④ A회사가 B회사와 기업의 형태 · 내용이 실질적으로 동일하고 B회사의 채무를 면탈할 목적으로 설립되었다면, 법인격부인의 법리가 적용될 수 있다.
⑤ A회사가 B회사와 기업의 형태 · 내용이 실질적으로 동일하고 B회사의 채무를 면탈할 목적으로 설립되었다면, B회사에 대한 판결의 기판력 및 집행력의 범위를 A회사에까지 확장할 수 있다.

문 16_법인격부인이론에 관한 설명 중 옳지 않은 것은?

(2006 세무사)

① 법인격부인이론은 미국의 판례법에서 발달한 것으로서 법적 · 경제적 기반이 다른 독일 · 프랑스에서는 인정되지 않고 있다.
② 우리나라에서는 법인격부인의 실정법적 근거에 관하여 크게 권리남용설(신의칙설)과 내재적한계설이 대립하고 있다.
③ 우리나라의 대법원판례는 법인격부인이론을 인정하고 있다.
④ 법인격이 형해화된 경우에 법인격부인이론을 적용할 수 있다.
⑤ 법인격부인이론이 적용되면 문제된 당해 사안에 한하여 법인이 그 구성원과 별개의 존재라는 것이 부정된다.

① 독일에서도 실체책임이론으로 법인격부인이론을 인정하고 있다.

정답_①

문 17_상법상 회사에 관한 설명으로 옳지 않은 것은?

(2013 세무사)

① 주식회사와 유한회사의 경우 1인에 의한 설립이 가능하다.
② 회사는 합명회사, 합자회사, 유한책임회사, 주식회사와 유한회사의 5종으로 한다.
③ 회사란 상행위나 그 밖의 영리를 목적으로 하여 설립한 법인을 말한다.
④ 해산후의 회사는 존립중의 회사를 존속하는 회사로 하는 경우에 한하여 합병을 할 수 있다.
⑤ 회사는 다른 회사의 무한책임사원이 될 수 있다.

회사는 다른 회사의 무한책임사원이 될 수 없다(제173조).

정답_⑤

해 설 및 정 답

문 18_상법상 회사에 관한 설명으로 옳지 않은 것은? (2013 세무사)

① 유한회사 사원의 원수(員數)는 제한이 없다.
② 유한회사의 사원은 그 지분의 전부 또는 일부를 양도하거나 상속할 수 있지만, 정관으로 지분의 양도를 제한할 수 있다.
③ 유한책임회사의 사원은 신용이나 노무를 출자의 목적으로 할 수 있다.
④ 주식회사는 정관으로 정한 경우에는 주식의 전부를 무액면주식으로 발행할 수 있다.
⑤ 유한책임회사는 정관으로 사원 또는 사원이 아닌 자를 업무집행자로 정하여야 한다.

유한책임회사의 사원은 신용이나 노무를 출자의 목적으로 할 수 없다(상법 제287조의4 제1항).

정답_③

문 19_상법상 다음의 설명 중 옳지 않은 것은? (다툼이 있는 경우에는 판례에 의함) (2014 세무사)

① 회사의 1인주주이며 대표이사인 자가 그 임무를 위배하여 회사에 손해를 가하여 회사채권자의 이익이 침해된 경우 횡령죄나 배임죄가 성립할 수 있다.
② 합명회사는 합자회사의 무한책임사원이 될 수 없다.
③ 유한회사의 이사는 주식회사의 이사와 동일하게 상법상 회사의 기회 및 자산의 유용금지 규정의 적용을 받는다.
④ 주식회사 이사의 정관 위반행위로 인하여 회사에 회복할 수 없는 손해가 생길 염려가 있는 경우 감사위원회는 그 이사에 대하여 그 행위를 유지할 것을 청구할 수 있다.
⑤ 주식회사의 이사가 제3자에 대하여 부담하는 손해배상책임의 소멸시효는 10년이다.

유한회사의 이사는 주식회사의 이사와 달리 상법상 회사의 기회 및 자산의 유용금지 규정의 적용을 받지 않는다(제567조에 준용규정이 없음).

정답_③

문 20_상법상 각종 회사의 설립절차에 관한 설명 중 옳지 않은 것은? (다툼이 있으면 판례에 의함) (2007 세무사)

① 합자회사의 경우 정관에 규정할 사항을 기재하고 발기인이 기명날인 또는 서명만 하면 정관으로서 효력이 발생한다.
② 합자회사의 경우 무한책임사원은 노무 또는 신용출자를 할 수 있다.
③ 합명회사의 경우 사원은 정관의 작성만으로 확정된다.
④ 유한회사의 경우 정관을 작성한 후 별도로 사원의 출자이행이 완료되어야 사원이 확정된다.
⑤ 주식회사의 설립시에 타인의 승낙을 얻어 타인명의로 주식을 청약하고 배정을 받은 경우에 명의차용자가 주식인수인으로서의 지위를 갖는다.

① 합자회사에서는 발기인제도가 인정되지 않는다.
④ 유한회사의 경우 정관의 절대적 기재사항으로서 사원의 성명, 주소 및 주민등록번호의 기재가 있어야 하므로, 출자이행 이전에 이미 사원이 확정된다(제543조 제2항 1호, 제179조 제3호).

정답_①, ④

문 21_상법상 회사에 관한 다음 설명 중 가장 옳지 않은 것은?

(2002 세무사)

① 합명·합자회사의 경우는 사원 2인 이상의 존재가 회사의 성립요건인 동시에 존속요건이다.
② 주식회사에 있어서는 1인회사가 인정되나, 유한회사에 있어서는 1인회사가 인정되지 않는다.
③ 주식의 포괄적 교환과 이전에 의하여 완전모자회사관계가 성립되는 경우에 1인 주식회사가 인정된다.
④ 1인회사에도 원칙적으로 회사에 관한 규정이 적용되므로 회사의 기관을 구성하여야 한다.
⑤ 대법원판례에 의하면 1인주식회사에서는 소집절차를 밟지 않았더라도 주주 1인의 출석으로 전원출석총회가 인정된다.

해 설 및 정 답

② 주식회사나 유한회사의 경우 모두 1인회사가 인정된다.

정답_②

문 22_상법상 회사설립시 신용 또는 노무를 출자의 목적으로 할 수 있는 자는?

(2020 세무사)

① 유한회사의 사원
② 합자회사의 유한책임사원
③ 유한책임회사의 사원
④ 주식회사의 주주
⑤ 합명회사의 사원

무한책임사원은 노무나 신용을 출자의 목적으로 할 수 있으나(참고 : 상법 제222조), 유한책임사원은 노무나 신용의 출자의 목적으로 할 수 없다. 따라서 ① 유한회사의 사원, ② 합자회사의 유한책임사원, ③ 유한책임회사의 사원, ④ 주식회사의 주주는 노무나 신용의 출자를 할 수 없다(제272조, 제287조의4 참조).

정답_⑤

문 23_상법상 사원의 출자에 관한 설명 중 옳지 않은 것은?

(2006 세무사)

① 인적회사의 모든 사원은 노무 및 신용의 출자를 할 수 있다.
② 노무와 신용을 출자한 합명회사 사원도 정관에 다른 정함이 없으면 퇴사시 그 지분을 환급받을 수 있다.
③ 주식회사 설립시 발행하는 주식의 총수가 인수된 때에는 발기인은 지체없이 주식인수인에 대하여 각 주식에 대한 인수가액의 전액을 납입시켜야 한다.
④ 유한회사의 이사는 사원으로 하여금 출자 전액의 납입 또는 현물출자의 목적인 재산전부의 급여를 시켜야 한다.
⑤ 현물출자에 관한 사항은 주식회사뿐만 아니라 유한회사의 경우에도 변태설립사항에 해당된다.

① 합자회사의 유한책임사원은 노무나 신용을 출자할 수 없다(제272조)

정답_①

문 24_상법상 회사의 출자에 관한 설명으로 옳지 않은 것은? (2009 세무사)

① 주식회사의 설립시 발기인 이외의 주식인수인에게는 현물출자가 허용되지 않는다.
② 합자회사의 유한책임사원은 신용 또는 노무를 출자의 목적으로 하지 못한다.
③ 합명회사에서는 사원의 출자의 목적과 가격 또는 평가의 표준을 정관에 반드시 기재하여야 한다.
④ 수인이 공동으로 주식을 인수한 경우에는 연대하여 납입할 책임이 있다.
⑤ 유한회사의 성립 후에 출자금액의 납입이 완료되지 아니 하였음이 발견된 때에는 회사성립 당시의 사원, 이사와 감사는 회사에 대하여 그 납입되지 아니한 금액을 연대하여 지급할 책임이 있다.

해 설 및 정 답

설립시 현물출자자는 정관에 정하여지는 자라면 발기인이든 주식인수인이든 기타 제3자이든 현물출자자가 될 수 있다.
정답_①

문 25_상법상 회사에 관한 설명으로 옳지 않은 것은? (2015 세무사)

① 유한책임회사의 사원은 신용이나 노무를 출자의 목적으로 할 수 있다.
② 유한책임회사는 자기지분을 양수할 수 없으며 지분을 취득하는 경우에 그 지분은 취득한 때에 소멸한다.
③ 유한회사의 경우 설립무효의 소 및 설립취소의 소가 허용된다.
④ 합자회사의 유한책임사원은 영업년도말에 있어서 영업시간내에 한하여 회사의 회계장부 · 대차대조표 기타의 서류를 열람할 수 있다.
⑤ 합자회사의 유한책임사원이 사망한 때에는 그 상속인이 그 지분을 승계하여 사원이 된다.

유한책임회사의 사원은 신용이나 노무를 출자의 목적으로 할 수 없다(제287조의4 제1항).
정답_①

문 26_상법상 회사의 사원의 지위변동에 관한 설명으로 옳지 않은 것은? (2014 세무사)

① 주식회사의 주주는 원칙적으로 지분을 양도할 수 있다.
② 합명회사의 지분양도계약은 다른 모든 사원의 동의를 얻어야 효력이 발생한다.
③ 합자회사의 유한책임사원이 한 지분양도는 다른 모든 사원의 동의를 얻지 않으면 무효이다.
④ 유한책임회사의 지분양도에 관한 상법규정은 임의규정이므로 정관으로 달리 정할 수 있다.
⑤ 유한회사의 사원은 정관에 다른 정함이 없는 한 지분을 양도할 수 있다.

합자회사의 유한책임사원이 한 지분양도는 무한책임사원 전원의 동의를 얻지 않으면 무효이다(제276조).
정답_③

문 27_상법상 회사에 관한 설명으로 옳은 것은? (2016 세무사)

① 합명회사의 사원은 다른 사원의 동의가 없어도 동종영업을 목적으로 하는 주식회사의 이사가 될 수 있다.
② 합자회사의 유한책임사원은 다른 사원 전원의 동의가 없으면 주식회사의 이사가 될 수 없다.
③ 합자회사의 유한책임사원은 다른 사원 전원의 동의가 없으면 그 지분의 전부 또는 일부를 타인에게 양도하지 못한다.
④ 유한책임회사는 그 지분의 전부 또는 일부를 양수할 수 없으며, 지분을 취득하는 경우 그 지분은 취득한 때에 소멸한다.
⑤ 유한책임회사의 총지분의 100분의 1 이상에 해당하는 지분을 가진 사원이어야 회사에 대하여 업무집행자의 책임을 추궁하는 소의 제기를 청구할 수 있다.

해 설 및 정 답

① 합명회사의 사원은 다른 사원의 동의가 없으면 동종영업을 목적으로 하는 주식회사의 이사가 될 수 없다(제198조 제1항).
② 합자회사의 유한책임사원은 다른 사원 전원의 동의가 없어도 주식회사의 이사가 될 수 있다.
③ 합자회사의 유한책임사원은 무한책임사원 전원의 동의가 없으면 그 지분의 전부 또는 일부를 타인에게 양도하지 못한다(제276조).
⑤ 유한책임회사의 사원은 회사에 대하여 업무집행자의 책임을 추궁하는 소의 제기를 청구할 수 있다(제287조의22 제1항). 업무집행자의 책임추궁 소송청구권은 단독사원권이다.

정답_④

문 28_상법상 각종 회사 사원의 책임에 관한 설명 중 옳지 않은 것은? (2007 세무사)

① 합명회사와 합자회사의 무한책임사원은 회사의 재산으로 회사의 채무를 완제할 수 없는 때에는 회사채권자에게 연대하여 변제할 책임이 있다.
② 유한회사의 경우 현물출자 및 재산인수 대상 재산의 회사성립 당시 실가가 정관에 정한 가격에 현저하게 부족한 때에는 회사성립 당시의 사원은 회사에 대하여 그 부족액을 연대하여 지급할 책임이 있다.
③ 주식회사 주주의 책임은 그가 인수한 주식의 가액을 한도로 한다.
④ 합자회사의 유한책임사원은 출자가액에서 이미 이행한 부분을 공제한 가액을 한도로 회사에 이행할 책임을 질 뿐, 회사채무를 변제할 책임은 없다.
⑤ 유한회사의 사원은 원칙적으로 출자가액을 한도로 회사에 대하여 책임을 질 뿐, 회사채권자에게 직접 책임을 지지 않는다.

④ 합자회사의 유한책임사원은 출자가액에서 이미 이행한 부분을 공제한 가액을 한도로 책임을 지면서, 직접책임을 진다. 즉, 회사채무에 대해 회사가 변제하지 못하는 때에는 이행할 가액의 한도에서 이를 직접 변제할 책임을 진다.

정답_④

문 29_상법상 회사의 의사결정방법에 관한 설명으로 옳지 않은 것은? (2005 세무사)

① 유한회사의 정관변경을 위한 결의는 총사원의 반수 이상이며 총사원의 의결권의 4분의 3 이상을 가지는 자의 동의로 한다.
② 주식회사의 창립총회의 결의는 출석한 주주의 의결권의 과반수와 발행주식총수의 4분의 1 이상의 수로써 하여야 한다.
③ 합명회사의 정관변경은 총사원의 동의가 있어야 한다.
④ 합자회사의 지배인의 선임은 업무집행사원이 있는 경우에도 무한책임사원 과반수의 결의에 의하여야 한다.
⑤ 유한회사에서 사원총회의 결의는 정관 또는 상법에 다른 규정이 있는 경우 외에는 총사원의 의결권의 과반수를 가지는 사원이 출석하고 그 의결권의 과반수로써 하여야 한다.

해 설 및 정 답

① 제585조 ③ 제204조 ④ 제274조 ⑤ 제574조
② 주식회사의 창립총회의 결의는 출석한 주식인수인의 의결권의 3분의 2 이상이며 인수된 주식의 총수의 과반수에 해당하는 다수로 하여야 한다(제309조).

정답_②

문 30_상법상 사원 또는 주주의 지위변동에 관한 설명으로 옳지 않은 것은? (2005 세무사)

① 합자회사의 유한책임사원은 무한책임사원 전원의 동의가 있어야 지분을 양도할 수 있다.
② 유한회사의 사원은 사원총회의 결의가 있어야 지분의 전부 또는 일부를 양도할 수 있다.
③ 합명회사의 사원은 다른 사원의 동의가 있어야 지분을 양도할 수 있다.
④ 합자회사의 무한책임사원은 다른 사원의 동의가 있어야 지분을 양도할 수 있다.
⑤ 주식회사의 주식양도에 대해서는 정관으로도 제한할 수 없다.

② 유한회사의 사원은 정관에 따른 정함이 없는 한 자유로이 지분을 양도할 수 있다(제556조).
⑤ 주식회사의 주식양도는 정관으로 제한할 수 있다(제335조 제1항 단서).

정답_②, ⑤

문 31_상법상 회사의 종류에 따른 사원지위의 양도에 관한 설명으로 옳지 않은 것은? (2012 세무사)

① 합명회사의 사원이 자신의 지분 일부를 타인에게 양도하는 경우에는 다른 사원의 동의를 얻어야 한다.
② 합자회사의 유한책임사원이 자신의 지분 일부를 타인에게 양도하는 경우에는 다른 유한책임사원 전원의 동의가 있어야 한다.
③ 유한책임회사에서 업무를 집행하지 아니하는 사원이 자신의 지분 전부를 타인에게 양도하는 경우에는 정관에서 달리 정하지 않는 한 업무를 집행하는 사원 전원의 동의를 받아야 한다.
④ 주식회사는 정관으로 정하는 바에 따라 그 발행하는 주식의 양도에 관하여 이사회의 승인을 받도록 할 수 있다.
⑤ 유한회사의 사원은 그 지분의 전부나 일부를 양도할 수 있으나 정관으로 이를 제한할 수 있다.

해 설 및 정 답

합자회사의 유한책임사원이 자신의 지분 일부를 타인에게 양도하는 경우에는 무한책임사원 전원의 동의만 얻으면 되고(제276조), 다른 유한책임사원의 동의는 필요하지 않다.

정답_②

문 32_상법상 회사의 사원(주주)에 관한 설명 중 옳지 않은 것은? (2007 세무사)

① 합명회사는 사원총회가 필요하지 않으나, 감사는 있어야 한다.
② 합자회사의 유한책임사원은 무한책임사원 전원의 동의만 있으면 그 지분을 타인에게 양도할 수 있다.
③ 주주는 회사채권자에 대하여 아무런 책임을 지지 않는다.
④ 유한회사의 사원총회는 회사의 업무집행을 포함한 모든 사항에 대하여 의사결정을 할 수 있다.
⑤ 유한회사의 사원은 원칙적으로 사원총회의 특별결의가 있는 때에 한하여 타인에게 지분을 양도할 수 있다.

① 합명회사는 사원이 직접 업무집행을 하고(제200조 참조), 회사를 대표하므로(제207조 참조) 기관의 분화가 없다. 즉, 합명회사는 소유와 경영이 분리되어 있지 않고 사원이 직접 경영하므로, 감사를 필요로 하지 않는다.
⑤ 유한회사의 사원은 정관에 다른 정함이 없는 경우 자유로이 지분을 양도할 수 있다(제556조).

정답_①, ⑤

문 33_상법상 회사에 관한 설명으로 옳지 않은 것은? (2017 세무사)

① 주식회사의 발기인이 회사의 설립 시에 발행하는 주식의 총수를 인수한 때에는 지체없이 각 주식에 대하여 그 인수가액의 전액을 납입하여야 한다.
② 합명회사의 사원은 다른 사원 전원의 동의가 있어야만 자기 또는 제3자의 계산으로 회사와 거래를 할 수 있다.
③ 유한책임회사에서의 자본금의 액은 정관의 기재사항이다.
④ 유한회사에서 사원총회를 소집할 때에는 사원총회일의 1주 전에 각 사원에게 서면으로 통지서를 발송하거나 각 사원의 동의를 받아 전자문서로 통지서를 발송하여야 한다.
⑤ 상법상 회사는 합명회사, 합자회사, 유한책임회사, 주식회사와 유한회사의 5종으로 한다.

② 합명회사의 사원은 다른 사원 과반수의 결의가 있는 때에 한하여 자기 또는 제3자의 계산으로 회사와 거래를 할 수 있다(제199조).
① 제295조 제1항 ③ 제287조의3 제3호
④ 제571조 제2항 ⑤ 제170조

정답_②

해 설 및 정 답

문 34_상법상 외국회사에 관한 설명 중 옳지 않은 것은? (2006 세무사)

① 외국회사가 국내에서 영업을 하기 위해서는 국내에서의 대표자를 선정하고 이를 등기하여야 한다.

② 외국회사의 국내 대표자는 기관이 아니므로 그의 영업에 관련된 불법행위에 대하여 외국회사가 책임을 지는 것은 아니다.

③ 외국회사의 국내 영업소는 대한민국에서 설립되는 동종 또는 가장 유사한 회사의 지점과 동일한 등기를 하여야 한다.

④ 외국회사가 국내 영업소 설치등기 후 정당한 사유없이 1년 내에 영업을 개시하지 않으면, 이해관계인 또는 검사의 청구에 의하여 법원은 그 폐쇄를 명할 수 있다.

⑤ 법원이 외국회사의 국내 영업소의 폐쇄를 명한 경우에, 그 청산에 관하여는 그 성질이 허용하지 않는 경우 외에는 주식회사의 청산규정이 준용된다.

외국회사의 국내 대표자는 기관이며, 그의 영업에 관련된 불법행위에 대하여 외국회사가 책임을 진다(제614조 제4항, 제210조).
① 제614조 제1항 ③ 제614조 제2항
④ 제619조 제1항 ⑤ 제620조 제2항

정답_②

문 35_상법상 외국회사에 관한 설명으로 옳지 않은 것은? (2015 세무사)

① 외국회사가 대한민국에서 영업을 하려면 대한민국에서의 대표자를 정하고 대한민국 내에 영업소를 설치하거나 대표자 중 1명 이상이 대한민국에 그 주소를 두어야 한다.

② 외국에서 설립된 회사라도 대한민국에서 영업할 것을 주된 목적으로 하는 때에는 대한민국에서 설립된 회사와 같은 규정에 따라야 한다.

③ 외국회사는 다른 법률의 적용에 있어서는 법률에 다른 규정이 있는 경우 외에는 대한민국에서 성립된 동종 또는 가장 유사한 회사로 본다.

④ 외국회사가 대한민국에 영업소를 설치한 경우에 그 설치목적이 불법한 것인 때에는 법원은 이해관계인 또는 검사의 청구에 의하여 그 영업소의 폐쇄를 명할 수 있다.

⑤ 외국회사는 대한민국 영업소의 소재지에서 소정의 등기를 하기 전이라도 정관에서 정한 영업범위 내에서는 계속하여 거래할 수 있다.

외국회사는 대한민국 영업소의 소재지에서 소정의 등기를 하기 전에는 정관에서 정한 영업범위 내에서는 계속하여 거래할 수 없다(제616조 제1항).

정답_⑤

문 36_회사의 능력에 관한 다음 설명 중 옳지 않은 것은? (2004 세무사)

① 회사의 권리능력은 회사의 설립근거가 된 법률과 정관 소정의 목적에 의하여 제한되나, 목적범위 내의 행위라 함은 정관에 명시된 목적 자체에 국한되는 것이 아니고 목적 수행에 필요한 직접 또는 간접의 행위를 모두 포함한다고 대법원판례는 판시하고 있다.
② 회사는 다른 회사의 무한책임사원이 되지 못한다.
③ 회사는 신체 · 생명에 관한 권리, 명예권, 상호권을 가질 수 없다.
④ 합명회사의 경우 회사를 대표하는 사원이 그 업무집행으로 인하여 타인에게 손해를 가한 때에는 회사는 그 사원과 연대하여 배상할 책임이 있다.
⑤ 회사는 소송상의 당사자 능력이 있다.

해 설 및 정 답

③ 회사는 신체 · 생명에 관한 권리는 가질 수 없으나, 명예권 · 상호권은 가질 수 있다.
정답_③

문 37_회사의 능력에 관한 설명으로 옳은 것은? (2005 세무사)

① 회사는 다른 회사의 유한책임사원이 될 수 없다.
② 회사의 권리능력은 정관상의 목적과는 무관하다.
③ 회사는 자연인과 같이 권리능력에 제한을 받지 않는다.
④ 회사는 해산하더라도 권리능력을 상실하는 것은 아니다.
⑤ 회사는 불법행위능력이 없다.

① 회사는 다른 회사의 무한책임사원은 될 수 없으나(제173조), 다른 회사의 유한책임사원은 될 수 있다.
② 회사의 권리능력에 대해 정관상의 목적에 의해 제한된다는 것이 판례의 입장이고, 제한되지 않는다는 것이 다수설의 견해이다.
③ 회사는 자연인과 달리 그 성질상 권리능력의 제한을 받는다. 예를 들어 자연인과 같은 생명과 신체에 관한 권리, 신분법상의 권리(유증을 받는 것 제외)를 가질 수는 없다.
④ 회사는 해산하더라도 청산의 목적범위 내에서 권리능력이 제한될 뿐, 권리능력을 상실하는 것은 아니다(제245조 참조).
⑤ 회사는 설립등기와 동시에 권리능력, 책임능력, 행위능력, 불법행위능력 등을 갖는다.
정답_④

문 38_상법상 회사의 능력에 관한 다음 설명 중 가장 옳지 않은 것은? (2002 세무사)

① 회사는 생명 · 신체 · 친족 · 상속법상의 권리는 갖지 못하나, 유증을 받을 수 있다.
② 회사는 다른 회사의 주주나 유한책임사원이 될 수 있다.
③ 회사가 해산 또는 파산한 경우는 청산 및 파산의 목적의 범위 내에서만 권리의무의 주체가 된다.
④ 정관의 필요적 기재사항인 '회사의 목적'에 의하여 회사의 권리능력이 제한되는가에 대해서 대법원은 제한부정설을 취하고 있다.
⑤ 회사의 대표기관이 아닌 사용인이 사무집행과 관련하여 제3자에게 불법행위를 한 경우에 회사는 사용자배상책임을 진다.

④ 정관의 필요적 기재사항인 회사의 목적에 의하여 회사의 권리능력이 제한된다는 것이 판례의 입장이며, 학설 중 다수설은 제한부정설을 취하고 있다.
정답_④

문 39_상법상 회사의 능력에 관한 설명 중 옳은 것은?

(2006 세무사)

① 회사는 대표이사의 업무집행과 관련된 불법행위에 대하여 책임을 부담하지 않는다.
② 회사는 명예에 관한 인격권을 향유할 수 없다.
③ 회사의 권리능력은 정관상 목적에 의하여 제한을 받지 않는다고 보는 것이 판례의 입장이다.
④ 회사는 합명회사의 사원이 될 수 있다.
⑤ 대표이사가 행위무능력자라고 할지라도 그 회사의 행위능력의 범위는 권리능력의 범위와 일치한다.

해 설 및 정 답

① 회사는 대표이사의 업무집행과 관련된 불법행위에 대하여 책임을 부담한다(제210조 참조)
② 회사는 명예에 관한 인격권을 향유할 수 있다.
③ 회사의 권리능력은 정관상 목적에 의하여 제한을 받는다고 보는 것이 판례의 입장이다.
④ 회사는 합명회사의 사원이 될 수 없다(제173조 참조).

정답_⑤

문 40_상법상 회사의 설립에 관한 설명으로 옳지 않은 것은?

(2018 세무사)

① 유한책임회사는 정관으로 사원 또는 사원이 아닌 자를 업무집행자로 정하여야 한다.
② 유한책임회사의 경우 사원의 출자목적 및 가액은 정관의 절대적 기재사항이고, 사원은 설립등기를 할 때까지 그 출자의 전부를 이행하여야 한다.
③ 합명회사의 설립등기에 있어서는 수인의 사원이 공동으로 회사를 대표할 것을 정한 때에는 그 규정을 등기하여야 한다.
④ 유한책임회사의 업무집행자의 성명(법인인 경우에는 명칭) 및 주소는 정관에 기재하여야 한다.
⑤ 회사의 종류를 불문하고, 회사의 정관에는 일정한 사항을 기재하고 사원 또는 발기인이 기명날인 또는 서명한 후 공증인의 인증절차를 거쳐야 효력이 발생한다.

주식회사(소규모회사 제외)나 유한회사의 정관에는 일정한 사항을 기재하고 사원 또는 발기인이 기명날인 또는 서명한 후 공증인의 인증절차를 거쳐야 효력이 발생한다(상법 제292조, 제543조 제2항). 그러나 <u>합명회사, 합자회사, 유한책임회사의 원시정관은 공증인의 인증을 필요로 하지 않는다.</u>
① 상법 제287조의12 제1항
② 상법 제287조의3 제2호, 제287조의4 제2항
③ 상법 제180조 제5호
④ 상법 제287조의3 제4호

정답_⑤

진도별 모의고사

문 1_회사의 설립절차에 관한 설명으로 옳지 않은 것은?

(2005 세무사)

① 합명회사의 설립시 정관 작성은 2인 이상의 사원이 공동으로 하여야 한다.
② 인적회사의 정관은 일정 사항을 기재하고 사원이 기명날인 또는 서명하면 효력을 가지지만 물적회사는 다시 공증인의 인증절차를 밟아야 효력을 가진다.
③ 모든 회사는 본점소재지에서 설립등기를 함으로써 성립하게 된다.
④ 회사의 설립무효판결이 확정되더라도 그 판결의 효력은 소급하지 아니한다.
⑤ 주식회사의 설립 무효는 항변으로 주장할 수 있다.

해설 및 정답

⑤ 주식회사의 설립 무효는 반드시 소로써만 주장할 수 있다(제328조).

정답_⑤

문 2_상법상 회사와 관련된 소에 관한 설명으로 옳지 않은 것은?

(2016 세무사)

① 설립무효판결은 대세적 효력이 있다.
② 설립취소의 소는 지점소재지의 지방법원의 관할에 전속한다.
③ 주주총회 결의무효확인의 소가 제기된 경우 법원은 재량으로 청구를 기각할 수 없다.
④ 주주총회 결의취소의 소는 주주 · 이사 또는 감사가 총회결의의 날로부터 2월내에 제기할 수 있다.
⑤ 설립무효의 소를 제기한 자가 패소한 경우에 악의 또는 중대한 과실이 있는 때에는 회사에 대하여 연대하여 손해를 배상할 책임이 있다.

설립취소의 소는 본점소재지의 지방법원의 관할에 전속한다(제186조).

정답_②

해 설 및 정 답

문 3_회사설립상의 하자에 대한 설명으로 옳지 않은 것은? (2005 세무사)

① 설립절차상의 하자를 이유로 설립무효의 소가 제기된 경우에는 회사는 지체없이 이를 공고하여야 한다.
② 인적회사의 경우 설립무효의 소와 설립취소의 소가 인정된다.
③ 행위무능력자가 법정대리인의 동의 없이 주식회사의 설립행위를 한 경우에는 설립취소의 소의 원인이 된다.
④ 설립무효의 소의 제소기간은 회사의 종류에 관계없이 회사성립의 날로부터 2년 내이다.
⑤ 설립무효판결(원고승소판결)의 효력은 소를 제기한 당사자 이외의 제3자에게도 미친다.

③ 주식회사의 설립의 하자에 대해서는 무효의 소만 인정되며, 취소의 소는 인정되지 않는다. 행위무능력자가 법정대리인의 동의없이 설립행위를 한 경우, 그 주식인수를 취소할 수 있을 뿐이다.

정답_③

문 4_상법상 회사설립의 하자에 관한 설명이다. 옳은 것만으로 묶인 것은? (2010 세무사)

ㄱ. 합명회사에서는 설립무효의 소와 설립취소의 소가 인정된다.
ㄴ. 정관의 절대적 기재사항의 흠결은 설립무효의 원인이 된다.
ㄷ. 무능력, 의사표시의 하자 등 주주의 주관적 하자는 주식회사 설립취소의 원인이 된다.
ㄹ. 주식회사 설립무효의 소는 주주, 이사 또는 감사에 한하여 회사성립의 날로부터 2년 내에 회사를 상대로 제기할 수 있다.
ㅁ. 주식회사 설립 무효 판결의 효력은 소급한다.

① ㄱ, ㄴ, ㄷ ② ㄱ, ㄴ, ㄹ ③ ㄴ, ㄷ, ㄹ
④ ㄴ, ㄹ, ㅁ ⑤ ㄷ, ㄹ, ㅁ

ㄷ. 주식회사의 경우 주주의 주관적 하자는 주식인수의 무효 또는 취소의 사유는 되지만, 설립취소나 무효의 사유에 해당하지 않는다. 주식회사는 설립취소가 인정되지 않는다.
ㅁ. 주식회사 설립 무효 판결의 효력은 소급효가 인정되지 않는다(제328조 제2항, 제190조 단서).

정답_②

문 5_상법상 회사의 조직변경에 관한 설명으로 옳지 않은 것은? (2019 세무사)

① 유한책임회사는 총사원의 동의에 의하여 유한회사로 변경할 수 있다.
② 합자회사의 유한책임사원 전원이 퇴사한 경우에는 무한책임사원은 그 전원의 동의로 합명회사로 변경하여 계속할 수 있다.
③ 주식회사가 유한회사로 조직을 변경하면서 회사에 현존하는 순재산액이 자본금의 총액에 부족하는 때, 조직변경결의 당시의 주주가 부담하는 전보책임은 총사원의 동의로도 이를 면제하지 못한다.

① 유한책임회사는 총사원의 동의에 의하여 주식회사로 변경할 수 있으나(제287조의43 제2항), 유한회사로 변경할 수 없다.
② 합자회사의 유한책임사원 전원이 퇴사한 경우에는 무한책임사원은 그 전원의 동의로 합명회사로 변경하여 계속할 수 있다(제286조 제2항).
③ 주식회사가 유한회사로 조직을 변경하면서 회사에 현존하는 순재산액이 자본금의 총액에 부족하는 때, 조직변경결의 당시의 주주가 부담하는 전보책임은 총사원의 동의로도 이를 면제하지 못한다(제605조 제2항, 제550조 제2항).
④ 주식회사가 사채를 발행한 경우 유한회사로 조직변경하기 위해서는 그 사채의 상환을 완료하여야 한다(제604조 제1항 단서).

④ 주식회사가 사채를 발행한 경우 유한회사로 조직변경하기 위해서는 그 사채의 상환을 완료하여야 한다.
⑤ 유한회사가 주식회사로 조직변경하는 경우에는 법원의 인가를 받아야 한다.

해 설 및 정 답

⑤ 유한회사가 주식회사로 조직변경하는 경우에는 법원의 인가를 받아야 한다(제607조 제3항).

정답_①

문 6_상법상 회사의 조직변경에 관한 설명으로 옳은 것은? (2017 세무사)

① 사채의 상환을 완료하지 아니한 주식회사라고 하더라도 주주총회의 특별결의로 유한회사로 조직을 변경할 수 있다.
② 합자회사는 유한책임사원 전원이 퇴사한 경우에는 무한책임사원의 과반수의 동의로 합명회사로 조직을 변경할 수 있다.
③ 유한책임회사가 주식회사로 조직을 변경하기 위해서는 총사원의 동의가 필요하다.
④ 유한회사의 주식회사로의 조직변경은 법원의 인가를 받지 아니하여도 효력이 있다.
⑤ 합명회사는 사원의 과반수의 동의로 일부 사원을 유한책임사원으로 하거나 유한책임사원을 새로 가입시켜서 합자회사로 조직을 변경할 수 있다.

① 사채의 상환을 완료하지 아니한 주식회사는 총주주의 일치에 의한 총회의 결의로도 유한회사로 조직변경을 할 수 없다(제604조 제1항).
② 합자회사는 유한책임사원 전원이 퇴사한 경우에는 무한책임사원의 전원의 동의로 합명회사로 조직을 변경할 수 있다(제285조 제2항).
③ 제287조의43 제2항
④ 유한회사의 주식회사로의 조직변경은 법원의 인가를 받지 아니하면 효력이 없다(제607조 제3항).
⑤ 합명회사는 총사원의 동의로 일부 사원을 유한책임사원으로 하거나 유한책임사원의 새로 가입시켜서 합자회사로 조직을 변경할 수 있다(제242조 제1항).

정답_③

문 7_상법상 A주식회사가 B유한회사로 조직변경을 하는 경우에 관한 설명으로 옳지 않은 것은? (2018 세무사)

① 조직변경을 위한 A주식회사 주주총회의 결의는 총주주의 일치에 의한 총회의 결의이어야 한다.
② A주식회사가 B유한회사로의 조직변경을 하기 위해서는 A주식회사에 현존하는 순재산액보다 많은 금액을 B유한회사의 자본금 총액으로 하지 못한다.
③ A주식회사가 사채의 상환을 완료하지 아니한 경우에는 B유한회사로 조직을 변경할 수 없다.
④ A주식회사의 조직변경결의가 있는 때에는 A주식회사는 채권자보호절차를 밟아야 하다.
⑤ A주식회사가 B유한회사로 조직변경을 하기 위해서는 법원의 인가를 받아야 한다.

주식회사의 유한회사로의 조직변경은 법원의 인가를 필요로 하지 않으며, 유한회사가 주식회사로 조직을 변경하는 경우에는 법원의 인가를 얻어야 하며, 얻지 아니하면 효력이 없다(상법 제607조 제3항).
① 상법 제604조 제1항 본문
② 상법 제604조 제2항
③ 상법 제604조 제1항 단서
④ 상법 제608조, 제604조, 제232조

정답_⑤

문 8_상법상 회사의 조직변경에 관한 설명으로 옳지 않은 것은?
(2020 세무사)

① 사채를 발행한 주식회사가 유한회사로 조직변경하기 위해서는 사채의 상환이 완료하여야 한다.
② 유한회사가 주식회사로 조직변경하는 경우 법원의 인가를 받지 아니하면 효력이 없다.
③ 주식회사가 유한회사로 조직변경한 후, 회사에 현존하는 순재산액이 자본금의 총액에 부족하여 결의당시의 이사가 부담하는 그 부족액에 대한 지급책임은 총사원의 동의로 면제할 수 없다.
④ 합명회사의 사원으로서 조직변경에 의하여 합자회사의 유한책임사원이 된 자는 본점 등기 전에 생긴 회사채무에 대하여 등기 후 2년 내에는 무한책임사원의 책임을 면하지 못한다.
⑤ 유한회사는 정관에 규정이 있는 경우 사원총회 특별결의로 주식회사로 조직을 변경할 수 있다.

해 설 및 정 답

① 사채를 발행한 주식회사가 유한회사로 조직변경하기 위해서는 사채의 상환이 완료하여야 한다(제604조 제1항 단서).
② 유한회사가 주식회사로 조직변경하는 경우 법원의 인가를 받지 아니하면 효력이 없다(제607조 제3항).
③ 주식회사가 유한회사로 조직변경한 후, 회사에 현존하는 순재산액이 자본금의 총액에 부족하여 결의당시의 이사가 부담하는 그 부족액에 대한 지급책임은 총사원의 동의로 면제할 수 있다(제605조 제2항, 제551조 제3항).
④ 합명회사의 사원으로서 조직변경에 의하여 합자회사의 유한책임사원이 된 자는 본점 등기 전에 생긴 회사채무에 대하여 등기 후 2년 내에는 무한책임사원의 책임을 면하지 못한다(제242조).
⑤ 유한회사는 정관에 규정이 있는 경우 사원총회 특별결의로 주식회사로 조직을 변경할 수 있다(제607조 제1항 단서).

정답_③

문 9_상법상 회사의 조직변경에 관한 설명으로 옳지 않은 것은?
(2009 세무사)

① 유한회사는 총사원의 일치에 의한 총회의 결의로 주식회사로의 조직변경을 결의하더라도 법원의 인가를 얻지 아니하면 그 효력이 없다.
② 유한회사가 주식회사로 조직변경하는 경우 회사에 현존하는 순재산액이 조직변경시에 발행하는 주식의 발행가액의 총액에 부족한 때에는 조직변경 결의 당시의 사원의 전보책임은 면제할 수 없다.
③ 주식회사가 유한회사로 조직변경하는 경우 변경 전보다 사원의 책임이 확대되므로 채권자보호절차를 필요로 하지 않다.
④ 주식회사가 유한회사로 조직변경하는 경우 회사에 현존하는 순재산액이 자본금의 총액에 부족한 때에 조직변경결의 당시의 이사와 주주는 회사에 대하여 연대하여 그 부족액을 지급할 책임이 있다.
⑤ 사채의 상환을 완료하지 아니한 주식회사는 총주주의 일치에 의한 총회의 결의에 의하더라도 유한회사로 조직을 변경할 수 없다.

주식회사가 유한회사로 조직변경하는 경우에도 채권자보호절차를 거쳐야 한다(제608조, 제232조). 다만, 채권자보호절차를 거치지 않았다 하더라도 조직변경무효의 사유가 되지 않는다는 점에서 회사의 합병과 차이가 있다.

정답_③

문 10_상법상 회사의 조직변경에 관한 설명으로 옳지 않은 것은?

(2014 세무사)

① 합명회사는 총사원의 동의로 일부 사원을 유한책임사원으로 하거나 새로 유한책임사원을 가입시켜 합자회사로 조직을 변경할 수 있다.

② 합자회사의 유한책임사원 전원이 퇴사한 경우 무한책임사원은 그 전원의 동의로 합명회사로 변경하여 계속할 수 있다.

③ 유한회사는 정관에 정함이 없는 한 사원총회의 특별결의와 법원의 인가를 받아 주식회사로 조직을 변경할 수 있다.

④ 유한회사에서 주식회사로 조직을 변경할 때 발행하는 주식의 발행가액의 총액은 회사에 현존하는 순재산액을 초과하지 못한다.

⑤ 주식회사가 유한책임회사로 조직을 변경하는 경우 발행된 사채가 있을 때에는 그 사채를 상환하여야 한다.

해 설 및 정 답

유한회사는 총사원의 동의로 주식회사로 조직을 변경할 수 있으며, 정관에 정함이 있는 때에는 사원총회의 특별결의와 법원의 인가를 받아 주식회사로 조직을 변경할 수 있다(제607조 제1항, 제3항).

정답_③

문 11_상법상 회사의 조직변경에 관한 설명으로 옳지 않은 것은?

(2016 세무사)

① 합명회사가 합자회사로 조직을 변경한 경우 합명회사사원으로서 유한책임사원이 된 자는 합명회사의 해산과 합자회사의 신설이 본점에 등기되기 전에 생긴 회사채무에 대하여 등기 후 2년내에는 무한책임사원의 책임을 면하지 못한다.

② 유한회사는 정관의 규정이 있으면 총사원의 반수 이상이며 총사원의 의결권의 3분의 2 이상을 가지는 자의 동의로 주식회사로 조직을 변경할 수 있다.

③ 주식회사는 사채의 상환을 완료하지 않으면 총주주의 일치에 의한 총회의 결의로도 그 조직을 유한회사로 변경할 수 없다.

④ 주식회사가 유한회사로 조직변경하는 경우 회사에 현존하는 순재산액이 자본금의 총액에 부족하는 때에는 조직변경을 위한 총회결의 당시의 이사와 주주는 회사에 대하여 그 부족액을 지급할 연대책임을 부담한다.

⑤ 유한회사가 주식회사로 조직을 변경할 때 발행하는 주식의 발행가액의 총액은 회사에 현존하는 순재산액을 초과하지 못한다.

유한회사는 정관의 규정이 있으면 총사원의 반수 이상이며 총사원의 의결권의 4분의 3 이상을 가지는 자의 동의로 주식회사로 조직을 변경할 수 있다(제607조 제1항, 제585조 제1항).

정답_②

문 12_다음은 합병과 영업양도를 비교하여 설명한 것이다. 옳지 않은 것은? (2005 세무사)

① 영업양도의 당사자는 개인상인도 될 수 있으나 합병의 당사자는 회사에 한한다.
② 무효의 주장은 소의 방법으로만 가능하다는 점에서 양자는 같다.
③ 권리 · 의무의 이전의 경우 합병은 포괄승계임에 비해 영업양도는 특정승계이다.
④ 합병에는 채권자보호절차를 거쳐야 하지만 영업양도는 그러하지 아니하다.
⑤ 반대주주에게 주식매수청구권이 인정된다는 점에서 양자가 공통된다.

해 설 및 정 답

② 합병의 무효는 소만으로 주장할 수 있으나, 영업양도는 일반 거래법(민법)상의 무효주장으로 가능하다(즉, 소외의 방법으로 주장할 수 있다).

정답_②

문 13_회사의 합병에 관한 설명으로 옳지 않은 것은? (다툼이 있으면 판례에 따름) (2016 세무사)

① 합병으로 존속하는 회사가 합병으로 소멸하는 회사의 주주에게 합병대가의 전부 또는 일부로서 금전이나 그 밖의 재산을 제공하는 것도 가능하다.
② 간이영업양도에는 채권자보호절차가 불필요하나 간이합병에는 채권자보호절차가 필요하다.
③ 사적자치에 기초해 합병계약서에 정한 합병비율이라도 현저하게 불공정한 경우 합병무효의 소의 원인이 될 수 있다.
④ 합병을 하는 회사의 일방이 유한책임회사인 경우에는 합병 후 존속하는 회사는 주식회사, 유한회사 또는 유한책임회사이어야 한다.
⑤ 주식회사와 유한회사가 합병하여 존속회사 또는 신설회사가 유한회사가 되는 경우에는 법원의 인가를 얻어야 합병의 효력이 있다.

주식회사와 유한회사가 합병하여 존속회사 또는 신설회사가 유한회사가 되는 경우에는 소멸하는 주식회사에 미상환사채가 존재하지 않아야 한다(제600조 제2항).

정답_⑤

문 14_다음 설명 중 옳은 것은? (2003 세무사)

① 사채의 상환을 완료하지 않은 주식회사는 유한회사와 합병할 수 없다.
② 주식회사가 해산을 하면 청산절차를 밟아야 하므로 다른 회사와 합병하는 것은 불가능하다.
③ 간이합병은 존속회사의 주주총회의 승인을 이사회 승인으로 갈음할 수 있는 약식합병절차를 말한다.

① 사채의 상환을 완료하지 않은 주식회사도 유한회사와 합병하여 주식회사가 될 수 있다. 다만, 유한회사로의 합병은 제한된다.
② 해산 후 청산중에 있는 회사라도 존립중의 회사를 존속회사로 하는 경우에는 합병할 수 있다(제174조 제3항).
③ 간이합병의 경우에는 소멸하는 회사의 주주총회 결의를 이사회의 결의로 갈음할 수 있다(제527조의2 제1항).
④ 제604조 제1항

④ 주식회사의 유한회사로의 조직변경의 경우 총주주의 일치에 의한 총회의 결의가 없으면 불가능하다.
⑤ 신설합병의 경우에는 채권자보호 절차를 따로 밟을 필요가 없다.

해 설 및 정 답

⑤ 합병의 경우 회사채권자로서는 중대한 이해관계를 가지므로, 반드시 채권자보호절차를 거쳐야 한다.

정답_④

문 15_상법상 회사의 합병에 관한 설명 중 옳지 않은 것은?

(2004 세무사)

① 합병은 이를 등기하지 않으면 효력이 없다.
② 주식회사가 간이합병을 하는 경우 합병에 반대하는 주주에게 주식매수청구권이 인정된다.
③ 합병무효판결은 당해 합병의 무효를 그 누구에 대해서도 확정하는 효력이 있다.
④ 합병으로 인하여 소멸하는 회사는 청산절차가 개시된다.
⑤ 합병으로 인하여 소멸하는 회사의 권리의무는 개별적 이전행위 없이 존속회사 또는 신설회사로 승계된다.

④ 소멸회사는 합병으로 인하여 해산과 함께 소멸하므로 청산절차가 인정될 수 없다.

정답_④

문 16_상법상 회사의 합병에 관한 설명으로 옳지 않은 것은?

(2017 세무사)

① 해산후의 회사는 존립 중의 회사를 존속하는 회사로 하는 경우에 한하여 합병을 할 수 있다.
② 회사는 합병의 결의가 있은 날부터 2주내에 회사채권자에 대하여 합병에 이의가 있으면 일정한 기간 내에 이를 제출할 것을 공고하고 알고 있는 채권자에 대하여는 따로따로 이를 최고하여야 한다. 이 경우 그 기간은 1월 이상이어야 한다.
③ 회사가 합병을 한 때에는 본점소재지에서는 2주간 내, 지점소재지에서는 3주간 내에 합병후 존속하는 회사의 변경등기, 합병으로 인하여 소멸하는 회사의 해산등기, 합병으로 인하여 설립되는 회사의 설립등기를 하여야 한다.
④ 회사의 합병의 무효는 합병을 승인한 회사채권자도 소만으로 이를 주장할 수 있다.
⑤ 합병을 하는 회사의 일방 또는 쌍방이 주식회사, 유한회사 또는 유한책임회사인 경우에는 합병 후 존속하는 회사나 합병으로 설립되는 회사는 주식회사, 유한회사 또는 유한책임회사이어야 한다.

④ 회사의 합병의 무효는 합병을 승인하지 아니한 회사채권자는 소만으로 이를 주장할 수 있으나(제236조 제1항), 합병을 승인한 회사채권자는 합병무효의 소를 제기할 수 없다.
① 제174조 제3항 ② 제232조 제1항
③ 제233조 ⑤ 제174조 제2항

정답_④

문 17_회사의 합병제한에 관한 설명 중 옳지 않은 것은?

① 원칙적으로 상법상 어떠한 종류의 회사간에도 합병할 수 있다.
② 합병을 하는 회사의 일방 또는 쌍방이 주식회사, 유한회사 또는 유한책임회사인 경우에는 합병 후 존속하는 회사나 합병으로 설립되는 회사는 주식회사, 유한회사 또는 유한책임회사이어야 한다.
③ 해산 후의 회사는 신설합병의 당사회사인 소멸회사가 될 수 있다.
④ 합병하는 회사의 일방이 사채를 상환하지 않은 주식회사인 경우 존속 또는 신설회사는 주식회사이어야 한다.
⑤ 유한회사가 주식회사와 합병하여 주식회사가 되는 때에는 법원의 인가를 얻어야 한다.

해 설 및 정 답

③ 해산 후의 회사는 흡수합병의 경우 소멸회사가 될 수 있을 뿐이다.'

정답_③

문 18_상법상 주식회사의 합병에 관한 설명으로 옳지 않은 것은?

(2014 세무사)

① 신설합병의 경우 창립총회에서는 합병계약의 취지에 위반하지 않는 범위에서 정관변경의 결의를 할 수 있다.
② 흡수합병의 경우 존속하는 회사의 이사 및 감사로서 합병전에 취임한 자는 합병계약서에 다른 정함이 없는 한 합병등기가 완료된 때에 퇴임한다.
③ 신설합병의 경우 설립위원은 채권자 보호절차의 종료 후 합병으로 인한 주식의 병합이 있을 때에는 그 효력이 생긴 후, 병합에 적당하지 아니한 주식이 없으면 지체없이 창립총회를 소집하여야 한다.
④ 흡수합병의 경우 이사가 3인 이상인 소멸회사의 발행주식총수의 100분의 90 이상을 존속회사가 소유하게 되면 소멸하는 회사의 주주총회는 이사회로 갈음할 수 있다.
⑤ 흡수합병의 경우 존속하는 회사가 합병으로 인하여 신주인수권부사채를 승계한 때에는 합병의 등기와 동시에 사채의 등기를 하여야 한다.

흡수합병의 경우 존속하는 회사의 이사 및 감사로서 합병전에 취임한 자는 합병계약서에 다른 정함이 없는 한 합병등기후 최초로 소집되는 정기총회가 완료된 때에 퇴임한다(제527조의4).

정답_②

문 19_상법상 합병에 관한 설명으로 옳은 것은? (2005 세무사)

① 합병하는 회사의 일방이 유한회사인 때에는 합병 후 존속하는 회사는 유한회사이어야 한다.
② 합병하는 회사의 쌍방이 주식회사인 때에는 합병 후 존속하는 회사는 주식회사이어야 한다.
③ 합병하는 회사의 쌍방이 주식회사인 때에는 합병으로 인하여 설립되는 회사는 주식회사이어야 한다.
④ 합병하는 회사의 일방이 유한회사인 때에는 합병으로 인하여 설립되는 회사는 유한회사이어야 한다.
⑤ 해산 후의 회사는 존립 중의 회사를 존속하는 회사로 하는 경우에 한하여 합병을 할 수 있다.

해설 및 정답

①, ④ 합병하는 회사의 일방이 유한회사인 때에라도 합병 후 존속하는 회사는 주식회사, 유한책임회사 또는 유한회사일 수 있다.
②, ③ 합병하는 회사의 쌍방이 주식회사인 때에라도 합병 후 존속하는 회사 또는 신설회사는 주식회사, 유한책임회사 또는 유한회사일 수 있다.
⑤ 제174조 제3항

정답_⑤

문 20_회사의 합병에 관한 다음 설명 중 옳지 않은 것은?

① 합병할 회사의 일방이 합병 후 존속하는 경우에 합병으로 인하여 소멸하는 회사의 총주주의 동의가 있는 경우 합병으로 인하여 소멸하는 회사의 주주총회 승인은 이를 이사회의 승인으로 갈음할 수 있다.
② 합병 후 존속하는 회사가 합병으로 인하여 발행하는 신주의 총수가 그 회사의 발행주식총수의 100분의 10을 초과하지 아니하는 때에는 그 존속하는 회사의 주주총회의 승인은 이를 이사회의 승인으로 갈음할 수 있다.
③ 합병으로 인하여 소멸하는 회사의 주주에게 지급할 금액을 정한 경우에 그 금액이 존속하는 회사의 최종 대차대조표상으로 현존하는 순자산액의 100분의 10을 초과하지 않을 때에는 소규모합병을 할 수 있다.
④ 합병 후 존속하는 회사의 발행주식총수의 100분의 20 이상에 해당하는 주식을 소유한 주주가 합병의 공고 또는 통지를 한 날로부터 2주 내에 회사에 대하여 서면으로 소규모합병에 반대하는 의사를 통지한 때에는 소규모합병을 할 수 없다.
⑤ 합병을 하는 회사의 일방이 합병 후 존속하는 경우에 존속하는 회사의 이사 및 감사로서 합병 전에 취임한 자는 합병계약서에 다른 정함이 있는 경우를 제외하고는 합병 후 최초로 도래하는 결산기의 정기총회가 종료하는 때에 퇴임한다.

③ 합병으로 인하여 소멸하는 회사의 주주에게 지급할 금액이 존속회사의 최종의 대차대조표상으로 현존하는 순자산액의 100분의 5를 초과하는 경우에는 이사회의 결의로 갈음할 수 없다.

정답_③

문 21_상법상 소규모합병에 관한 설명 중 옳지 않은 것은?

(2007 세무사)

① 존속회사가 합병으로 인하여 발행하는 신주의 총수가 그 회사의 발행주식총수의 100분의 10을 초과하지 아니하는 경우에는 존속회사의 주주총회의 승인을 이사회의 승인으로 갈음할 수 있다.

② 소멸회사의 주주에게 지급할 금액을 정한 경우에 그 금액이 존속회사의 최종대차대조표상으로 현존하는 순자산액의 100분의 1을 초과하는 때에는 주주총회의 특별결의를 거쳐야 한다.

③ 소규모합병의 경우 존속회사의 합병계약서에 주주총회의 승인을 얻지 아니하고 합병한다는 뜻을 기재하여야 한다.

④ 합병 후 존속회사의 발행주식총수의 100분의 20 이상을 보유하는 주주가 일정한 기간 내에 서면으로 반대의사를 통지한 때에는 소규모합병을 할 수 없다.

⑤ 소규모합병의 경우에는 존속회사의 주주에게 주식매수청구권이 인정되지 않는다.

해 설 및 정 답

② 소멸회사의 주주에게 지급할 금액을 정한 경우에 그 금액이 존속회사의 최종대차대조표상으로 현존하는 순자산액의 100분의 5를 초과하는 때에는 주주총회의 특별결의를 거쳐야 한다(제527조의3 제1항 단서).

정답_②

문 22_상법상 합병에 관한 설명으로 옳은 것은? (2020 세무사)

① 간이합병이란 소멸회사의 주주에게 교부하기 위해 존속회사가 발행하는 신주의 총수가 발행주식총수의 10%를 초과하지 않는 합병을 말한다.

② 간이합병의 경우 채권자보호절차를 거쳐야 하나 소규모합병의 경우 채권자보호절차가 필요하지 않다.

③ 소규모합병의 경우 존속회사의 주주총회 개최가 없더라도 합병에 반대하는 존속회사의 주주에게는 주식매수청구권이 인정된다.

④ 존속하는 회사가 합병으로 소멸하는 회사의 주주에게 그 대가의 전부를 금전으로 제공할 수 없다.

⑤ 합병후 존속하는 회사가 주식회사인 경우에 합병할 회사의 일방 또는 쌍방이 합명회사 또는 합자회사인 때에는 총사원의 동의를 얻어 합병계약서를 작성하여야 한다.

① 소규모합병이란 소멸회사의 주주에게 교부하기 위해 존속회사가 발행하는 신주의 총수가 발행주식총수의 10%를 초과하지 않는 합병을 말한다(제527조의3 제1항).
② 간이합병이든 소규모합병의 경우 채권자보호절차를 거쳐야 하며(제527조의5 제2항), 이를 위반하면 합병무효의 사유가 된다.
③ 소규모합병의 경우 존속회사의 주주총회 개최가 없더라도 합병에 반대하는 존속회사의 주주에게는 주식매수청구권이 인정되지 않는다(제527조의3 제5항).
④ 존속하는 회사가 합병으로 소멸하는 회사의 주주에게 그 대가의 전부를 금전으로 제공할 수 있다(제523조 4호).
⑤ 합병후 존속하는 회사가 주식회사인 경우에 합병할 회사의 일방 또는 쌍방이 합명회사 또는 합자회사인 때에는 총사원의 동의를 얻어 합병계약서를 작성하여야 한다(제525조 제1항).

정답_⑤

문 23_상법상 회사의 합병에 관한 설명으로 옳은 것은?

(2018 세무사)

① 주식회사가 유한회사와 합병하는 경우에 신설되는 회사가 유한회사인 때에는 법원의 인가가 있어야 한다.

② 상법상 모든 회사는 합병을 할 수 있으므로 주식회사와 합명회사가 합병을 하는 경우에 합명회사를 존속회사로 할 수 있다.

③ 주식회사가 흡수합병을 하는 경우에는 존속회사가 소멸하는 회사의 모든 주주에게 그 대가의 전부를 금전으로 지급하도록 합병계약서에 규정할 수 없다.

④ 합병으로 인하여 소멸하는 회사는 청산절차를 거쳐야 소멸한다.

⑤ 합명회사가 주식회사와 합병을 하여 존속하는 회사가 주식회사일 경우에 합명회사는 총사원의 동의를 얻어 합병계약서를 작성하여야 한다.

해 설 및 정 답

① 주식회사가 유한회사와 합병하는 경우에 신설되는 회사가 유한회사인 때에는 소멸하는 주식회사의 사채상환이 완료되어야 한다(상법 제600조 제2항).
② 상법상 모든 회사는 합병을 할 수 있지만 주식회사와 합명회사가 합병을 하는 경우에 합명회사를 존속회사로 할 수 없고, 주식회사나 유한회사 또는 유한책임회사를 존속회사로 하여야 한다(상법 제174조 제2항).
③ 주식회사가 흡수합병을 하는 경우에는 존속회사가 소멸하는 회사의 모든 주주에게 그 대가의 전부를 금전으로 지급하도록 합병계약서에 규정할 수 있다(상법 제523조 제4호).
④ 합병으로 인하여 소멸하는 회사는 청산절차없이 소멸한다(상법 제531조 제1항 참조).
⑤ 상법 제525조

정답_⑤

문 24_상법상 주식회사의 합병에 관한 설명 중 옳지 않은 것은?

(2006 세무사)

① 회사가 합병을 하려면 합병계약서를 작성하여 주주총회의 승인을 얻어야 한다.

② 합병계약의 요령은 주주총회소집통지와 공고에 기재하여야 한다.

③ 신설합병의 경우 창립총회에서는 정관변경결의를 할 수 없다.

④ 합병 후 존속하는 회사가 주식회사인 경우에 합병할 회사의 일방이 합명회사인 때에는 총사원의 동의를 얻어 합병계약서를 작성하여야 한다.

⑤ 합병하는 회사의 일방이 합병 후 존속하는 경우에 존속하는 회사의 이사로서 합병 전에 취임한 자는 원칙적으로 합병 후 최초로 도래하는 결산기의 정기총회가 종료한 때에 퇴임한다.

③ 신설합병의 경우 창립총회에서는 정관변경결의를 할 수 있다(제527조 제2항).

정답_③

문 25_상법상 합병에 관한 설명 중 틀린 것은? (2008 세무사)

① 유한회사가 주식회사와 합병을 하는 경우 합병 후 존속회사 또는 신설회사가 주식회사인 때에는 법원의 인가를 얻지 아니하여도 합병의 효력은 있다.
② 합병 후 존속회사가 소멸회사의 발행주식총수의 100분의 90 이상을 소유하고 있는 때에는 그 소멸하는 회사의 주주총회의 승인은 이를 이사회의 승인으로 갈음할 수 있다.
③ 소규모합병의 경우에는 존속회사의 주주의 주식매수청구권은 인정되지 않는다.
④ 흡수합병의 경우 보고총회는 이사회 결의에 의한 공고로써 갈음할 수 있다.
⑤ 합병 후 존속하는 회사의 이사 및 감사로서 합병 전에 취임한 자는 합병계약서에 다른 정함이 있는 경우를 제외하고는 합병 후 최초로 도래하는 결산기의 정기총회가 종료하는 때에 퇴임한다.

해 설 및 정 답

유한회사가 주식회사와 합병을 하는 경우 합병 후 존속회사 또는 신설회사가 주식회사인 때에는 법원의 인가를 얻지 아니하면 합병의 효력이 없다(제600조 제1항).

정답_①

문 26_상법상 회사의 합병에 관한 설명으로 옳지 않은 것은? (2009 세무사)

① 상법은 주식회사의 간이합병과 소규모합병을 인정하고 있다.
② 주식회사가 합명회사와 합병하는 경우 합병 후 존속회사 또는 신설회사는 반드시 주식회사이어야 한다.
③ 합병결의에 이의를 제출한 채권자에게 회사는 변제 또는 상당한 담보를 제공하거나 이를 목적으로 하여 상당한 재산을 신탁회사에 신탁하여야 한다.
④ 합병이 이루어지면 존속회사 또는 신설회사는 소멸회사의 권리의무를 승계한다.
⑤ 회사의 합병은 존속회사 또는 신설회사가 합병신주를 교부하였을 때 그 효력이 발생한다.

② 합병당사회사의 일방이 주식회사, 유한책임회사 또는 유한회사인 때에는 합병 후 존속 또는 신설회사는 주식회사, 유한책임회사 또는 유한회사이어야 한다(제174조 제2항).
⑤ 회사의 합병은 합병등기(존속회사의 변경등기, 신설회사의 설립등기, 소멸회사의 해산등기)를 한 때에 효력이 발생한다(제234조, 269조, 제530조 제2항, 603조).

정답_②,⑤

문 27_상법상 주식회사의 소규모합병에 관한 설명으로 옳은 것을 모두 고른 것은? (2021 세무사)

ㄱ. 소규모합병의 경우에는 채권자 보호절차를 거쳐야 한다.
ㄴ. 존속회사의 반대주주는 주식매수청구권을 행사할 수 없다.
ㄷ. 존속회사 발행주식총수의 100분의 10을 소유한 주주가 회사에 대해 서면으로 합병에 반대하는 의사를 통지한 때에는 소규모합병을 할 수 없다.

① ㄱ ② ㄱ, ㄴ ③ ㄱ, ㄷ
④ ㄴ, ㄷ ⑤ ㄱ, ㄴ, ㄷ

해 설 및 정 답

ㄱ. 소규모합병의 경우에도 채권자 보호절차를 거쳐야 한다(상법 제527조의5).
ㄴ. 존속회사의 반대주주는 주식매수청구권을 행사할 수 없다(상법 제527조의3 제5항).
ㄷ. 존속회사 발행주식총수의 100분의 20을 소유한 주주가 회사에 대해 서면으로 합병에 반대하는 의사를 통지한 때에는 소규모합병을 할 수 없다(상법 제527조의3 제4항).

정답_②

문 28_주식회사의 합병에 관한 설명으로 옳지 않은 것은? (다툼이 있으면 판례에 따름) (2015 세무사)

① 회사가 합병을 함에는 합병계약서를 작성하여 주주총회의 특별결의에 의한 승인을 얻어야 한다.
② 합병에 반대하는 주주가 자기가 소유하는 주식의 매수를 청구하는 때에는 서면으로 하여야 한다.
③ 합병비율이 현저하게 불공정한 경우 합병할 각 회사의 주주는 소로써 합병무효를 주장할 수 있다.
④ 회사는 합병계약서를 승인하는 주주총회의 승인결의가 있은 날부터 2주내에 채권자에 대하여 합병에 이의가 있으면 1월 이상의 기간내에 이를 제출할 것을 공고하여야 한다.
⑤ 합병무효의 판결은 제3자에 대하여도 그 효력이 있으며 판결확정전에 생긴 회사와 주주 및 제3자간의 권리의무에 영향을 미친다.

합병무효의 판결은 제3자에 대하여도 그 효력이 있으며 판결확정전에 생긴 회사와 주주 및 제3자간의 권리의무에 영향을 미치지 않는다(제530조, 제240조, 제190조).

정답_⑤

문 29_상법상 주식회사의 합병에 관한 설명으로 옳지 않은 것은? (2010 세무사)

① 주식회사가 합병을 함에는 합병계약서를 작성하여 원칙적으로 주주총회의 특별결의에 의한 승인을 얻어야 한다.
② 합병을 하는 회사의 일방이 합병 후 존속하는 경우에 존속하는 회사의 이사 및 감사로서 합병 전에 취임한 자는 합병계약서에 다른 정함이 있는 경우를 제외하고는 합병 후 최초로 도래하는 결산기의 정기총회가 종료하는 때에 퇴임한다.
③ 합병 후 존속하는 회사가 합병으로 인하여 발행하는 신주의 총수가 그 회사의 발행주식총수의 100분의 10을 초과하지 아니하는 때에는 그 존속하는 회사의 주주총회의 승인은 언제나 이사회의 승인으로 갈음할 수 있다.

합병 후 존속하는 회사가 합병으로 인하여 발행하는 신주의 총수가 그 회사의 발행주식총수의 100분의 10을 초과하지 아니하는 때에는 그 존속하는 회사의 주주총회의 승인은 원칙적으로 이사회의 승인으로 갈음할 수 있다(제527조의3 제1항 본문). 그러나 합병으로 인하여 소멸하는 회사의 주주에게 지급할 금액을 정한 경우에 그 금액이 존속하는 회사의 최종의 대차대조표상으로 현존하는 순자산액의 100분의 5를 초과하는 때(제527조의3 제1항 단서), 합병 후 존속하는 회사의 발행주식총수의 100분의 20 이상에 해당하는 주식을 소유한 주주가 소규모합병을 반대하는 경우(제527조의3 제4항)에는 주주총회의 특별결의를 얻어야 한다.

정답_③

④ 합병무효는 각 회사의 주주 · 이사 · 감사 · 청산인 · 파산관재인 또는 합병을 승인하지 아니한 채권자에 한하여 소만으로 이를 주장할 수 있다.
⑤ 합병 후 존속하는 회사 또는 합병으로 인하여 설립되는 회사가 주식회사인 경우에 합병할 회사의 일방 또는 쌍방이 합명회사 또는 합자회사인 때에는 총사원의 동의를 얻어 합병계약서를 작성하여야 한다.

문 30_상법상 주식회사의 합병에 관한 설명으로 옳지 않은 것은?
(2012 세무사)

① 흡수합병시 소멸회사의 총주주의 동의가 있으면 소멸회사의 주주총회의 승인은 이를 이사회의 승인으로 갈음할 수 있다.
② 흡수합병시 소멸회사의 주주에게 지급하는 합병대가의 일부를 금전으로 지급하는 것은 허용되나 전부를 금전으로 지급하는 것은 허용되지 않는다.
③ 소멸회사의 주주에게 합병대가로써 제공하는 재산이 존속회사의 모회사의 주식인 경우에 존속회사는 그 지급을 위하여 모회사주식을 취득할 수 있다.
④ 합병으로 인하여 발행하는 신주의 총수가 존속회사 발행주식총수의 100분의 10을 초과하지 아니하여도 합병교부금의 총액이 존속회사의 최종 대차대조표상으로 현존하는 순자산액의 100분의 5를 초과하면 존속회사의 주주총회의 특별결의가 필요하다.
⑤ 흡수합병시 존속회사의 이사로서 합병전에 취임한 자는 합병계약서에 다른 정함이 있는 경우를 제외하고는 합병후 최초로 도래하는 결산기의 정기총회가 종료하는 때에 퇴임한다

해 설 및 정 답

흡수합병시 소멸회사의 주주에게 지급하는 합병대가의 일부 또는 전부를 금전 기타 재산으로 지급할 수 있다(제523조 제4호).

정답_②

문 31_상법상 회사분할의 형태가 아닌 것은? (2005 세무사)

① A회사를 존속시키면서 그 사업의 일부를 분리하여 소멸시키는 방안
② A회사를 소멸시키고 이를 2분하여 B회사와 C회사를 신설하는 방안
③ A회사를 존속시키면서 사업의 일부분을 분리하여 새로운 B회사를 설립하는 방안
④ A회사와 B회사를 존속시키면서 A회사의 일부분과 B회사의 일부분을 분리하고 분리된 부분끼리 합병하여 C회사를 설립하는 방안
⑤ A회사를 존속시키면서 그 일부분을 분리하여 B회사와 합병하는 방안

해 설 및 정 답

① 회사의 사업의 일부를 분리하여 소멸시킨다면 기존의 회사 이외에 존재하는 회사가 없게 되므로 회사의 분할이 되지 않는다(제530조의2 참조).

정답_①

문 32_상법상 회사의 분할에 관한 설명 중 옳은 것은? (2004 세무사)

① 회사의 분할은 주식회사와 유한회사에 대해서만 인정하고 있다.
② 회사분할에 관해 주주총회의 결의(분할계획서 등의 승인결의)를 함에 있어서는 의결권 없는 주식의 주주는 의결권을 행사할 수 없다.
③ 분할 또는 분할합병으로 인하여 설립되는 회사 또는 존속하는 회사는 분할 또는 분할합병 전의 회사 채무에 관하여 항상 연대하여 변제할 책임이 있다.
④ 회사의 분할은 회사의 설립과는 달리 분할계획서 등의 승인결의와 채권자보호절차를 완료하는 시점에 분할의 효력이 발생하고 등기는 대항요건이 된다.
⑤ 분할되는 회사의 이사는 분할계획서 등의 승인을 위한 주주총회일의 2주간 전부터 분할의 등기를 한 날 또는 분할합병한 날 이후 6월간 분할계획서 등을 본점에 비치하여야 한다.

① 회사의 분할은 주식회사에 대해서만 인정하고 있다.
② 회사분할에 관해 주주총회의 결의(분할계획서 등의 승인결의)를 함에 있어서는 의결권 없는 주식의 주주는 의결권을 행사할 수 있다(제530조의3 제3항).
③ 분할 또는 분할합병으로 인하여 설립되는 회사 또는 존속하는 회사는 분할 또는 분할합병 전의 회사 채무에 관하여 원칙적으로 연대하여 변제할 책임이 있다. 그러나 분할로 설립되는 회사는 분할되는 회사의 채무 중에서 출자한 재산에 관한 채무만을 부담할 것을 정할 수 있다(제530조의9)
④ 회사의 분할은 분할등기를 함으로써 효력이 발생한다(제530조의11 제1항, 제234조).
⑤ 제530조의7 제1항, 제2항.

정답_⑤

문 33_상법상 회사의 분할에 관한 설명으로 옳지 않은 것은? (2019 세무사)

① 회사는 분할에 의하여 1개 또는 수개의 회사를 설립함과 동시에 분할합병할 수 있다.
② 회사의 분할은 주식회사의 경우에만 인정된다.
③ 분할회사의 출자만으로 회사가 설립하는 경우에는 현물출자에 대한 검사인의 조사를 받지 않아도 된다.
④ 주식회사가 분할을 위하여 분할계획서를 작성하여 주주총회의 승인을 얻어야 하는 경우, 의결권이 배제되는 주주도 의결권이 있다.
⑤ 해산후의 회사는 새로 회사를 설립하는 경우에 한하여 분할 또는 분할합병할 수 있다.

해 설 및 정 답

① 회사는 분할에 의하여 1개 또는 수개의 회사를 설립함과 동시에 분할합병할 수 있다(제530조의2 제3항).
② 회사의 분할은 주식회사의 경우에만 인정된다(제530조의2 이하).
③ 분할회사의 출자만으로 회사가 설립하는 경우에는 현물출자에 대한 검사인의 조사를 받지 않아도 된다(제530조의4).
④ 주식회사가 분할을 위하여 분할계획서를 작성하여 주주총회의 승인을 얻어야 하는 경우, 의결권이 배제되는 주주도 의결권이 있다(제530조의3 제3항).
⑤ 해산후의 회사는 존립 중의 회사를 존속하는 회사로 하거나 새로 회사를 설립하는 경우에 한하여 분할 또는 분할합병할 수 있다(제530조의2 제4항).

정답_⑤

문 34_상법상 소송의 원고적격에 관한 설명으로 옳은 것을 모두 고른 것은? (2020 세무사)

> ㄱ. 합명회사의 사원이 그 채권자를 해할 것을 알고 회사를 설립한 때에는 채권자는 그 사원과 회사에 대한 소로 회사의 설립취소를 청구할 수 있다.
> ㄴ. 주식회사의 채권자는 주주총회결의 취소의 소를 제기할 수 없으나 설립무효의 소를 제기할 수 있다.
> ㄷ. 주식의 포괄적 교환을 승인하지 아니한 채권자는 포괄적 교환 무효의 소를 제기할 수 있다.
> ㄹ. 분할에 찬성한 주주는 분할무효의 소를 제기할 수 없다.

① ㄱ ② ㄱ, ㄷ ③ ㄱ, ㄹ
④ ㄴ, ㄷ ⑤ ㄴ, ㄹ

ㄱ. 합명회사의 사원이 그 채권자를 해할 것을 알고 회사를 설립한 때에는 채권자는 그 사원과 회사에 대한 소로 회사의 설립취소를 청구할 수 있다(제185조).
ㄴ. 주식회사의 채권자는 주주총회결의 취소의 소를 제기할 수 없으며(제376조), 설립무효의 소를 제기할 수도 없다(제328조 제1항).
ㄷ. 주식의 포괄적 교환무효는 주주 · 이사 · 감사 · 청산인에 한하여 제기할 수 있을 뿐이므로(제360조의14 제1항), 포괄적 교환을 승인하지 아니한 채권자라도 포괄적 교환 무효의 소를 제기할 수 없다(포괄적 교환의 경우에는 채권자보호절차를 필요로 하지 않는다).
ㄹ. 회사분할무효에 대해서는 합병무효의 소에 관한 규정이 준용되므로(제530조의11 제1항, 제529조 제1항), 분할에 찬성한 주주라도 분할무효의 소를 제기할 수 있다.

정답_①

문 35_회사의 분할에 관한 설명이다. 틀린 것은? (2000 세무사)

① 회사의 분할은 합병의 반대현상으로서 기업을 둘 이상으로 나누는 것이므로 분할은 기업결합 수단이 될 수 없다.
② 분할의 본질에 관해서는 이를 재산의 분할로 보는 견해와 인격의 분할로 보는 견해로 크게 대별할 수 있다.
③ 분할되는 회사의 주주가 분할 후 회사의 주주로 수용되는지 여부에 따라 회사분할은 인적분할과 물적분할로 나뉘어진다.
④ 분할합병에 반대하는 주주는 주식매수청구권을 행사할 수 있으나, 단순분할의 경우에는 그러하지 않다.
⑤ 분할절차에 하자가 있는 경우 분할무효의 소를 제기할 수 있고, 분할무효판결은 대세적 효력과 소급효제한의 특색을 가진다.

① 회사의 단순분할은 경쟁력 강화, 영업부문의 전문화와 효율화 등 기업구조조정의 경제적 효용이 나타나고, 분할합병의 경우에는 합병과 동일한 경제적 효과가 발생한다.
② 분할의 성질에 대해 인격의 분할로 보는 견해, 현물출자로 보는 견해, 상법상 인정되는 특수제도로 보는 견해로 나누어지고 있다.
③ 인적분할과 물적분할의 구분은 분할 후에 신설되는 회사 또는 출자를 받는 기존회사의 주식이 피분할회사가 취득하는가 아니면 피분할회사의 주주에게 배정되는가에 의한다.

정답_①

문 36_우리 상법상 주식회사의 분할에 관한 다음의 설명 중 틀린 것은?

(2001 세무사)

① 회사가 분할 또는 분할합병을 하는 때에는 분할계획서 또는 분할합병계약서를 작성하여 주주총회의 특별결의에 의한 승인을 얻어야 한다.

② 위 ①의 경우 분할 또는 분할합병에 관련되는 각 회사의 주주의 부담이 가중되는 경우에는 그 주주 전원의 동의가 있어야 한다.

③ 회사의 분할에 의하여 설립되는 회사는 분할되는 회사의 출자만으로도 설립될 수 있는데, 이 경우 분할되는 회사의 주주에게 그 주주가 가지는 그 회사의 주식의 비율에 따라서 설립되는 회사의 주식이 발행되는 때에는 주식회사의 변태설립사항 등에 대하여 적용되는 법원이 선임한 검사인에 의한 조사·보고의 규정이 적용되지 않는다.

④ 분할 또는 분할합병으로 인하여 설립되는 단순분할신설회사, 분할합병승계회사, 분할합병신설회사는 분할 또는 분할합병 전의 회사채무에 관하여 원칙적으로 출자한 재산에 관한 채무만을 부담한다.

⑤ 분할 후 회사는 분할부분에 해당하는 신주를 분할 전 회사의 주주에게 배정할 수도 있고, 또는 분할 전 회사의 주주에게 배정하지 않고 분할 전 회사에게 배정할 수도 있다.

해 설 및 정 답

④ 분할 또는 분할합병으로 인하여 설립되는 회사 또는 존속하는 회사는 피분할회사의 채무에 대해 원칙적으로 연대책임을 진다(제530조의9 제1항). 다만 예외적으로 출자한 재산에 관한 채무만을 부담할 수 있다(제530조의9 제2·3항).

정답_④

문 37_상법상 회사의 분할에 관한 설명 중 옳지 않은 것은?

(2007 세무사)

① 〈삭제〉

② 회사는 분할에 의하여 1개 또는 수개의 회사를 설립할 수도 있고, 1개 또는 수개의 회사를 설립함과 동시에 분할합병할 수도 있다.

③ 분할 또는 분할합병으로 인하여 설립되는 회사 또는 존속하는 회사는 원칙적으로 분할 또는 분할합병 전의 회사채무에 관하여 연대하여 책임을 진다.

④ 회사가 분할 또는 분할합병하는 때에는 분할계약서 또는 분할합병계약서를 작성하여 원칙적으로 주주총회의 특별결의에 의한 승인을 얻어야 한다.

⑤ 회사의 분할에 의한 회사설립의 경우에는 주식회사의 설립에 관한 상법규정은 준용되지 않고, 합병에 관한 상법규정이 준용된다.

④ 회사가 분할 또는 분할합병하는 때에는 분할계획서 또는 분할합병계약서를 작성하여 원칙적으로 주주총회의 특별결의에 의한 승인을 얻어야 한다(제530조의3 제1항, 제2항).
⑤ 회사의 분할에 의한 회사설립의 경우에는 주식회사의 설립에 관한 상법규정이 준용된다(제530조의4 제1항).

정답_④, ⑤

문 38_상법상 회사분할에 관한 설명으로 옳지 않은 것은? (2009 세무사)

① 상법상 회사의 분할은 주식회사의 경우에만 인정된다.
② 단순분할의 경우 반대주주의 주식매수청구가 인정되지 않는다.
③ 단순분할에 의하여 회사를 설립하는 경우 창립총회를 요하지 않는다.
④ 분할합병의 경우에는 채권자보호절차가 필요하지 않다.
⑤ 분할승인에 관한 주주총회의 결의에는 무의결권 주식을 가진 주주도 의결권을 행사할 수 있다.

해 설 및 정 답

분할합병의 경우에는 채권자보호절차를 거쳐야 하며(제530조의11 제2항, 제527조의5), 이를 거치지 아니하면 분할합병 후의 회사는 분할전 회사의 채무에 관하여 연대하여 책임을 진다는 것이 판례의 입장이다.

정답_④

문 39_상법상 주식회사의 분할에 관한 설명으로 옳지 않은 것은? (2011 세무사)

① 회사가 분할을 하는 때에는 분할계획서를 작성하여 주주총회의 승인을 얻어야 한다.
② 회사의 분할로 인하여 설립되는 신설회사 또는 분할합병승계회사는 회사는 분할하는 회사의 권리와 의무를 이사회의 결의내용에 따라 승계한다.
③ 회사가 종류주식을 발행한 경우에 분할로 인하여 어느 종류의 주주에게 손해를 미치게 되는 때에는 그 종류의 주주의 총회의 결의가 있어야 한다.
④ 분할되는 회사가 분할에 의하여 회사를 설립하는 경우 설립되는 회사가 분할되는 회사의 채무 중에서 출자한 재산에 관한 채무만을 부담할 것을 정할 수 있다.
⑤ 회사의 분할은 회사의 해산사유가 될 수 있다.

회사의 분할로 인하여 설립되는 회사 또는 존속하는 회사는 분할하는 회사의 권리와 의무를 분할계획서 또는 분할합병계약서의 내용에 따라 승계한다(제530조의10).

정답_②

문 40_상법상 주식회사의 분할합병에 관한 설명으로 옳지 않은 것은? (2021 세무사)

① 의결권이 배제되는 주식의 주주는 분할합병을 승인하는 주주총회에서 의결권이 없다.
② 분할합병을 한 경우, 합병으로 설립된 회사는 설립등기를 하여야 하고, 합병으로 소멸하는 회사는 해산등기를 하여야 한다.
③ 분할회사와 분할승계회사는 각각 채권자 보호절차를 거쳐야 한다.
④ 신설분할합병의 경우에는 분할합병신설회사의 대표이사가 창립총회를 소집하여야 한다.
⑤ 분할합병으로 인하여 분할합병에 관련되는 각 회사의 주주의 부담이 가중되는 경우에는 주주총회의 승인 및 종류주주총회의 결의 외에 그 주주 전원의 동의가 있어야 한다.

① 의결권이 배제되는 주식의 주주도 분할합병을 승인하는 주주총회에서 의결권이 있다(상법 제530조의3 제3항).
② 분할합병을 한 경우, 합병으로 설립된 회사는 설립등기를 하여야 하고, 합병으로 소멸하는 회사는 해산등기를 하여야 한다(상법 제530조의11 제1항, 제528조).
③ 분할회사와 분할승계회사는 각각 채권자 보호절차를 거쳐야 한다(상법 제530조의11 제2항, 제527조의5).
④ 신설분할합병의 경우에는 분할합병신설회사의 대표이사가 창립총회를 소집하여야 한다(상법 제530조의11 제1항 단서).
⑤ 분할합병으로 인하여 분할합병에 관련되는 각 회사의 주주의 부담이 가중되는 경우에는 주주총회의 승인 및 종류주주총회의 결의 외에 그 주주 전원의 동의가 있어야 한다(상법 제530조의3 제6항).

정답_①

진도별 모의고사

해 설 및 정 답

문 1_상법상 회사의 분할에 관한 설명으로 옳지 않은 것은? (다툼이 있는 경우에는 판례에 의함) (2014 세무사)

> 비상장주식회사 A는 전기공사 사업부문을 분리하여 비상장주식회사 B를 설립하면서, B회사는 A회사가 출자한 재산에 관한 채무만을 부담하기로 하는 분할계획서를 작성하고 주주총회의 승인을 받았다. 이후 A회사는 분할에 대하여 이의제출을 할 수 있음을 일간신문에 공고하면서, A회사가 알고 있는 채권자 甲에게는 개별 최고를 하지 않고 채권자 乙에게는 개별 최고를 하였다.

① A회사와 B회사는 甲에 대하여 연대책임을 부담한다.
② 乙이 이의제출을 하지 않으면 분할을 승인한 것으로 본다.
③ 의결권이 배제되는 A회사의 종류주식을 갖고 있는 丙은 그 주주총회에서 의결권을 행사할 수 있다.
④ A회사의 보통주주 丁에게 분할과 관련하여 부담이 가중되는 경우 주주총회의 승인 이외에 丁의 개별 동의도 필요하다.
⑤ 분할에 반대하는 A회사의 주주 戊는 상법상 소정의 요건을 갖추어 주식매수청구권을 행사할 수 있다.

분할에 반대하는 A회사의 주주 戊는 상법상 소정의 요건을 갖추어 주식매수청구권을 행사할 수 없다는 점에서 분할합병에 반대하는 주주에게 주식매수청구권이 인정되는 것과 차이가 있다(제530조의11 제1항과 제2항의 비교).
① A회사는 회사를 단순분할하고 각 새로 설립되는 회사는 분할책임을 지므로 채권자보호절차를 거쳐야 한다. 이 때 갑에게 개별최고를 하지 않았으므로 판례에 따르면 연대책임을 진다(대판 2011.9.29, 2011다38516).
② 제530조의9 제4항, 제232조 ③ 제530조의3 제3항 ④ 제530조의3 제6항

정답_⑤

문 2_상법상 주식회사의 해산사유에 해당하지 않는 것은? (2007 세무사)

① 정관에서 정한 존립기간의 만료
② 파산
③ 영업의 폐지
④ 회사의 분할
⑤ 회사의 합병

①②④⑤은 제517조의 규정에 따라 해산사유가 된다. 그러나 영업의 폐지는 해산사유에 해당하지 않는다.

정답_③

문 3_상법상 주식회사의 해산사유가 아닌 것은? (2017 세무사)

① 파산
② 법원의 해산판결
③ 법원의 해산명령
④ 주주가 1인으로 된 때
⑤ 존립기간의 만료 기타 정관으로 정한 사유의 발생

주식회사는 1인회사가 인정되므로, 주주가 1인으로 된 때는 해산사유에 해당하지 않는다. 주식회사의 해산사유는 제517조(제227조 제1호, 제4호, 제5호, 제6호 준용)에 규정되어 있다.

정답_④

문 4_상법상 주식회사의 해산에 관한 설명으로 옳은 것은?

(2015 세무사)

① 합병으로 인한 해산의 경우 주주총회의 특별결의에 의하여 회사를 계속할 수 있다.
② 주주총회의 결의에 의한 회사의 해산은 출석한 주주의 의결권의 과반수와 발행주식총수의 4분의 1 이상의 수로써 하여야 한다.
③ 회사의 설립목적이 불법인 경우 법원은 직권으로 회사의 해산을 명할 수 있다.
④ 파산으로 인하여 회사가 해산한 경우 이사는 지체없이 주주에 대하여 그 통지를 하여야 한다.
⑤ 발행주식총수의 100분의 5의 주식을 가진 주주는 회사의 해산을 법원에 청구할 수 있다.

해 설 및 정 답

① 합병으로 인한 해산의 경우에는 청산절차가 없으므로 회사를 계속할 수 없다.
② 주주총회의 결의에 의한 회사의 해산은 특별결의사항이다(제518조).
③ 제176조 제1항
④ 파산의 경우 외에는 회사가 해산한 경우 이사는 지체없이 주주에 대하여 그 통지를 하여야 한다(제521조).
⑤ 발행주식총수의 100분의 10의 주식을 가진 주주는 회사의 해산을 법원에 청구할 수 있다(제520조 제1항).

정답_③

문 5_상법상 주식회사의 해산에 관한 설명으로 옳은 것은?

(2009 세무사)

① 회사는 총주주의 동의로만 해산할 수 있으며, 주주총회의 이러한 권한은 정관의 규정에 의한 배제가 가능하다.
② 합병 · 분할 · 분할합병 또는 파산에 의하여 회사가 해산한 때에는 이사가 청산인이 된다.
③ 회사가 존립기간의 만료에 의하여 해산한 경우에는 주주총회의 특별결의에 의한 결의로 회사를 계속할 수 있다.
④ 회사의 해산에 의하여 그 권리능력은 정관의 목적범위 내로 축소된다.
⑤ 회사가 파산에 의하여 해산한 때에 이사는 지체없이 주주에 대하여 그 통지하여야 한다.

① 회사는 주주총회의 특별결의로 해산할 수 있다(제517조 2호, 제518조).
② 합병 · 분할 · 분할합병 또는 파산에 의하여 회사가 해산한 때를 제외하고는 이사가 청산인이 된다(제531조 제1항).
③ 제519조
④ 회사의 해산에 의하여 그 권리능력은 청산의 목적범위 내로 축소된다(제542조 제1항, 제245조).
⑤ 회사가 해산한 때에는 파산의 경우 외에는 이사는 지체없이 주주에 대하여 그 통지를 하여야 한다(제521조).

정답_③

문 6_상법상 회사의 해산명령제도에 관한 설명으로 옳지 않은 것은?

(2005년 세무사)

① 법원은 직권으로 회사의 해산을 명할 수 있다.
② 회사의 설립목적이 불법한 것인 때는 해산명령사유가 된다.
③ 해산명령제도는 해산판결제도와 달리 사원의 이익을 보호하기 위한 제도이다.
④ 법원은 정당한 사유 없이 설립 후 1년 내에 영업을 개시하지 아니하는 경우에는 해산을 명할 수 있다.
⑤ 검사는 법원에 대해 회사의 해산명령을 청구할 수 있다.

③ 해산명령제도는 공익을 목적으로 하고, 해산판결제도는 사원의 이익을 보호하기 위한 제도이다.

정답_③

문 7_상법상 합명회사의 해산과 청산에 관한 설명으로 옳지 않은 것은? (2017 세무사)

① 회사는 해산된 후에도 청산의 목적범위 내에서 존속하는 것으로 본다.
② 회사가 파산으로 해산하는 경우에는 본점소재지에서 2주간내, 지점소재지에서는 3주간내에 해산등기를 하여야 한다.
③ 회사의 업무를 집행하는 사원이 법령 또는 정관에 위반하여 회사의 존속을 허용할 수 없는 행위를 한 때에 법원은 직권으로 회사의 해산을 명할 수 있다.
④ 회사가 법원의 명령으로 해산된 때에는 법원은 직권 또는 사원 기타의 이해관계인이나 검사의 청구에 의해 청산인을 선임한다.
⑤ 회사의 청산인은 그 임무가 종료한 때에는 지체없이 계산서를 작성하여 각 사원에게 교부하고 그 승인을 얻어야 한다.

해 설 및 정 답

② 회사가 파산의 경우 외에는 그 해산사유가 있은 날로부터 본점소재지에서 2주간내, 지점소재지에서는 3주간내에 해산등기를 하여야 한다(제228조).
① 제245조 ③ 제176조 제1항 ④ 제252조
⑤ 제263조 제1항

정답_②

문 8_상법상 회사의 해산에 관한 설명으로 옳지 않은 것은? (2018 세무사)

① 회사의 설립목적이 불법한 것인 때에는 법원은 검사의 청구에 의하여 회사의 해산을 명할 수 있다.
② 회사의 해산명령의 청구가 있는 때에는 법원은 해산을 명하기 전일지라도 직권으로 관리인을 선임할 수 있다.
③ 주식회사가 정한 해산사유는 설립등기사항이 아니다.
④ 회사의 이사가 정관에 위반하여 회사의 존속을 허용할 수 없는 행위를 한 때에는 회사의 해산명령의 사유가 될 수 있다.
⑤ 회사가 정당한 사유 없이 설립 후 1년 내에 영업을 개시하지 아니하는 경우에는 법원은 직권으로 회사의 해산을 명할 수 있다.

회사의 존립기간 또는 해산사유를 정한 때에는 그 기간 또는 사유는 설립등기사항이다(상법 제317조 제1항 4호).
①④⑤ 상법 제176조 제1항
② 상법 제176조 제2항

정답_③

문 9_상법상 회사의 해산명령에 관한 설명으로 옳지 않은 것은?

(2012 세무사)

① 법원은 회사의 설립목적이 불법한 것인 때 검사 또는 이해관계인의 청구에 의하여 회사의 해산을 명할 수 있다.

② 해산명령의 청구와 관련하여 법원은 회사의 청구에 의하여 검사 또는 이해관계인에게 상당한 담보의 제공을 명령할 수 있다.

③ 법원은 회사의 이사가 법령 또는 정관에 위반하여 회사의 존속을 허용할 수 없는 행위를 한 때에는 검사 또는 이해관계인의 청구에 의하여 회사의 해산을 명할 수 있다.

④ 해산명령의 청구가 있는 때에는 법원은 해산을 명하기 전일지라도 직권으로 관리인을 선임할 수 있다.

⑤ 회사가 정당한 사유없이 설립 후 1년 내에 영업을 개시하지 아니하는 때에는 검사 또는 이해관계인은 법원에 해산명령을 청구할 수 있다.

해설 및 정답

해산명령의 청구와 관련하여 법원은 회사의 청구에 의하여 이해관계인에게 상당한 담보의 제공을 명령할 수 있다(제176조 제3항).

정답_②

문 10_회사의 해산명령과 해산판결에 관한 설명 중 옳지 않은 것은?

(2007 세무사)

① 회사가 정당한 사유없이 1년 이상 영업을 휴지한 때에는 해산명령의 사유가 된다.

② 해산명령은 이해관계인이나 검사의 청구에 의하여 또는 법원이 직권으로 하는 반면, 해산판결은 사원, 이사 또는 감사의 청구에 의한다.

③ 해산명령과 해산판결은 법원에 의하여 회사의 법인격이 전면적으로 박탈되는 제도이다.

④ 해산명령은 주로 공익을 보호하기 위하여, 해산판결은 사원의 이익을 보호하기 위하여 인정되는 제도이다.

⑤ 물적회사의 경우 회사업무가 현저한 정돈상태를 계속하여 회복할 수 없는 손해가 생기거나 생길 염려가 있는 때에는 해산판결의 사유가 된다.

② 해산명령은 이해관계인이나 검사의 청구에 의하여 또는 법원이 직권으로 하는 반면, 해산판결은 사원의 청구에 의한다(합명회사와 합자회사 및 유한책임회사는 각 사원, 주식회사와 유한회사는 100분의 10 이상의 주식 또는 지분을 가진 사원).

정답_②

문 11_상법상 해산명령과 해산판결에 관한 설명으로 옳지 않은 것은? (2009 세무사)

① 해산명령은 주로 공익보호를 위한 제도이지만, 해산판결은 사원의 이익보호를 위한 제도이다.
② 해산명령은 이해관계인 또는 검사의 청구나 법원의 직권으로 가능하지만, 해산판결은 사원의 청구가 있어야 한다.
③ 해산명령이 내려진 경우 회사의 계속을 할 수 없으나, 해산판결이 내려진 경우에는 회사의 계속이 가능하다.
④ 해산명령의 경우 법원은 회사의 청구에 의하여 이해관계인에게 상당한 담보제공을 명할 수 있지만, 해산판결의 경우에는 그러하지 아니하다.
⑤ 해산명령에서는 법원이 직권으로 회사재산의 보전에 필요한 처분을 할 수 있지만, 해산판결에서는 법원이 직권으로 그러한 처분을 할 수 없다.

해 설 및 정 답

해산명령이나 해산판결 모두 회사의 계속이 인정되지 않고, 반드시 법정청산에 의하여 청산되어야 한다.

정답_③

문 12_상법상 법원이 회사의 해산을 명할 수 있는 법정사유가 아닌 것은? (2014 세무사)

① 회사의 설립목적이 불법한 것인 때
② 회사가 1년 이상 자본금 잠식의 상태인 때
③ 회사가 정당한 사유없이 1년 이상 영업을 휴지하는 때
④ 회사가 정당한 사유없이 설립 후 1년 내에 영업을 개시하지 아니한 때
⑤ 이사가 법령 또는 정관에 위반하여 회사의 존속을 허용할 수 없는 행위를 한 때

① 회사가 설립목적이 불법한 것인 때, ③ 회사가 정당한 사유없이 1년 이상 영업을 휴지하는 때, ④ 회사가 정당한 사유없이 설립 후 1년 내에 영업을 개시하지 아니한 때, ⑤ 이사가 법령 또는 정관에 위반하여 회사의 존속을 허용할 수 없는 행위를 한 때는 해산명령의 사유가 된다(제176조 제1항).

정답_②

문 13_상법상 주식회사의 해산에 관한 설명으로 옳지 않은 것은? (2011 세무사)

① 주식회사의 정관에 정한 존립기간의 만료는 해산사유이다.
② 주식회사가 파산으로 인하여 해산한 때에는 이사는 지체없이 주주에 대하여 그 통지를 하여야 한다.
③ 해산후의 주식회사는 존립중의 회사를 존속하는 회사로 하는 경우에 한하여 합병을 할 수 있다.
④ 주식회사에 대해서는 휴면회사 해산의제 제도가 있다.
⑤ 주식회사가 주주총회의 결의에 의하여 해산한 경우 주주총회의 특별결의로 회사를 계속할 수 있다.

주식회사가 해산한 때에는 파산의 경우 외에는 이사는 지체없이 주주에 대하여 그 통지를 하여야 한다(제521조).

정답_②

문 14_주주가 甲(지분율 75%), 乙(지분율 20%), 丙(지분율 5%) 3명으로 구성된 A주식회사의 해산에 관한 설명으로 옳은 것은?

(2019 세무사)

① A 주식회사의 해산결의는 주주총회에서 甲, 乙, 丙 총주주의 동의로 결의한 경우에만 가능하다.

② 甲, 乙, 丙은 누구든지 A 주식회사의 해산을 법원에 청구할 수 있다.

③ A 주식회사가 합병, 분할, 또는 분할합병에 의해 해산하는 경우 청산절차를 거쳐야 한다.

④ 법원은 A 주식회사의 설립목적이 불법한 것인 때에는 이해관계인이나 검사의 청구가 있는 경우에 한하여 A 주식회사의 해산을 명할 수 있다.

⑤ A 주식회사의 해산판결을 구하는 소송을 제기한 자가 패소한 경우에 중대한 과실이 있는 때에는 A 주식회사에 대하여 연대하여 손해를 배상할 책임이 있다.

해 설 및 정 답

① A 주식회사의 해산결의는 주주총회의 특별결의로 가능하다(제518조).
② 해산판결청구권은 발행주식총수의 100분의 10 이상을 보유한 주주가 가능하므로(제520조 제1항), 甲, 乙은 각 자 가능하지만, 丙은 甲 또는 乙과 함께만 A 주식회사의 해산을 법원에 청구할 수 있다.
③ A 주식회사가 합병, 분할, 또는 분할합병에 의해 해산하는 경우 청산절차 없이 소멸하므로, 청산절차를 거칠필요가 없다(제531조 제1항 참조).
④ 법원은 A 주식회사의 설립목적이 불법한 것인 때에는 이해관계인이나 검사의 청구 또는 법원의 직권으로 A 주식회사의 해산을 명할 수 있다(제176조 제1항).
⑤ A 주식회사의 해산판결을 구하는 소송을 제기한 자가 패소한 경우에 중대한 과실이 있는 때에는 A 주식회사에 대하여 연대하여 손해를 배상할 책임이 있다(제520조 제2항, 제191조).]

정답_⑤

문 15_상법상 주식회사의 해산과 청산에 관한 설명으로 옳지 않은 것은?

(2014 세무사)

① 회사가 합병 또는 분할로 해산하는 경우 청산절차가 개시되지 아니한다.

② 회사가 해산사유의 발생으로 해산하는 경우 해산등기는 해산의 효력발생요건이 아니다.

③ 청산에서 제외된 채권자는 분배되지 아니한 잔여재산에 대하여서만 변제를 청구할 수 있다.

④ 청산인의 결산보고서를 주주총회에서 승인한 경우에 회사는 청산인의 부정행위로 인한 경우 외에는 청산인의 책임을 해제한 것으로 본다.

⑤ 청산인은 채권신고기간 내에는 채권자에 대하여 변제를 하지 못하며 회사는 그 변제의 지연으로 인한 손해배상의 책임을 지지 않는다.

청산인은 채권신고기간 내에는 채권자에 대하여 변제를 하지 못한다. 그러나 회사는 그 변제의 지연으로 인한 손해배상의 책임을 면하지 못한다(제536조 제1항).

정답_⑤

문 16_상법상 주식회사의 해산과 청산에 관한 설명 중 옳은 것은? (2003. 세무사)

① 주식회사가 해산하려면 총주주의 동의를 요한다.
② 회사의 업무가 현저한 정돈상태를 계속하여 회복할 수 없는 손해가 생길 염려가 있는 때에는 주주는 회사의 해산을 결의할 수 있다.
③ 해산한 것으로 의제된 휴면회사가 회사를 계속하는 것은 불가능하다.
④ 청산인은 법원이 선임한 경우 외에는 언제든지 주주총회의 결의로 해임할 수 있다.
⑤ 해산한 주식회사는 이사가 1인인 경우에도 청산인회와 대표청산인을 반드시 두어야 한다.

해 설 및 정 답

① 주식회사의 임의해산은 주주총회의 특별결의에 의한다(제517조 2호).
② 회사의 업무가 현저한 정돈상태를 계속하여 회복할 수 없는 손해가 생길 염려가 있는 때에는 발행주식총수의 100분의 10 이상을 가진 주주는 회사의 해산을 법원에 청구할 수 있다(제520조).
③ 해산이 의제된 휴면회사도 그 후 3년 이내에 주주총회의 특별결의를 통하여 회사를 계속할 수 있다(제520조의2 제3항).
④ 제539조 제1항
⑤ 청산인이 1인인 경우에는 이사가 1인인 회사와 마찬가지로, 청산인회와 대표청산인의 분화가 있을 수 없다.

정답_④

문 17_상법상 주식회사의 청산에 관한 설명 중 옳지 않은 것은? (2006 세무사)

① 청산인은 취임한 날부터 2주간 내에 해산의 사유와 그 연월일을 법원에 신고하여야 한다.
② 청산인은 취임한 후 지체없이 회사의 재산상태를 조사하여야 한다.
③ 청산인은 대차대조표 및 사무보고서를 정기총회에 제출하여 그 승인을 요구하여야 한다.
④ 회사가 파산으로 해산한 경우에는 이사가 청산인이 된다.
⑤ 잔여재산은 원칙적으로 각 주주가 가진 주식의 수에 따라 주주에게 분배하여야 한다.

④ 회사의 파산은 파산절차가 개시되는 것이므로 파산관재인이 선임되어지며, 파산은 청산이 인정되지 않으므로 청산인이 선임되지 않는다.

정답_④

문 18_상법상 주식회사의 해산과 청산에 관한 설명으로 옳은 것은? (2020 세무사)

① 주식회사가 파산으로 해산하는 때에는 이사가 청산인이 된다.
② 주식회사는 합명회사와 달리 주주가 1인이 되어도 해산사유가 아니고, 주주총회의 특별결의에 의해 해산할 수 있다.
③ 회사재산의 관리 또는 처분의 현저한 실당으로 인하여 회사의 존립을 위태롭게 한 때에는 법원은 직권으로 회사의 해산명령을 내릴 수 있다.
④ 주식회사의 청산인은 법원이 선임한 경우 외에는 언제든지 주주총회의 결의로 이를 해임할 수 있는데, 그 결의는 특별결의이어야 한다.
⑤ 주식회사의 청산인은 변제기에 이르지 않은 회사채무에 대하여는 이를 미리 변제할 수 없다.

① 주식회사가 해산한 때에는 합병·분할·분할합병 또는 파산의 경우 외에는 이사가 청산인이 된다(제531조 제1항).
② 주식회사는 합명회사와 달리 주주가 1인이 되어도 해산사유가 아니고, 주주총회의 특별결의에 의해 해산할 수 있다(제517조, 제518조).
③ 회사재산의 관리 또는 처분의 현저한 실당으로 인하여 회사의 존립을 위태롭게 한 때에는 발행주식총수의 100분의 10 이상의 주식을 가진 주주가 법원에 해산을 청구할 수 있다(제520조 제1항).
④ 주식회사의 청산인은 법원이 선임한 경우 외에는 언제든지 주주총회의 결의로 이를 해임할 수 있는데, 그 결의는 보통결의이어야 한다(제539조 제1항).
⑤ 주식회사의 청산인은 변제기에 이르지 않은 회사채무에 대하여도 이를 미리 변제할 수 있다(제542조 제1항, 제259조 제1항).

정답_②

문 19_상법상 청산인의 직무권한으로 올바르게 짝지어진 것은?

(2005 세무사)

ㄱ. 현존사무의 종결	ㄴ. 이익배당
ㄷ. 채권추심	ㄹ. 잔여재산의 분배
ㅁ. 청산서류의 보존	

① ㄱ, ㄴ ② ㄱ, ㄴ, ㄹ ③ ㄴ, ㄷ, ㅁ
④ ㄱ, ㄷ, ㄹ ⑤ ㄱ, ㄴ, ㄹ, ㅁ

해 설 및 정 답

④ 제254조 제1항에서 청산인의 직무권한에 대해 규정하고 있다. 이에 의하면 현존사무의 종결, 채권의 추심과 채무의 변제, 재산의 환가처분, 잔여재산의 분배를 청산인의 직무로 하고 있다.

정답_④

문 20_상법상 주식회사의 청산에 관한 설명 중 틀린 것은?

(2008 세무사)

① 청산인은 채권신고기간 내에는 채무변제를 할 수 없다는 것이 원칙이다.
② 청산에서 제외된 채권자는 분배되지 아니한 잔여재산에 대하여서만 변제를 청구할 수 있다.
③ 법원이 선임한 청산인도 주주총회의 결의로 해임할 수 있다.
④ 회사를 대표할 청산인은 청산의 직무에 관하여 재판상 또는 재판외의 모든 행위를 할 권한이 있다.
⑤ 회사의 장부 기타 영업과 청산에 관한 중요한 서류는 본점소재지에서 청산종결의 등기를 한 후 10년 간 이를 보존하여야 한다.

법원이 선임한 청산인은 그 법원에서 해임할 수 있을 뿐, 주주총회의 결의로 해임할 수 없다.

정답_③

문 21_상법상 주식회사의 청산에 관한 설명으로 옳은 것은?

(2009 세무사)

① 청산인이 수인인 때에는 청산의 직무에 관한 행위는 그 전원의 동의로 정하여야 한다.
② 청산인은 변제기에 이르지 아니한 회사채무에 대하여는 이를 변제할 수 없다.
③ 청산에서 제외된 채권자는 분배되지 아니한 잔여재산에 대하여서만 변제를 청구할 수 있다.
④ 청산사무가 종결한 때에는 청산인은 지체없이 결산보고서를 작성하고 이를 법원에 제출하여 승인을 얻어야 한다.
⑤ 청산인은 알고 있는 채권자에 대하여는 각별로 그 채권의 신고를 최고하여야 하며, 그 채권자가 신고하지 아니한 경우에는 이를 청산에서 제외한다.

① 청산인이 수인인 때에는 청산의 직무에 관한 행위는 그 청산인의 과반수의 결의로 정하여야 한다(제542조 제1항, 제254조 제2항).
② 청산인은 변제기에 이르지 아니한 회사채무에 대하여도 이를 변제할 수 있다(제542조 제1항, 제259조 제1항).
③ 제537조 제1항
④ 청산사무가 종결한 때에는 청산인은 지체없이 결산보고서를 작성하고 이를 주주총회에 제출하여 승인을 얻어야 한다(제540조 제1항).
⑤ 청산인은 알고 있는 채권자에 대하여는 각별로 그 채권의 신고를 최고하여야 하며, 그 채권자가 신고하지 아니한 경우에는 이를 청산에서 제외하지 못한다(제535조 제2항).

정답_③

문 22_상법상 주식회사의 청산에 관한 설명으로 옳지 않은 것은? (2021 세무사)

① 청산사무가 종결한 때에는 청산인은 지체없이 결산보고서를 작성하고 이를 주주총회에 제출하여 승인을 얻어야 한다.
② 청산인은 대차대조표 및 사무보고서를 정기총회에 제출하여 그 승인을 요구하여야 한다.
③ 청산인의 임기는 3년을 초과할 수 없다.
④ 청산인은 법원이 선임한 경우 외에는 언제든지 주주총회의 결의로 이를 해임할 수 있다.
⑤ 청산에서 제외된 채권자는 분배되지 아니한 잔여재산에 대하여서만 변제를 청구할 수 있다.

해 설 및 정 답

① 청산사무가 종결한 때에는 청산인은 지체없이 결산보고서를 작성하고 이를 주주총회에 제출하여 승인을 얻어야 한다(상법 제540조 제1항).
② 청산인은 대차대조표 및 사무보고서를 정기총회에 제출하여 그 승인을 요구하여야 한다(상법 제534조 제5항).
③ 청산인의 임기에 대해서는 법으로 제한을 두고 있지 않다.
④ 청산인은 법원이 선임한 경우 외에는 언제든지 주주총회의 결의로 이를 해임할 수 있다(상법 제539조 제1항).
⑤ 청산에서 제외된 채권자는 분배되지 아니한 잔여재산에 대하여서만 변제를 청구할 수 있다(상법 제537조 제1항).

정답_③

문 23_다음은 합명회사 정관의 기재사항이다. 절대적 기재사항이 아닌 것은? (1996 세무사)

① 본점 및 지점의 소재지
② 목적
③ 사원의 성명 · 주민등록번호 · 주소
④ 정관의 작성년월일
⑤ 사원의 출자의 목적

① 본점소재지는 절대적 기재사항이지만, 지점소재지는 절대적 기재사항은 아니며 등기사항이다(제180조 제1호 내지 제6호 참조).

정답_①

문 24_상법상 합명회사의 설립 무효 및 취소의 소에 관한 설명으로 옳은 것은? (2014 세무사)

① 사원이 채권자를 해할 것을 알고 회사를 설립한 때에는 채권자는 그 사원과 회사에 대한 소로 회사의 설립무효를 청구할 수 있다.
② 설립취소의 소는 사원만이 제기할 수 있지만, 설립무효의 소는 누구든지 제기할 수 있다.
③ 설립취소의 소를 제기한 자가 패소한 경우에 그에게 경과실이 있는 때에도 회사에 대하여 연대하여 손해배상책임을 진다.
④ 설립취소의 소는 제소기간에 제한이 없지만, 설립의 무효는 회사성립의 날로부터 2년 내에 소만으로 이를 주장할 수 있다.
⑤ 설립무효의 원고 승소판결이 확정된 경우에 무효의 원인이 특정한 사원에 한한 것인 때에는 다른 사원 전원의 동의로써 회사를 계속할 수 있다.

① 사원이 채권자를 해할 것을 알고 회사를 설립한 때에는 채권자는 그 사원과 회사에 대하여 소로 회사의 설립취소를 청구할 수 있다(제185조).
② 설립무효의 소는 사원만이 제기할 수 있지만, 설립취소의 소는 취소권이 있는 자만이 제기할 수 있다(제184조).
③ 설립취소의 소를 제기한 자가 패소한 경우에 그에게 경과실이 있는 때에는 회사에 대하여 연대하여 손해배상책임을 지지 않는다(제191조).
④ 설립취소의 소나 설립의 무효는 회사성립의 날로부터 2년 내에 소만으로 이를 주장할 수 있다(제184조).
⑤ 제194조

정답_⑤

문 25_상법상 합명회사에 관한 설명으로 옳지 않은 것은?

(2021 세무사)

① 사원은 다른 사원의 동의를 얻지 아니하면 그 지분의 전부 또는 일부를 타인에게 양도하지 못한다.
② 정관으로 지분을 상속할 수 있음을 정한 때에는 사원의 상속인은 상속의 개시를 안 날부터 3월내에 회사에 대하여 승계 또는 포기의 통지를 발송하여야 한다.
③ 회사성립 후에 가입한 사원은 그 가입 전에 생긴 회사 채무에 대하여 책임이 없다.
④ 정관 또는 총사원의 동의로 회사를 대표할 업무집행사원을 정한 경우에는 그 업무집행사원이 회사를 대표한다.
⑤ 회사의 재산으로 회사 채무를 완제할 수 없는 때에는 각 사원은 연대하여 변제할 책임이 있다.

해 설 및 정 답

① 사원은 다른 사원의 동의를 얻지 아니하면 그 지분의 전부 또는 일부를 타인에게 양도하지 못한다(상법 제197조).
② 정관으로 지분을 상속할 수 있음을 정한 때에는 사원의 상속인은 상속의 개시를 안 날부터 3월내에 회사에 대하여 승계 또는 포기의 통지를 발송하여야 한다(상법 제219조 제1항).
③ 회사성립 후에 가입한 사원은 그 가입 전에 생긴 회사 채무에 대하여 다른 사원과 동일한 책임이 있다(상법 제213조).
④ 정관 또는 총사원의 동의로 회사를 대표할 업무집행사원을 정한 경우에는 그 업무집행사원이 회사를 대표한다(상법 제207조 단서).
⑤ 회사의 재산으로 회사 채무를 완제할 수 없는 때에는 각 사원은 연대하여 변제할 책임이 있다(상법 제212조 제1항).

정답_③

문 26_상법상 등기에 관한 설명 중 옳은 것은? (2003 세무사)

① 사원의 업무집행을 정지하는 가처분을 하는 경우 본점 및 지점이 있는 곳의 등기소에서 이를 등기하여야 한다.
② 등기사항으로서 관청의 허가 또는 인가를 요하는 것에 관해서는 그 서류가 발송된 날로부터 등기기간을 기산한다.
③ 합명회사의 설립등기시에는 대표사원과 그 외의 사원의 성명, 주민등록번호 및 주소를 등기하여야 한다.
④ 회사설립과 동시에 지점을 설치하는 경우에는 설립등기일로부터 본점소재지에서는 2주간 내에 지점소재지에서는 3주간 내에 이를 등기하여야 한다.
⑤ 변경등기의 경우에는 본점소재지 및 지점소재지에서 등기사유가 발생한 날로부터 2주간 내에 변경등기를 하여야 한다.

① 제183조의2
② 등기할 사항으로서 관청의 허가 또는 인가를 요하는 것에 관하여는 그 서류가 도달한 날로부터 등기기간을 기산한다(제177조).
③ 합명회사의 설립등기시 대표사원을 정한 때에는 기타 사원의 주소를 제외한다(제180조 1호 단서).
④ 회사가 설립과 동시에 지점을 설치하는 경우에는 설립등기를 한 후 2주간 내에 지점소재지에서 제180조 각호의 사항을 등기하여야 한다(제181조 제1항).
⑤ 변경등기의 경우 본점소재지에서는 2주간 내, 지점소재지에서는 3주간 내에 변경등기를 하여야 한다(제183조).

정답_①

문 27_합명회사 사원의 출자에 관한 다음 기술 중 틀린 것은?

① 사원은 재산출자뿐만 아니라 노무출자 또는 신용출자도 할 수 있다.
② 재산출자의 경우에는 출자의무를 완전히 이행하여야 회사의 설립등기를 할 수 있다.
③ 추상적 출자의무는 사원의 지위를 상실하면 소멸한다.
④ 구체적 출자의무의 불이행은 제명의 원인이 된다.
⑤ 사원의 출자의무는 정관의 작성 또는 변경에 따라 그때 생긴다.

② 인적회사는 회사재산의 확보가 반드시 필요하지 않기 때문에, 출자이행이 완료되지 않아도 회사의 정관작성만 이루어지면 설립등기를 할 수 있다.

정답_②

해 설 및 정 답

문 28_우리 상법상 합명회사 사원의 출자에 관한 다음의 설명 중 틀린 것은? (2001 세무사)

① 사원은 노무나 신용으로도 출자를 할 수 있다.
② 사원은 출자이행시기에 관하여 정관에 규정이 없으면 설립등기 이전에 출자이행을 완료하여야 한다.
③ 사원이 채권출자를 하는 경우 그 사원은 채무자의 자력도 담보한다.
④ 사원의 구체화된 출자의무는 상계로써 회사에 대항할 수 있다.
⑤ 사원이 출자의무를 이행하지 않으면 제명사유가 된다.

② 사원은 출자이행시기에 관하여 정관에 규정이 없으면 회사의 청구가 있는 때에 이행하여야 한다. 사원의 출자는 반드시 회사성립 전에 하여야 하는 것은 아니다.

정답_②

문 29_상법상 합명회사에 관한 설명으로 옳지 않은 것은? (2017 세무사)

① 사원이 1인으로 되어 해산하게 된 경우 해산된 회사의 재산처분방법은 정관 또는 총사원의 동의로 이를 정할 수 있다.
② 지배인의 선임과 해임은 정관에 다른 정함이 없으면 업무집행사원이 있는 경우에도 총사원 과반수의 결의에 의하여야 한다.
③ 업무집행사원의 권한상실선고의 판결이 확정된 때에는 본점과 지점의 소재지에서 등기하여야 한다.
④ 정관에 수인의 업무집행사원이 있는 경우 그 각 사원의 업무집행에 관한 행위에 대하여 다른 업무집행사원의 이의가 있는 때에는 곧 그 행위를 중지하고 업무집행사원 과반수의 결의에 의하여야 한다.
⑤ 정관을 변경하려면 총사원의 동의가 있어야 한다.

① 사원이 1인으로 되어 해산하게 된 경우, 해산명령과 해산판결을 제외하고 다른 사유로 해산된 회사의 재산청분방법은 정관 또는 총사원의 동의로 이를 정할 수 있다(제247조 제1항, 제2항).
② 제203조 ③ 제205조 제2항
④ 제201조 제2항 ⑤ 제204조

정답_①

문 30_다음 합명회사에 관한 기술 중 옳은 것은?

① 정관으로 특정사원의 출자의무를 면제할 수 있다.
② 이익의 분배는 반드시 금전배당으로 하여야 한다.
③ 업무집행권이 없는 사원은 업무감시권도 없다.
④ 회사의 이익이 없어도 사원에게 이익배당을 할 수 있다.
⑤ 정관을 변경하지 못한다는 규정자체는 변경할 수 없다.

① 특정사원의 출자의무를 면제하는 것은 사원평등의 원칙에 어긋난다.
② 이익분배는 금전배당을 원칙으로 할 뿐이다.
③ 업무집행권이 없는 사원에게 업무감시권이 인정된다.
⑤ 정관을 변경하지 못한다는 규정 자체를 변경하여, 정관변경이 가능하다.

정답_④

해 설 및 정 답

문 31_상법상 합명회사의 사원에 관한 설명 중 가장 옳지 않은 것은? (2002 세무사)

① 정관 또는 총사원의 동의에 의하여 수인의 사원이 공동으로 회사를 대표할 것을 정할 수 있다.
② 대표사원은 회사의 영업에 관하여 재판상 또는 재판외의 모든 행위를 할 권한이 있다.
③ 사원이 업무를 집행함에 현저하게 부적임하거나 중대한 업무에 위반한 행위가 있는 때에는 법원은 사원의 청구에 의하여 업무집행권한의 상실을 선고할 수 있다.
④ 회사성립 후에 가입한 사원의 경우에는 그 가입 후에 생긴 회사채무에 한하여 다른 사원과 동일한 책임을 진다.
⑤ 회사의 재산으로 회사의 채무를 완제할 수 없는 때에는 각 사원은 연대하여 변제할 책임이 있다.

④ 회사성립 후에 가입한 사원은 가입 전의 회사채무에 대하여도 다른 사원과 동일한 책임을 진다(제213조).

정답_④

문 32_상법상 합명회사의 내부관계에 관한 설명으로 옳지 않은 것은? (2010 세무사)

① 채권을 출자의 목적으로 한 사원은 그 채권이 변제기에 변제되지 아니한 때에는 그 채권액을 변제할 책임을 지는데, 이 경우에는 이자를 지급하는 외에 이로 인하여 생긴 손해를 배상해야 한다.
② 각 사원은 정관에 다른 규정이 없는 때에는 회사의 업무를 집행할 권리와 의무가 있다.
③ 정관으로 수인의 사원을 공동업무집행사원으로 정한 때에 그 전원의 동의가 없으면 업무집행에 관한 행위를 하지 못한다. 그러나 지체할 염려가 있는 때에는 그러하지 아니하다.
④ 사원은 다른 사원 전원의 동의가 있는 때에 한하여 자기 또는 제3자의 계산으로 회사와 거래를 할 수 있다.
⑤ 지배인의 선임과 해임은 정관에 다른 정함이 없으면 업무집행사원이 있는 경우에도 총사원과반수의 결의에 의하여야 한다.

사원은 다른 사원 과반수의 동의가 있는 때에 한하여 자기 또는 제3자의 계산으로 회사와 거래를 할 수 있다.

정답_④

문 33_상법상 합명회사 사원의 지분에 관한 다음 설명 중 가장 옳은 것은? (2002. 세무사)

① 지분의 양도에는 다른 사원의 과반수의 동의를 얻어야 그 효력이 발생한다.
② 존속중의 회사의 경우 사원의 지분은 원칙적으로 상속된다.
③ 사원의 지분의 압류채권자는 언제든지 그 사원을 퇴사시킬 수 있다.
④ 사원의 지분에 대한 압류의 효력은 지분환급청구권에 미치나, 사원이 장래 배당 받을 구체적 이익배당청구권에는 미치지 않는다.
⑤ 임의청산을 하기 위하여는 사원의 지분에 대한 압류채권자의 동의를 얻어야 한다.

해 설 및 정 답

① 합명회사 사원의 지분양도는 다른 사원 전원의 동의를 얻어야 한다(제197조).
② 합명회사 사원의 사망은 퇴사사유에 해당하므로, 그 지분의 상속은 원칙적으로 인정되지 않는다(제218조).
③ 사원의 지분의 압류채권자는 6월의 예고기간을 거쳐 당해 영업년도말에 퇴사시킬 수 있다(제224조).
④ 사원의 지분압류의 효력은 지분환급청구권뿐만 아니라 이익배당청구권에도 당연히 미친다.
⑤ 임의청산시에는 채권자보호절차를 거쳐야 하며, 이 때에는 압류채권자도 포함된다(제249조, 제248조).

정답_⑤

문 34_상법상 합명회사에 관한 설명으로 옳지 않은 것은? (2019 세무사)

① 채권을 출자의 목적으로 한 사원은 그 채권이 변제기에 변제되지 아니한 때에는 그 채권액을 변제할 책임을 진다.
② 사원은 다른 사원의 동의를 얻지 아니하면 그 지분의 전부 또는 일부를 타인에게 양도하지 못한다.
③ 회사설립의 무효는 그 사원에 한하여, 설립의 취소는 그 취소권 있는 자에 한하여 회사성립의 날부터 2년 내에 소만으로 이를 주장할 수 있다.
④ 법정청산 시 청산인이 회사의 영업의 전부를 양도함에는 총사원의 동의가 있어야 한다.
⑤ 지배인의 선임과 해임은 정관에 다른 정함이 없으면 업무집행사원이 있는 경우에도 총사원 과반수의 결의에 의한다.

① 채권을 출자의 목적으로 한 사원은 그 채권이 변제기에 변제되지 아니한 때에는 그 채권액을 변제할 책임을 진다(제196조).
② 사원은 다른 사원의 동의를 얻지 아니하면 그 지분의 전부 또는 일부를 타인에게 양도하지 못한다(제197조).
③ 회사설립의 무효는 그 사원에 한하여, 설립의 취소는 그 취소권 있는 자에 한하여 회사성립의 날부터 2년 내에 소만으로 이를 주장할 수 있다(제184조 제1항).
④ 법정청산 시 청산인이 회사의 영업의 전부를 양도함에는 총사원 과반수의 동의가 있어야 한다(제257조).
⑤ 지배인의 선임과 해임은 정관에 다른 정함이 없으면 업무집행사원이 있는 경우에도 총사원 과반수의 결의에 의한다(제203조).

정답_④

문 35_다음 합명회사 사원의 입사 및 퇴사에 관한 설명 중 옳지 않은 것은? (1998 세무사)

① 사원의 입사는 총사원의 동의를 요한다.
② 사원의 임의퇴사는 일방적 의사표시에 의해서 가능하다.
③ 총사원의 동의로서 특정사원의 의사에 반하여 그 사원자격을 박탈할 수 있다.
④ 퇴사원의 퇴사등기를 한 후 퇴사등기 전에 생긴 채무에 대하여 퇴사등기 후 2년 내에는 다른 사원과 동일한 책임이 있다.
⑤ 노무 또는 신용을 출자한 퇴사원도 그 지분의 환급을 받을 수 있다.

③ 사원자격의 박탈은 제명의 소를 통해 이루어진다.

정답_③

해 설 및 정 답

문 36_합명회사의 외부관계에 대한 설명이다. 옳지 않은 것은?

① 자칭사원은 그를 사원으로 오해하고 거래한 자에 대하여 사원과 같은 책임을 진다.
② 대표사원의 대표권에 대한 제한은 선의의 제3자에게 대항하지 못한다.
③ 회사가 해산할 경우 등기 후 5년이 경과하여야 사원의 책임이 소멸한다.
④ 신입사원은 가입 전에 생긴 회사채무에 대하여는 책임이 없다.
⑤ 합명회사의 사원은 원칙적으로 각자 회사를 대표한다.

④ 새로이 입사한 사원은 입사 전의 회사채무에 대하여 다른 사원과 동일한 책임을 진다(제213조).

정답_④

문 37_합명회사 사원의 입사와 퇴사에 관한 사항으로 옳지 않은 것은?

① 노무 또는 신용을 출자한 퇴사원도 정관에 다른 정함이 없으면 그 지분의 환급을 받을 수 있다.
② 사원은 원칙적으로 6월 전에 예고하고 일방적 의사표시에 의해서도 그 영업년도말에 퇴사가 가능하다.
③ 총사원의 동의로서 특정사원의 의사에 반해서 그 사원자격을 박탈할 수 있다.
④ 퇴사원은 퇴사등기 전에 생긴 채무에 대해서 퇴사등기 후 2년 내에는 다른 사원과 동일한 책임을 진다.
⑤ 사원의 입사는 총사원의 동의를 필요로 한다.

③ 특정사원의 의사에 반하여 다른 사원들이 임의로 사원자격을 박탈할 수는 없다. 다만, 일정한 사유가 있는 경우 사원 과반수의 결의에 의해 제명처분의 소를 제기할 수 있다.

정답_③

문 38_상법상 합명회사에 관한 설명으로 옳은 것은? (2015 세무사)

① 합명회사의 사원은 출자에 대하여 직접, 연대, 무한의 책임을 진다.
② 합명회사의 설립의 하자에 대하여 설립무효의 소는 인정되나 설립취소의 소는 인정되지 않는다.
③ 채권을 출자의 목적으로 한 사원은 그 채권이 변제기에 변제되지 아니한 때에는 그 채권액을 변제할 책임을 진다.
④ 사원은 다른 사원의 동의를 얻은 때에도 그 지분의 전부 또는 일부를 타인에게 양도하지 못한다.
⑤ 지배인의 선임은 정관에 다른 정함이 없으면 업무집행사원이 있는 경우에도 사원 전원의 동의를 얻어야 한다.

① 합명회사의 사원은 회사의 채무에 대하여 직접, 연대, 무한의 책임을 진다(제212조 제1항).
② 합명회사의 설립의 하자에 대하여 설립무효의 소와 설립취소의 소가 인정된다(제184조 제1항).
③ 제196조.
④ 사원은 다른 사원의 동의를 얻은 때에는 그 지분의 전부 또는 일부를 타인에게 양도할 수 있다(제197조)
⑤ 지배인의 선임은 정관에 다른 정함이 없으면 업무집행사원이 있는 경우에도 총사원의 과반수의 동의를 얻어야 한다(제203조).

정답_③

문 39_합명회사에 관한 다음 설명 중 옳지 않은 것은? (1999 세무사)

① 합명회사의 사원의 지분은 상속되지 아니하는 것이 원칙이다.
② 합명회사의 사원의 의결권은 원칙적으로 사원의 지분에 비례하여 주어진다.
③ 합명회사의 사원이 그의 지분을 양도하는 경우에는 원칙적으로 다른 모든 사원의 동의가 있어야 한다.
④ 합명회사의 사원은 원칙적으로 업무집행권과 회사대표권을 가진다.
⑤ 합명회사의 사원이 부담하는 회사채무에는 그 발생원인이 불법행위인 경우도 포함된다.

해 설 및 정 답

① 사원의 사망은 퇴사사유에 해당한다(제218조 제3호).
② 합명회사 사원의 의결권은 1인1의결권, 즉 두수주의(頭數主義)에 의하는 점에서, 물적회사의 지분복수주의와 차이가 있다.
③ 제197조 참조
④ 제200조 및 제207조 참조
⑤ 사원의 책임의 대상이 되는 회사의 채무는 적극재산으로 변제해야 할 모든 채무로, 계약상의 채무이든 불법행위로 인한 경우이든 묻지 않는다.

정답_②

문 40_상법상 합명회사에 관한 설명으로 옳은 것을 모두 고른 것은?(다툼이 있으면 판례에 따름) (2020 세무사)

ㄱ. 회사가 사원에 대하여 소를 제기하는 경우 회사를 대표할 사원이 없는 때에는 법원에 청구하여 대표자를 선정해야 한다.
ㄴ. 회사는 총사원의 동의로 수인의 사원이 공동으로 회사를 대표할 것을 정할 수 있다.
ㄷ. 채무자인 사원의 지분을 압류한 채권자가 영업연도말에 그 사원을 퇴사시키기 위해서는 다른 사원 전원의 동의를 얻어야 한다.
ㄹ. 사원은 다른 사원 과반수의 결의가 있는 때에 한하여 자기 또는 제3자의 계산으로 회사와 거래를 할 수 있다.

① ㄱ, ㄷ ② ㄴ, ㄷ ③ ㄴ, ㄹ
④ ㄱ, ㄷ, ㄹ ⑤ ㄴ, ㄷ, ㄹ

ㄱ. 회사가 사원에 대하여 소를 제기하는 경우 회사를 대표할 사원이 없는 때에는 사원 과반수의 결의에 의하여 대표자를 선정해야 한다(제211조).
ㄴ. 회사는 총사원의 동의로 수인의 사원이 공동으로 회사를 대표할 것을 정할 수 있다(제208조 제1항).
ㄷ. 채무자인 사원의 지분을 압류한 채권자가 영업연도말에 그 사원을 퇴사시키기 위해서는 회사와 사원에 대하여 6월 전에 예고하여야 한다(제224조 제1항).
ㄹ. 사원은 다른 사원 과반수의 결의가 있는 때에 한하여 자기 또는 제3자의 계산으로 회사와 거래를 할 수 있다(제199조).

정답_③

진도별 모의고사

문 1_우리 상법상 합명회사의 대표기관에 관한 다음의 설명 중 틀린 것은? (2001 세무사)

① 합명회사의 대표기관은 원칙적으로 각 사원이다.
② 정관의 규정에 의하여 수인의 업무집행사원을 정한 경우에는 각 업무집행사원이 대표기관이 된다.
③ 위 ②의 경우에 정관 또는 총사원의 동의로 업무집행사원 중에서 대표사원을 정할 수 있다.
④ 정관 또는 총사원의 동의로 공동대표사원을 정할 수 있다.
⑤ 회사와 사원간의 소(訴)에서 회사를 대표할 다른 사원이 없는 때에는 사원의 청구에 의하여 법원이 대표사원을 선정하여야 한다.

해설 및 정답

⑤ 회사와 사원간의 소에서 회사를 대표할 다른 사원이 없는 때에는 사원 과반수의 결의로 회사를 대표할 자를 선정하여야 한다(제211조).

정답_⑤

문 2_합명회사의 외부관계에 관한 설명 중 옳지 않은 것은? (2003 세무사)

① 회사는 정관으로 수인의 사원이 공동으로 회사를 대표하는 것을 정할 수 있다.
② 회사성립 후에 가입한 사원은 그 가입 전에 생긴 회사채무에 대하여 다른 사원과 동일한 책임을 진다.
③ 대표사원은 회사의 영업에 관하여 재판상 또는 재판 외의 모든 행위를 할 권한이 있다.
④ 사원이 회사채무에 관하여 변제의 청구를 받은 때에는 회사가 주장할 수 있는 항변으로 그 채권자에게 대항할 수 있다.
⑤ 정관으로 업무집행사원을 정한 경우라도 각 사원이 회사를 대표한다.

⑤ 정관으로 업무집행사원을 정한 경우에는, 업무집행사원이 회사를 대표하며 업무집행권이 없는 자는 회사를 대표할 수 없다(제207조).

정답_⑤

문 3_우리 상법상 합명회사 사원의 회사채권자에 대한 책임에 관한 다음의 설명 중 맞는 것은? (2001 세무사)

① 사원은 연대책임을 지므로 회사에 대한 관계에 있어서도 보충성이 없다.
② 회사 성립 후에 입사한 사원은 그가 입사하기 이전에 생긴 회사의 채무에 대하여는 책임을 지지 않는다.
③ 사원이 퇴사한 경우에는 퇴사한 날 이후에 발생한 회사의 채무에 대하여는 책임을 지지 않는다.
④ 사원이 부담하는 회사의 채무에는 (대체성이 있는 것이면) 공법상의 것이든 사법상의 것이든 모두 포함된다.
⑤ 사원의 이러한 책임은 업무집행권이나 대표권의 유무에 의하여 다르다.

해 설 및 정 답

① 사원은 직접책임을 진다. 이러한 직접책임은 회사가 채무이행을 할 수 없는 경우에 지는 보충적 책임에 해당한다.
② 회사 성립 후에 입사한 사원은 그가 입사하기 이전에 생긴 회사의 채무에 대하여도 기존의 사원과 동일한 책임을 진다(제213조).
③ 사원은 퇴사한 경우, 퇴사등기를 한 때로부터 2년 내에는 퇴사등기를 하기 전에 생긴 회사채무에 대하여는 다른 사원과 동일한 책임을 진다(제225조 제1항).
⑤ 사원의 책임은 업무집행권이나 대표권의 유무에 관계없이 직접, 무한, 연대책임을 진다.

정답_④

문 4_상법상 합명회사 사원에 관한 설명 중 옳지 않은 것은? (2004 세무사)

① 사원의 출자에는 재산출자뿐만 아니라 노무출자, 신용출자까지 허용된다.
② 사원은 다른 사원의 동의를 얻지 아니하면 그 지분의 전부 또는 일부를 타인에게 양도하지 못한다.
③ 사원은 다른 사원의 동의가 없으면 자기 또는 제3자의 계산으로 회사의 영업부류에 속하는 거래를 하지 못한다.
④ 사원은 다른 사원의 동의가 없으면 동종영업을 목적으로 하는 다른 회사의 무한책임사원 또는 이사가 되지 못한다.
⑤ 공동업무집행사원이 선임되어 등기된 경우 업무집행은 원칙적으로 공동업무집행사원 과반수의 결의를 요한다.

⑤ 공동업무집행사원이 선임된 때에는 원칙적으로 그 전원의 동의가 없으면 업무집행에 관한 행위를 하지 못한다(제202조).

정답_⑤

문 5_상법상 합명회사에 관한 설명 중 옳지 않은 것은? (다툼이 있으면 통설과 판례에 의함) (2007 세무사)

① 사원의 출자에 관하여는 정관으로 자유로이 그 이행기를 정할 수 있다.
② 사원은 출자가액에 비례하여 의결권을 가지는 것은 아니다.
③ 회사에 이익이 없어도 사원에게 배당을 할 수 있다.
④ 사원이 책임을 부담하여야 할 회사의 채무는 원칙적으로 대체성이 있는 채무이어야 하며, 그 발생원인이 불법행위인 경우도 포함된다.
⑤ 청산인은 변제기가 도래하지 않은 회사채무에 대하여는 변제할 수 없다.

청산인은 변제기가 도래하지 않은 회사채무에 대하여도 채무자를 보호하기 위하여 변제할 수 있다(제259조 제1항).

정답_⑤

문 6_A, B는 각각 6천만원과 4천만원씩 출자하여 甲합명회사를 설립하였다. 甲회사는 설립 후 乙은행으로부터 1억원을 대출받았음에도 영업실적이 부진하자 C를 새로운 사원으로 영입하였다(C는 4천만원 출자). 그런데 乙은행에 대한 변제시점에 甲회사의 재산은 3천만원에 불과하다. 다음 설명 중 가장 옳은 것은? (2008 세무사)

① C는 乙은행에 대하여 개인재산에 의한 책임이 없다.
② A는 甲회사의 재산상태에 상관없이 乙은행에 대하여 1억원 전액에 대하여 책임을 부담한다.
③ 甲회사, A, B, C는 乙은행에 대하여 연대 책임을 부담한다.
④ 乙은행은 甲회사가 지급하지 못한 채무 전액에 대하여 B에게 직접 변제청구를 할 수 있다.
⑤ B가 乙은행에 대하여 甲회사가 지급하지 못한 7천만원을 지급한 경우 A에게만 구상권을 행사할 수 있다.

해 설 및 정 답

① C는 乙은행에 대하여 개인재산에 의한 책임이 있다.(제213조).
② A는 甲회사가 재산으로 변제할 수 없는 경우에 乙은행에 대하여 책임을 부담하므로, 甲회사에 3천만원의 재산으로 변제하고 부족한 7천만원에 대해 책임을 진다.
③ 甲회사가 변제하지 못하는 경우에 A, B, C는 乙은행에 대하여 연대책임을 부담한다.
⑤ B가 乙은행에 대하여 甲회사가 지급하지 못한 7천만원을 지급한 경우 A와 C에게 구상권을 행사할 수 있다.

정답_④

문 7_상법상 합명회사에 관한 설명으로 옳지 않은 것은? (2009 세무사)

① 각 사원은 업무집행에 대한 권한을 가지며, 이는 정관으로 제한할 수 없다.
② 회사의 설립시 작성하는 정관은 그 효력발행을 위하여 공증인의 인증을 받지 않아도 된다.
③ 사원은 다른 사원의 동의가 없으면 동종영업을 목적으로 하는 다른 회사의 무한책임사원 또는 이사가 되지 못한다.
④ 사원의 지분은 정관으로 정한 경우에는 상속이 가능하다.
⑤ 사원은 다른 사원 과반수의 결의가 있는 때에 한하여 자기 또는 제3자의 계산으로 회사와 거래할 수 있다.

각 사원은 정관에 다른 정함이 없는 경우에는 회사의 업무를 집행할 권한을 가진다(제200조 제1항).

정답_①

문 8_상법상 합명회사에 관한 설명으로 옳은 것은? (2012 세무사)

① 정관을 변경함에는 총사원의 3분의 2이상의 동의가 있어야 한다.
② 모든 사원은 회사설립 취소를 회사성립의 날로부터 2년 내에 소만으로 이를 주장할 수 있다.
③ 사원은 다른 사원 전원의 결의가 있는 때에 한하여 자기 또는 제3자의 계산으로 회사와 거래를 할 수 있다.
④ 회사성립 후에 가입한 사원은 그 가입 전에 생긴 회사채무에 대하여는 책임을 지지 않는다.
⑤ 회사가 사원에 대하여 또는 사원이 회사에 대하여 소를 제기하는 경우에 회사를 대표할 사원이 없을 때에는 다른 사원 과반수의 결의로 선정하여야 한다.

① 정관을 변경함에는 총사원의 동의가 있어야 한다(제204조).
② 취소권이 있는 사원은 회사설립취소를 회사성립의 날로부터 2년 내에 소만으로 이를 주장할 수 있다(제184조).
③ 사원은 다른 사원 과반수의 결의가 있는 때에 한하여 자기 또는 제3자의 계산으로 회사와 거래를 할 수 있다(제199조).
④ 회사성립 후에 가입한 사원은 그 가입 전에 생긴 회사채무에 대하여 다른 사원과 연대하여 책임을 진다(제213조).

정답_⑤

문 9_상법상 합명회사에 관한 설명으로 옳지 않은 것은?

(2013 세무사)

① 합명회사는 회사채권자에 대하여 직접·연대·무한책임을 지는 2인 이상의 사원으로 구성된 회사이다.
② 사원은 전체 사원의 3분의 2 이상의 결의가 있는 때에 한하여 자기 또는 제3자의 계산으로 회사와 거래를 할 수 있다.
③ 사원은 다른 사원의 동의를 얻지 아니하면 그 지분의 전부 또는 일부를 타인에게 양도하지 못한다.
④ 합명회사의 설립의 취소는 그 취소권 있는 자에 한하여 회사성립의 날로부터 2년내에 소만으로 이를 주장할 수 있다.
⑤ 회사가 사원에 대하여 또는 사원이 회사에 대하여 소를 제기하는 경우에 회사를 대표할 사원이 없을 때에는 다른 사원 과반수의 결의로 선정하여야 한다.

해 설 및 정 답

사원은 다른 사원 과반수의 결의가 있는 때에 한하여 자기 또는 제3자의 계산으로 회사와 거래를 할 수 있다(제199조).

정답_②

문 10_상법상 합자회사에 관한 설명으로 옳지 않은 것은?

(2013 세무사)

① 무한책임사원은 신용 또는 노무를 출자의 목적으로 할 수 있다.
② 무한책임사원은 다른 사원의 동의없이 자기 또는 제3자의 계산으로 회사의 영업부류에 속하는 거래를 할 수 있고 동종영업을 목적으로 하는 다른 회사의 무한책임사원 또는 이사가 되지 못한다.
③ 무한책임사원은 정관에 다른 규정이 없는 때에는 각자가 회사의 업무를 집행할 권리와 의무가 있다.
④ 유한책임사원은 그 출자가액에서 이미 이행한 부분을 공제한 가액을 한도로 하여 회사채무를 변제할 책임이 있다.
⑤ 합자회사의 정관에는 각 사원의 무한책임 또는 유한책임인 것을 기재하여야 한다.

무한책임사원은 다른 사원의 동의없이 자기 또는 제3자의 계산으로 회사의 영업부류에 속하는 거래를 할 수 없고 동종영업을 목적으로 하는 다른 회사의 무한 책임사원 또는 이사가 되지 못한다(제269조, 제198조).

정답_②

해 설 및 정 답

문 11_상법상 합명회사에 관한 설명으로 옳은 것은?(단, 정관에 상법과 달리 정하는 규정은 없다) (2018 세무사)

① 사원이 그 채권자를 해할 것을 알고 회사를 설립한 때에는 채권자는 그 사원과 회사에 대한 소로 회사의 설립취소를 청구할 수 있다.
② 사원이 회사채무에 관하여 변제의 청구를 받은 때에는 회사가 주장할 수 있는 항변으로 그 채권자에게 대항할 수 없다.
③ 설립등기시 회사를 대표할 사원을 정한 경우 회사를 대표할 사원의 성명은 등기해야 하지만 그 외의 사원의 성명은 등기하지 않아도 된다.
④ 노무를 출자한 사원이 퇴사한 경우 정관에 지분의 환급여부에 관한 규정이 없으면 퇴사한 노무출자사원은 지분의 환급을 받을 수 없다.
⑤ 회사성립후에 가입한 사원은 그 가입전에 생긴 회사채무에 대하여는 책임을 지지 않는다.

① 상법 제185조
② 사원이 회사채무에 관하여 변제의 청구를 받은 때에는 회사가 주장할 수 있는 항변으로 그 채권자에게 대항할 수 있다(상법 제214조 제1항).
③ 설립등기시 회사를 대표할 사원을 정한 경우 회사를 대표할 사원의 성명은 등기해야 하지만 그 외의 사원의 성명은 등기하지만 주소는 등기하지 않아도 된다(상법 제180조 제1호).
④ 노무를 출자한 사원이 퇴사한 경우 정관에 지분의 환급여부에 관한 규정이 없으면 퇴사한 노무출자사원은 지분의 환급을 받을 수 있다(상법 제222조).
⑤ 회사성립후에 가입한 사원은 그 가입전에 생긴 회사채무에 대하여는 책임을 진다(상법 제213조).

정답_①

문 12_상법상 합자회사에 관한 설명으로 옳은 것은? (2019 세무사)

① 유한책임사원은 신용 또는 노무를 출자의 목적으로 할 수 있다.
② 유한책임사원이 성년후견개시 심판을 받은 경우에는 퇴사된 것으로 본다.
③ 유한책임사원은 다른 사원의 동의 없이 자기의 계산으로 회사의 영업부류에 속하는 거래를 할 수 있다.
④ 유한책임사원은 회사의 업무집행이나 대표행위를 할 수 있다.
⑤ 유한책임사원이 사망한 때에는 그 상속인이 그 지분을 승계하지 못한다.

① 유한책임사원은 신용 또는 노무를 출자의 목적으로 할 수 없다(제272조).
② 유한책임사원이 성년후견개시 심판을 받은 경우에도 퇴사되지 아니한다(제284조).
③ 유한책임사원은 다른 사원의 동의 없이 자기의 계산으로 회사의 영업부류에 속하는 거래를 할 수 있다(제275조).
④ 유한책임사원은 회사의 업무집행이나 대표행위를 할 수 없다(제278조).
⑤ 유한책임사원이 사망한 때에는 그 상속인이 그 지분을 승계하여 사원이 된다(제283조 제1항).

정답_③

문 13_상법상 합자회사의 유한책임사원에 관한 설명으로 옳은 것은? (2017 세무사 수정)

① 유한책임사원이 성년후견개시를 받은 경우에는 퇴사된다.
② 유한책임사원은 다른 사원의 동의없이 자기 또는 제3자의 계산으로 회사의 영업부류에 속하는 거래를 할 수 없다.
③ 유한책임사원은 회사의 업무집행은 할 수 없으나 대표행위는 할 수 있다.
④ 유한책임사원은 신용 또는 노무를 출자의 목적으로 할 수 있다.
⑤ 유한책임사원이 사망한 때에는 그 상속인이 그 지분을 승계하여 사원이 된다.

① 유한책임사원이 성년후견개시를 받은 경우에도 퇴사되지 아니한다(제284조).
② 유한책임사원은 다른 사원의 동의없이 자기 또는 제3자의 계산으로 회사의 영업부류에 속하는 거래를 할 수 있다(제275조).
③ 유한책임사원은 회사의 업무집행이나 대표행위는 하지 못한다(제278조).
④ 유한책임사원은 신용 또는 노무를 출자의 목적으로 하지 못한다(제272조).
⑤ 제283조 제1항

정답_⑤

해 설 및 정 답

문 14_상법상 합자회사에 관한 설명으로 옳지 않은 것은?

(2016 세무사)

① 유한책임사원은 회사의 대표행위를 하지 못한다.
② 지배인의 선임과 해임은 총사원의 동의에 의한다.
③ 유한책임사원은 무한책임사원 전원의 동의가 있으면 그 지분을 타인에게 양도할 수 있으며 지분의 양도에 따라 정관을 변경하여야 할 경우에도 같다.
④ 유한책임사원이 무한책임사원으로 된 경우 그 책임 변경 전에 생긴 회사채무에 대하여 다른 무한책임사원과 동일한 책임을 진다.
⑤ 무한책임사원이 유한책임사원으로 된 경우, 그 사원은 본점 소재지에서 책임에 관한 변경등기를 하기 전에 생긴 회사채무에 대하여는 등기후 2년 내에는 다른 무한책임사원과 동일한 책임이 있다.

지배인의 선임과 해임은 무한책임사원 과반수의 동의에 의한다(제274조).

정답_②

문 15_상법상 합자회사에 관한 설명으로 옳지 않은 것은?

(2014 세무사)

① 무한책임사원은 신용 또는 노무를 출자의 목적으로 할 수 있다.
② 무한책임사원 중 일부를 업무집행사원으로 정한 경우 지배인의 선임과 해임은 그 업무집행사원의 과반수의 결의에 의하여야 한다.
③ 유한책임사원은 다른 사원의 동의 없이 제3자의 계산으로 회사의 영업부류에 속하는 거래를 할 수 있다.
④ 유한책임사원은 그 출자가액에서 이미 이행한 부분을 공제한 가액을 한도로 하여 회사 채무를 변제할 책임이 있다.
⑤ 합자회사의 청산인은 무한책임사원 과반수의 결의로 선임하고, 이를 선임하지 아니하면 업무집행사원이 청산인이 된다.

무한책임사원 중 일부를 업무집행사원으로 정한 경우 지배인의 선임과 해임은 그 무한책임사원의 과반수의 결의에 의하여야 한다(제274조).

정답_②

문 16_상법상 합자회사에 관한 설명으로 옳지 않은 것은? (2020 세무사)

① 업무집행사원이 있는 경우에도 지배인의 선임과 해임은 무한책임사원 과반수 결의에 의하여야 한다.
② 유한책임사원은 무한책임사원 전원의 동의가 있으면 지분을 타인에게 양도할 수 있다.
③ 유한책임사원은 그 출자가액에서 이미 이행한 부분을 공제한 가액을 한도로 하여 회사채무를 변제할 책임이 있다.
④ 유한책임사원이 성년후견개시 심판을 받은 경우에는 퇴사하여야 한다.
⑤ 유한책임사원이 사망한 때에 그 상속인이 지분을 승계하여 사원이 된다.

해 설 및 정 답

① 업무집행사원이 있는 경우에도 지배인의 선임과 해임은 무한책임사원 과반수 결의에 의하여야 한다(제274조).
② 유한책임사원은 무한책임사원 전원의 동의가 있으면 지분을 타인에게 양도할 수 있다(제276조).
③ 유한책임사원은 그 출자가액에서 이미 이행한 부분을 공제한 가액을 한도로 하여 회사채무를 변제할 책임이 있다(제279조 제1항).
④ 유한책임사원이 성년후견개시 심판을 받은 경우에도 퇴사하지 아니한다(제284조).
⑤ 유한책임사원이 사망한 때에 그 상속인이 지분을 승계하여 사원이 된다(제283조 제1항).

정답_④

문 17_상법상 무한책임사원 A와 유한책임사원 B로만 구성된 합자회사에 관한 설명으로 옳지 않은 것은? (2021 세무사)

① B는 신용 또는 노무를 출자의 목적으로 하지 못한다.
② B도 업무집행이나 대표행위를 할 수 있다.
③ A의 지분양도에는 사원 전원의 동의를 요하지만, B의 지분양도에는 A의 동의만 있으면 된다.
④ 사원 전원의 동의로 정관을 변경함으로써 A를 유한책임사원으로, B를 무한책임사원으로 변경할 수 있다.
⑤ B가 사망한 때에는 상속인이 그 지분을 승계하여 사원이 된다.

① B는 신용 또는 노무를 출자의 목적으로 하지 못한다(상법 제272조).
② B는 업무집행이나 대표행위를 할 수 없다(상법 제278조).
③ A의 지분양도에는 사원 전원의 동의를 요하지만, B의 지분양도에는 A의 동의만 있으면 된다(상법 제197조, 제276조 제1항).
④ 사원 전원의 동의로 정관을 변경함으로써 A를 유한책임사원으로, B를 무한책임사원으로 변경할 수 있다(상법 제269조, 제204조, 제282조 참조).
⑤ B가 사망한 때에는 상속인이 그 지분을 승계하여 사원이 된다(상법 제283조).

정답_②

문 18_상법상 甲(무한책임사원)과 乙(유한책임사원)이 A합자회사를 설립하여 현재 甲, 乙만이 사원으로 있는 A합자회사에 관한 설명으로 옳지 않은 것은?(단, 정관에 상법과 달리 정하는 규정이 없으며, 다툼이 있으면 판례에 따름) (2018 세무사)

① 甲이 무한책임사원, 乙이 유한책임사원이라는 것은 설립시 등기하여야 할 사항이다.
② 乙은 신용 또는 노무를 출자의 목적으로 할 수 있다.
③ 乙은 甲의 동의 없이 자기의 계산으로 A합자회사의 영업부류에 속하는 거래를 할 수 있다.
④ 乙이 퇴사한 때에는 A합자회사는 해산된다.
⑤ 무한책임사원 甲과 유한책임사원 乙이 각 1인만으로 된 합자회사에 있어서는 한 사원의 의사에 의하여 다른 사원의 제명을 할 수는 없다.

합자회사의 유한책임사원은 신용 또는 노무를 출자의 목적으로 하지 못한다(상법 제272조)
① 상법 제271조 제1항 ③ 상법 제275조
④ 상법 제285조 제1항
⑤ 무한책임사원과 유한책임사원 각 1인만으로 된 합자회사에 있어서는 한 사원의 의사에 의하여 다른 사원의 제명을 할 수는 없다고 보아야 한다(대법원 1991. 7. 26. 선고 90다19206 판결).

정답_②

문 19_상법상 합자회사에 관한 설명으로 옳은 것은? (2009 세무사 수정)

① 합자회사의 유한책임사원은 성년후견개시를 받으면 퇴사하여야 한다.
② 지배인의 선임과 해임은 업무집행사원이 있는 경우에도 모든 사원의 과반수의 결의에 의하여야 한다.
③ 유한책임사원이 사망하는 경우 무한책임사원 전원의 동의를 받으면 상속인이 그 지분을 승계하여 사원이 될 수 있다.
④ 유한책임사원은 무한책임사원 전원의 동의가 있으면 그 지분의 전부 또는 일부를 타인에게 양도할 수 있다.
⑤ 유한책임사원은 다른 사원의 동의 없이 자기 또는 제3자의 계산으로 회사의 영업부류에 속하는 거래를 할 수 없다.

해 설 및 정 답

① 합자회사의 유한책임사원은 금치산선고를 받더라도 퇴사하지 않는다(제284조).
② 지배인의 선임과 해임은 업무집행사원이 있는 경우에도 무한책임사원의 과반수의 결의에 의하여야 한다(제274조).
③ 유한책임사원이 사망하는 경우 상속인이 그 지분을 승계하여 사원이 될 수 있다(제283조).
④ 제276조
⑤ 유한책임사원은 다른 사원의 동의 없이 자기 또는 제3자의 계산으로 회사의 영업부류에 속하는 거래를 할 수 있다(제275조).

정답_④

문 20_상법상 합자회사에 관한 설명으로 옳은 것은? (다툼이 있는 경우에는 대법원 판례에 의함) (2011 세무사)

① 합자회사의 유한책임사원은 다른 유한책임사원 전원의 동의만으로 자신의 지분을 양도할 수 있다.
② 합자회사의 유한책임사원은 신용 또는 노무를 출자의 목적으로 할 수 있다.
③ 무한책임사원과 유한책임사원 각 1인만으로 된 합자회사의 경우 유한책임사원에게 출자의무 불이행의 사유가 있으면 회사는 법원에 제명의 선고를 청구할 수 있다.
④ 합자회사의 유한책임사원은 합명회사의 사원의 경우와 마찬가지로 경업금지의무를 부담한다.
⑤ 합자회사의 정관에 기재된 사원의 책임 변경은 정관변경의 절차에 의하여야 하고, 특별한 사정이 없는 한 총사원의 동의가 필요하다.

① 합자회사의 유한책임사원은 다른 무한책임사원 전원의 동의만으로 자신의 지분을 양도할 수 있다(제276조).
② 합자회사의 유한책임사원은 신용 또는 노무를 출자의 목적으로 할 수 없다(제272조).
③ 무한책임사원과 유한책임사원 각 1인만으로 된 합자회사의 경우 유한책임사원에게 출자의무 불이행의 사유가 있으면 회사는 법원에 제명의 선고를 청구할 수 없다.
④ 합자회사의 유한책임사원은 합명회사의 사원의 경우와 마찬가지로 경업금지의무를 부담하지 않는다(제275조).

정답_⑤

문 21_상법상 유한책임회사의 설립의 취소 또는 무효에 관한 설명으로 옳지 않은 것은? (2016 세무사)

① 설립의 취소는 그 취소권있는 자에 한하여 회사성립의 날로부터 2년내에 소만으로 이를 주장할 수 있다.
② 사원이 그 채권자를 해할 것을 알고 회사를 설립한 때에는 채권자는 그 사원과 회사에 대한 소로 회사의 설립취소를 청구할 수 있다.

설립의 무효는 사원 및 업무집행자에 한하여 회사성립의 날로부터 2년내에 소만으로 이를 주장할 수 있다(제287조의6).

정답_③

③ 설립의 무효는 이사, 감사에 한하여 회사성립의 날로부터 2년내에 소만으로 이를 주장할 수 있다.
④ 설립취소의 소 또는 설립무효의 소가 그 심리중에 원인이 된 하자가 보완되고 회사의 현황과 제반사정을 참작하여 설립을 취소 또는 무효로 하는 것이 부적당하다고 인정한 때에는 법원은 그 청구를 기각할 수 있다.
⑤ 설립취소의 판결은 판결확정전에 생긴 회사와 사원 및 제3자간의 권리의무에 영향을 미치지 아니한다.

문 22_상법상 유한책임회사에 관한 설명으로 옳은 것은? (2020 세무사)

① 사원은 정관 작성 후 설립등기를 하는 때까지 금전이나 그 밖의 재산의 출자 중 일부만 이행하여도 된다.
② 자본금의 액은 정관의 절대적 기재사항이나 설립등기사항은 아니다.
③ 유한책임회사에는 설립취소의 소가 허용되지 않는다.
④ 정관변경을 통해 새로 가입한 사원이 출자를 납입하지 아니한 경우에는 그 납입을 마친 때에 사원이 된다.
⑤ 사원의 지분의 압류는 잉여금의 배당을 청구하는 권리에 대해서는 그 효력이 없다.

해 설 및 정 답

① 사원은 정관 작성 후 설립등기를 하는 때까지 금전이나 그 밖의 재산의 출자 전부를 이행하여야 한다(제287조의4 제1항).
② 자본금의 액은 정관의 절대적 기재사항이며(제287조의3 3호), 설립등기사항이다(제287조의5 제1항 3호).
③ 유한책임회사에는 설립취소의 소가 허용된다(제287조의6).
④ 정관변경을 통해 새로 가입한 사원이 출자를 납입하지 아니한 경우에는 그 납입을 마친 때에 사원이 된다(제298조의23 제2항 단서).
⑤ 사원의 지분의 압류는 잉여금의 배당을 청구하는 권리에 대해서도 그 효력이 있다(제287조의37 제6항).

정답_④

문 23_상법상 유한책임회사에 관한 설명으로 옳지 않은 것은? (2019 세무사)

① 현물출자를 하는 사원은 설립등기를 하는 때까지 유한책임회사에 출자의 목적인 재산을 인도하고, 등기, 등록, 그 밖의 권리의 설정 또는 이전이 필요한 경우에는 이에 관한 서류를 모두 갖추어 교부하여야 한다.
② 업무를 집행하지 아니한 사원은 업무를 집행하는 사원 전원의 동의가 있으면 지분의 전부 또는 일부를 타인에게 양도할 수 있다.
③ 유한책임회사는 정관으로 사원 또는 사원이 아닌 자를 업무집행자로 정하여야 한다.
④ 유한책임회사에 새로 가입하면서 정관변경 시까지도 출자에 관한 납입 또는 재산의 전부 또는 일부의 출자를 이행하지 아니한 자는 그 납입 또는 이행을 마친 때에 사원이 된다.
⑤ 정관으로 달리 정함이 없으면 유한책임회사의 퇴사 사원에 대한 환급금액은 퇴사 시의 회사의 재산 상황에 따라 정한다.

① 현물출자를 하는 사원은 납입기일에 지체없이 유한책임회사에 출자의 목적인 재산을 인도하고, 등기, 등록, 그 밖의 권리의 설정 또는 이전이 필요한 경우에는 이에 관한 서류를 모두 갖추어 교부하여야 한다(제287조의4 제3항).
② 업무를 집행하지 아니한 사원은 업무를 집행하는 사원 전원의 동의가 있으면 지분의 전부 또는 일부를 타인에게 양도할 수 있다(제287조의8 제2항).
③ 유한책임회사는 정관으로 사원 또는 사원이 아닌 자를 업무집행자로 정하여야 한다(제287조의12 제1항).
④ 유한책임회사에 새로 가입하면서 정관변경 시까지도 출자에 관한 납입 또는 재산의 전부 또는 일부의 출자를 이행하지 아니한 자는 그 납입 또는 이행을 마친 때에 사원이 된다(제287조의23 제2항).
⑤ 정관으로 달리 정함이 없으면 유한책임회사의 퇴사 사원에 대한 환급금액은 퇴사 시의 회사의 재산 상황에 따라 정한다(제287조의28 제2항).

정답_①

문 24_상법상 유한책임회사에 관한 설명으로 옳지 않은 것은?(단, 정관에 상법과 달리 정하는 규정은 없다.) (2018 세무사)

① 사원은 신용이나 노무를 출자의 목적으로 하지 못한다.
② 업무를 집행하는 사원이 없는 경우, 사원은 사원 전원의 동의를 얻어야 지분의 일부를 타인에게 양도할 수 있다.
③ 업무집행자는 다른 사원 전원의 동의가 있어야 자기 또는 제3자의 계산으로 회사와 거래를 할 수 있다.
④ 유한책임회사를 대표하는 업무집행자가 그 업무집행으로 타인에게 손해를 입힌 경우에는 회사는 그 업무집행자와 연대하여 배상할 책임이 있다.
⑤ 유한책임회사는 그 지분의 전부 또는 일부를 양수할 수 없으며, 유한책임회사가 지분을 취득하는 경우에는 그 지분은 취득한 때에 소멸한다.

해 설 및 정 답

업무집행자는 다른 사원 과반수의 동의가 있어야 자기 또는 제3자의 계산으로 회사와 거래를 할 수 있다(상법 제287조의11).
① 상법 제287조의4 제1항
② 상법 제287조의8 제2항 단서
④ 상법 제287조의20
⑤ 상법 제298조의9 제1항, 제2항

정답_③

문 25_상법상 유한책임회사에 관한 설명으로 옳지 않은 것은? (2021 세무사)

① 유한책임회사는 그 지분의 전부 또는 일부를 양수할 수 없다.
② 유한책임회사는 정관으로 사원 또는 사원이 아닌 자를 업무집행자로 정하여야 한다.
③ 유한책임회사의 내부관계에 관하여는 정관이나 상법에 다른 규정이 없으면 유한회사에 관한 규정을 준용한다.
④ 자본금 감소 후의 자본금의 액이 순자산액 이상인 경우에는 채권자 이의절차를 거칠 필요가 없다.
⑤ 유한책임회사를 주식회사로 조직변경할 경우에는 법원의 인가를 받지 아니하면 효력이 없다.

① 유한책임회사는 그 지분의 전부 또는 일부를 양수할 수 없다(상법 제287조의9 제1항).
② 유한책임회사는 정관으로 사원 또는 사원이 아닌 자를 업무집행자로 정하여야 한다(상법 제287조의12 제1항).
③ 유한책임회사의 내부관계에 관하여는 정관이나 상법에 다른 규정이 없으면 합명회사에 관한 규정을 준용한다(상법 제287조의18).
④ 자본금 감소 후의 자본금의 액이 순자산액 이상인 경우에는 채권자 이의절차를 거칠 필요가 없다(상법 제287조의36 단서).
⑤ 유한책임회사를 주식회사로 조직변경할 경우에는 법원의 인가를 받지 아니하면 효력이 없다(상법 제287조의44, 제607조 제2항).

정답_③

문 26_상법상 유한책임회사에 관한 설명으로 옳지 않은 것은? (2013 세무사)

① 업무집행자가 둘 이상인 경우 정관 또는 총사원의 동의로 유한책임회사를 대표할 업무집행자를 정할 수 있다.
② 퇴사 사원은 그 지분의 환급을 금전으로 받을 수 있다.
③ 유한책임회사는 그 지분의 전부 또는 일부를 양수할 수 있다.
④ 유한책임회사의 잉여금은 정관에 다른 규정이 없으면 각 사원이 출자한 가액에 비례하여 분배한다.
⑤ 유한책임회사는 총사원의 동의에 의하여 주식회사로 변경할 수 있다.

유한책임회사는 그 지분의 전부 또는 일부를 양수할 수 없다(제287조의8).

정답_③

문 27_상법상 유한책임회사에 관한 설명으로 옳지 않은 것은? (2014 세무사)

① 정관에 다른 정함이 없으면 퇴사 사원은 그 지분의 환급을 금전으로 받을 수 있다.
② 유한책임회사는 그 지분의 전부 또는 일부를 양수할 수 없으며 지분을 취득하더라도 그 지분은 취득한 때에 소멸한다.
③ 업무집행자는 다른 사원 과반수의 결의가 있는 경우에만 자기의 계산으로 회사와 거래를 할 수 있다.
④ 정관에 다른 정함이 없는 경우 정관을 변경하려면 총사원의 동의가 있어야 한다.
⑤ 유한책임회사의 내부관계에 관하여는 상법이나 정관에 다른 규정이 없으면 유한회사에 관한 규정을 준용한다.

해 설 및 정 답

유한책임회사의 내부관계에 관하여는 상법이나 정관에 다른 규정이 없으면 합명회사에 관한 규정을 준용한다(제287조의18).

정답_⑤

문 28_상법상 유한책임회사의 사원에 관한 설명으로 옳은 것은? (2017 세무사)

① 사원의 책임은 상법에 다른 규정이 있는 경우 외에는 그 출자금액을 한도로 한다.
② 회사는 정관으로 사원이 아닌 자를 업무집행자로 정할 수 없다.
③ 사원은 신용이나 노무를 출자의 목적으로 할 수 있다.
④ 사원은 정관의 작성 전까지 금전이나 그 밖의 재산의 출자를 전부 이행하여야 한다.
⑤ 퇴사한 사원의 성명이 유한책임회사의 상호 중에 사용된 경우 그 사원은 유한책임회사에 대하여 그 사용의 폐지를 청구할 수 없다.

① 제287조의7
② 회사는 정관에서 사원 또는 사원이 아닌 자를 업무집행자로 정하여야 한다(제287조의12 제1항).
③ 사원은 신용이나 노무를 출자의 목적으로 할 수 없다(제287조의4 제1항).
④ 사원은 정관의 작성 후 설립등기를 하는 때까지 금전이나 그 밖의 재산의 출자를 전부 이행하여야 한다(제287조의4 제2항).
⑤ 퇴사한 사원의 성명이 유한책임회사의 상호 중에 사용된 경우 그 사원은 유한책임회사에 대하여 그 사용의 폐지를 청구할 수 있다(제287조의31).

정답_①

문 29_상법상 주식회사의 자본금에 관한 설명으로 옳지 않은 것은? (2016 세무사)

① 회사설립시 자본금의 액은 설립등기사항이다.
② 회사의 자본금은 액면주식을 무액면주식으로 전환함으로써 변경할 수 있다.
③ 무액면주식을 발행하는 경우 회사의 자본금은 주식 발행가액의 2분의 1 이상의 금액으로서 이사회(상법이나 정관에서 주주총회로 정한 경우에는 주주총회)에서 자본금으로 계상하기로 한 금액의 총액으로 한다.
④ 액면주식을 발행하는 경우 회사의 자본금은 상법에서 달리 규정한 경우 외에는 발행주식의 액면총액으로 한다.

회사의 자본금은 액면주식을 무액면주식으로 전환함으로써 변경할 수 없다(제451조 제3항).

정답_②

⑤ 신주의 발행으로 인한 변경등기가 있은 후에 아직 인수하지 아니한 주식이 있거나 주식인수의 청약이 취소된 때에는 이사가 이를 공동으로 인수한 것으로 본다.

해 설 및 정 답

문 30_상법상 주식회사의 자본금에 관한 설명으로 옳지 않은 것은? (2019 세무사)

① 회사의 자본금은 상법에서 달리 규정한 경우 외에는 발행주식의 액면총액으로 한다.
② 회사는 정관에서 정하는 바에 따라 발행된 액면주식을 무액면주식으로 전환하거나 무액면주식을 액면주식으로 전환하는 경우에는 신주발행절차에 따른다.
③ 회사가 무액면주식을 발행하는 경우 회사의 자본금은 주식 발행가액의 2분의 1 이상의 금액으로 이사회(정관으로 주주총회에서 결정하기로 정한 경우에는 주주총회)에서 자본금으로 계상하기로 한 금액의 총액으로 한다.
④ 회사가 정관의 정함에 따라 무액면주식을 발행하는 경우에는 액면주식을 발행할 수 없다.
⑤ 회사의 자본금은 액면주식을 무액면주식으로 전환하거나 무액면주식을 액면주식으로 전환함으로써 변경할 수 없다.

① 회사의 자본금은 상법에서 달리 규정한 경우 외에는 발행주식의 액면총액으로 한다(제451조 제1항).
② 회사는 정관에서 정하는 바에 따라 발행된 액면주식을 무액면주식으로 전환하거나 무액면주식을 액면주식으로 전환하는 경우에는 주식병합절차에 따른다(제329조의2 제3항, 제440조 내지 제443조).
③ 회사가 무액면주식을 발행하는 경우 회사의 자본금은 주식 발행가액의 2분의 1 이상의 금액으로 이사회(정관으로 주주총회에서 결정하기로 정한 경우에는 주주총회)에서 자본금으로 계상하기로 한 금액의 총액으로 한다(제451조 제2항).
④ 회사가 정관의 정함에 따라 무액면주식을 발행하는 경우에는 액면주식을 발행할 수 없다(제329조 1항 단서).
⑤ 회사의 자본금은 액면주식을 무액면주식으로 전환하거나 무액면주식을 액면주식으로 전환함으로써 변경할 수 없다(제451조 제3항).

정답_②

문 31_상법상 주식회사의 발기인에 관한 설명 중 옳지 않은 것은? (2007 세무사)

① 상법상 발기인은 정관에 기명날인 또는 서명 여부에 관계없이, 실질적으로 회사설립에 주도적인 역할을 담당하는 자를 말한다.
② 발기인은 적어도 1주 이상의 주식을 인수하여야 한다.
③ 회사가 성립하지 못한 경우 설립에 관하여 지급한 비용은 발기인이 부담한다.
④ 발기인이 설립중 회사의 명의로 그 권한 내에서 한 행위의 효과는 설립등기를 마치면 회사에 귀속된다.
⑤ 발기인은 1인이어도 상관없으며, 그 자격에는 특별한 제한이 없다.

① 상법상 발기인은 정관에 기명날인 또는 서명한 자를 말하며, 실질적으로 회사설립에 주도적인 역할을 담당하는 자라도 정관에 기명날인 또는 서명을 하지 않은 자는 발기인이 될 수 없고, 다만 유사발기인으로 인정될 수 있다.

정답_①

문 32_상법상 주식회사의 설립중의 회사에 관한 설명으로 옳지 않은 것은? (다툼이 있는 경우에는 판례에 의함) (2014 세무사)

① 창립총회의 결의에서는 서면에 의한 의결권행사가 인정된다.
② 이사와 감사는 설립에 관한 사항이 법령 또는 정관의 규정에 위반되는지의 여부를 조사하여 발기인 또는 창립총회에 보고하여야 한다.
③ 창립총회의 결의는 출석한 주식인수인의 의결권의 3분의 2 이상이며 인수된 주식의 총수의 과반수에 해당하는 다수로 하여야 한다.
④ 설립중의 회사는 정관이 작성되고 발기인이 1주 이상의 주식을 인수한 때에 성립한다.
⑤ 설립중의 회사의 기관인 발기인이 설립 후의 회사의 영업을 위하여 제3자와 맺은 자동차조립계약에 대해서는 설립 후의 회사가 책임을 부담한다.

해 설 및 정 답

창립총회의 결의에서는 서면에 의한 의결권행사가 인정되지 아니하며(규정이 없음), 서면에 의한 의결권행사는 정관에 정함이 있는 주주총회(제368조의2)와 사채권자집회(제495조 제3항)의 경우 인정된다.

정답_①

문 33_상법상 주식회사의 설립에 관한 설명으로 옳지 않은 것은? (2018 세무사)

① 회사성립 후에는 주식을 인수한 자는 주식청약서의 요건의 흠결을 이유로 그 인수의 무효를 주장할 수 없다.
② 모집설립의 경우 발기인이 회사의 설립시에 발행하는 주식의 총수를 인수하지 아니한 때에는 주주를 모집하여야 한다.
③ 회사설립의 무효는 주주 · 이사 또는 감사에 한하여 회사성립의 날로부터 2년 내에 소만으로 이를 주장할 수 있다.
④ 발기인은 주주를 모집하는데 있어서 회사의 개요와 청약의 조건을 기재한 주식청약서를 작성하게 하여 청약을 받거나 구두로 청약을 받을 수 있다.
⑤ 회사설립시에 발행하는 주식에 관하여 정관으로 달리 정하지 아니하면 발기인 전원의 동의로 주식의 종류와 수를 정한다.

발기인은 주주를 모집하는데 있어서 회사의 개요와 청약의 조건을 기재한 주식청약서를 작성하고, 주식인수의 청약을 하는 자는 주식청약서 2통에 인수할 주식의 종류와 수를 기재하고 기명날인 또는 서명하여 청약을 할 수 있다(상법 제302조 제2항, 제1항). 주주의 모집에는 주식청약서주의를 택하고 있으므로, 구두에 의한 주식인수의 청약은 인정되지 않는다.
① 상법 제320조 제1항 ② 상법 제301조 ③ 상법 제328조 제1항 ⑤ 상법 제291조 제1호

정답_④

문 34_상법상 주식회사의 설립에 관한 설명으로 옳지 않은 것은?

(2015 세무사)

① 권리주의 양도는 회사에 대하여 효력이 없다.
② 회사가 성립한 경우 발기인의 회사에 대한 책임은 주주대표소송의 대상이 되지 않는다.
③ 창립총회에 출석하여 그 권리를 행사한 자는 주식청약서의 요건의 흠결을 이유로 하여 그 인수의 무효를 주장하지 못한다.
④ 회사성립후에는 주식을 인수한 자는 사기를 이유로 하여 그 인수를 취소하지 못한다.
⑤ 발기인이 회사의 설립에 관하여 그 임무를 해태한 때에는 그 발기인은 회사에 대하여 연대하여 손해를 배상할 책임이 있다.

해 설 및 정 답

회사가 성립한 경우 발기인의 회사에 대한 책임은 주주대표소송의 대상이 된다(제324조, 제403조).

정답_②

문 35_상법상 주식회사의 정관에 관한 설명으로 옳은 것은?

(2019 세무사)

① 수인의 발기인이 회사를 설립하는 경우, 정관 작성 시 대표발기인 1인이 기명날인 또는 서명하면 된다.
② 발기인이 받을 보수액은 정관에 정함이 없더라도 이사회의 결의로 정할 수 있다.
③ 정관에 정함이 없을 경우, 회사설립 시에 발행하는 주식의 종류와 수는 발기인 과반수의 동의로 이를 정한다.
④ 모든 주식회사의 설립 시에 작성된 정관은 공증인의 인증을 받아야만 효력이 생긴다.
⑤ 주식회사가 공고를 전자적 방법으로 할 경우에는 정관으로 이에 관하여 정하여야 한다.

① 수인의 발기인이 회사를 설립하는 경우, 정관 작성 시 발기인 전원의 기명날인 또는 서명이 있어야 한다(제289조 제1항).
② 발기인이 받을 보수액은 정관에 규정이 있어야 효력이 있다(제290조).
③ 정관에 정함이 없을 경우, 회사설립 시에 발행하는 주식의 종류와 수는 발기인 전원의 동의로 이를 정한다(제291조).
④ 자본금 10억원 미만의 주식회사를 발기설립하는 경우를 제외하고, 주식회사의 설립 시에 작성된 정관은 공증인의 인증을 받아야만 효력이 생긴다(제292조).
⑤ 주식회사가 공고를 전자적 방법으로 할 경우에는 정관으로 이에 관하여 정하여야 한다(제289조 제3항).

정답_⑤

문 36_상법상 주식회사 정관의 절대적 기재사항이 아닌 것은?

(2018 세무사)

① 목적 ② 상호 ③ 본점의 소재지
④ 자본금의 액 ⑤ 회사가 공고하는 방법

수권자본제도를 도입하고 있는 주식회사는 자본금의 액은 정관의 기재사항이 아니며, 등기사항에 해당한다(상법 제317조 제2항). ①②③⑤는 상법 제289조 제1항에서 정하는 정관의 절대적 기재사항에 해당한다.

정답_④

문 37_상법상 주식회사 설립시 정관의 절대적 기재사항 또는 설립등기사항에 관한 설명으로 옳은 것은? (2020 세무사)

① 회사의 존립기간을 정한 때에는 그 기간은 설립등기사항이다.
② 발기인의 성명과 주민등록번호는 설립등기사항이다.
③ 회사의 설립시에 발행하는 주식의 총수는 설립등기사항이다.
④ 지점의 소재지는 정관의 절대적 기재사항이다.
⑤ 회사를 대표할 이사의 성명, 주민등록번호 및 주소는 정관의 절대적 기재사항이다.

해 설 및 정 답

① 회사의 존립기간을 정한 때에는 그 기간은 설립등기사항이다(제317조 제2항 4호).
② 발기인의 성명과 주민등록번호는 정관의 절대적 기재사항일뿐, 설립등기사항은 아니다(제289조 제1항 8호, 제317조 제2항 1호 참조).
③ 회사의 설립시에 발행하는 주식의 총수는 정관의 절대적 기재사항일뿐, 설립등기사항은 아니다(제289조 제1항 5호, 제317조 제2항 1호 참조)..
④ 지점의 소재지는 정관의 절대적 기재사항이 아니며, 다만 설립등기사항에 해당한다(제317조 제2항 3의4호).
⑤ 회사를 대표할 이사의 성명, 주민등록번호 및 주소는 설립등기사항이다(제317조 제2항 9호).

정답_①

문 38_상법상 주식회사의 정관에 관한 설명으로 옳은 것은? (2021 세무사)

① 회사가 집행임원을 둔 경우, 집행임원의 성명 · 주민등록번호 및 주소는 정관의 절대적 기재사항이다.
② 회사설립의 경우, 발기인 전원의 동의로 정관을 작성하고 대표발기인만 기명날인 또는 서명하면 된다.
③ 자본금 총액이 10억원 미만인 회사를 발기설립하는 경우, 회사의 정관은 공증인의 인증을 받아야 효력이 생긴다.
④ 회사가 정관으로 정하는 바에 따라 전자적 방법으로 공고하려는 경우, 회사의 인터넷 홈페이지에 게재하는 방법으로 하여야 한다.
⑤ 회사가 무액면주식을 발행하는 경우, 주식의 발행가액과 자본금으로 계상하는 금액은 정관의 절대적 기재사항이다.

① 회사가 집행임원을 둔 경우, 집행임원의 성명 · 주민등록번호 및 주소는 정관의 절대적 기재사항은 아니며, 설립등기시 등기하여야 한다(상법 제317조 제2항 제9호).
② 회사설립의 경우, 발기인 전원의 동의로 정관을 작성하고 각 발기인이 기명날인 또는 서명하여야 한다(상법 제289조 제1항).
③ 자본금 총액이 10억원 미만인 회사를 발기설립하는 경우, 회사의 정관은 공증인의 인증을 받지 않아도 되므로, 발기인 전원의 기명날인 또는 서명으로 효력이 발생한다(상법 제292조 단서).
④ 회사가 정관으로 정하는 바에 따라 전자적 방법으로 공고하려는 경우, 회사의 인터넷 홈페이지에 게재하는 방법으로 하여야 한다(상법 제298조 제3항, 상법시행령 제6조 제1항).
⑤ 회사가 무액면주식을 발행하는 경우, 주식의 발행가액과 자본금으로 계상하는 금액은 발기인 전원의 동의로 정한다(상법 제291조).

정답_④

문 39_상법상 주식회사의 정관에 관한 설명으로 옳지 않은 것은? (2016 세무사)

① 액면주식을 발행하는 경우 1주의 금액은 정관의 절대적 기재사항이다.
② 회사가 부담할 설립비용은 정관에 기재하지 아니하면 효력이 없다.
③ 정관을 변경함으로써 어느 종류주식의 주주에게 손해를 미치게 될 때에는 주주총회의 결의 외에 그 종류주식의 주주의 총회의 결의가 있어야 한다.

⑤의 경우 특별결의는 출석한 주주의 의결권의 3분의 2 이상의 수와 발행주식총수의 3분의 1 이상의 수로써 한다. 이 때 발행주식총수에는 의결권없는 주식은 포함되지 않는다.

정답_정답없음(최종 정답은 ⑤).

④ 자본금 총액이 10억원 미만인 회사를 발기설립하는 경우에는 각 발기인이 정관에 기명날인 또는 서명함으로써 정관의 효력이 생긴다.
⑤ 정관변경은 주주총회에서 출석한 주주의 의결권의 3분의 2 이상의 수와 의결권없는 주식을 제외한 발행주식총수의 3분의 1 이상의 수로 결의하여야 한다.

문 40_상법상 주식회사의 변태설립사항에 관한 설명 중 옳지 않은 것은? (2007 세무사)

① 현물출자의 목적으로 건물을 출연하였다고 하더라도 이에 관한 정관의 규정이 없는 경우에는 현물출자로 인정할 수 없다.
② 영업비밀 등 그 경제적 가치를 확정할 수 있고 양도가 가능하며, 대차대조표의 자산의 부에 계상될 수 있는 것이면 현물출자의 목적이 될 수 있다.
③ 발기인이 회사의 성립을 조건으로 하여 회사를 위하여 특정인으로부터 회사가 사용할 공장부지를 미리 매수하는 계약을 체결한 경우, 이에 관하여 정관에 규정이 없으면 효력이 없다.
④ 발기인의 보수에 관하여 정관에 기재가 없으면 당해 보수에 관한 약정은 무효이다.
⑤ 현물출자와 재산인수에 관하여는 공증인의 조사·보고로 검사인의 조사·보고에 갈음할 수 있다.

해 설 및 정 답

⑤ 현물출자와 재산인수에 관하여는 감정인의 감정·보고로 검사인의 조사·보고에 갈음할 수 있다(제299조의2).

정답_⑤

05 진도별 모의고사

해 설 및 정 답

문 1_상법상 주식회사의 변태설립사항에 관한 설명으로 옳은 것은? (2016 세무사)

① 발기설립의 경우 발기인은 변태설립사항에 관한 조사를 하게 하기 위하여 검사인의 선임을 법원에 청구하여야 한다.
② 모집설립의 경우 이사 및 감사는 변태설립사항에 관한 조사를 하게 하기 위하여 검사인의 선임을 법원에 청구하여야 한다.
③ 발기인이 받을 특별이익에 관한 사항에 관하여는 공증인의 조사·보고로 법원이 선임한 검사인의 조사에 갈음할 수 있다.
④ 회사가 부담할 설립비용과 발기인이 받을 보수액에 대해서는 공인된 감정인의 감정으로 법원이 선임한 검사인의 조사에 갈음할 수 있다.
⑤ 모집설립의 경우 검사인의 변태설립사항의 조사에 대하여 법원이 한 변경처분에 불복한 발기인은 그 주식의 인수를 취소할 수 있다.

① 발기설립의 경우 이사는 변태설립사항에 관한 조사를 하게 하기 위하여 검사인의 선임을 법원에 청구하여야 한다(제298조 제4항).
② 모집설립의 경우 발기인은 변태설립사항에 관한 조사를 하게 하기 위하여 검사인의 선임을 법원에 청구하여야 한다(제310조).
④ 회사가 부담할 설립비용과 발기인이 받을 보수액에 대해서는 공증인의 조사 · 보고로 법원이 선임한 검사인의 조사에 갈음할 수 있다(제299조의2).
⑤ 모집설립의 경우 검사인의 변태설립사항의 조사에 대하여 창립총회가 한 변경처분에 불복한 발기인은 그 주식의 인수를 취소할 수 있다(제314조 제2항, 제300조 제2항).

정답_③

문 2_상법상 주식회사의 변태설립사항에 관한 설명으로 옳은 것은? (2017 세무사)

① 발기인이 받을 특별이익을 정관에 기재하지 아니하면 정관 자체가 무효로 된다.
② 발기설립에서 법원은 변태설립사항이 부당하다고 인정한 때에는 이를 변경하여 각 발기인에게 통고할 수 있는데, 그 변경에 불복하는 발기인은 그 주식의 인수를 취소할 수 없다.
③ 현물출자를 하는 자의 성명, 현물출자의 목적인 재산의 종류, 수량, 가격과 이에 대하여 부여할 주식의 종류와 수는 정관에 기재하여야 효력이 있다.
④ 회사 성립후에 양수할 것을 약정한 재산이 있는 경우 그 재산의 종류와 수량만 정관에 기재하여도 그 효력이 있다.
⑤ 발기인이 받을 보수액은 정관에 기재하지 않아도 그 효력이 있다.

① 발기인이 받을 특별이익은 정관의 상대적 기재사항이므로, 기재하지 아니하면 그 효력이 없을 뿐이고(제290조 제1호), 정관 자체가 무효로 되는 것은 아니다. 정관의 절대적 기재사항은 기재하지 아니하면 정관 자체가 무효가 된다.
② 발기설립에서 법원은 변태설립사항이 부당하다고 인정한 때에는 이를 변경하여 각 발기인에게 통고할 수 있는데, 그 변경에 불복하는 발기인은 그 주식의 인수를 취소할 수 있다(제300조 제2항).
③ 제290조 제2호
④ 회사 성립후에 양수할 것을 약정한 재산이 있는 경우 그 재산의 종류와 수량, 가격과 그 양도인의 성명을 정관에 기재하여야 그 효력이 있다(제290조 제3호).
⑤ 발기인이 받을 보수액은 정관에 기재하여야 그 효력이 있다(제290조 제4호).

정답_③

문 3_상법상 주식회사의 변태설립사항에 관한 설명으로 옳지 않은 것은? (2014 세무사)

① 회사의 성립 후에 회사를 위해 일정한 재산을 양수하기로 하는 발기인과 특정인과의 회사 성립 전의 약정은 변태설립사항이다.
② 정관에 기재되지 않거나 기재액을 초과하여 지출한 설립비용은 종국적으로 발기인이 부담해야 한다.
③ 현물출자에 대한 불이행이 있는 경우 발기인은 정관을 변경하여 설립절차를 속행할 수 있다.
④ 현물출자의 이행은 납입기일에 출자의 목적인 재산을 인도하고, 등기나 등록을 요하는 경우 이에 관한 서류를 완비하여 교부해야 한다.
⑤ 변태설립사항은 회사설립에 있어서 다른 이해관계인에게 중대한 영향을 미치는 사항이므로 설립등기를 해야 그 효력이 발생한다.

해 설 및 정 답

변태설립사항은 회사설립에 있어서 다른 이해관계인에게 중대한 영향을 미치는 사항이므로 정관에 정함이 있어야 그 효력이 발생한다(제290조).

정답_⑤

문 4_상법상 주식회사의 변태설립사항이 아닌 것은? (2018 세무사)

① 사후설립
② 발기인이 받을 특별이익과 이를 받을 자의 성명
③ 회사성립후에 양수할 것을 약정한 재산의 종류, 수량, 가격과 그 양도인의 성명
④ 회사가 부담할 설립비용과 발기인이 받을 보수액
⑤ 현물출자를 하는 자의 성명과 그 목적인 재산의 종류, 수량, 가격과 이에 대하여 부여할 주식의 종류와 수

②③④⑤는 상법 제290조의 변태설립사항에 해당한다. 사후설립은 회사성립후에 이루어지는 행위로서(상법 제375조), 변태설립사항에 해당하지 않는다.

정답_①

문 5_상법상 주식회사 설립시 현물출자 사항에 대한 검사인의 조사 · 보고에 관한 설명으로 옳지 않은 것은? (2020 세무사)

① 현물출자의 이행에 관하여는 공인된 감정인의 감정으로 검사인의 조사에 갈음할 수 있다.
② 발기설립시 법원은 검사인의 조사보고서를 심사하여 현물출자 사항을 부당하다고 인정한 때에는 이를 변경하여 각 발기인에게 통고할 수 있다.
③ 모집설립시 이사는 검사인의 선임을 법원에 청구하여야 한다.
④ 발기설립시 검사인은 현물출자의 이행을 조사하여 법원에 보고하여야 한다.
⑤ 모집설립시 검사인은 현물출자의 이행을 조사하여 그 보고서를 창립총회에 제출하여야 한다.

① 현물출자의 이행에 관하여는 공인된 감정인의 감정으로 검사인의 조사에 갈음할 수 있다(제299조의2).
② 발기설립시 법원은 검사인의 조사보고서를 심사하여 현물출자 사항을 부당하다고 인정한 때에는 이를 변경하여 각 발기인에게 통고할 수 있다(제300조 제1항).
③ 모집설립시 발기인은 검사인의 선임을 법원에 청구하여야 한다(제310조 제1항).
④ 발기설립시 검사인은 현물출자의 이행을 조사하여 법원에 보고하여야 한다(제299조 제1항).
⑤ 모집설립시 검사인은 현물출자의 이행을 조사하여 그 보고서를 창립총회에 제출하여야 한다(제310조 제2항).

정답_③

해 설 및 정 답

문 6_발기인 갑이 A주식회사 설립시에 자신이 소유한 부동산을 출자하고자 한다. 이에 관한 설명으로 옳지 않은 것은?(2010 세무사)

① 발기인은 갑의 성명과 출자의 목적인 부동산의 종류, 수량, 가격과 이에 대하여 부여할 주식의 종류와 수를 정관에 기재하여야 한다.

② 발기인 갑의 부동산 출자는 쌍무·유상계약의 성질을 갖기 때문에 위험부담, 하자담보 등에 관한 민법의 규정이 유추적용될 수 있다.

③ 발기인 갑과 설립중 회사간에 갑 소유 부동산을 회사성립후 6월 이내에 인수하기로 약정한 경우에는 이를 정관에 기재하지 않아도 유효하다.

④ 발기인 갑의 부동산의 부당평가의 정도가 경미한 것으로 회사성립후 밝혀진 경우에는 발기인이었던 자는 손해배상책임을 진다.

⑤ 발기인 갑이 부동산 출자의무를 불이행한 경우에는 민법상 채무불이행의 일반원칙에 의하여 강제집행을 하거나, 갑에게 손해배상을 청구할 수 있다.

발기인 갑과 설립중 회사간에 갑 소유 부동산을 회사성립 후 6월 이내에 인수하기로 약정한 경우에는 재산인수에 해당하므로, 변태설립사항으로서 이를 정관에 기재하지 않으면 그 효력이 없다(제290조).

정답_③

문 7_상법상 주식회사의 변태설립사항에 해당하지 않는 것은?

(2009 세무사)

① 발기인이 소유하는 토지를 출자하는 경우

② 특정 발기인에 대하여 회사제품의 총판매권을 부여하는 경우

③ 회사성립 전부터 존재하던 건물을 설립등기 후의 계약으로 매입하는 경우

④ 회사의 설립사무를 처리하기 위하여 사용하는 사무실의 임차료를 지급하는 경우

⑤ 택시회사의 성립 후에 택시를 양수하기로 하는 계약을 회사성립 전에 체결하는 경우

회사성립등기 후의 계약으로 매입하는 것은 변태설립사항에 해당하지 않는다. 다만, 자본의 100분의 5 이상에 해당하는 재산을 취득한다면 이는 사후설립사항에 해당할 수 있다.

정답_③

문 8_상법상 발기인이 받을 보수액에 관한 설명으로 옳지 않은 것은? (2011 세무사)

① 모집설립의 경우 검사인은 발기인이 받을 보수액이 현저히 부당하다고 인정한 때에는 이를 변경하여 각 발기인에게 통고하여야 한다.
② 회사설립에 관하여 발기인이 받을 보수액은 정관에 기재함으로써 그 효력이 있다.
③ 발기인이 받을 보수액에 관하여는 공증인의 조사·보고로 검사인의 조사에 갈음할 수 있다.
④ 〈삭제〉
⑤ 발기인이 받을 보수액은 주식청약서에 기재하여야 한다.

해 설 및 정 답

모집설립의 경우 검사인은 발기인이 받을 보수액이 현저히 부당하다고 인정한 때에는 이를 조사하여 창립총회에 보고하고, 창립총회에서는 이를 변경할 수 있다(제314조 제1항).
정답_①

문 9_상법상 주식회사의 현물출자, 재산인수, 사후설립에 관한 설명으로 옳은 것은? (2011 세무사)

① 사후설립은 현물출자와 마찬가지로 변태설립사항에 해당한다.
② 현물출자는 단체법상의 출자행위이지만 재산인수는 개인법상의 거래행위이다.
③ 재산인수가 있는 때에는 모집설립의 경우에 한하여 법원이 선임한 검사인의 조사를 받아야 한다.
④ 사후설립은 회사가 그 성립 후 1년 내에 그 성립 전부터 존재하는 재산을 자본금의 100분의 3 이상에 해당하는 대가로 취득하는 계약을 말한다.
⑤ 사후설립은 이사회의 결의가 없으면 무효이지만 계약상대방이 선의인 경우에는 그 무효를 주장할 수 없다.

① 사후설립은 변태설립사항에 해당하지 않는다(제290조, 제375조 참조).
③ 재산인수가 있는 때에는 발기설립이든 모집설립이든 법원이 선임한 검사인의 조사를 받아야 한다(제299조, 제310조).
④ 사후설립은 회사가 그 성립 후 2년 내에 그 성립 전부터 존재하는 재산을 자본금의 100분의 5 이상에 해당하는 대가로 취득하는 계약을 말한다(제375조).
⑤ 사후설립은 주주총회의 특별결의가 없으면 계약상대방이 선의 악의를 불문하고 무효가 된다.
정답_②

문 10_상법상 주식회사의 변태설립사항의 하나인 재산인수에 관한 설명으로 옳지 않은 것은? (다툼이 있는 경우에는 판례에 의함) (2012 세무사)

① 정관에 기재가 없는 재산인수는 무효이다.
② 발기인·주식인수인 외에 제3자도 재산인수에서의 양도인이 될 수 있다.
③ 재산인수의 대가로 회사는 주식을 발행·교부할 수 없다.
④ 재산인수는 공증인의 조사로써 검사인의 조사절차에 갈음할 수 있다.
⑤ 영업상의 비결과 같은 무형적 재산도 재산인수의 대상이 될 수 있다.

재산인수는 감정인의 감정으로써 검사인의 조사절차에 갈음할 수 있다(제299조의2).
정답_④

문 11_상법상 자본금 총액이 10억원 미만인 비상장회사에 관한 설명으로 옳은 것은? (2011 세무사)

① 회사를 모집설립할 경우 그 정관의 효력은 각 발기인이 정관에 기명날인 또는 서명함으로써 발생한다.
② 회사가 주주총회를 소집하는 경우 각 주주의 동의 없이도 전자문서로 통지를 발송할 수 있다.
③ 회사는 2인 이상의 이사로 구성된 이사회를 두어야 한다.
④ 발행주식의 총수의 100분의 1 이상을 소유한 주주는 이유를 붙인 서면으로 회계의 장부와 서류의 열람 또는 등사를 청구할 수 있다.
⑤ 회사는 주주 전원의 동의가 있을 경우에는 소집절차 없이 주주총회를 개최할 수 있고, 서면에 의한 결의로써 주주총회의 결의를 갈음할 수 있다.

해 설 및 정 답

① 회사를 발기설립할 경우 그 정관의 효력은 각 발기인이 정관에 기명날인 또는 서명함으로써 발생한다. 모집설립의 경우에는 공증인의 인증이 있어야 한다(제292조).
② 회사가 주주총회를 소집하는 경우 각 주주의 동의를 받아서 전자문서로 통지를 발송할 수 있다(제363조 제1항).
③ 이사는 1명 또는 2명을 선임할 수 있고(제383조 제1항), 이 경우에는 이사회를 둘 수 없다.
④ 발행주식의 총수의 100분의 3 이상을 소유한 주주는 이유를 붙인 서면으로 회계의 장부와 서류의 열람 또는 등사를 청구할 수 있다(제466조).

정답_⑤

문 12_상법상 주식회사의 설립시 주식발행에 관한 설명으로 옳은 것은? (2009 세무사)

① 발기인이 회사의 설립시에 발행하는 주식의 총수를 인수한 때에는 은행 기타 금융기관 이외의 장소를 주금납입장소로 정할 수 있다.
② 발기설립에서 발기인이 주식을 인수하고 납입하지 아니한 경우에는 상법상의 실권절차에 따라 처리할 수 있다.
③ 발기인은 서면에 의하여 주식을 인수하여야 한다.
④ 회사설립시 발행하는 주식의 종류와 수는 정관에 다른 정함이 없으면 발기인 과반수의 동의로 이를 정한다.
⑤ 모집설립의 경우에 발기인은 청약 받은 주식의 비율에 따라 주식을 배정하여야 한다.

① 발기인이 회사의 설립시에 발행하는 주식의 총수를 인수한 때에는 발기인은 은행 기타 금융기관과 주금납입장소를 지정하여야 한다(제295조 제1항).
② 발기설립에서 발기인이 주식을 인수하고 납입하지 아니한 경우에는 상법상의 실권절차에 따라 처리할 수 없다는 점에서 모집설립의 경우와 다르다.
③ 제293조.
④ 회사설립시 발행하는 주식의 종류와 수는 정관에 다른 정함이 없으면 발기인 전원의 동의로 이를 정한다(제291조).
⑤ 모집설립의 경우에 발기인은 신주발행의 경우와 달리 청약 받은 주식의 비율에 따라 주식을 배정할 필요없다(자유배정주의).

정답_③

문 13_상법상 주식회사의 발기설립에 관한 설명으로 옳은 것은? (2021 세무사)

① 각 발기인은 주식청약서에 의하여 주식을 인수하여야 한다.
② 발기인이 이사와 감사를 선임하는 경우, 각 발기인은 인수한 주식수와 상관없이 각자 1개의 의결권을 가진다.
③ 법원이 부당한 변태설립사항을 변경하여 각 발기인에게 통고한 경우, 발기인은 그 변경에 불복하여 그 주식의 인수를 취소할 수 없다.

① 각 발기인은 서면에 의하여 주식을 인수하여야 한다(상법 제293조).
② 발기인이 이사와 감사를 선임하는 경우, 각 발기인은 인수한 주식1개에 대하여 1개의 의결권을 가진다(상법 제296조 제2항).
③ 법원이 부당한 변태설립사항을 변경하여 각 발기인에게 통고한 경우, 발기인은 그 변경에 불복하여 그 주식의 인수를 취소할 수 있다(상법 제300조 제2항).
④ 변태설립사항의 조사를 위하여 선임된 공증인 또는 감정인은 조사 또는 감정결과를 법원에 보고하여야 한다(상법 299조의2).

④ 변태설립사항의 조사를 위하여 선임된 공증인 또는 감정인은 조사 또는 감정결과를 발기인에게 보고하여야 한다.

⑤ 이사와 감사 전원이 발기인이었던 자에 해당하는 때에는 이사는 공증인으로 하여금 설립경과의 조사·보고를 하게 하여야 한다.

해 설 및 정 답

⑤ 이사와 감사 전원이 발기인이었던 자에 해당하는 때에는 이사는 공증인으로 하여금 설립경과의 조사·보고를 하게 하여야 한다(상법 제298조 제3항).

정답_⑤

문 14_상법상 주식회사 설립시 주금납입에 관한 설명으로 옳지 않은 것은? (2020 세무사)

① 모집설립시 주식인수인은 주식청약서에 기재한 납입장소에서 납입하여야 한다.

② 회사성립후 납입을 완료하지 아니한 주식이 있는 때에는 발기인은 연대하여 그 납입을 하여야 한다.

③ 납입금 보관은행은 증명한 보관금액에 대하여 납입이 부실하거나 그 금액의 반환에 제한이 있다는 것을 이유로 회사에 대항할 수 있다.

④ 모집설립시 납입금의 보관자 또는 납입장소를 변경할 때에는 법원의 허가를 얻어야 한다.

⑤ 자본금 총액이 10억원 미만인 주식회사를 발기설립하는 경우에는 납입금보관증명서를 은행이나 그 밖의 금융기관의 잔고증명서로 대체할 수 있다.

① 모집설립시 주식인수인은 주식청약서에 기재한 납입장소에서 납입하여야 한다(제305조 제2항).
② 회사성립후 납입을 완료하지 아니한 주식이 있는 때에는 발기인은 연대하여 그 납입을 하여야 한다(제321조 제2항).
③ 납입금 보관은행은 증명한 보관금액에 대하여 납입이 부실하거나 그 금액의 반환에 제한이 있다는 것을 이유로 회사에 대항할 수 없다(제318조 제2항).
④ 모집설립시 납입금의 보관자 또는 납입장소를 변경할 때에는 법원의 허가를 얻어야 한다(제306조).
⑤ 자본금 총액이 10억원 미만인 주식회사를 발기설립하는 경우에는 납입금보관증명서를 은행이나 그 밖의 금융기관의 잔고증명서로 대체할 수 있다(제318조 제3항).

정답_③

문 15_상법상 주식회사(의 모집) 설립시의 주식의 인수와 납입에 대한 설명 중 옳지 않은 것은? (2003 세무사 수정)

① 1억원의 자본금을 설립자본금으로 하였으나 실제 인수 및 납입된 부분이 이에 미달한 경우에도 5천만 원 이상의 자본금이 납입되었다면 미인수·미납입 부분을 포기하고 설립절차를 종료시킬 수 있다.

② 주식청약서라는 서면에 의하지 않는 주식인수의 청약은 무효이다.

③ 청약인의 주식청약이 진의가 아니라는 것을 발기인이 알았더라도 그 청약은 유효하다.

④ 창립총회에 참석하여 의결권을 행사한 주식인수인은 사기를 이유로 하여 그 주식인수를 취소할 수 없다.

⑤ 미성년자가 법정대리인의 동의 없이 단독으로 주식인수의 청약을 한 경우에는 사술이 없는 한 주식인수의 청약을 취소할 수 있다.

① 회사설립시 발행할 주식의 종류와 수를 정한 경우, 설립시 발행할 주식의 총수가 인수되고 납입되어야 설립등기를 할 수 있으므로, 미인수·미납입부분을 포기하고 설립절차를 종료시키는 것은 인정되지 않는다. 미인수·미납입된 부분은 재모집절차를 거치거나, 설립등기 후에 인수 또는 납입의 흠결이 있는 경우에는 발기인이 자본충실의 책임을 진다. 만약 발기인의 자본충실책임만으로 자본충실을 기할 수 없을 때에는 설립무효의 원인이 된다.

정답_①

문 16_상법상 주식회사 설립에 관한 설명으로 옳지 않은 것은? (2017 세무사)

① 모집설립의 경우 발기인은 법원의 허가 없이 납입금의 보관자를 변경할 수 있다.
② 발기설립의 경우 이사와 감사의 선임은 발기인의 의결권의 과반수로 한다.
③ 모집설립의 경우 창립총회의 결의는 출석한 주식인수인의 의결권의 3분의 2 이상이며 인수된 주식의 총수의 과반수에 해당하는 다수로 하여야 한다.
④ 모집설립의 경우 이사와 감사는 발기인이 소집한 창립총회에서 선임된다.
⑤ 모집설립의 경우 주식인수인이 그 인수한 주식의 인수가액을 지체없이 납입하지 아니한 때에는 발기인은 일정한 기일을 정해 그 기일 내에 납입을 하지 않으면 그 권리를 잃는다는 뜻을 기일의 2주간 전에 그 주식인수인에게 통지해야 한다.

해 설 및 정 답

① 모집설립의 경우 납입금의 보관자 또는 납입자소를 변경할 때에는 법원의 허가를 얻어야 한다(제306조).
② 제296조 제1항 ③ 제309조 ④ 제312조
⑤ 제307조 제1항

정답_①

문 17_상법상 주식회사의 모집설립시 주식인수에 관한 설명으로 옳지 않은 것은? (2021 세무사)

① 회사설립시에 발행한 주식으로서 회사성립후에 주식인수의 청약이 취소된 때에는 발기인은 다시 주주를 모집하여야 한다.
② 주식인수인이 주식의 인수로 인한 권리를 회사설립 전에 양도한 경우, 그 권리의 양도는 회사에 대하여 효력이 없다.
③ 주식을 인수한 자는 회사성립후에는 주식청약서의 요건의 흠결을 이유로 그 인수의 무효를 주장하지 못한다.
④ 회사설립시에 발행하는 주식의 총수가 인수된 때에는 발기인은 지체없이 주식인수인에 대하여 각 주식에 대한 인수가액의 전액을 납입시켜야 한다.
⑤ 주식인수인에 대한 통지 또는 최고는 보통 그 도달할 시기에 도달한 것으로 본다.

① 회사설립시에 발행한 주식으로서 회사성립후에 주식인수의 청약이 취소된 때에는 발기인이 이를 공동으로 인수한 것으로 본다(상법 제321조 제1항).
② 주식인수인이 주식의 인수로 인한 권리를 회사설립 전에 양도한 경우, 그 권리의 양도는 회사에 대하여 효력이 없다(상법 제319조).
③ 주식을 인수한 자는 회사성립후에는 주식청약서의 요건의 흠결을 이유로 그 인수의 무효를 주장하지 못한다(상법 제320조 제1항).
④ 회사설립시에 발행하는 주식의 총수가 인수된 때에는 발기인은 지체없이 주식인수인에 대하여 각 주식에 대한 인수가액의 전액을 납입시켜야 한다(상법 제305조 제1항).
⑤ 주식인수인에 대한 통지 또는 최고는 보통 그 도달할 시기에 도달한 것으로 본다(상법 제304조 제2항).

정답_①

문 18_상법상 주식회사의 설립절차에 관한 설명으로 옳은 것은?

(2005 세무사)

① 주식회사를 설립하기 위해서는 3인 이상의 발기인이 요구된다.

② 회사가 설립시에 발행하는 주식의 총수는 회사가 발행할 주식총수의 1/3 이상이어야 한다.

③ 회사 설립시에 발행하는 주식의 종류, 수에 관하여 정관에 다른 정함이 없으면 발기인 전원의 동의로 정한다.

④ 주식회사의 정관은 설립등기를 함으로써 효력이 생긴다.

⑤ 각 발기인은 서면 혹은 구두로 주식을 인수할 수 있다.

해 설 및 정 답

① 주식회사의 설립에는 발기인의 수에 제한이 없으므로, 1인 이상이면 된다(제288조).
② 회사가 설립시에 발행하는 주식의 총수는 회사가 발행할 주식총수의 범위내이면 되며, 특별한 제한이 없다.
③ 제291조
④ 주식회사의 정관은 자본금 10억 원 미만의 회사를 발기설립하는 경우를 제외하고 공증인의 인증이 있음으로써 효력이 생긴다(제292조).
⑤ 각 발기인은 서면으로 주식을 인수하여야 한다(제293조).

정답_③

문 19_상법상 모집설립에 관한 설명으로 옳지 않은 것은?

(2019 세무사)

① 주식인수의 청약을 하고자 하는 자는 주식청약서 2통에 인수할 주식의 종류 및 수와 주소를 기재하고 기명날입 또는 서명하여야 한다.

② 창립총회의 결의는 출석한 주식인수인의 의결권의 3분의 2 이상이며 인수된 주식의 총수의 과반수에 해당하는 다수로 하여야 한다.

③ 주식인수인이 주식청약서상의 납입기일까지 납입을 하지 아니한 경우, 발기인은 일정한 기일을 정하여 그 기일내에 납입을 하지 아니하면 주식인수인으로서의 권리를 잃는다는 뜻을 기일의 2주간 전에 그 주식인수인에게 통지하여야 한다.

④ 주식인수를 청약한 자는 발기인이 배정한 주식의 수에 따라서 인수가액을 납입할 의무를 부담한다.

⑤ 창립총회에서 변태설립사항이 부당하다고 결의한 경우 이사는 그 변경을 법원에 청구하여야 한다.

① 주식인수의 청약을 하고자 하는 자는 주식청약서 2통에 인수할 주식의 종류 및 수와 주소를 기재하고 기명날입 또는 서명하여야 한다(제302조 제1항).
② 창립총회의 결의는 출석한 주식인수인의 의결권의 3분의 2 이상이며 인수된 주식의 총수의 과반수에 해당하는 다수로 하여야 한다(제309조).
③ 주식인수인이 주식청약서상의 납입기일까지 납입을 하지 아니한 경우, 발기인은 일정한 기일을 정하여 그 기일내에 납입을 하지 아니하면 주식인수인으로서의 권리를 잃는다는 뜻을 기일의 2주간 전에 그 주식인수인에게 통지하여야 한다(제307조 제1항).
④ 주식인수를 청약한 자는 발기인이 배정한 주식의 수에 따라서 인수가액을 납입할 의무를 부담한다(제303조).
⑤ 창립총회에서 변태설립사항이 부당하다고 인정한 때에는 이를 변경할 수 있고(제314조 제1항), 법원에 변경을 청구하는 것이 아니다.

정답_⑤

문 20_상법상 주식회사의 모집설립의 절차에 관한 설명으로 옳지 않은 것은? (2014 세무사)

① 이사와 감사의 선임은 발기인의 의결권의 과반수로 해야 한다.
② 무액면주식을 발행하는 경우 주식의 발행가액과 주식의 발행가액 중 자본금으로 계상하는 금액은 정관에 다른 정함이 없으면 발기인 전원의 동의로 정한다.
③ 현금출자를 하는 주식인수인이 그 인수한 주식에 대하여 납입기일까지 납입을 하지 아니한 경우 발기인은 실권절차를 완료하고 다시 그 주식에 대한 주주를 모집할 수 있다.
④ 주식인수의 청약자가 진의 아닌 의사표시를 하고 발기인이 이를 알았을 경우에도 그 청약은 유효하다.
⑤ 타인의 승낙 없이 그의 명의로 주식을 인수한 자는 주식인수인으로서의 책임이 있다.

해 설 및 정 답

발기설립의 경우에는 이사와 감사의 선임은 발기인의 의결권의 과반수로 선임하지만(제296조 제1항), 모집설립의 경우에는 창립총회에서 선임해야 한다(제312조).

정답_①, ③

문 21_상법상 주식회사의 주금납입에 관한 설명으로 옳지 않은 것은? (2016 세무사)

① 납입금의 보관자 또는 납입장소를 변경할 때에는 법원의 허가를 얻어야 한다.
② 납입의 책임을 면하기 위하여 타인 또는 가설인의 명의로 주식 또는 출자를 인수한 자는 1년 이하의 징역 또는 300만원 이하의 벌금에 처한다.
③ 납입금을 보관한 은행이나 그 밖의 금융기관은 증명한 보관금액에 대하여는 납입이 부실하거나 그 금액의 반환에 제한이 있다는 것을 이유로 회사에 대항하지 못한다.
④ 자본금 총액이 10억원 미만인 회사를 발기설립하는 경우에는 납입금보관증명서를 은행이나 그 밖의 금융기관의 잔고증명서로 대체할 수 있다.
⑤ 발기설립의 경우 발기인이 인수한 주금의 납입을 하지 아니한 때에는 다른 발기인은 일정한 기일을 정하여 그 기일내에 납입을 하지 아니하면 그 권리를 잃는다는 뜻을 기일의 2주간전에 그 발기인에게 통지하여야 한다.

발기설립의 경우 발기인이 인수한 주금의 납입을 하지 아니한 때에는 강제집행을 하게 되고, 실권절차가 인정되지 않는다. 모집설립의 경우에는 주식인수인이 납입을 하지 아니한 때, 발기인은 일정한 기일을 정하여 그 기일내에 납입을 하지 아니하면 그 권리를 잃는다는 뜻을 기일의 2주간전에 그 주식인수인에게 통지하여야 한다(제307조 제2항).

* 모집설립의 경우에는 납입금의 보관자 또는 납입장소를 변경할 때에는 법원의 허가를 얻어야 한다(제306조). 발기설립의 경우에는 발기인 과반수의 결의로 변경할 수 있다. 따라서 ①의 경우에는 발기설립 혹은 모집설립을 전제로 하지 않았으므로 틀린 지문이다.

정답_①, ⑤(최종 정답은 ⑤)

문 22_상법상 주식회사의 주금 납입에 관한 설명으로 옳지 않은 것은?(다툼이 있으면 판례에 따름) (2019 세무사)

① 감사위원회 위원이나 감사가 주금을 가장납입하는 경우 상법상 납입가장죄의 처벌대상이 된다.
② 주금 납입금 보관은행은 증명한 보관금액에 대하여는 납입이 부실하거나 그 금액의 반환에 제한이 있다는 것을 이유로 회사에 대항하지 못한다.
③ 회사 성립 후 주식인수인이 납입을 완료하지 아니한 주식이 있는 때에는 발기인, 이사, 감사는 연대하여 그 납입을 하여야 한다.
④ 상법은 발기설립에서와 마찬가지로 모집설립에서도 전액납입주의를 취하고 있다.
⑤ 주식회사를 설립하면서 일시적인 차입금으로 주금납입의 외형을 갖추고 회사 설립절차를 마친 다음 바로 그 납입금을 인출하여 차입금을 변제하는 경우에도 주금납입의 효력을 부인할 수는 없다.

해 설 및 정 답

① 감사위원회 위원이나 감사가 주금을 가장납입하는 경우 상법상 납입가장죄의 처벌대상이 된다(제628조 제1항, 제622조).
② 주금 납입금 보관은행은 증명한 보관금액에 대하여는 납입이 부실하거나 그 금액의 반환에 제한이 있다는 것을 이유로 회사에 대항하지 못한다(제318조 제2항).
③ 회사 성립 후 주식인수인이 납입을 완료하지 아니한 주식이 있는 때에는 발기인은 연대하여 그 납입을 하여야 한다(제321조 제2항).
④ 상법은 발기설립에서와 마찬가지로 모집설립에서도 전액납입주의를 취하고 있다(제295조 제1항, 제305조 제1항).
⑤ 주식회사를 설립하면서 일시적인 차입금으로 주금납입의 외형을 갖추고 회사 설립절차를 마친 다음 바로 그 납입금을 인출하여 차입금을 변제하는 경우에도 주금납입의 효력을 부인할 수는 없다(대법원 2004. 3. 26. 선고 2002다29138 판결).

정답_③

문 23_상법상 주식회사의 설립경과조사절차에 관한 설명으로 옳지 않은 것은? (2005 세무사)

① 발기설립의 경우 이사와 감사는 취임 후 지체 없이 회사의 설립에 관한 모든 사항이 법령 또는 정관의 규정에 위반되지 아니하는지의 여부를 조사하여 발기인에게 보고하여야 한다.
② 이사는 변태설립사항을 조사하게 하기 위하여 검사인의 선임을 법원에 청구할 수 있다.
③ 검사인이 변태설립사항에 관해 조사한 경우에는 조사보고서를 작성하여 이를 법원에 제출하여야 한다.
④ 모집설립의 경우 발기인은 회사의 창립에 관한 사항을 서면에 의하여 창립총회에 보고하여야 한다.
⑤ 창립총회에서는 변태설립사항이 부당하다고 인정된 때에는 법원에 변경을 요청할 수 있다.

② 변태설립사항의 조사를 위해 발기설립의 경우에는 이사가 법원에 검사인의 선임을 청구하지만(제298조 제4항), 모집설립의 경우에는 발기인이 법원에 검사인의 선임을 청구하게 된다(제310조 제1항).
③ 검사인의 조사보고서제출은 발기설립의 경우에는 법원에(제299조 제1항), 모집설립의 경우에는 창립총회에 제출하여야 한다(제310조 제2항).
⑤ 창립총회에서는 변태설립사항이 부당하다고 인정된 때에는 이를 변경할 수 있다(제314조 제1항).

정답_②, ③, ⑤

문 24_상법상 주식회사의 설립에 관한 설명으로 옳지 않은 것은? (다툼이 있는 경우에는 판례에 의함) (2013 세무사)

① 주식회사를 설립함에는 발기인이 정관을 작성하여야 한다.
② 발기설립시 변태설립사항이 있는 경우 이사는 이에 관한 조사를 하게 하기 위하여 예외없이 검사인의 선임을 법원에 청구하여야 한다.
③ 회사성립후에 양수할 것을 약정한 재산의 종류, 수량, 가격과 그 양도인의 성명은 정관에 기재함으로써 그 효력이 있다.
④ 발기설립의 경우 납입과 현물출자의 이행이 완료된 때에는 발기인은 지체없이 의결권의 과반수로 이사와 감사를 선임하여야 한다.
⑤ 설립중의 회사란 발기인이 회사의 설립을 위하여 필요한 행위로 인하여 취득 또는 부담하였던 권리의무가 회사의 성립과 동시에 그 성립된 회사로 귀속되는 관계를 설명하기 위한 강학상의 개념이다.

해 설 및 정 답

발기설립시 변태설립사항이 있는 경우 이사는 이에 관한 조사를 하게 하기 위하여 검사인의 선임을 법원에 청구하여야 한다(제298조 제4항). 그러나, 현물출자나 재산인수는 감정인의 감정으로, 특별이익이나 설립비용 및 발기인의 보수는 공증인의 조사로 갈음할 수 있다(제299조의2). 뿐만 아니라 현물출자나 재산인수의 가액이 자본금의 5분의 1을 초과하지 않고 대통령령으로 정하는 금액(5천만원)을 넘지 않으면 법원의 조사절차를 거칠필요가 없다(제299조 제2항).
⑤ 대법원 1994.1.28.선고 93다50215 판결

정답_②

문 25_상법상 주식회사의 설립에 관한 설명으로 옳은 것은? (2015 세무사)

① 창립총회의 결의는 출석한 주식인수인의 의결권의 3분의 2 이상이며 인수된 주식의 총수의 과반수에 해당하는 다수로 하여야 한다.
② 모집설립시 이사와 감사의 선임은 발기인의 권한사항이다.
③ 자본금 총액이 5억원 미만인 주식회사를 모집설립하는 경우에는 공증인의 인증이 없어도 정관은 유효하다.
④ 발기인의 인수담보책임은 무과실책임이지만 납입담보책임은 과실책임이다.
⑤ 발기인이 받을 보수액은 정관의 기재가 없어도 그 효력이 있다.

② 모집설립시 이사와 감사의 선임은 창립총회의 권한사항이다(제312조).
③ 자본금 총액이 5억원 미만인 주식회사를 모집설립하는 경우에는 공증인의 인증이 있어야 정관이 유효하다(제292조 본문).
④ 발기인의 인수담보책임과 납입담보책임은 무과실책임이다.
⑤ 발기인이 받을 보수액은 정관의 기재가 있어야 그 효력이 있다(제290조).

정답_①

문 26_이른바 가장납입에 관한 대법원 판례의 입장으로 옳지 않은 것은? (2011 세무사)

① 주식회사를 설립하면서 일시적인 차입금으로 주금납입의 외형을 갖추고 회사 설립절차를 마친 다음 바로 그 납입금을 인출하여 차입금을 변제하는 이른바 가장납입의 경우에도 주금납입의 효력을 부인할 수는 없다.

② 주금의 가장납입은 일시 차입금을 가지고 주주들의 주금을 체당납입한 것과 같이 볼 수 있어서 주금납입이 종료된 후에도 주주는 회사에 대하여 체당납입한 주금을 상환할 의무가 있다.

③ 회사 설립 당시 원래 주주들이 주식인수인으로서 주식을 인수하고 가장납입의 형태로 주금을 납입한 후 그들이 회사가 청구한 주금 상당액을 장기간 납입하지 아니한 경우에는 주주로서의 지위를 상실하게 된다.

④ 주식회사의 자본충실의 요청상 주금을 납입하기 전에 명의대여자 및 명의차용자 모두에게 주금납입의 연대책임을 부과하는 상법상의 규정은 이미 주금납입의 효력이 발생한 주금의 가장납입의 경우에는 적용되지 않는다.

⑤ 비록 회사의 대표이사가 유상증자를 통한 신주발행을 함에 있어 납입을 가장하는 방법에 의하여 주금이 납입된 상태에서 자기 또는 제3자에게 신주를 발행해 주었고, 이후 그 주식인수인이 그 신주인수대금을 실제로 회사에 납부하지 아니하고 있다 하더라도 그로 인하여 회사에게 그 신주인수대금 상당의 자본금의 감소가 있는 것으로는 보기 어렵다.

해 설 및 정 답

회사 설립 당시 원래 주주들이 주식인수인으로서 주식을 인수하고 가장납입의 형태로 주금을 납입한 후 그들이 회사가 청구한 주금 상당액을 장기간 납입하지 아니한 경우에는 회사에 대한 채무불이행에 불과할 뿐 이러한 사유로 주주로서의 지위를 상실하게 되는 것은 아니다(대법원 1998.12.23. 선고 97다20649 판결). ④ 대법원 2004. 3. 26. 선고 2002다29138 판결

정답_③

문 27_상법상 주식회사의 설립에 관한 설명으로 옳지 않은 것은? (2011 세무사)

① 주식회사 설립의 경우 정관작성 후 설립등기 이전에 주주의 확정, 출자의 이행, 이사와 감사의 선임이 이루어져야 한다.

② 발기설립의 경우 임원선임과 관련된 발기인의 의결권은 발기인 1인당 1개로 한다.

③ 발기인이 회사의 설립시에 발행하는 주식의 총수를 인수하지 아니하는 때에는 주주를 모집하여야 한다.

④ 창립총회에서는 정관의 변경 또는 설립의 폐지를 결의할 수 있다.

⑤ 주식인수를 청약한 자는 발기인이 배정한 주식의 수에 따라서 인수가액을 납입할 의무를 부담한다.

② 발기설립의 경우 임원선임과 관련된 발기인의 의결권은 발기인이 인수한 주식 1주에 대하여 1개로 한다(제296조 제2항).

정답_②

문 28_상법상 주식회사 설립 시 창립총회에 관한 설명으로 옳지 않은 것은? (2012 세무사)

① 모집설립시 창립총회는 설립중의 회사의 의결기관이다.
② 창립총회에서는 설립의 폐지를 결의할 수 있다.
③ 창립총회의 결의방법은 출석한 주식인수인의 의결권의 3분의 2이상이며 인수된 주식총수의 과반수에 해당하는 다수로 하여야 한다.
④ 창립총회에서는 변태설립사항이 부당하다고 인정한 때에는 이를 변경할 수 있다.
⑤ 발기인은 회사의 창립에 관한 사항을 구두 또는 서면에 의하여 창립총회에 보고하여야 한다.

해 설 및 정 답

발기인은 회사의 창립에 관한 사항을 서면에 의하여 창립총회에 보고하여야 한다(제311조). 구두로 보고하는 것은 인정되지 않는다.
정답_⑤

문 29_상법상 주식회사의 창립총회에 관한 설명으로 옳은 것은? (2013 세무사)

① 발기설립시 변태설립사항이 없는 경우에도 임원선임을 위하여 창립총회를 개최하여야 한다.
② 모집설립에 있어서 검사인이 변태설립사항을 조사한 후 그 결과를 창립총회에 보고한 경우 창립총회는 이를 부당하다고 인정하더라도 변경할 수 없다.
③ 창립총회에서는 정관의 변경 또는 설립의 폐지를 결의할 수 있다는 뜻의 기재가 소집통지서에 있는 경우에 한하여 정관을 변경할 수 있다.
④ 창립총회의 결의방법은 주주총회의 특별결의 요건과 같다.
⑤ 모집설립시 선임된 이사와 감사는 취임후 지체없이 회사의 설립에 관한 모든 사항이 법령 또는 정관의 규정에 위반되지 아니하는지의 여부를 조사하여 창립총회에 보고하여야 한다.

① 발기설립의 절차에서는 창립총회가 없다.
② 모집설립에 있어서 검사인이 변태설립사항을 조사한 후 그 결과를 창립총회에 보고한 경우 창립총회는 이를 부당하다고 인정하더라도 변경할 수 있다(제314조).
③ 창립총회에서는 정관의 변경 또는 설립의 폐지를 결의할 수 있다는 뜻의 기재가 소집통지서에 없는 경우에도 정관을 변경할 수 있다(제316조).
④ 창립총회의 결의는 출석주식인수인의 의결권의 3분의 2 이상의 수와 발행주식총수의 과반수로써 한다(제309조).
정답_⑤

문 30_상법상 주식회사의 창립총회에 관한 설명으로 옳지 않은 것은? (2021 세무사)

① 창립총회의 결의는 출석한 주식인수인의 의결권의 3분의 2 이상이며 인수된 주식의 총수의 과반수에 해당하는 다수로 하여야 한다.
② 주식인수인은 대리인으로 하여금 창립총회에서 그 의결권을 행사하게 할 수 있다.
③ 창립총회에서의 정관변경 결의는 소집통지서에 그 뜻의 기재가 없는 경우에는 이를 할 수 없다.

① 창립총회의 결의는 출석한 주식인수인의 의결권의 3분의 2 이상이며 인수된 주식의 총수의 과반수에 해당하는 다수로 하여야 한다(상법 제309조).
② 주식인수인은 대리인으로 하여금 창립총회에서 그 의결권을 행사하게 할 수 있다(상법 제308조 제2항, 제368조 제2항).
③ 창립총회에서의 정관변경 결의는 소집통지서에 그 뜻의 기재가 없는 경우에도 이를 할 수 있다(상법 제316조 제2항).
④ 발기인은 회사의 창립에 관한 사항을 서면에 의하여 창립총회에 보고하여야 한다(상법 제311조 제1항).

④ 발기인은 회사의 창립에 관한 사항을 서면에 의하여 창립총회에 보고하여야 한다.
⑤ 창립총회에서는 설립의 폐지를 결의할 수 있다.

문 31_상법상 주식회사의 설립등기 사항을 모두 고른 것은? (2015 세무사)

ㄱ. 지점의 소재지
ㄴ. 회사가 발행할 주식의 총수
ㄷ. 발기인의 성명 · 주민등록번호 및 주소
ㄹ. 회사의 존립기간 또는 해산사유를 정한 때에는 그 기간 또는 사유

① ㄱ, ㄹ ② ㄴ, ㄷ ③ ㄱ, ㄴ, ㄹ
④ ㄴ, ㄷ, ㄹ ⑤ ㄱ, ㄴ, ㄷ, ㄹ

문 32_상법상 발기인의 책임에 관한 설명 중 옳지 않은 것은? (2004 세무사)

① 회사 성립 후 아직 납입을 완료하지 아니한 주식이 있는 때에는 모든 발기인은 연대하여 그 납입을 하여야 한다.
② 발기인이 납입담보책임을 이행한 경우에는 회사는 발기인에 대하여 손해배상책임을 물을 수 없다.
③ 발기인이 회사설립에 관하여 임무를 해태한 때에는 임무를 해태한 발기인만 회사에 대하여 연대하여 손해배상책임을 진다.
④ 회사가 성립하지 않은 경우에 발기인은 회사설립을 위하여 한 행위에 관하여 무과실이었더라도 연대책임을 진다.
⑤ 비상장회사의 경우 발행주식 총수의 100분의 1 이상에 해당하는 주식을 가진 주주는 회사에 대하여 발기인의 책임을 추궁할 소의 제기를 청구할 수 있다.

문 33_상법상 주식회사설립에 관여한 자의 책임에 관한 설명으로 옳지 않은 것은? (2021 세무사)

① 회사성립후 납입을 완료하지 아니한 주식이 있는 때에는 발기인은 연대하여 그 납입을 하여야 한다.
② 발기인이 회사설립에 관한 임무해태로 인하여 회사에 대하여 부담하는 손해배상책임은 주주 전원의 동의가 있어도 면제할 수 없다.
③ 회사가 성립하지 못한 경우, 회사의 설립에 관하여 지급한 비용은 발기인이 부담한다.

해 설 및 정 답

⑤ 창립총회에서는 설립의 폐지를 결의할 수 있다(상법 제316조 제1항).

정답_③

발기인의 성명 · 주민등록번호 및 주소는 정관의 기재사항이나 등기사항은 아니다(제317조 제2항 1호 참조).

정답_③

② 발기인이 납입담보책임을 이행한 경우라도, 회사는 발기인이 임무해태로 인하여 회사에 손해를 준 때에는 회사는 손해배상책임을 물을 수 있다(제321조, 제322조 제1항).

정답_②

① 회사성립후 납입을 완료하지 아니한 주식이 있는 때에는 발기인은 연대하여 그 납입을 하여야 한다(상법 제321조 제2항).
② 발기인이 회사설립에 관한 임무해태로 인하여 회사에 대하여 부담하는 손해배상책임은 주주 전원의 동의가 있으면 면제할 수 있다(상법 제324조, 제400조 제1항).
③ 회사가 성립하지 못한 경우, 회사의 설립에 관하여 지급한 비용은 발기인이 부담한다(상법 제326조 제2항).
④ 이사 또는 감사는 설립경과조사보고의 임무를 해태하여 회사에 손해가 발생한 경우, 회사에 대하여 손해를 배상할 책임이 있다(상법

④ 이사 또는 감사는 설립경과조사보고의 임무를 해태하여 회사에 손해가 발생한 경우, 회사에 대하여 손해를 배상할 책임이 있다.
⑤ 법원이 선임한 검사인이 악의 또는 중대한 과실로 인하여 그 임무를 해태한 때에는 회사 또는 제3자에 대하여 손해를 배상할 책임이 있다.

해 설 및 정 답

제323조).
⑤ 법원이 선임한 검사인이 악의 또는 중대한 과실로 인하여 그 임무를 해태한 때에는 회사 또는 제3자에 대하여 손해를 배상할 책임이 있다(상법 제325조).

정답_②

문 34_상법상 주식회사 발기인의 손해배상책임에 관한 설명으로 옳지 않은 것은? (2005 세무사)

① 발기인이 회사의 설립에 관하여 그 임무를 해태한 때에는 그 발기인은 회사에 대하여 연대하여 손해를 배상할 책임이 있다.
② 발기인의 임무해태로 주식의 인수나 납입에 흠결이 생긴 경우 발기인이 회사에 대하여 자본충실책임을 부담하므로 별도의 손해배상책임을 지지 않는다.
③ 발기인이 악의 또는 중대한 과실로 인하여 그 임무를 해태한 때에는 그 발기인은 제3자에 대하여도 연대하여 손해를 배상할 책임을 진다.
④ 회사가 불성립한 경우에 발기인은 그 설립에 관한 행위에 대하여 연대하여 책임을 진다.
⑤ 발기인의 회사에 대한 손해배상책임은 소수주주의 대표소송에 의해 추궁될 수 있다.

② 발기인이 인수 및 납입담보책임을 부담하더라도, 손해배상책임에는 영향을 미치지 아니하므로 별도로 손해배상책임을 물을 수 있다(제321조 제3항, 제315조).

정답_②

문 35_상법상 주식회사의 발기인의 책임에 관한 설명으로 옳지 않은 것은? (2019 세무사)

① 발기인이 회사의 설립에 관하여 그 임무를 해태한 때에는 그 발기인은 회사에 대하여 연대하여 손해를 배상할 책임이 있다.
② 회사설립 시에 발행한 주식으로서 회사성립 후에 아직 인수되지 아니한 주식이 있는 때에는 발기인이 이를 공동으로 인수한 것으로 본다.
③ 발기인이 중대한 과실로 인하여 그 임무를 해태한 때에는 그 발기인은 제3자에 대하여도 연대하여 손해를 배상할 책임이 있다.
④ 회사가 성립하지 못한 경우에는 발기인은 그 설립에 관한 행위에 대하여 연대하여 책임을 진다.

① 발기인이 회사의 설립에 관하여 그 임무를 해태한 때에는 그 발기인은 회사에 대하여 연대하여 손해를 배상할 책임이 있다(제322조 제1항).
② 회사설립 시에 발행한 주식으로서 회사성립 후에 아직 인수되지 아니한 주식이 있는 때에는 발기인이 이를 공동으로 인수한 것으로 본다(제321조 제1항).
③ 발기인이 중대한 과실로 인하여 그 임무를 해태한 때에는 그 발기인은 제3자에 대하여도 연대하여 손해를 배상할 책임이 있다(제322조 제2항).
④ 회사가 성립하지 못한 경우에는 발기인은 그 설립에 관한 행위에 대하여 연대하여 책임을 진다(제326조 제1항).
⑤ 모집설립 시 변태설립사항이 부당하다고 인정되어 변경된 경우, 회사에 손해가 발생하더라도 발기인에 대하여 손해배상을 청구할 수 있다(제315조).

정답_⑤

⑤ 모집설립 시 변태설립사항이 부당하다고 인정되어 변경된 경우, 회사에 손해가 발생하더라도 발기인에 대하여 손해배상을 청구할 수 없다.

문 36_상법상 주식회사의 발기인의 책임에 관한 설명으로 옳은 것은? (2009 세무사)

① 발기인의 인수담보책임은 회사가 불성립한 경우에 한하여 발생한다.
② 회사 설립시에 발행한 주식으로서 회사성립 후에 아직 인수되지 아니한 주식이 있는 때에는 발기인이 이를 공동으로 인수한 것으로 본다.
③ 발기인이 납입담보책임을 이행하면 해당 주식에 대한 주주가 된다.
④ 발기인이 회사설립에 관하여 경과실로 그 임무를 해태한 경우에는 제3자에 대하여 손해를 배상할 책임이 있다.
⑤ 발기인의 인수담보책임과 납입담보책임은 총주주의 동의로 면제할 수 있다.

해 설 및 정 답

① 발기인의 인수담보책임은 회사가 성립한 경우에 한하여 발생한다(제321조 제1항 참조).
③ 발기인이 납입담보책임을 이행하면 주식인수인에게 구상권을 행사할 수 있을 뿐, 해당 주식에 대한 주주가 되는 것은 아니다.
④ 발기인이 회사설립에 관하여 악의 또는 중대한 과실로 그 임무를 해태한 경우에는 제3자에 대하여 손해를 배상할 책임이 있다(제325조).
⑤ 발기인의 인수담보책임과 납입담보책임은 총주주의 동의로 면제할 수 없다.

정답_②

문 37_상법상 회사가 성립한 경우 발기인의 책임에 관한 설명으로 옳지 않은 것은? (2011 세무사)

① 발기인이 회사의 설립에 관하여 그 임무를 해태한 경우 대표소송이 인정된다.
② 발기인의 인수담보책임과 납입담보책임은 총주주의 동의로 면제할 수 없다.
③ 주식청약서 기타 주식모집에 관한 서면에 성명과 회사의 설립에 찬조하는 뜻을 기재할 것을 승낙한 자는 발기인과 동일한 책임이 있다.
④ 회사설립시에 발행한 주식으로서 회사성립후에 아직 인수되지 아니한 주식이 있는 경우 발기인이 이를 인수하지 않으면 다른 주주를 모집하여야 한다.
⑤ 발기인이 악의 또는 중대한 과실로 인하여 그 임무를 해태한 때에는 그 발기인은 제3자에 대하여도 연대하여 손해를 배상할 책임이 있다.

회사설립시에 발행한 주식으로서 회사성립후에 아직 인수되지 아니한 주식이 있는 경우 발기인이 공동으로 이를 인수한 것으로 본다(제321조 제1항).

정답_④

문 38_상법상 발기인의 책임에 관한 설명으로 옳은 것은?

(2012 세무사)

① 회사성립 후에 사기 · 강박 · 착오를 이유로 인수가 취소된 주식이 있는 경우 발기인이 공동으로 인수한 것으로 본다.
② 회사성립 후에 납입이 완료되지 않은 주식이 있는 때에는 회사에 대하여 발기인은 각자 분할하여 납입의무를 부담한다.
③ 발기인이 악의로 그 임무를 해태한 경우에 한하여 제3자에 대하여 손해배상책임이 있다.
④ 발기인이 인수 · 납입담보책임을 지는 경우 회사에 대하여 이로 인한 별도의 손해배상책임을 부담하지 아니한다.
⑤ 발행주식총수의 100분의 1이상에 해당하는 주식을 가진 주주는 회사에 대하여 발기인의 책임을 추궁할 소의 제기를 청구할 수 있다.

해 설 및 정 답

① 회사성립 후에 사기, 강박, 착오를 이유로 주식의 인수를 취소할 수 없으므로(제320조 제1항), 발기인의 인수담보책임이 발생하지 않는다.
② 회사성립 후에 납입이 완료되지 않은 주식이 있는 때에는 회사에 대하여 발기인은 연대하여 납입의무를 부담한다(제321조 제2항).
③ 발기인이 악의 또는 중대한 과실로 그 임무를 해태한 경우에 제3자에 대하여 손해배상책임이 있다(제322조 제2항).
④ 발기인이 인수.납입담보책임을 지는 경우에도 회사에 대하여 이로 인한 별도의 손해배상책임을 진다(제321조 제3항, 제315조).
⑤ 제324조, 제403조 제1항.

정답_⑤

문 39_상법상 발기인의 책임에 관한 설명으로 옳지 않은 것은?

(2017 세무사)

① 회사설립시에 발행한 주식으로서 회사성립 후에 아직 인수되지 아니한 주식이 있거나 주식인수의 청약이 취소된 때에는 발기인이 이를 공동으로 인수한 것으로 본다.
② 주식청약서 기타 주식모집에 관한 서면에 성명과 회사의 설립에 찬조하는 뜻을 기재할 것을 승낙한 자는 발기인과 동일한 책임이 있다.
③ 발기인이 회사의 설립에 관하여 그 임무를 해태한 때에는 그 발기인은 회사에 대하여 연대하여 손해를 배상할 책임이 있다.
④ 회사가 성립하지 못한 경우 발기인은 그 설립에 관하여 지급한 비용을 부담하지 않는다.
⑤ 발기인이 악의 또는 중대한 과실로 인하여 그 임무를 해태한 때에는 그 발기인은 제3자에 대하여도 연대하여 손해를 배상할 책임이 있다.

④ 회사가 성립하지 못한 경우 발기인은 그 설립에 관하여 지급한 비용을 부담한다(제326조 제2항).
① 제320조 제1항 ② 제327조
③ 제322조 제1항 ⑤ 제322조 제2항

정답_④

문 40_주식회사의 모집설립 절차에 관여한 자의 책임에 관한 설명으로 옳은 것은? (2020 세무사)

① 회사설립시에 발행한 주식으로서 회사성립후에 아직 인수되지 아니한 주식이 있는 때에는 발기인이 이를 공동으로 인수한 것으로 본다.

② 회사설립시에 발행한 주식으로서 주식인수의 청약이 취소된 때에는 이사가 이를 공동으로 인수한 것으로 본다.

③ 창립총회에 출석하여 그 권리를 행사한 주식인수인은 회사가 성립하기 전에는 사기, 강박, 착오를 이유로 주식의 인수를 취소할 수 있다.

④ 법원이 선임한 검사인이 경과실로 그 임무를 해태한 때에는 회사에 대하여 손해를 배상할 책임이 있다.

⑤ 발기인이 회사설립에 관하여 임무를 해태하여 회사에 손해배상책임을 부담하는 경우 이는 총주주의 동의로 면제할 수 없다.

해 설 및 정 답

① 회사설립시에 발행한 주식으로서 회사성립후에 아직 인수되지 아니한 주식이 있는 때에는 발기인이 이를 공동으로 인수한 것으로 본다(제321조 제1항).
② 회사설립시에 발행한 주식으로서 주식인수의 청약이 취소된 때에는 발기인이 이를 공동으로 인수한 것으로 본다(제321조 제1항).
③ 창립총회에 출석하여 그 권리를 행사한 주식인수인은 회사가 성립하기 전에는 사기, 강박, 착오를 이유로 주식의 인수를 취소할 수 없다(제320조 제2항).
④ 법원이 선임한 검사인이 중대한 과실로 그 임무를 해태한 때에는 회사에 대하여 손해를 배상할 책임이 있다(제325조).
⑤ 발기인이 회사설립에 관하여 임무를 해태하여 회사에 손해배상책임을 부담하는 경우 이는 총주주의 동의로 면제할 수 있다(제324조, 제400조).

정답_①

06 진도별 모의고사

문 1_상법상 주식회사의 설립관여자의 책임에 관한 설명으로 옳지 않은 것은? (2014 세무사)

① 회사가 성립한 경우 이사와 감사는 중과실로 설립사항에 대한 조사 및 보고의무를 위반하여 제3자에 대하여 손해를 끼친 때에는 연대하여 손해를 배상할 책임이 있다.
② 회사가 성립한 경우 법원에 의하여 선임된 검사인이 중과실로 그 임무를 해태한 때에는 회사에 대하여 손해를 배상할 책임이 있다.
③ 회사가 성립한 경우 주식청약서에 성명과 회사설립에 찬조하는 뜻을 기재할 것을 승낙한 자는 발기인과 동일한 책임이 있다.
④ 회사가 성립하지 못한 경우 발기인은 그 설립에 관한 행위에 대하여 연대책임을 부담한다.
⑤ 회사가 성립하지 못한 경우 회사의 설립에 관하여 지급한 비용은 발기인과 이사 및 감사가 연대하여 부담한다.

해 설 및 정 답

회사가 성립하지 못한 경우 회사의 설립에 관하여 지급한 비용은 발기인이 연대하여 부담한다(제326조 제2항).

정답_⑤

문 2_상법상 주식회사 설립의 하자에 관한 설명으로 옳지 않은 것을 모두 고른 것은? (2019 세무사)

ㄱ. 주주, 이사, 감사, 회사채권자는 설립무효의 소를 제기할 수 있다.
ㄴ. 설립무효의 소는 설립등기를 한 날부터 1년 내에 주장하여야 한다.
ㄷ. 주식인수인의 주식인수에 의사표시의 하자가 있는 경우 설립취소의 소로써 이를 다툴 수 있다.
ㄹ. 설립무효의 판결은 제3자에 대하여도 그 효력이 있으나, 판결확정 전에 생긴 회사와 주주 및 제3자간의 권리의무에 영향을 미치지 아니한다.

① ㄱ, ㄴ　② ㄱ, ㄷ　③ ㄴ, ㄷ
④ ㄱ, ㄴ, ㄷ　⑤ ㄱ, ㄷ, ㄹ

ㄱ. 주주, 이사, 감사는 설립무효의 소를 제기할 수 있다(제328조 제1항).
ㄴ. 설립무효의 소는 설립등기를 한 날부터 2년 내에 주장하여야 한다(제328조 제1항).
ㄷ. 주식인수인의 주식인수에 의사표시의 하자가 있는 경우 주식인수의 취소문제에 해당할 뿐이고, 설립취소의 소로써 이를 다툴 수 없다. 주식회사의 경우에는 설립취소가 인정되지 않는다.
ㄹ. 설립무효의 판결은 제3자에 대하여도 그 효력이 있으나, 판결확정 전에 생긴 회사와 주주 및 제3자간의 권리의무에 영향을 미치지 아니한다(제328조 제2항, 제190조).

정답_④

문 3_상법상 주식회사 설립무효의 소에 관한 설명으로 옳지 않은 것은? (2020 세무사)

① 감사는 설립무효의 소를 제기할 수 있다.
② 설립무효의 소에서 원고가 승소한 경우 그 판결의 대세적 효력과 소급적 효력이 인정된다.
③ 설립의 무효는 회사성립의 날부터 2년 내에 소만으로 이를 주장할 수 있다.
④ 설립무효의 판결이 확정된 때에는 해산의 경우에 준하여 청산하여야 한다.
⑤ 설립무효의 소를 제기한 자가 패소한 경우에 중대한 과실이 있는 때에는 회사에 대하여 연대하여 손해를 배상할 책임이 있다.

해 설 및 정 답

① 감사는 설립무효의 소를 제기할 수 있다(제328조 제1항).
② 설립무효의 소에서 원고가 승소한 경우 그 판결의 대세적 효력과 불소급적 효력이 인정된다(제328조 제2항, 제190조).
③ 설립의 무효는 회사성립의 날부터 2년 내에 소만으로 이를 주장할 수 있다(제328조 제1항).
④ 설립무효의 판결이 확정된 때에는 해산의 경우에 준하여 청산하여야 한다(제328조 제2항, 제193조).
⑤ 설립무효의 소를 제기한 자가 패소한 경우에 중대한 과실이 있는 때에는 회사에 대하여 연대하여 손해를 배상할 책임이 있다(제328조 제2항, 제191조).

정답_②

문 4_상법상 주식회사의 설립절차의 하자를 다투는 소에 관한 설명으로 옳지 않은 것은? (2015 세무사)

① 주식을 1주(株)만 보유한 주주도 회사성립의 날로부터 2년 내에 설립무효의 소를 제기할 수 있다.
② 설립절차의 하자를 다투고자 하는 자는 설립취소의 소를 제기할 수 있다.
③ 회사설립의 무효는 회사성립의 날로부터 2년내에 소만으로 이를 주장할 수 있다.
④ 설립무효판결의 효력은 판결확정전에 생긴 회사와 주주 및 제3자간의 권리의무에 영향을 미치지 않는다.
⑤ 설립무효의 소에 대해 설립무효판결이 내려지면 원고 이외의 자에 대한 관계에서도 당해 회사의 설립은 무효가 된다.

주식회사의 설립절차의 하자를 다투고자하는 자는 설립무효의 소를 제기할 수 있으나, 설립취소의 소는 제기할 수 없다(제328조 제1항).

정답_②

문 5_설립등기를 마친 주식회사의 설립무효원인으로 보기 어려운 경우는? (2005 세무사 수정)

① 정관에 회사가 발행할 주식의 총수를 기재하지 않은 경우
② 회사 설립시 발행하는 주식수가 정관에 기재되지 아니한 경우
③ 모집설립에서 창립총회를 소집하지 않은 경우
④ 일부 주주의 주식인수의 의사표시에 하자가 있는 경우
⑤ 정관의 절대적 기재사항을 기재하지 않은 경우

④ 일부 주주의 주식인수의 의사표시에 하자(사기나 강박 또는 착오)가 있는 경우에는 설립등기 후에는 그 주식인수의 취소를 할 수 없으므로(제320조), 설립무효의 사유가 되지 않는다. 그러나 ①, ②, ③, ⑤의 사항은 절차상의 하자이므로 설립무효의 사유가 된다.

정답_④

문 6_상법상 주식에 관한 설명으로 옳지 않은 것은? (2016 세무사)

① 회사는 정관으로 정한 경우에는 주식의 전부를 무액면주식으로 발행할 수 있다.
② 주주의 책임은 그가 가진 주식의 인수가액을 한도로 한다.
③ 액면주식 1주의 금액은 100원 이상으로 하여야 한다.
④ 주식이 수인의 공유에 속하는 때에는 공유자는 주주의 권리를 공동으로 행사하여야 한다.
⑤ 회사는 주주총회의 특별결의로 액면주식을 분할할 수 있다.

해 설 및 정 답

주식이 수인의 공유에 속하는 때에는 공유자는 주주의 권리를 행사할 자 1인을 정하여야 한다(제333조 제2항).

정답_④

문 7_상법상 주식회사의 주식에 관한 설명으로 옳지 않은 것은? (2019 세무사)

① 주식회사는 기명주식과 무기명주식을 함께 발행할 수 있다.
② 액면주식 1주의 금액은 100원 이상으로 균일하여야 하며, 주식을 분할하는 경우에도 동일하다.
③ 타인의 승낙을 얻어 그 명의로 주식을 인수한 자는 그 타인과 연대하여 납입할 책임이 있다.
④ 주주는 회사에 대하여 자신이 가지는 주식의 인수가액을 한도로 책임을 진다.
⑤ 주식이 수인의 공유에 속하는 때에는 공유자는 주주의 권리를 행사할 자 1인을 정하여야 한다.

① 주식회사는 기명주식만 발행할 수 있다.
② 액면주식 1주의 금액은 100원 이상으로 균일하여야 하며(제329조 제2항 및 제3항), 주식을 분할하는 경우에도 동일하다(제329조의2 제2항).
③ 타인의 승낙을 얻어 그 명의로 주식을 인수한 자는 그 타인과 연대하여 납입할 책임이 있다(제332조 제2항).
④ 주주는 회사에 대하여 자신이 가지는 주식의 인수가액을 한도로 책임을 진다(제331조).
⑤ 주식이 수인의 공유에 속하는 때에는 공유자는 주주의 권리를 행사할 자 1인을 정하여야 한다(제333조 제2항).

정답_①

문 8_상법상 주식에 관한 설명으로 옳은 것은? (2017 세무사)

① 회사는 정관으로 정한 경우에는 주식의 일부만을 무액면주식으로 발행할 수 있다.
② 액면주식 1주의 금액은 100원 이상으로 하여야 한다.
③ 회사의 자본금은 액면주식을 무액면주식으로 전환함으로써 변경할 수 있다.
④ 회사는 정관으로 정하는 바에 따라 발행된 무액면주식을 액면주식으로 전환할 수는 없다.
⑤ 주권이 발행된 경우 주식의 질권자는 계속하여 주권을 점유하지 아니하여도 그 질권으로써 제3자에게 대항할 수 있다.

① 회사는 정관으로 정한 경우에는 주식의 일부만을 무액면주식으로 발행할 수 없고, 전부를 무액면주식으로 발행할 수 있다(제329조 제1항).
② 제329조 제3항
③ 회사의 자본금은 액면주식을 무액면주식으로 전환함으로써 변경할 수 없다(제451조 제3항).
④ 회사는 정관으로 정하는 바에 따라 발행된 무액면주식을 액면주식으로 전환할 수는 있다(제329조 제4항).
⑤ 주권이 발행된 경우 주식의 질권자는 계속하여 주권을 점유하지 아니하면 그 질권으로써 제3자에게 대항할 수 없다(제338조 제2항).

정답_②

문 9_상법상 자본금과 주식과의 관계에 관한 설명으로 옳지 않은 것은? (2014 세무사)

① 액면주식을 병합하여 자본금을 감소시킬 수 있다.
② 액면주식으로 발행된 상환주식이 상환되어도 자본금에는 변화가 없다.
③ 무액면주식을 발행한 회사는 주식의 수의 변화 없이 자본금을 감소시킬 수 있다.
④ 무액면주식을 발행한 회사는 준비금의 자본금 전입을 통하여 자본금을 증가시킬 수 없다.
⑤ 액면주식을 발행한 회사에서 주식배당에 의하여 신주발행이 이루어지면 자본금이 증가한다.

해 설 및 정 답

무액면주식을 발행한 회사라도 준비금의 자본금 전입을 통하여 자본금을 증가시킬 수 있으며, 이 경우 변경등기를 하여야 한다. 이는 신주발행에 해당하기 때문이다. 다만, 회사의 순자산에는 변동이 없다.

정답_④

문 10_상법상 종류주식에 관한 설명으로 옳은 것은? (2020 세무사)

① 회사는 의결권이 없는 종류주식을 주주가 회사에 대하여 상환을 청구할 수 있는 종류주식으로 발행할 수 있다.
② 주식의 전환은 회사가 전환을 청구한 경우에는 그 청구한 때에, 주주가 전환을 한 경우에는 주권제출기간이 끝난 때에 그 효력이 발생한다.
③ 회사가 상환에 관한 종류주식을 상환할 때 그 회사가 발행한 전환에 관한 종류주식을 상환의 대가로 교부할 수 있다.
④ 전환에 관한 종류주식의 경우 전환으로 인해 발행되는 신주 1주의 액면가는 전환으로 인해 소멸하는 전환주식 1주의 액면가와 다르다.
⑤ 의결권이 없는 종류주식을 의결권이 있는 종류주식으로 전환할 수 있는 전환주식을 가진 주주가 주주명부 폐쇄기간 중에 전환청구를 하면 그 폐쇄기간 중의 주주총회 결의에서 의결권을 행사할 수 있다.

① 회사는 의결권이 없는 종류주식을 주주가 회사에 대하여 상환을 청구할 수 있는 종류주식으로 발행할 수 있다(제345조 제3항).
② 주식의 전환은 주주가 전환을 청구한 경우에는 그 청구한 때에, 회사가 전환을 한 경우에는 주권제출기간이 끝난 때에 그 효력이 발생한다(제350조 제1항).
③ 회사가 상환에 관한 종류주식을 상환할 때 그 회사가 발행한 전환에 관한 종류주식을 상환의 대가로 교부할 수 없다(제345조 제4항).
④ 전환에 관한 종류주식의 경우 전환으로 인해 발행되는 신주 1주의 액면가는 전환으로 인해 소멸하는 전환주식 1주의 액면가와 다르기 위해서는 별도로 정관변경절차가 필요하므로 원칙적으로 다르지 않다. 전환 후 발행주식의 총발행가액은 전환 전 발행주식의 총발행가액으로 한다(제348조)
⑤ 의결권이 없는 종류주식을 의결권이 있는 종류주식으로 전환할 수 있는 전환주식을 가진 주주가 주주명부 폐쇄기간 중에 전환청구를 하면 그 폐쇄기간 중의 주주총회 결의에서 의결권을 행사할 수 없다(제350조 제2항).

정답_①

문 11_상법상 주식에 관한 설명으로 옳지 않은 것은? (2021 세무사)

① 회사가 정관으로 정하여 무액면주식을 발행하는 경우에는 액면주식을 발행할 수 없다.
② 주식의 분할에는 주주총회의 특별결의가 필요하다.
③ 회사는 성립한 날부터 1년을 경과한 후에 주주총회의 특별결의와 법원의 인가를 얻어서 주식을 액면미달의 가액으로 발행할 수 있다.

① 회사가 정관으로 정하여 무액면주식을 발행하는 경우에는 액면주식을 발행할 수 없다(상법 제329조 제1항).
② 주식의 분할에는 주주총회의 특별결의가 필요하다(상법 제329조의2 제1항).
③ 회사는 성립한 날부터 2년을 경과한 후에 주주총회의 특별결의와 법원의 인가를 얻어서 주식을 액면미달의 가액으로 발행할 수 있다(상법 제417조 제1항).
④ 타인의 승낙을 얻어 그 명의로 주식을 인수한 자는 그 타인과 연대하여 납입할 책임이 있다(상법 제332조 제2항).

④ 타인의 승낙을 얻어 그 명의로 주식을 인수한 자는 그 타인과 연대하여 납입할 책임이 있다.

⑤ 수인이 공동으로 주식을 인수한 경우, 이들은 연대하여 납입할 책임이 있다.

해 설 및 정 답

⑤ 수인이 공동으로 주식을 인수한 경우, 이들은 연대하여 납입할 책임이 있다(상법 제333조 제1항).

정답_③

문 12_상법상 주식회사의 무액면주식에 관한 설명으로 옳지 않은 것은? (2013 세무사)

① 회사는 정관에 규정이 없어도 주주총회의 결의로 무액면주식을 발행할 수 있다.

② 회사가 무액면주식을 발행하는 경우에는 액면주식을 발행할 수 없다.

③ 회사설립 시에 무액면주식을 발행하는 경우 주식의 발행가액과 주식의 발행가액 중 자본금으로 계상하는 금액은 정관에서 달리 정하지 아니하면 발기인 전원의 동의로 정한다.

④ 이사회를 설치한 회사가 무액면주식을 발행하는 경우 회사의 자본금은 주식 발행가액의 2분의 1 이상의 금액으로서 이사회(주주총회가 신주발행 사항을 결정하는 경우에는 주주총회)가 자본금으로 계상하기로 한 금액의 총액으로 한다.

⑤ 회사의 자본금은 무액면주식을 액면주식으로 전환함으로써 변경할 수 없다.

회사는 정관에 규정이 있는 경우에 한하여 무액면주식을 발행할 수 있다(제329조 제1항).

정답_①

문 13_상법상 주식에 관한 설명으로 옳은 것은? (2015 세무사)

① 회사가 무액면주식을 발행하는 경우 동시에 액면주식을 발행할 수도 있다.

② 액면주식의 금액은 균일하여야 하며, 액면주식 1주의 금액은 500원 이상으로 하여야 한다.

③ 이사회의 결의로 액면주식을 무액면주식으로 전환하여 회사의 자본금을 증가시킬 수 있다.

④ 회사는 설립시에 창립총회의 결의와 법원의 인가를 얻어 액면미달의 가액으로 주식을 발행할 수 있다.

⑤ 회사는 정관으로 정하는 바에 따라 발행된 무액면주식을 액면주식으로 전환할 수 있다.

① 회사가 무액면주식을 발행하는 경우 액면주식을 발행할 수 없다(제329조 제1항).
② 액면주식의 금액은 균일하여야 하며, 액면주식 1주의 금액은 100원 이상으로 하여야 한다(제329조 제2항, 제3항).
③ 정관의 정함에 의하여 액면주식을 무액면주식으로 전환할 수 있으나, 이로써 회사의 자본금을 증가시킬 수 없다(제451조 제3항).
④ 회사는 설립시에 액면미달의 가액으로 주식을 발행할 수 없다(제417조 제2항 참조).
⑤ 제329조 제4항.

정답_⑤

문 14_상법상 주식 등에 관한 설명으로 옳은 것은? (2018 세무사)

① 회사는 액면주식과 무액면주식 모두를 동시에 발행할 수 있다.
② 회사가 무액면주식을 발행한 경우에는 주식분할을 할 수 없다.
③ 주주가 수인인 회사가 정관으로 정하는 바에 따라 그 발행하는 주식의 양도에 관하여 이사회의 승인을 받도록 한 경우, 이를 위반하여 이사회의 승인을 얻지 아니한 주식의 양도는 회사에 대하여 효력이 없다.
④ 수인이 공동으로 주식을 소유하고 있을 경우에 주주의 권리를 행사할 자가 없는 때에는 공유자에 대한 통지나 최고는 공유자 전원에 대하여 하여야 한다.
⑤ 회사는 이사회의 결의로 액면주식을 분할할 수 있다.

해 설 및 정 답

① 회사는 무액면주식을 발행하는 경우에는 액면주식을 발행할 수 없다(상법 제329조 제1항).
② 회사가 무액면주식을 발행한 경우에도 액면분할이 아니라면 단순히 주식수를 증가시키는 주식분할을 할 수 있다.
③ 상법 제335조 제1항 단서, 제2항
④ 수인이 공동으로 주식을 소유하고 있을 경우에 주주의 권리를 행사할 자가 없는 때에는 공유자에 대한 통지나 최고는 그 1인에 대하여 하여야 한다(상법 제333조 제3항).
⑤ 회사는 주주총회의 특별결의로 액면주식을 분할할 수 있다(상법 제329조의2 제1항).

정답_③

문 15_상법상 주식회사의 주식에 관한 설명으로 옳지 않은 것을 모두 고른 것은? (2018 세무사)

ㄱ. 회사는 무액면주식을 액면주식으로 전환함으로써 자본금을 증가시킬 수 있다.
ㄴ. 타인의 승낙을 얻어 그 명의로 주식을 인수한 자는 그 타인과 연대하여 납입할 책임이 있다.
ㄷ. 회사가 액면주식을 분할하는 경우 주주총회의 결의는 출석한 주주의 의결권의 3분의 2이상의 수와 발행주식총수의 3분의 1 이상의 수로써 하여야 한다.
ㄹ. 회사는 보통주식과 이익배당에 관한 종류주식의 액면가를 달리 정할 수 있다.

① ㄱ ② ㄴ ③ ㄱ, ㄹ
④ ㄴ, ㄷ ⑤ ㄷ, ㄹ

ㄱ. 회사는 무액면주식을 액면주식으로 전환함으로써 자본금을 증가시킬 수 없다(상법 제451조 제3항).
ㄴ. 타인의 승낙을 얻어 그 명의로 주식을 인수한 자는 그 타인과 연대하여 납입할 책임이 있다(상법 제332조 제2항).
ㄷ. 회사가 액면주식을 분할하는 경우 주주총회의 결의는 출석한 주주의 의결권의 3분의 2 이상의 수와 발행주식총수의 3분의 1 이상의 수로써 하여야 한다(상법 제329조의2 제1항).
ㄹ. 회사는 액면주식의 1주의 액면가액은 균일하여야 하므로(상법 제329조 제2항), 보통주식과 이익배당에 관한 종류주식의 액면가를 달리 정할 수 없다.

정답_③

문 16_상법상 종류주식에 관한 설명으로 옳지 않은 것은? (2021 세무사)

① 회사가 종류주식을 발행하는 경우, 정관으로 각 종류주식의 내용과 수를 정하여야 한다.
② 종류주주총회의 결의는 출석한 주주의 의결권의 3분의 2 이상의 수와 그 종류의 발행주식총수의 3분의 1 이상의 수로써 하여야 한다.
③ 주식의 상환에 관한 종류주식의 경우, 회사는 주식의 취득의 대가로 현금 외에 유가증권(다른 종류주식은 제외한다)이나 그 밖의 자산을 교부할 수 있으며, 이 경우 그 자산의 장부가액이 상법 규정에 따른 배당가능이익을 초과하여서는 아니 된다.

① 회사가 종류주식을 발행하는 경우, 정관으로 각 종류주식의 내용과 수를 정하여야 한다(상법 제344조 제2항).
② 종류주주총회의 결의는 출석한 주주의 의결권의 3분의 2 이상의 수와 그 종류의 발행주식총수의 3분의 1 이상의 수로써 하여야 한다(상법 제435조 제2항).
③ 주식의 상환에 관한 종류주식의 경우, 회사는 주식의 취득의 대가로 현금 외에 유가증권(다른 종류주식은 제외한다)이나 그 밖의 자산을 교부할 수 있으며, 이 경우 그 자산의 장부가액이 상법 규정에 따른 배당가능이익을 초과하여서는 아니 된다(상법 제345조 제4항).
④ 주식의 전환에 관한 종류주식에서 전환으로 인하여 신주식을 발행하는 경우에는 전환전의 주식의 발행가액을 신주식의 발행가액으로 한다(상법 제348조).

④ 주식의 전환에 관한 종류주식에서 전환으로 인하여 신주식을 발행하는 경우에는 전환전의 주식의 발행가액을 신주식의 발행가액으로 한다.
⑤ 회사가 의결권이 제한되는 종류주식을 발행주식총수의 4분의 1을 초과하여 발행한 경우, 그 초과된 부분의 발행은 당연히 무효로 된다.

해 설 및 정 답

⑤ 회사가 의결권이 제한되는 종류주식을 발행주식총수의 4분의 1을 초과하여 발행한 경우에 그 초과된 부분의 발행이 당연히 무효로 되는 것은 아니며, 회사는 지체 없이 초과하지 아니하도록 하기 위하여 필요한 조치를 하여야 한다(상법 제344조의3 제2항).

정답_⑤

문 17_상법상 종류주식에 관한 설명으로 옳지 않은 것은? (2017 세무사)

① 주식의 상환에 관한 종류주식을 발행한 회사는 상환주식의 취득의 대가로 현금 외에 그 회사의 다른 종류주식을 교부할 수 있다.
② 회사가 종류주식을 발행하는 경우에는 정관에 일정한 사유가 발생할 때 회사가 주주의 인수 주식을 다른 종류주식으로 전환할 수 있음을 정할 수 있다.
③ 회사는 잔여재산의 분배에 관하여 내용이 다른 종류의 주식을 발행할 수 있다.
④ 회사가 종류주식을 발행하는 때에는 정관에 다른 정함이 없는 경우에도 주식의 종류에 따라 회사의 합병으로 인한 주식의 배정에 관하여 특수하게 정할 수 있다.
⑤ 주식의 전환에 관한 종류주식에서 전환으로 인하여 신주식을 발행하는 경우에는 전환전의 주식의 발행가액을 신주식의 발행가액으로 한다.

① 주식의 상환에 관한 종류주식을 발행한 회사는 상환주식의 취득의 대가로 현금 외에 유가증권(그 회사의 다른 종류주식은 제외한다)이나 그 밖의 자산을 교부할 수 있다(제345조 제4항).
② 제346조 제2항
③ 제344조 제1항, 제344조의2 제2항
④ 제344조 제3항 ⑤ 제348조

정답_①

문 18_상법상 비상장주식회사의 의결권의 배제 및 제한에 관한 종류주식의 설명으로 옳지 않은 것은? (2014 세무사)

① 의결권이 없는 종류주식의 주주는 정관상의 의결권부활조건이 성취되면 의결권을 행사할 수 있다.
② 의결권이 배제되거나 제한된 종류주식의 총수가 발행주식총수의 4분의 1을 초과하여 발행된 경우, 회사는 그 초과 발행된 주식을 지체 없이 소각하여야 한다.
③ 주식의 종류에 따라 신주인수로 인한 주식배정에 관하여 특수하게 정함으로써 의결권 배제주식을 보유한 주주에게 손해를 미치게 될 경우 의결권 배제주식의 주주총회결의가 있어야 한다.
④ 정관으로 보통주식을 의결권 없는 종류주식으로 발행할 수 있음을 정할 수 있다.
⑤ 회사는 정관으로 이사의 선임에 있어서만 의결권을 인정하지 않는 주식을 발행할 수 있다.

의결권이 배제되거나 제한된 종류주식의 총수가 발행주식총수의 4분의 1을 초과하여 발행된 경우, 회사는 지체없이 그 제한을 초과하지 아니하도록 하기 위하여 필요한 조치(의결권 있는 주식의 신주발행)를 하여야 한다(제344조의2 제2항).

정답_②

문 19_상법상 주식회사의 상환주식에 관한 설명으로 옳은 것은? (2013 세무사)

① 상환주식을 발행한 경우 회사는 상환대상인 주식의 취득일부터 1주 전에 그 사실을 그 주식의 주주에게만 통지하면 된다.

② 상환의 청구는 회사만 할 수 있다.

③ 회사는 상환의 대가로 해당 회사의 다른 종류주식을 교부할 수 있다.

④ 우선주만 상환주식으로 발행할 수 있다.

⑤ 회사는 정관으로 정하는 바에 따라 회사의 이익으로써 소각할 수 있는 종류주식을 발행할 수 있으며, 이 경우 회사는 정관에 상환가액, 상환기간, 상환의 방법과 상환할 주식의 수를 정하여야 한다.

해 설 및 정 답

① 상환주식을 발행한 경우 회사는 상환대상인 주식의 취득일부터 2주 전에 그 사실을 그 주식의 주주 및 주주명부상의 권리자에게 통지하여야 한다(제345조 제2항).
② 상환의 청구는 회사나 주주가 할 수 있다(제345조 제1항, 제3항).
③ 회사는 상환의 대가로 현금 이외에 유가증권이 가능하지만, 해당 회사의 다른 종류주식을 교부할 수 없다(제345조 제4항).
④ 종류주식으로서 상환주식과 전환주식을 제외하고는 상환주식으로 발행할 수 있으므로, 보통주든 우선주든 상환주식으로 발행할 수 있다(제345조 제5항).

정답_⑤

문 20_상법상 의결권이 없거나 제한되는 종류주식에 관한 설명으로 옳지 않은 것은? (2020 세무사)

① 주주총회의 결의에 관하여는 의결권이 없는 종류주식의 수는 발행주식총수에 산입하지 아니한다.

② 의결권이 없거나 제한되는 종류주식이 발행주식총수의 4분의 1을 초과하여 발행된 경우에는 회사는 지체 없이 그 제한을 초과하지 아니하도록 하기 위하여 필요한 조치를 하여야 한다.

③ 의결권이 없는 주식을 보유한 주주는 주식회사가 유한회사로의 조직변경을 위한 주주총회에서 의결권을 행사할 수 있다.

④ 의결권이 없는 주식을 보유한 주주는 회사의 분할 또는 분할합병의 승인을 위한 주주총회의 결의가 그에게 손해를 미치는 경우에 한하여 그 주주총회에서 의결권을 행사할 수 있다.

⑤ 회사가 의결권이 없거나 제한되는 종류주식을 발행하는 경우에는 정관에 의결권을 행사할 수 없는 사항과, 의결권행사 또는 부활의 조건을 정한 경우에는 그 조건 등을 정하여야 한다.

① 주주총회의 결의에 관하여는 의결권이 없는 종류주식의 수는 발행주식총수에 산입하지 아니한다(제371조 제1항).
② 의결권이 없거나 제한되는 종류주식이 발행주식총수의 4분의 1을 초과하여 발행된 경우에는 회사는 지체 없이 그 제한을 초과하지 아니하도록 하기 위하여 필요한 조치를 하여야 한다(제344조의3 제2항).
③ 의결권이 없는 주식을 보유한 주주는 총주주의 동의를 얻는 사항에 대하여 의결권을 행사할 수 있으므로, 주식회사가 유한회사로의 조직변경을 위한 주주총회에서 의결권을 행사할 수 있다(제604조 제1항).
④ 의결권이 없는 주식을 보유한 주주는 회사의 분할 또는 분할합병의 승인을 위한 주주총회의 결의에 관하여는 의결권을 행사할 수 있다(제530조의3 제3항).
⑤ 회사가 의결권이 없거나 제한되는 종류주식을 발행하는 경우에는 정관에 의결권을 행사할 수 없는 사항과, 의결권행사 또는 부활의 조건을 정한 경우에는 그 조건 등을 정하여야 한다(제344조의3 제1항).

정답_④

문 21_전환주식에 관한 다음 설명 중 옳지 않은 것은?

(1998 세무사 수정)

① 회사가 종류주식을 발행하는 경우에 정관에서 정하는 바에 따라 주주가 인수한 주식을 다른 종류주식으로 전환을 청구할 수 있는 전환주식을 발행하는 경우에는 전환조건, 전환청구기간과 전환으로 발행할 주식의 수와 내용을 정관에서 정하여야 한다.
② 전환청구기간 또는 전환기간 내에는 회사가 발행할 종류주식 중 전환으로 인하여 발행할 주식의 수를 유보해야 한다.
③ 전환청구에 따라 신주식을 발행하는 경우에는 주식의 액면가액을 신주식의 발행가액으로 한다.
④ 주주명부폐쇄기간 중에 전환된 주식의 주주는 그 기간 중의 총회의 결의에 관하여는 의결권을 행사할 수 없다.
⑤ 주식의 전환으로 인한 변경등기는 전환을 청구한 날 또는 주권제출기간이 끝난 날이 속하는 달의 마지막 날부터 2주 내에 하여야 한다.

해 설 및 정 답

② 제346조 제4항
③ 전환청구에 따라 신주식을 발행하는 경우 신주식의 발행가액은 전환주식의 발행가액으로 한다(제348조).

정답_③

문 22_상법상 전환주식에 관한 다음 설명 중 가장 옳지 않은 것은?

(2002 세무사 수정)

① 전환권이 회사에게 부여된 주식도 상법상 전환주식에 해당한다.
② 전환주식을 발행하기 위하여는 정관에 이에 관한 규정이 있어야 한다.
③ 전환주식을 가진 주주는 주주명부폐쇄기간 중에는 전환권을 행사할 수 없다.
④ 〈삭제〉
⑤ 전환주식의 발행가액총액과 전환으로 인하여 발행하는 신주식의 발행가액총액은 일치하여야 한다.

③ 전환주식의 전환은 주주명부의 폐쇄기간 중이라도 할 수 있다(제350조 제2항, 제354조 제1항).

정답_③

문 23_상법상 비상장주식회사의 주식과 주권에 관한 살명으로 옳지 않은 것은? (2018 세무사)

① 수인이 공동으로 주식을 인수한 자는 연대하여 납입할 책임이 있다.
② 주식의 양도에 관하여 정관으로 이사회의 승인을 얻도록 정한 때에는 그 규정은 주권의 기재사항이다.
③ 주권은 회사의 성립 후 또는 신주의 납입기일 후가 아니면 발행하지 못한다.
④ 가설인의 명의로 주식을 인수한 자는 주식인수인으로서의 책임이 없다.
⑤ 주식이 수인의 공유에 속하는 때에는 공유자는 주주의 권리를 행사할 자 1인을 정하여야 한다.

해 설 및 정 답

가설인의 명의나 타인의 승낙없이 그 명의로 주식을 인수한 자는 주식인수인으로서의 책임이 있다(상법 제332조 제1항).
① 상법 제333조 제1항
② 상법 제356조 제6호의2
③ 상법 제355조 제1항
⑤ 상법 제333조 제2항

정답_④

문 24_상법상 주식에 관한 설명으로 옳지 않은 것은? (2015 세무사)

① 주식은 원칙적으로 자본금 감소에 관한 규정에 따라서만 소각할 수 있다.
② 회사가 다른 회사의 발행주식총수의 10분의 1을 초과하여 취득한 때에는 그 다른 회사에 지체없이 이를 통지하여야 한다.
③ 회사가 종류주식을 발행하는 때에는 정관에 다른 정함이 없는 경우에도 주식의 종류에 따라 신주의 인수에 관하여 특수하게 정할 수 있다.
④ 신주의 인수인은 회사의 동의 없이도 인수가액에 대한 납입채무와 그 주식회사에 대한 채권을 상계할 수 있다.
⑤ 주주가 전환주식의 전환을 청구한 경우, 그 주식의 전환은 그 청구를 한 때에 그 효력이 발생한다.

신주의 인수인은 회사의 동의를 얻어 인수가액에 대한 납입채무와 그 주식회사에 대한 채권을 상계할 수 있다(제421조 제2항).

정답_④

문 25_상법상 액면주식의 상환 및 전환에 관한 종류주식의 설명으로 옳지 않은 것은? (2014 세무사)

① 회사는 정관으로 정하는 바에 따라 주주가 회사에 대하여 상환을 청구할 수 있는 종류주식을 발행할 수 있다.
② 상환에 관한 종류주식에서 회사가 상환을 결정할 수 있든 주주가 상환을 결정할 수 있든 배당가능이익으로써만 상환할 수 있다.
③ 상환에 관한 종류주식의 발행회사는 상환의 대가로 자기 회사의 사채(社債)를 장부가액이 배당가능이익을 초과하지 않는 범위에서 교부할 수 있다.

⑤ 전환으로 인하여 신주식을 발행하는 경우에 전환 전의 주식의 총발행가액과 신주식의 총발행가액이 동일하지만(제348조), 전환이 이루어지는 경우 1주의 금액이 변동이 없다고 한다면 전환전주식의 수와 전환후의 주식의 수가 다르면 자본금은 변화하게 된다.

정답_⑤

④ 회사가 종류주식을 발행하는 경우 일정한 사유가 발생할 때 회사가 주주의 인수주식을 다른 종류주식으로 전환할 수 있음을 정관으로 정할 수 있다.
⑤ 전환으로 인하여 신주식을 발행하는 경우에 전환 전의 주식의 발행가액과 신주식의 발행가액이 동일하여야 하므로, 전환이 이루어지는 경우 자본금은 항상 변화가 없다.

문 26_상법상 전환주식과 관련한 설명으로 옳지 않은 것은? (2005 세무사 수정)

① 주식의 전환으로 인한 변경등기는 전환을 청구한 날 또는 주권제출기간이 끝난 날로부터 2주간 내에 본점소재지에서 하여야 한다.
② 전환으로 인하여 신주식을 발행하는 경우에는 전환 전의 주식의 발행가액을 신주식의 발행가액으로 한다.
③ 주식의 전환은 그 청구를 한 때 또는 주권제출기간이 끝난 때에 효력이 생긴다.
④ 전환을 청구하는 자는 청구서 이외에도 주권을 첨부하여 회사에 제출하여야 한다.
⑤ 전환주식은 회사가 종류주식을 발행한 경우에 한하여 발행할 수 있다.

해 설 및 정 답

① 주식의 전환으로 인한 변경등기는 전환을 청구한 날 또는 주권제출기간이 끝난 날이 속한 달의 마지막 날로부터 2주 내에 본점소재지에서 하여야 한다(제351조).

정답_①

문 27_상법상 전환주식에 관한 설명으로 옳지 않은 것은? (2010 세무사)

① 전환으로 인하여 신주식을 발행하는 경우에는 전환전의 주식의 발행가액을 신주식의 발행가액으로 한다.
② 주주가 인수한 주식을 다른 종류주식으로 전환할 것을 청구할 수 있는 전환주식을 발행하는 경우에는 정관에 전환의 조건, 발행할 주식의 종류와 전환청구기간만 기재하면 된다.
③ 주식의 전환이 있는 때에는 이로 인하여 종전의 주주가 받을 주식에 대하여도 종전의 주식을 목적으로 한 질권을 행사할 수 있다.
④ 〈삭제〉
⑤ 회사가 전환주식을 발행한 경우에는 종류주식의 수중 전환으로 인하여 발행할 주식의 수는 전환청구기간 또는 전환의 기간 내에는 그 발행을 유보하여야 한다.

전환주식을 발행하는 경우에는 정관에 전환의 조건, 전환으로 인하여 발행할 주식의 수와 내용, 전환청구기간을 정하여야 한다(제346조 제1항).

정답_②

문 28_상법상 주식회사의 전환주식에 관한 설명으로 옳지 않은 것은? (2013 세무사)

① 〈삭제〉
② 전환주식의 전환은 주주가 전환을 청구한 경우에는 그 청구한 때에 그 효력이 발생한다.
③ 전환주식의 전환으로 인하여 신주식을 발행하는 경우에는 전환전의 주식의 발행가액을 신주식의 발행가액으로 한다.
④ 정관에 규정된 종류주식의 수 중 전환으로 인하여 새로 발행할 주식의 수는 전환청구기간 또는 전환의 기간 내에는 그 발행을 유보(留保)하여야 한다.
⑤ 주주명부 폐쇄기간 중에 전환된 주식의 주주는 그 기간중의 총회의 결의에 관해서 의결권을 행사할 수 있다.

해 설 및 정 답

주주명부 폐쇄기간 중에 전환된 주식의 주주는 그 기간 중의 총회의 결의에 관해서 의결권을 행사할 수 없다(제350조 제2항).

정답_⑤

문 29_상법상 주식에 관한 설명으로 옳은 것은? (2011 세무사 수정)

① 회사는 의결권 없는 주식의 주주에 대하여 주주총회의 소집통지 또는 공고를 할 의무가 없다.
② 정관의 정한 바에 의하여 액면주식을 무액면주식으로 전환할 수 없다.
③ 전환주식의 전환으로 인하여 신주식을 발행하는 경우 신주식의 발행가액은 전환 전의 주식의 발행가액과 일치하지 않아도 된다.
④ (액면)주식 발행시 1주의 액면 금액은 500원 이상으로 하여야 한다.
⑤ 상환주식의 경우 이익 또는 자본금으로써 소각할 수 있는 것으로 할 수 있다.

② 정관의 정한 바에 의하여 액면주식을 무액면주식으로 전환할 수 있다(제329조 제4항).
③ 전환주식의 전환으로 인하여 신주식을 발행하는 경우 신주식의 발행가액은 전환전의 주식의 발행가액과 일치하여야 한다(제348조).
④ 주식 발행시 1주의 액면 금액은 100원 이상으로 하여야 한다(제329조 제3항).
⑤ 상환주식의 경우 이익으로써만 소각할 수 있는 것으로 할 수 있다(제345조 제1항).

정답_①

문 30_상법상 주식제도에 관한 설명으로 옳은 것은? (2012 세무사)

① 회사는 자기주식을 자본금 감소규정에 따라서만 소각할 수 있다.
② 회사는 주주총회의 보통결의로 주식을 분할할 수 있다.
③ 주권을 상실한 자는 제권판결을 얻지 아니하면 회사에 대하여 주권의 재발행을 청구하지 못한다.
④ 회사는 잔여재산분배에 관하여 내용이 다른 종류주식을 발행할 수 없다.
⑤ 주식이 수인의 공유에 속하는 경우 주주의 권리를 행사할 자가 없는 때에는 공유자 전원에 대하여 통지하거나 최고하여야 한다.

① 회사는 이사회의 결의로 자기주식을 소각할 수 있고, 이 경우는 자본금 감소가 일어나지 않는다(제343조 단서).
② 회사는 주주총회의 특별결의로 주식을 분할할 수 있다(제329조의2 제1항).
③ 제360조.
④ 회사는 잔여재산분배에 관하여 내용이 다른 종류주식을 발행할 수 있다(제344조 제1항, 제344조의2 제2항).
⑤ 주식이 수인의 공유에 속하는 경우 주주의 권리를 행사할 자가 없는 때에는 공유자중 1인에 대하여 통지하거나 최고하면 된다(제333조 제3항).

정답_③

문 31_상법상 주주평등의 원칙의 기본 내용이 반영된 것과 가장 거리가 먼 것은? (2008 세무사)

① 주주의 이익배당청구권 규정
② 의결권 규정
③ 잔여재산분배 규정
④ 전환주식 발행 규정
⑤ 준비금의 자본금 전입에 의한 무상주교부 규정

해 설 및 정 답

전환주식은 자본조달의 편의를 위해 전환권이라는 특수한 성질을 갖는 주식이므로, 이는 주주평등의 원칙과 관련이 없다.

정답_④

문 32_주식 및 주주에 관한 설명 중 옳은 것은? (2006 세무사)

① 1주의 주식을 분할하여 소유할 수 있다.
② 주주평등의 원칙은 주주인 '사람' 간의 평등을 말한다.
③ 상법상 주주평등의 원칙을 일반적으로 선언한 규정은 없다.
④ 사원권적 지위를 나타내는 주주권은 주권(株券)과 분리되어 시효에 걸릴 수 있다.
⑤ 주주권에 의하여 구체적으로 확정된 채권이라도 강제집행의 대상이 될 수 없다.

① 1주의 주식을 분할하여 소유할 수 없다. 단주가 되므로 단주처리를 하여야 한다.
② 주주평등의 원칙은 주주의 주식수에 따른 비례적 평등을 말한다.
③ 상법상 주주평등의 원칙을 일반적으로 선언한 규정은 없다.
④ 사원권적 지위를 나타내는 주주권은 시효에 걸리지 않는다.
⑤ 주주권에 의하여 구체적으로 확정된 채권이라도 강제집행의 대상이 될 수 있다. 예를 들어 구체화된 이익배당청구권의 경우에는 주주권과 별개로 강제집행의 대상이 될 수 있다.

정답_③

문 33_상법상 비상장회사의 주주권에 대한 설명으로 옳은 것은? (2004 세무사)

① 이익배당청구권은 공익권에 속한다.
② 신주발행무효의 소제기권은 자익권에 속한다.
③ 이사해임청구권은 발행주식총수의 100분의 1 이상의 주식을 가진 주주가 행사할 수 있는 권리이다.
④ 회계장부열람청구권은 발행주식총수의 100분의 3 이상의 주식을 가진 주주가 행사할 수 있는 권리이다.
⑤ 주주총회소집청구권은 발행주식총수의 100분의 1 이상의 주식을 가진 주주가 행사할 수 있는 권리이다.

① 이익배당청구권은 자익권에 속한다.
② 신주발행무효의 소제기권은 공익권에 속한다.
③ 이사해임청구권은 발행주식총수의 100분의 3 이상의 주식을 가진 주주가 행사할 수 있는 권리이다(제385조 제2항).
⑤ 주주총회소집청구권은 발행주식총수의 100분의 3 이상의 주식을 가진 주주가 행사할 수 있는 권리이다(제366조 제1항).

정답_④

문 34_상법상 주식회사의 주주에 관한 설명으로 옳지 않은 것은? (다툼이 있는 경우 판례에 의함) (2018 세무사)

① 주주의 책임은 그가 가진 주식의 인수가액을 한도로 한다.
② 회사가 주주의 일부인 회사직원들을 유상증자에 참여시키면서 퇴직시 출자 손실금을 전액보전해 주기로 한 약정은 주주평등의 원칙에 위반되어 무효이다.
③ 주주권은 주식의 양도나 소각 등 법률에 정하여진 사유 이외에도 단순히 당사자 사이의 특약이나 주주권 포기의 의사표시만으로 상실된다.
④ 주주가 일정기간 주주권을 포기하고 타인에게 주주로서의 의결권 행사권한을 위임하기로 약정한 사정만으로는 그 주주가 주주로서의 의결권을 직접 행사할 수 없게 되었다고 볼 수 없다.
⑤ 주주 간의 분쟁 등 일정한 사유가 발생할 경우 특정 주주를 제명하고 회사가 그 주주에게 출자금 등을 환급하도록 규정한 정관이나 내부규정은 무효이다.

해 설 및 정 답

주주권은 주식의 양도나 소각 등 법률에 정하여진 사유에 의하여서만 상실되고 단순히 당사자 사이의 특약이나 주주권 포기의 의사표시만으로 상실되지 아니하며 다른 특별한 사정이 없는 한 그 행사가 제한되지도 아니한다(대법원 2002. 12. 24. 선고 2002다54691 판결).
① 상법 제331조
② 회사가 직원들을 유상증자에 참여시키면서 퇴직시 출자 손실금을 전액 보전해 주기로 약정한 경우, 그러한 내용의 '손실보전합의 및 퇴직금 특례지급기준'은 유상증자에 참여하여 주주의 지위를 갖게 될 회사의 직원들에게 퇴직시 그 출자 손실금을 전액 보전해 주는 것을 내용으로 하고 있어서 회사가 주주에 대하여 투하자본의 회수를 절대적으로 보장하는 셈이 되고 다른 주주들에게 인정되지 않는 우월한 권리를 부여하는 것으로서 주주평등의 원칙에 위반되어 무효이다(대법원 2007. 6. 28. 선고 2006다38161,38178 판결).
④ 주주가 일정기간 주주권을 포기하고 타인에게 주주로서의 의결권 행사권한을 위임하기로 약정한 사정만으로는 그 주주가 주주로서의 의결권을 직접 행사할 수 없게 되었다고 볼 수 없다(대법원 2002. 12. 24. 선고 2002다54691 판결).
⑤ 주주 간의 분쟁 등 일정한 사유가 발생할 경우 어느 주주를 제명시키되 회사가 그 주주에게 출자금 등을 환급해 주기로 하는 내용의 규정을 회사의 정관이나 내부규정에 두는 것은 그것이 회사 또는 주주 등에게 생길지 모르는 중대한 손해를 회피하기 위한 것이라 하더라도 법정사유 이외에는 자기주식의 취득을 금지하는 상법 제341조의 규정에 위반되므로, 결국 주주를 제명하고 회사가 그 주주에게 출자금 등을 환급하도록 하는 내용을 규정한 정관이나 내부규정은 물적 회사로서의 주식회사의 본질에 반하고 자기주식의 취득을 금지하는 상법의 규정에도 위반되어 무효이다(대법원 2007. 5. 10. 선고 2005다60147 판결).

정답_③

문 35_상법상 비상장회사의 주주의 권리에 관한 설명 중 옳지 않은 것은? (2006 세무사)

① 주주의 권리 중 자익권은 모두 단독주주권이다.
② 상법에는 주주평등의 원칙을 제한하는 규정이 있다.
③ 이사에 대한 위법행위유지청구권은 소수주주권이다.
④ 주주는 누구나 이사에 대하여 주주총회 회일의 6주 전에 서면으로 일정한 사항을 총회의 목적사항으로 할 것을 청구할 수 있다.
⑤ 주주는 정관에 다른 정함이 있는 경우를 제외하고는 기명주식에 대하여 주권을 소지하지 않겠다는 뜻을 회사에 신고할 수 있다.

④ 의결권없는 주식을 제외한 발행주식총수의 100분의 3 이상의 주식을 가진 주주만이 이사에 대하여 주주제안을 할 수 있다(제363조의2 제1항).

정답_④

해설 및 정답

문 36_상법상 비상장주식회사의 주주권 중 단독주주권에 해당하는 것은? (2002 세무사)

① 청산인의 해임청구권
② 주주총회소집 청구권
③ 회사의 업무와 재산상태를 조사하기 위한 검사인 선임청구권
④ 이사에 대한 손해배상청구를 위한 대표소송제기권
⑤ 주주총회결의 취소의 소권

①②③은 발행주식총수의 100분의 3 이상을 가진 소수주주권, ④는 발행주식총수의 100분의 1 이상을 가진 소수주주권에 해당한다. ⑤는 단독주주권에 해당한다.

정답_⑤

문 37_상법상 비상장주식회사의 주주가 소수주주권을 행사하기 위하여 필요한 주식의 소유비율을 의결권없는 주식을 제외한 발행주식총수를 기준으로 계산하는 경우는? (2018 세무사)

① 주주가 주주총회와 관련하여 주주제안권을 행사하고자 하는 경우
② 주주가 회사의 해산을 법원에 청구하고자 하는 경우
③ 주주가 임시주주총회 소집청구를 하고자 하는 경우
④ 주주가 법령 위반행위를 행한 이사에게 위법행위유지청구를 하고자 하는 경우
⑤ 위법행위를 행한 이사에 대한 주주총회 해임결의가 부결된 때에 주주가 법원에 이사해임의 소를 제기한 경우

주주제안권을 행사하는 경우에는 의결권없는 주식을 제외한 발행주식총수의 100분의 3이상의 주식을 보유한 주주이어야 한다(상법 제363조의2 제1항). 임시주주총회의 소집청구권을 갖는 소수주주에 상법 제366조 제1항에서는 '발행주식총수의 100분의 3'으로 규정하고 있어, 여기에 의결권없는 주식을 가진 주주가 포함되는가에 대해서는 학설의 대립이 있으나, 다수설은 주주총회의 소집청구권이 없다고 본다.

정답_①, ③

문 38_상법상 발행주식총수가 5,000주인 비상장회사에서 주식을 1주만 보유하는 주주도 행사할 수 있는 권리는? (2015 세무사)

① 임시주주총회의 소집청구권
② 이사·감사의 해임청구권
③ 재무제표열람청구권
④ 회계장부 열람청구권
⑤ 이사의 위법행위에 대한 유지청구권

재무제표열람청구권을 제외한 임시주주총회소집청구권, 이사나 감사의 해임청구권, 회계장부열람청구권, 이사의 위법행위에 대한 유지청구권은 발행주식총수의 100분의 3 이상의 주식을 보유한 주주에게만 인정되는 권리이다.

정답_③

문 39_상법상 비상장회사의 소수주주권 중 그 행사에 요구되는 지주요건이 다른 하나는? (2007 세무사)

① 집중투표청구권
② 회사의 업무 및 재산상태 조사를 위한 검사인 선임청구권
③ 회계장부열람청구권
④ 이사·청산인의 위법행위유지청구권
⑤ 임시주주총회 소집청구권

①②③⑤는 100분의 3의 지주요건을 필요로 하지만, ④는 100분의 1의 지주요건으로 되어 있다.

정답_④

문 40_상법상 비상장주식회사 주주의 소수주주권 행사를 위한 주식 보유비율이 다른 하나는? (2021 세무사)

① 주주제안권
② 회계장부열람권
③ 이사 · 감사의 해임청구권
④ 임시주주총회의 소집청구권
⑤ 이사의 위법행위에 대한 유지청구권

해 설 및 정 답

① 주주제안권, ② 회계장부열람권, ③ 이사 · 감사의 해임청구권, ④ 임시주주총회의 소집청구권은 발행주식총수의 100분의 3이상을 가진 주주에게 인정되는 소수주주권이지만, ⑤ 이사의 위법행위에 대한 유지청구권은 발행주식총수의 100분의 1이상을 가진 주주에게 인정되는 소수주주권이다.

정답_⑤

07 진도별 모의고사

문 1_상법상 주권에 관한 설명으로 옳지 않은 것은? (2021 세무사)

① 주권은 회사의 성립후 또는 신주의 납입기일후가 아니면 발행하지 못한다.
② 회사가 전자등록부에 등록한 주식에 대하여는 선의취득이 인정되지 않는다.
③ 주주는 정관에 다른 정함이 있는 경우를 제외하고는 그 주식에 대하여 주권의 소지를 하지 아니하겠다는 뜻을 회사에 신고할 수 있다.
④ 주권은 공시최고의 절차에 의하여 이를 무효로 할 수 있다.
⑤ 주권을 상실한 자는 제권판결을 얻지 아니하면 회사에 대하여 주권의 재발행을 청구하지 못한다.

해 설 및 정 답

① 주권은 회사의 성립후 또는 신주의 납입기일후가 아니면 발행하지 못한다(상법 제355조 제1항).
② 회사가 전자등록부에 등록한 주식에 대하여도 선의취득이 인정된다(상법 제356조의2 제3항).
③ 주주는 정관에 다른 정함이 있는 경우를 제외하고는 그 주식에 대하여 주권의 소지를 하지 아니하겠다는 뜻을 회사에 신고할 수 있다(상법 제358조의2 제1항).
④ 주권은 공시최고의 절차에 의하여 이를 무효로 할 수 있다(상법 제360조 제1항).
⑤ 주권을 상실한 자는 제권판결을 얻지 아니하면 회사에 대하여 주권의 재발행을 청구하지 못한다(상법 제360조 제2항).

정답_②

문 2_상법상 비상장회사의 주권에 관한 설명으로 옳지 않은 것은? (단, 주식의 전자등록은 고려하지 않음) (2020 세무사)

① 회사는 성립후 또는 신주의 납입기일후 지체없이 주권을 발행하여야 한다.
② 주식의 양도에 있어서는 주권을 교부하여야 한다.
③ 주권을 상실한 자는 공시최고의 절차를 마치면 제권판결을 얻지 아니하더라도 회사에 대하여 주권의 재발행을 청구할 수 있다.
④ 주식을 질권의 목적으로 하는 때에는 주권을 질권자에게 교부하여야 한다.
⑤ 질권자는 계속하여 주권을 점유하지 아니하면 그 질권으로써 제3자에게 대항하지 못한다.

① 회사는 성립후 또는 신주의 납입기일후 지체없이 주권을 발행하여야 한다(제355조 제1항).
② 주식의 양도에 있어서는 주권을 교부하여야 한다(제336조 제1항).
③ 주권을 상실한 자는 공시최고로 무효로 하고, 제권판결을 얻어 회사에 대하여 주권의 재발행을 청구할 수 있다(제360조).
④ 주식을 질권의 목적으로 하는 때에는 주권을 질권자에게 교부하여야 한다(제338조 제1항).
⑤ 질권자는 계속하여 주권을 점유하지 아니하면 그 질권으로써 제3자에게 대항하지 못한다(제338조 제2항).

정답_③

문 3_주식의 전자등록에 관한 설명 중 틀린 것은?

① 회사는 주권을 발행하는 대신 정관에서 정하는 바에 따라 전자등록기관의 전자등록부에 주식을 등록할 수 있다.
② 전자등록부에 등록된 주식의 양도나 입질은 전자등록부에 등록하여야 효력이 있다.
③ 전자등록부에 주식을 등록한 자는 그 등록된 주식에 대한 권리를 적법하게 보유한 것으로 본다.
④ 전자등록부를 선의로 그리고 중대한 과실없이 신뢰하고 전자등록부의 등록에 따라 권리를 취득한 자는 그 권리를 적법하게 취득한다.
⑤ 전자등록의 절차, 방법 및 효과 등에 관하여 필요한 사항은 대통령령으로 정한다.

해설 및 정답

③ 전자등록부에 주식을 등록한 자는 그 등록된 주식에 대한 권리를 적법하게 보유한 것으로 推定한다(제356조의2 제3항).

정답_③

문 4_다음은 주권에 관련된 설명이다. 옳은 것만으로 묶인 것은? (다툼이 있는 경우에는 판례에 의함) (2010 세무사)

> ㄱ. 주권의 발행은 특별한 사정이 없는 한 대표이사의 권한에 속하므로 이사회의 결의는 요하지 않는다.
> ㄴ. 주주의 채권자는 주주의 회사에 대한 주권발행 및 주권교부청구권을 대위행사할 수 없다.
> ㄷ. 주권불소지신고는 주주명부를 전제로 하므로 주주만이 할 수 있다.
> ㄹ. 주주의 주권불소지신고가 있으면 회사는 지체없이 주권을 발행하지 않는다는 뜻을 주주명부와 그 복본에 기재해야 하지만, 그 사실을 주주에게 통지할 필요는 없다.
> ㅁ. 주권을 상실한 자는 제권판결을 얻지 아니하면 회사에 대하여 주권의 재발행을 청구할 수 없다. 그러나 주주가 주권을 분실한 것이 아니고 회사가 주권을 보관하던 중 분실한 경우에는 제권판결이 없어도 주주가 회사에 대하여 주권의 재발행을 청구할 수 있다.
> ㅂ. 주권이 발행된 후에 주주가 주권불소지신고를 한 경우에 회사는 당해 주권을 제출받아 무효로 하거나 이를 명의개서대리인에게 임치하여야 한다.

① ㄱ, ㄴ, ㄷ　② ㄱ, ㄷ, ㅁ　③ ㄱ, ㄷ, ㅂ
④ ㄴ, ㄷ, ㅁ　⑤ ㄹ, ㅁ, ㅂ

ㄴ. 주주의 채권자는 주주의 회사에 대한 주권발행 및 주권교부청구권을 대위행사할 수 있다(대판 1982.9.28, 82다카21).
ㄹ. 주주의 주권불소지신고가 있으면 회사는 지체없이 주권을 발행하지 않는다는 뜻을 주주명부와 그 복본에 기재하고, 그 사실을 주주에게 통지하여야 한다(제358조의2 제2항).
ㅁ. 주권을 상실한 자는 제권판결을 얻지 아니하면 회사에 대하여 주권의 재발행을 청구할 수 없다. 그러나 주주가 주권을 분실한 것이 아니고 회사가 주권을 보관하던 중 분실한 경우에는 제권판결이 없는 한 주주는 회사에 대하여 주권의 재발행을 청구할 수 없다(대판 1981.9/8,81다141).

정답_③

문 5_상법상 전자등록에 관한 설명으로 옳지 않은 것은?

(2016 세무사)

① 회사는 정관의 규정이 없더라도 주권을 발행하는 대신 전자등록기관의 전자등록부에 주식을 등록할 수 있다.
② 회사는 신주인수권증권을 발행하는 대신 정관으로 정하는 바에 따라 전자등록기관의 전자등록부에 신주인수권을 등록할 수 있다.
③ 전자등록부에 주식을 등록한 자는 그 등록된 주식에 대한 권리를 적법하게 보유한 것으로 추정한다.
④ 주식이 등록된 전자등록부를 선의(善意)로, 그리고 중대한 과실 없이 신뢰하고 그 등록에 따라 권리를 취득한 자는 그 권리를 적법하게 취득한다.
⑤ 전자등록부에 등록된 주식의 양도나 입질(入質)은 전자등록부에 등록하여야 효력이 발생한다.

해 설 및 정 답

회사는 정관으로 정하는 바에 따라 주권을 발행하는 대신 전자등록기관의 전자등록부에 주식을 등록할 수 있다(제356조의2 제1항).

정답_①

문 6_상법상 주식 등의 전자등록에 관한 설명으로 옳지 않은 것은?

(2019 세무사)

① 회사는 주권을 발행하는 대신 정관으로 정하는 바에 따라 전자등록기관의 전자등록부에 주식을 등록할 수 있다.
② 회사는 신주인수권증서를 발행하는 대신 정관으로 정하는 바에 따라 전자등록기관의 전자등록부에 신주인수권을 등록할 수 있다.
③ 전자등록부에 등록된 주식의 양도나 입질(入質)은 전자등록부에 등록하여야 효력이 발생한다.
④ 전자등록부에 등록된 주식에 대한 권리는 선의취득이 인정되지 않는다.
⑤ 전자등록부에 주식을 등록한 자는 그 등록된 주식에 대한 권리를 적법하게 보유한 것으로 추정한다.

① 회사는 주권을 발행하는 대신 정관으로 정하는 바에 따라 전자등록기관의 전자등록부에 주식을 등록할 수 있다(제356조의2 제1항).
② 회사는 신주인수권증서를 발행하는 대신 정관으로 정하는 바에 따라 전자등록기관의 전자등록부에 신주인수권을 등록할 수 있다(제420조의2 제1항).
③ 전자등록부에 등록된 주식의 양도나 입질(入質)은 전자등록부에 등록하여야 효력이 발생한다(제356조의2 제2항).
④ 전자등록부에 등록된 주식에 대한 권리는 선의취득이 인정된다(제356조의2 제3항).
⑤ 전자등록부에 주식을 등록한 자는 그 등록된 주식에 대한 권리를 적법하게 보유한 것으로 추정한다(제356조의2 제3항).

정답_④

문 7_상법상 주권불소지제도에 관한 설명으로 옳은 것은?

(2020 세무사)

① 주주는 정관에 다른 정함이 있는 경우를 제외하고는 그 주식에 대하여 주권의 소지를 하지 아니하겠다는 뜻을 회사에 신고할 수 있다.
② 회사가 주권을 발행하기 전에는 주권불소지 신고를 할 수 없다.

① 주주는 정관에 다른 정함이 있는 경우를 제외하고는 그 주식에 대하여 주권의 소지를 하지 아니하겠다는 뜻을 회사에 신고할 수 있다(제358조의2 제1항)
② 회사가 주권을 발행하기 전에도 주권불소지 신고를 할 수 있다(제358조의2 제2항 참조).
③ 주주의 주권불소지 신고와 함께 이미 발행된 주권이 회사에 제출된 경우, 회사는 제출된 주권을 무효로 하거나 명의개서대리인에게 임치하여야 한다(제358조의2 제3항).

③ 주주의 주권불소지 신고와 함께 이미 발행된 주권이 회사에 제출된 경우, 회사는 제출된 주권을 무효로 할 수는 없고 명의개서대리인에게 임치하여야 한다.
④ 주권불소지 신고를 한 주주가 회사에 대하여 주권의 재발행을 청구하기 위해서는 주주총회의 승인을 얻어야 한다.
⑤ 주권불소지 신고를 한 주주는 주주명부 폐쇄기간 중에는 주권의 재발행을 청구할 수 없다.

해 설 및 정 답

④ 주권불소지 신고를 한 주주는 언제든지 회사에 대하여 주권의 재발행을 청구할 수 있다(제358조의2 제4항)
⑤ 주권불소지신고는 주주권변동사항과 관계가 없으므로, 주권불소지 신고를 한 주주는 주주명부 폐쇄기간 중에도 주권의 재발행을 청구할 수 있다.

정답_①

문 8_상법상 주식회사의 주권불소지제도에 관한 설명으로 옳은 것은? (2013 세무사)

① 주권불소지 신고에 의하여 주주가 이미 발행된 주권을 회사에 제출한 경우 회사는 제출된 주권을 무효로 할 수는 있으나 명의개서대리인에게는 임치할 수 없다.
② 주주는 정관에 다른 정함이 있는 경우를 제외하고는 그 주식에 대하여 주권의 소지를 하지 아니하겠다는 뜻을 회사에 신고할 수 있다.
③ 〈삭제〉
④ 주주의 주권불소지 신고가 있는 때에는 회사는 지체없이 주권을 발행하지 아니한다는 뜻을 주주명부와 그 복본에 기재하면 되고, 그 사실을 주주에게 통지할 필요는 없다.
⑤ 주권불소지를 신고하여 주권을 제출한 주주는 일정한 사유가 발생한 경우에 한해서 회사에 대하여 주권의 발행 또는 반환을 청구할 수 있다.

① 주권불소지 신고에 의하여 주주가 이미 발행된 주권을 회사에 제출한 경우 회사는 제출된 주권을 무효로 하거나 명의개서 대리인에게는 임치하여야 한다(제358조의2 제3항).
④ 주주의 주궈불소지 신고가 있는 때에는 회사는 지체없이 주권을 발행하지 아니한다는 뜻을 주주명부와 그 복본에 기재하고, 그 사실을 주주에게 통지하여야 한다(제358조의2 제2항).
⑤ 주권불소지를 신고하여 주권을 제출한 주주는 언제든지 회사에 대하여 주권의 발행 또는 반환을 청구할 수 있다(제358조의2 제4항).

정답_②

문 9_상법상 주권불소지제도에 관한 설명으로 옳지 않은 것은? (2015 세무사)

① 정관에 다른 정함이 있는 경우를 제외하고는 주주는 그 주식에 대하여 주권불소지 신고를 할 수 있다.
② 상장회사의 주주와 달리 비상장회사의 주주는 주권불소지 신고를 할 수 없다.
③ 주권이 발행된 후에 불소지의 신고를 하는 경우에는 회사에 그 주권을 제출하여야 한다.
④ 주권발행전에 주권불소지의 신고가 있으면 회사는 그 주권을 발행할 수 없다.
⑤ 주권불소지의 신고가 있는 경우에도 주주는 언제든지 회사에 대하여 주권의 발행 또는 반환을 청구할 수 있다.

상장회사나 비상장회사의 주주는 정관에 달리 정함이 없는 경우 주권불소지신고를 할 수 있다(제358조의2 제1항).

정답_②

문 10_상법상 주주명부에 관한 설명으로 옳지 않은 것은?(다툼이 있으면 판례에 따름) (2019 세무사)

① 전자주주명부에는 주주의 전자우편주소도 적어야 한다.
② 주주에 대한 회사의 통지 또는 최고는 주주명부에 기재한 주소 또는 그 자로부터 회사에 통지한 주소로 하면 된다.
③ 회사는 주주명부상 주주 외에 실제 주식을 인수한 자가 따로 존재한다는 사실을 알고 있는 경우에 실제 주식을 인수한 자의 주주권 행사를 인정하여야 한다.
④ 이사는 주주명부를 작성하여 회사의 본점에 비치하여야 하며, 명의개서대리인을 둔 경우에는 주주명부 또는 그 복본을 명의개서대리인의 영업소에 비치할 수 있다.
⑤ 명의개서대리인이 취득자의 성명과 주소를 주주명부의 복본에 기재한 때에는 주주명부에 한 명의개서와 동일한 효력이 있다.

해 설 및 정 답

① 전자주주명부에는 주주의 전자우편주소도 적어야 한다(제352조의2 제2항).
② 주주에 대한 회사의 통지 또는 최고는 주주명부에 기재한 주소 또는 그 자로부터 회사에 통지한 주소로 하면 된다(제353조).
③ 회사는 주주명부상 주주 외에 실제 주식을 인수나 자가 따로 존재한다는 사실을 알고 있는 경우라도 명의상의 주주의 주주권행사를 거부할 수 없고, 실제 주식을 인수한 자의 주주권 행사를 인정할 수 없다.(주주명부상의 주주만이 회사에 대한 관계에서 주주권을 행사할 수 있다는 법리는 주주에 대하여만 아니라 회사에 대하여도 마찬가지로 적용되므로, 회사는 특별한 사정이 없는 한 주주명부에 기재된 자의 주주권 행사를 부인하거나 주주명부에 기재되지 아니한 자의 주주권 행사를 인정할 수 없다 : 대법원 2017. 3. 23. 선고 2015다248342 전원합의체 판결).
④ 이사는 주주명부를 작성하여 회사의 본점에 비치하여야 하며, 명의개서대리인을 둔 경우에는 주주명부 또는 그 복본을 명의개서대리인의 영업소에 비치할 수 있다(제396조 제1항).
⑤ 명의개서대리인이 취득자의 성명과 주소를 주주명부의 복본에 기재한 때에는 주주명부에 한 명의개서와 동일한 효력이 있다(제337조 제2항).

정답_③

문 11_상법상 주주명부에 관한 설명으로 옳지 않은 것은? (2017 세무사)

① 주주에 대한 회사의 통지 또는 최고는 주주명부에 기재한 주소 또는 그 자로부터 회사에 통지한 주소로 하면 된다.
② 주식을 양수한 자는 자신의 성명과 주소를 주주명부에 기재하지 아니하면 양도인에게 대항하지 못한다.
③ 회사는 정관이 정하는 바에 의하여 명의개서대리인을 둘 수 있다.
④ 주주명부에는 각주식의 취득년월일을 기재하여야 한다.
⑤ 회사는 의결권을 행사할 자를 정하기 위하여 일정한 기간을 정하여 주주명부의 기재변경을 정지할 수 있으며 이 기간은 3월을 초과하지 못한다.

② 주식을 양수한 자는 자신의 성명과 주소를 주주명부에 기재하지 아니하면 제3자에게 대항하지 못한다(제337조 제1항).
① 제353조 ③ 제337조 제2항
④ 제352조 제1항 3호
⑤ 제354조 제1항, 제2항

정답_②

문 12_주주명부와 관련한 설명으로 옳지 않은 것은? (2005 세무사)

① 회사는 의결권을 행사할 자를 정하기 위하여 일정한 기간을 정하여 주주명부의 기재변경을 정지할 수 있다.

② 주주는 주주명부에 명의를 개서함으로써 주주가 된다는 점에서 주주명부의 창설적 효력이 인정된다.

③ 회사의 주주에 대한 통지는 주주명부에 기재한 주소 또는 주주로부터 회사에 통지한 주소로 하면 된다.

④ 회사는 배당을 받을 자를 정하기 위하여 일정한 날에 주주명부에 기재된 자를 주주로 볼 수 있다.

⑤ 회사는 배당을 받을 자를 정하기 위하여 일정한 기간을 정하여 주주명부의 기재변경을 정지할 수 있다.

해 설 및 정 답

② 주주명부에 명의개서를 하는 것은 회사에 대한 대항력을 인정하는 것(제337조 제1항)이지 주주명부의 창설적 효력이 인정되는 것은 아니다.

정답_②

문 13_주주명부에 관한 설명 중 옳은 것은? (2000 세무사)

① 주주명부에 기재할 사항에 관하여 상법은 기명주식을 발행한 경우, 무기명주식을 발행한 경우, 전환주식을 발행한 경우, 그리고 우선주식을 발행한 경우로 각각 나누어 명문의 규정을 두고 있다.

② 기명주식의 양수인이 회사에 대해 주주임을 대항하기 위해서는 주주명부에 명의개서를 하여야 하며, 이를 게을리 하면 회사에 대해 자기가 주주라는 것을 주장할 수 없는데, 이를 통상 명의개서의 면책적 효력이라고 한다.

③ 주주명부의 폐쇄와 기준일제도는 의결권을 행사하거나 배당을 받을 자 기타 주주 또는 질권자로서 권리를 행사할 자를 정하기 위하여 상법이 마련한 제도이다.

④ 주주명부폐쇄기간은 3개월을 넘을 수 없으며 폐쇄기간을 정한 때에는 그 기간 2주 전에 반드시 이를 서면으로 통지하여야 한다.

⑤ 기준일제도하에서는 주주명부의 명의개서는 정지된다.

① 제352조에서 기명주식을 발행한 경우(제1항), 무기명주식의 주권을 발행한 경우(제2항), 전환주식을 발행한 경우(제3항)의 주주명부 기재사항을 규정하고 있으나, 우선주식을 발행한 경우에 대한 기재사항의 규정은 없다.
② 주주명부에 명의개서를 한 경우의 효력은 명의개서의 대항적 효력이라고 한다.
④ 주주명부폐쇄기간의 초일의 2주 전에 이를 공고하여야 한다(제354조 제4항 본문).
⑤ 기준일제도는 특정일날 주주명부상의 주주를 주주총회의 권리행사자로 확정하기 위한 제도이므로 주주명부상의 명의개서는 정지되지 않는다.

정답_③

문 14_상법상 주주명부에 관한 설명으로 옳은 것은?(다툼이 있는 경우 판례에 의함) (2018 세무사)

① 주주명부에 적법하게 주주로 기재되어 있는 자는 특별한 사정이 없는 한 회사에 대한 관계에서 주주권을 행사할 수 있고, 회사는 명의개서를 하지 아니한 실질상의 주주를 주주로 인정할 수 있다.
② 회사채권자는 영업시간 내에도 주주명부 또는 그 복본의 열람 또는 등사를 청구할 수 없다.
③ 명의개서대리인을 둔 경우 주주명부를 본점에 비치하지 아니하고 명의개서대리인의 영업소에만 비치하는 것은 허용되지 않는다.
④ 회사는 의결권을 행사하거나 배당을 받을 자 기타 주주로서 권리를 행사할 자를 정하기 위하여 일정한 날에 주주명부에 기재된 주주를 그 권리를 행사할 주주로 볼 수 있다.
⑤ 주주가 주주명부 등의 열람 또는 등사를 청구한 경우 회사는 그 청구에 정당한 목적이 없는 등의 특별한 사정이 없는 한 이를 거절할 수 없고, 이 경우 정당한 목적이 있다는 것에 관한 증명책임은 주주가 부담한다.

해 설 및 정 답

① 주주명부상의 주주만이 회사에 대한 관계에서 주주권을 행사할 수 있다는 법리는 주주에 대하여만 아니라 회사에 대하여도 마찬가지로 적용되므로, 회사는 특별한 사정이 없는 한 주주명부에 기재된 자의 주주권 행사를 부인하거나 주주명부에 기재되지 아니한 자의 주주권 행사를 인정할 수 없다(대법원 2017. 3. 23. 선고 2015다248342 전원합의체 판결).
② 회사채권자도 영업시간 내에도 주주명부 또는 그 복본의 열람 또는 등사를 청구할 수 있다(상법 제396조 제2항).
③ 명의개서대리인을 둔 경우 주주명부를 본점에 비치하지 아니하고 명의개서대리인의 영업소에만 비치하는 것은 허용된다(상법 제337조 제2항 참조).
④ 상법 제354조 제1항
⑤ 주주 또는 회사채권자가 상법 제396조 제2항에 의하여 주주명부 등의 열람·등사청구를 한 경우 회사는 그 청구에 정당한 목적이 없는 등의 특별한 사정이 없는 한 이를 거절할 수 없고, 이 경우 정당한 목적이 없다는 점에 관한 증명책임은 회사가 부담한다. 이러한 법리는 상법 제396조 제2항을 유추적용하여 실질주주명부의 열람·등사청구권을 인정하는 경우에도 동일하게 적용된다(대법원 2017. 11. 9. 선고 2015다235841 판결).

정답_④

문 15_주주명부의 폐쇄에 관한 설명 중 틀린 것은? (2001 세무사)

① 주주명부가 폐쇄되면 명의개서뿐만 아니라 질권의 등록도 금지된다.
② 폐쇄기간은 3월을 초과할 수 없으며, 폐쇄기간 개시 2주간 전에 이를 공고하여야 한다.
③ 주주명부의 폐쇄기간 중에는 전환주식의 전환을 청구할 수 없다.
④ 주주명부의 폐쇄기간 중에도 권리의 변동과 무관한 기재사항의 변경, 예를 들면 주주의 주소변경은 가능하다.
⑤ 폐쇄개시의 시기에 주주명부상의 주주가 권리행사자로 확정된다.

③ 주주명부의 폐쇄기간 내라도 전환주식의 전환, 전환사채의 전환, 신주인수권부사채의 신주인수권행사가 가능하다(제350조 등). 다만, 신주식은 그 주주명부폐쇄와 관련된 주주총회에서는 의결권을 행사할 수 없다.

정답_③

문 16_주주명부에 관한 설명 중 옳은 것은? (2006 세무사)

① 주식의 양도는 주주명부에 명의개서를 함으로써 그 효력을 발생한다.
② 회사는 주주명부에 명의개서가 된 자에 대하여도, 실질적인 권리가 없음을 입증하여, 주주로서의 권리행사를 거절할 수 있다.
③ 주식의 양수인은 주권을 회사에 제시하여야 주주로서 권리행사를 할 수 있다.
④ 주식의 취득자가 주주임을 회사에 대항하기 위하여는 주권을 점유하여야 한다.
⑤ 주식의 등록질은 회사가 질권자의 청구에 따라 질권자의 주소 · 성명을 주주명부에 부기하고 그 성명을 주권에 기재하여야 그 효력이 생긴다.

해 설 및 정 답

① 주식의 양도는 주권을 교부함으로써 그 효력을 발생한다(제336조 제1항).
③ 주식의 양수인은 출석하면 주주로서 권리행사를 할 수 있다. 이미 주주명부에 주주로 기재되어 있기 때문이다.
④ 주식의 취득자가 주주임을 회사에 대항하기 위하여는 주주명부에 취득자의 성명과 주소를 기재하여야 한다(제377조 제1항).
⑤ 주식의 등록질은 회사가 질권설정자의 청구에 따라 질권자의 주소 · 성명을 주주명부에 부기하고 그 성명을 주권에 기재하여야 그 효력이 생긴다(제340조 제1항).

정답_②

문 17_주주명부의 폐쇄와 기준일에 관한 설명 중 옳지 않은 것은? (2007 세무사)

① 회사가 정관으로 주주명부의 폐쇄기간 또는 기준일을 정한 때에도 그 기간 또는 날의 2주간 전에 이를 공고하여야 한다.
② 주주명부의 폐쇄기간 중에도 전환주식의 전환청구를 할 수 있다.
③ 주주명부의 폐쇄기간은 3월을 초과하지 못한다.
④ 기준일은 권리행사를 할 날에 앞선 3월 내의 날로 정하여야 한다.
⑤ 회사는 주주명부의 폐쇄와 기준일을 병용할 수 있다.

① 회사가 주주명부의 폐쇄기간 또는 기준일을 정한 때에는 그 기간 또는 날의 2주간 전에 이를 공고하여야 한다. 그러나 정관에 정함이 있는 때에는 공고하지 않아도 된다(제354조 제4항).

정답_①

문 18_상법상 주주명부에 관한 설명으로 옳지 않은 것은? (2016 세무사)

① 회사는 정관으로 정하는 바에 따라 전자문서로 주주명부를 작성할 수 있다.
② 주주 또는 질권자에 대한 회사의 통지 또는 최고는 주주명부에 기재한 주소 또는 그 자로부터 회사에 통지한 주소로 하면 된다.
③ 주주명부의 폐쇄기간은 3월을 초과하지 못한다.
④ 주주명부의 기준일은 주주 또는 질권자로서 권리를 행사할 날에 앞선 3월내의 날로 정하여야 한다.
⑤ 회사가 주주명부의 폐쇄기간 또는 기준일을 정한 때에는 정관에 다른 정함이 없는 때에는 그 기간 또는 날의 1주간전에 이를 공고하여야 한다.

회사가 주주명부의 폐쇄기간 또는 기준일을 정한 때에는 정관에 다른 정함이 없는 때에는 그 기간 또는 날의 2주간전에 이를 공고하여야 한다(제354조 제3항).

정답_⑤

문 19_상법상 주주명부의 폐쇄 및 기준일에 관한 설명으로 옳은 것은? (2009 세무사)

① 주주명부의 폐쇄기간 중에 한 주식의 양도는 당사자 간에 효력이 없다.
② 정관으로 기준일을 정한 경우에는 그 공고를 하지 않아도 무방하다.
③ 주주명부의 폐쇄기간은 3월을 초과하는 기간으로 정하여야 한다.
④ 주주명부의 폐쇄기간 중이더라도 질권의 등록은 가능하다.
⑤ 기준일은 주주로서 권리를 행사할 날에 앞선 3월 이후의 날로 정하여야 한다.

해설 및 정답

① 주주명부의 폐쇄기간 중에 한 주식의 양도는 당사자 간에 효력이 있다.
② 제354조 제4항
③ 주주명부의 폐쇄기간은 3월을 초과하지 않는 기간으로 정하여야 한다(제354조 제2항).
④ 주주명부의 폐쇄기간 중에는 질권의 등록은 가능하지 않다.
⑤ 기준일은 주주로서 권리를 행사할 날에 앞선 3월 이내의 날로 정하여야 한다(제354조 제3항).

정답_②

문 20_상법상 주주명부의 폐쇄와 기준일에 관한 설명으로 옳지 않은 것은? (2010 세무사)

① 주주명부의 폐쇄기간은 3월을 초과할 수 없다.
② 주주명부 폐쇄제도와 기준일제도는 일정한 시점에서 권리를 행사할 자를 정하기 위한 제도라는 점에서 동일한 기능을 한다.
③ 주주명부의 폐쇄기간중에 주소변경, 법인의 대표자변경, 주권불소지신고, 불소지신고주식의 주권발행청구 등을 할 수 있다.
④ 주주명부의 폐쇄기간중에 주식양도를 할 수 없다.
⑤ 기준일이 정관으로 정하여지지 않은 경우에는 기준일의 2주간 전에 이를 공고하여야 한다.

주주명부의 폐쇄기간 중에도 주식양도를 할 수 있지만, 명의개서를 할 수 없을 뿐이다.

정답_④

문 21_상법상 주식회사의 기준일제도에 관한 설명으로 옳지 않은 것은? (2013 세무사)

① 회사는 질권자로서 권리를 행사할 자를 정하기 위하여 일정한 날에 주주명부에 기재된 질권자를 그 권리를 행사할 질권자로 볼 수 있다.
② 의결권을 행사하거나 이익배당을 받을 자를 정하기 위한 기준일은 주주로서 권리를 행사할 날에 앞선 1월내의 날로만 정하여야 한다.
③ 정기총회에 참석할 주주는 주주명부폐쇄에 의하여 확정하고, 이익배당을 받을 주주는 기준일로 확정하는 식으로 두 가지 제도를 병용할 수 있다.
④ 기준일은 주주명부폐쇄 제도와는 달리 일정기간 명의개서를 정지하지 않고도 권리를 행사할 주주를 확정하는 방법이다.
⑤ 회사가 기준일을 정한 때에는 그 날의 2주간 전에 이를 공고하여야 하지만, 정관으로 기준일을 지정한 때에는 그러하지 아니하다.

의결권을 행사하거나 이익배당을 받을 자를 정하기 위한 기준일은 주주로서 권리를 행사할 날에 앞선 3월 내의 날로만 정하여야 한다(제354조 제3항).

정답_②

문 22_상법상 아래의 사례에 관한 설명으로 옳은 것은? (2014 세무사)

> 비상장주식회사 A는 연 1회 결산기를 정하고 있으며, 정관에 "매 영업연도 말일의 다음날부터 정기주주총회 종료일까지 주주명부를 폐쇄한다"는 규정을 두고 있다. 이 규정에 의하여 A회사는 2013년 영업연도 말일의 다음날인 2014년 1월 1일부터 정기주주총회 종료일인 2014년 3월 15일까지 주주명부를 폐쇄하였다.

① 2014년 1월 15일에 A회사 주주 甲이 乙에게 A회사 주식을 양도했다면 이 양도계약은 효력이 없다.
② 주주가 전환권을 가지는 A회사의 종류주식의 주주 丙은 2014년 1월 1일부터 2014년 3월 15일까지 전환권을 행사할 수 없다.
③ A회사가 2014년 1월 1일의 2주간 전에 주주명부폐쇄기간을 공고하지 않은 경우에는 주주명부폐쇄의 효력이 없다.
④ A회사의 주식매수선택권을 가진 丁이 2014년 3월 2일에 주식매수선택권을 행사하여 신주를 취득하여도 2014년 3월 15일의 정기주주총회에서는 의결권을 행사할 수 없다.
⑤ 2014년 1월 1일부터 2014년 3월 15일까지는 주주명부의 기재사항에 대한 변경이 허용되지 않으므로 주소가 변경된 기명주주 戊는 그 변경을 신청할 수 없다.

해 설 및 정 답

① 2014년 1월 15일에 A회사 주주 甲이 乙에게 A주식을 양도했다면 이 양도계약은 효력이 있으나, 명의개서를 할 수 없다(제354조 제1항).
② 주주가 전환권을 가지는 A회사의 종류주식의 주주 丙은 2014년 1월 1일부터 2014년 3월 15일까지 전환권을 행사할 수 있으나, 그 총회에서 의결권을 행사할 수 없다(제350조 제2항).
③ A회사가 정관에 폐쇄기간에 관하여 규정하고 있으므로 주주명부폐쇄기간을 공고하지 않은 경우에도 주주명부폐쇄의 효력이 있다(제354조 제4항 단서).
④ 제340조의5, 제350조 제2항
⑤ 2014년 1월 1일부터 2014년 3월 15일까지는 주주명부의 기재사항중 주주권변동에 관한 사항에 대한 변경이 허용되지 않을 뿐이며, 주소가 변경된 기명주주 戊는 그 주소의 변경을 신청할 수 있다.

정답_④

문 23_상법상 정관에 의한 주식양도의 제한에 관한 내용이다. ( )에 들어갈 기간이 순서대로 옳은 것은? (2016 세무사)

> 주식을 양도하고자 하는 주주는 회사에 대하여 양도의 상대방 및 양도하고자 하는 주식의 종류와 수를 기재한 서면으로 양도의 승인을 청구할 수 있다. 이 때 회사로부터 1개월 이내에 양도승인거부의 통지를 받은 주주는 통지를 받은 날부터 ( )내에 회사에 대하여 그 주식의 매수를 청구할 수 있다. 회사는 그 청구를 받은 날부터 ( ) 이내에 그 주식을 매수하여야 한다.

① 20일, 2개월 ② 20일, 3개월
③ 1개월, 1개월 ④ 1개월, 2개월
⑤ 1개월, 3개월

제335조의2 제4항, 제335조의6, 제374조의2 제2항.

정답_①

문 24_정관에서 주식의 양도에 관하여 이사회의 승인을 얻도록 규정하고 있는 경우에 관한 설명 중 옳지 않은 것은?

(2007 세무사)

① 주주가 회사에 대하여 양수인을 지정해 줄 것을 청구한 경우 이사회가 2주간 내에 주주에게 상대방지정의 통지를 하지 아니한 때에는 주식의 양도에 관하여 이사회의 승인이 있는 것으로 본다.

② 이사회의 양도승인거부에 따라 주주가 회사에 주식매수청구권을 행사한 경우, 회사는 2월내에 주주가 요구하는 가격으로 주식을 매수하여야 한다.

③ 이사회가 주식양도에 대한 승인을 거절하면, 주주는 회사에 대하여 주식매수 또는 매수인지정을 청구할 수 있다.

④ 주식을 양도하고자 하는 주주는 회사에 대하여 양수인 및 양도주식의 종류와 수를 기재한 서면으로 양도의 승인을 청구할 수 있다.

⑤ 이사회로부터 통지를 받은 지정매수인은 지정청구를 한 주주에 대하여 통지를 받은 날로부터 10일 이내에 자기에게 그 주식을 매도할 것을 청구할 수 있다.

해 설 및 정 답

② 이사회의 양도승인거부에 따라 주주가 회사에 주식매수청구권을 행사한 경우, 회사는 2월내에 당사자의 합의에 의한 매수가액으로 주식을 매수하여야 한다. 다만, 청구한 때로부터 30일 이내에 합의가 되지 않는 때에는 당사자 일방은 법원에 매수가액의 결정을 청구하고, 법원은 회사의 제반사정 등을 참작하여 매수가액의 기준을 정하게 된다(제335조의6, 제374조의2 제4항 및 제5항).

정답_②

문 25_상법상 정관의 규정에 의한 주식양도의 제한에 관한 설명으로 옳은 것은?(다툼이 있으면 판례에 따름) (2020 세무사)

① 이사회의 승인 없이 주식을 취득한 자는 회사에 대하여 양도승인의 청구를 할 수 없으나 양도상대방의 지정청구권을 행사할 수 있다.

② 이사회의 승인 없이 한 주식양도는 양도인과 양수인 간에도 효력이 없다.

③ 양도승인거부의 통지를 받은 주주는 통지를 받은 날부터 20일 내에 회사에 대하여 양도상대방의 지정 또는 그 주식의 매수를 청구할 수 있다.

④ 이사회가 주식양도의 상대방으로 지정한 자가 그 지정통지를 받은 날부터 10일 이내에 지정청구를 한 주주에게 주식매도를 청구하지 않은 때에는 이사회가 다른 상대방을 지정하여야 한다.

⑤ 양도상대방으로 지정된 자가 매도청구를 한 경우, 그 주식의 매도가액은 회사와 매도청구인간의 협의로 이를 결정한다.

① 이사회의 승인 없이 주식을 취득한 자는 회사에 대하여 양도승인의 청구를 할 수 있고, 이를 승인하지 아니하는 경우 주식매수청구 또는 양도상대방의 지정청구권을 행사할 수 있다(제335조의7).
② 이사회의 승인 없이 한 주식양도는 양도인과 양수인 간에는 효력이 있고, 회사에 대하여 효력이 없다(제335조 제2항).
③ 양도승인거부의 통지를 받은 주주는 통지를 받은 날부터 20일 내에 회사에 대하여 양도상대방의 지정 또는 그 주식의 매수를 청구할 수 있다(제335조의2 제4항).
④ 이사회가 주식양도의 상대방으로 지정한 자가 그 지정통지를 받은 날부터 10일 이내에 지정청구를 한 주주에게 주식매도를 청구하지 않은 때에는 회사가 양도를 승인한 것으로 본다(제335조의4 제2항)
⑤ 양도상대방으로 지정된 자가 매도청구를 한 경우, 그 주식의 매도가액은 양도인와 매도청구인간의 협의로 이를 결정한다(제335조의5 제2항).

정답_③

문 26_상법상 정관으로 정하는 바에 따라 이사회의 승인을 얻어야 하는 주식의 양도에 관한 설명으로 옳은 것은? (2021 세무사)

① 회사는 주식을 양도하고자 하는 주주의 양도승인 청구가 있는 날부터 20일 이내에 주주에게 그 승인여부를 서면으로 통지하여야 한다.
② 회사가 주주의 양도승인 청구를 거부한 경우, 거부의 통지를 받은 주주는 회사에 대하여 우선적으로 양도의 상대방의 지정을 청구하여야 한다.
③ 주주의 양도상대방 지정청구에 대하여 청구가 있은 날부터 2주간 내에 회사가 상대방 지정의 통지를 하지 않은 경우, 해당 주주는 양도할 주식의 매수를 회사에 청구하여야 한다.
④ 이사회의 승인을 얻지 않고 주식을 취득한 자는 회사에 대하여 그 주식의 종류와 수를 기재한 서면으로 그 취득의 승인을 청구할 수 있다.
⑤ 이사회의 승인을 얻지 아니한 주식의 양도는 주주총회의 특별결의가 있으면 회사에 대하여 효력이 있다.

해 설 및 정 답

① 회사는 주식을 양도하고자 하는 주주의 양도승인 청구가 있는 날부터 1월 이내에 주주에게 그 승인여부를 서면으로 통지하여야 한다(상법 제335조의2 제2항).
② 회사가 주주의 양도승인 청구를 거부한 경우, 거부의 통지를 받은 주주는 받은 날로부터 20일 이내에 회사에 대하여 양도상대방의 지정 또는 그 주식의 매수를 청구할 수 있다(상법 제335조의2 제4항).
③ 주주의 양도상대방 지정청구에 대하여 청구가 있은 날부터 2주간 내에 회사가 상대방 지정의 통지를 하지 않은 경우, 주식의 양도에 관하여 이사회의 승인이 있는 것으로 본다(상법 제335조의3 제2항).
④ 이사회의 승인을 얻지 않고 주식을 취득한 자는 회사에 대하여 그 주식의 종류와 수를 기재한 서면으로 그 취득의 승인을 청구할 수 있다(상법 제335조의7).
⑤ 이사회의 승인을 얻지 아니한 주식의 양도는 회사에 대하여 효력이 없고(상법 제335조 제2항), 주주총회의 특별결의로 하자가 치유되지 않는다.

정답_④

문 27_상법상 정관에 의한 주식양도의 제한에 관한 설명으로 옳지 않은 것은? (2015 세무사)

① 주식의 양도에 관하여 이사회의 승인을 얻도록 하는 정관 규정을 둔 경우, 이에 위반하여 주식을 양도하더라도 회사에 대하여 효력이 있다.
② 회사설립시 주식의 양도에 관하여 이사회의 승인을 얻도록 정한 때에는 그 규정은 설립등기사항이다.
③ 회사는 주주의 양도승인청구가 있는 날부터 1월 이내에 주주에게 그 승인여부를 서면으로 통지하여야 한다.
④ 회사로부터 양도승인거부의 통지를 받은 주주는 통지를 받은 날부터 20일내에 회사에 대하여 양도의 상대방의 지정을 청구할 수 있다.
⑤ 주주의 양도상대방 지정청구가 있은 날부터 2주간내에 회사가 주주에게 상대방 지정의 통지를 하지 아니한 때에는 주식의 양도에 관하여 이사회의 승인이 있는 것으로 본다.

주식의 양도에 관하여 이사회의 승인을 얻도록 하는 정관 규정을 둔 경우, 이에 위반하여 주식을 양도하면 회사에 대하여 효력이 없다(제335조 제2항).

정답_①

문 28_상법상 주식양도의 제한에 관한 설명으로 옳은 것은?(다툼이 있으면 판례에 의함) (2019 세무사)

① 상법상 자본금 총액이 10억원 미만인 주식회사가 정관으로 주식의 양도를 제한하는 경우, 이사회를 두지 않은 때에는 주식의 양도를 승인할 권한은 이사에게 있다.

② 정관으로 주식의 양도를 제한하는 경우에도 주식양도를 전면적으로 금지하는 규정을 둘 수는 없다.

③ 주주들 사이에서 주식의 양도를 일부 제한하는 내용의 약정을 한 경우, 그 약정은 회사에 대해서뿐만 아니라 당사자 사이에서도 무효이다.

④ 정관규정에 의하여 주식양도 시 이사회의 승인을 얻어야 하는 경우, 이사회에 대한 양도 승인청구는 양도인이 하여야 하며 양수인은 할 수 없다.

⑤ 정관규정에 의하여 주식양도 시 이사회의 승인을 얻어야 하는 경우, 이사회가 주식양도의 상대방을 지정했을 때의 매도가액은 이사회가 결정한다.

해 설 및 정 답

① 상법상 자본금 총액이 10억원 미만인 주식회사가 정관으로 주식의 양도를 제한하는 경우, 이사회를 두지 않은 때에는 주식의 양도를 승인할 권한은 주주총회에 있다(제383조 제4항).

② 상법 제335조 제1항 단서는 주식의 양도를 전제로 하고, 다만 이를 제한하는 방법으로서 이사회의 승인을 요하도록 정관에 정할 수 있다는 취지이지 주식의 양도 그 자체를 금지할 수 있음을 정할 수 있다는 뜻은 아니기 때문에, 정관의 규정으로 주식의 양도를 제한하는 경우에도 주식양도를 전면적으로 금지하는 규정을 둘 수는 없다(대법원 2000. 9. 26. 선고 99다48429 판결).

* **[참조판례]** 회사와 주주들 사이에서, 혹은 주주들 사이에서 회사의 설립일로부터 5년 동안 주식의 전부 또는 일부를 다른 당사자 또는 제3자에게 매각·양도할 수 없다는 내용의 약정을 한 경우, 그 약정은 주식양도에 이사회의 승인을 얻도록 하는 등 그 양도를 제한하는 것이 아니라 설립 후 5년간 일체 주식의 양도를 금지하는 내용으로 이를 정관으로 규정하였다고 하더라도 주주의 투하자본회수의 가능성을 전면적으로 부정하는 것으로서 무효라는 이유로 정관으로 규정하여도 무효가 되는 내용을 나아가 회사와 주주들 사이에서, 혹은 주주들 사이에서 약정하였다고 하더라도 이 또한 무효이다(대법원 2000. 9. 26. 선고 99다48429 판결).

③ 주식의 양도를 제한하는 방법으로서 이사회의 승인을 요하도록 정관에 정할 수 있다는 상법 제335조 제1항 단서의 취지에 비추어 볼 때, 주주들 사이에서 주식의 양도를 일부 제한하는 내용의 약정을 한 경우, 그 약정은 주주의 투하자본회수의 가능성을 전면적으로 부정하는 것이 아니고, 공서양속에 반하지 않는다면 당사자 사이에서는 원칙적으로 유효하다고 할 것이다(대법원 2008. 7. 10. 선고 2007다14193 판결).

④ 정관규정에 의하여 주식양도 시 이사회의 승인을 얻어야 하는 경우, 이사회에 대한 양도 승인청구는 양도인뿐만 아니라 양수인도 할 수 있다(제335조의2 제1항, 제335조의7).

⑤ 정관규정에 의하여 주식양도 시 이사회의 승인을 얻어야 하는 경우, 이사회가 주식양도의 상대방을 지정했을 때의 매도가액은 양도인과 매도청구인간의 협의로 결정한다(제335조의5 제1항).

정답_②

문 29_상법상 비상장주식회사의 주식의 양도 등에 관한 설명으로 옳지 않은 것은? (다툼이 있으면 판례에 따름) (2017 세무사)

① 주권발행 후 주식의 양도에 있어서는 주권을 교부하여야 한다.
② 회사가 보유하는 자기의 주식을 처분하는 경우에 처분할 주식의 종류와 수에 대하여 정관의 규정이 없으면 이사회가 결정한다.
③ 주권발행 전에 한 주식의 양도는 회사성립 후 6월이 경과한 때에는 회사에 대하여 효력이 있고, 이 경우 주식의 양도는 지명채권의 양도에 관한 일반원칙에 따라 당사자의 의사표시만으로 효력이 발생한다.
④ 주권의 점유자는 이를 적법한 소지인으로 추정하지 않는다.
⑤ 회사는 정관으로 정하는 바에 따라 그 발행하는 주식의 양도에 관하여 이사회의 승인을 받도록 할 수 있다.

해 설 및 정 답

④ 주권의 점유자는 이를 적법한 소지인으로 추정한다(제336조 제2항).
① 제336조 제1항 ② 제342조
③ 대판1995.5.23., 94다36421
⑤ 제335조 제1항

정답_④

문 30_상법상 주식양도 및 취득에 관한 설명 중 옳지 않은 것은? (2006 세무사)

① 주식을 양도하려면 주권을 교부하여야 한다.
② 주권의 점유자는 이를 적법한 소지인으로 추정한다.
③ 자기주식의 순수한 무상취득도 허용되지 않는다.
④ 권리주의 양도는 당사자 간에는 유효하나, 회사에 대해서는 효력이 없다.
⑤ 주식양도시 정관이 정하는 바에 따라 이사회의 승인을 얻도록 할 수 있다.

③ 자기주식의 예외적 취득으로 무상취득은 허용된다. 왜냐하면, 회사의 자본충실을 해할 염려가 없기 때문이다.

정답_③

문 31_주식양도에 관한 설명으로 옳은 것은?

① 주권발행 전에는 어떠한 경우에도 주식양도를 회사에 주장할 수 없다.
② 주식의 양도는 법률에 의하여 제한할 수 있으나, 정관에 의하여 제한할 수는 없다.
③ 주식의 양도에는 양도증서를 작성하여야 한다.
④ 주식의 양수인이 선의취득을 하려면 취득자에게 악의 또는 중과실이 없어야 한다.
⑤ 회사가 보유하는 자기주식을 처분하는 경우 그 처분할 주식의 종류와 수, 처분할 주식의 처분가액과 납입기일, 주식을 처분할 상대방 및 처분방법은 정관에 규정이 없는 것은 주주총회가 결정한다.

① 제355조 제3항
② 주식양도에 있어서 이사회의 승인을 얻도록 정관에 의한 제한이 가능하다(제335조의2).
③ 주식양도는 주권의 교부에 의하며(제336조), 양도증서의 작성을 요하지 않는다.
⑤ 회사가 보유하는 자기주식을 처분하는 경우 그 처분할 주식의 종류와 수, 처분할 주식으 처분가액과 납입기일, 주식을 처분할 상대방 및 처분방법은 정관에 규정이 없는 것은 이사회가 결정한다(342조).

정답_④

문 32_상법상 주식의 양도 또는 취득에 관한 설명으로 옳지 않은 것은? (2011 세무사)

① 주식의 양도는 정관이 정하는 바에 따라 이사회의 승인을 얻도록 하는 방식으로 제한할 수 있다.
② 회사는 단주의 처리를 위하여 필요한 때 자기의 계산으로 자기의 주식을 취득할 수 있다.
③ 주주간의 합의로써 주식의 양도를 일정기간 제한하는 약정을 한 경우 이러한 약정은 회사에 대하여 효력이 있다.
④ 자회사는 그 권리를 실행함에 있어서 그 목적을 달성하기 위하여 필요한 때 모회사의 주식을 취득할 수 있다.
⑤ 주식의 양도에 있어서는 주권을 교부하여야 한다.

해 설 및 정 답

주주간의 합의로써 주식의 양도를 일정기간 제한하는 약정을 한 경우 이러한 약정은 회사에 대하여 효력이 없다(대법원 2000.9.26. 선고 99다48429 판결).

정답_③

문 33_상법상 주식양도에 관한 설명으로 옳지 않은 것은? (다툼이 있는 경우에는 판례에 의함) (2012 세무사)

① 주식양도에 있어서는 주권을 교부하여야 한다.
② 주식의 인수로 인한 권리의 양도는 회사에 대하여 효력이 없다.
③ 주식양도에 관하여 이사회 승인을 요하는 정관규정이 있음에도 불구하고 이사회 승인 없이 양도한 경우에 양도인과 양수인 사이의 계약은 유효하다.
④ 주식양도에 관하여 이사회의 승인을 얻어야 하는 경우에 주식을 취득한 자는 회사에 대하여 그 주식의 종류와 수를 기재한 서면으로 그 취득의 승인을 청구할 수 있다.
⑤ 회사가 성립되고 6월이 경과한 후 주권이 발행되지 않은 상태에서 주식을 양도하면 회사에 대하여 효력이 없다.

회사가 성립되고 6월이 경과한 후 주권이 발행되지 않은 상태에서 주식을 양도하면 회사에 대하여 효력이 있다(제335조 제3항).

정답_⑤

문 34_상법상 자기주식에 관한 설명으로 옳지 않은 것은?(단, 특정 목적에 의한 자기주식 취득의 경우는 제외) (2020 세무사)

① 회사가 자기주식 취득에 상요할 수 있는 총액은 직전 결산기의 배당가능이익을 초과할 수 없다.
② 상법은 배당가능이익을 재원으로 하는 이상 회사가 타인 명의와 자기 계산으로 자기주식을 취득할 수 있음을 명시적으로 인정하고 있다.
③ 회사가 보유하는 자기의 주식을 처분하는 경우에 주식을 처분할 상대방 및 처분방법에 관하여 정관에 규정이 없는 것은 이사회가 결정한다.

① 회사가 자기주식 취득에 상요할 수 있는 총액은 직전 결산기의 배당가능이익을 초과할 수 없다(제341조 제1항).
② 상법은 배당가능이익을 재원으로 하는 이상 회사가 자기 명의와 자기 계산으로 자기주식을 취득할 수 있음을 명시적으로 인정하고 있다(제341조 제1항).
③ 회사가 보유하는 자기의 주식을 처분하는 경우에 주식을 처분할 상대방 및 처분방법에 관하여 정관에 규정이 없는 것은 이사회가 결정한다(제342조).
④ 이사회 결의로 이익배당을 할 수 있도록 정관으로 정하고 있는 회사는 이사회 결의로 취득할 수 있는 주식의 종류 및 수, 취득가액의 총액의 한도, 1년을 초과하지 아니하는 범위에서 자기주식을 취득할 수 있는 기간을 정할

④ 이사회 결의로 이익배당을 할 수 있도록 정관으로 정하고 있는 회사는 이사회 결의로 취득할 수 있는 주식의 종류 및 수, 취득가액의 총액의 한도, 1년을 초과하지 아니하는 범위에서 자기주식을 취득할 수 있는 기간을 정할 수 있다.
⑤ 자기주식을 취득하고자 하는 날이 속하는 영업연도의 결산기에 배당가능이익이 존재하지 않을 우려가 있는 경우에는 자기주식을 취득하여서는 아니 된다.

해 설 및 정 답

수 있다(제341조 제2항).
⑤ 자기주식을 취득하고자 하는 날이 속하는 영업연도의 결산기에 배당가능이익이 존재하지 않을 우려가 있는 경우에는 자기주식을 취득하여서는 아니 된다(제341조 제3항).

정답_②

문 35_상법상 자기주식의 취득에 관한 설명으로 옳지 않은 것은?

(2015 세무사)

① 회사는 그 권리를 실행함에 있어 그 목적을 달성하기 위하여 필요한 경우 상법 제341조(자기주식의 취득) 규정에도 불구하고 자기의 주식을 취득할 수 있다.
② 회사가 자기주식을 취득할 수 있는 경우 자기주식이 거래소에서 시세가 있는 주식인 때에는 거래소에서 자기의 명의와 계산으로 취득할 수 있다.
③ 회사가 자기주식을 취득할 수 있는 경우 그 취득가액의 총액의 한도는 원칙적으로 주주총회에서 이를 정한다.
④ 회사가 자기주식을 보유하는 경우에 그 주식은 의결권이 없다.
⑤ 회사가 보유하는 자기의 주식을 처분하는 경우 정관에 규정이 없으면 그 처분방법은 주주총회에서 이를 정한다.

회사가 보유하는 자기의 주식을 처분하는 경우 정관에 규정이 없으면 그 처분방법은 이사회에서 이를 정한다(제342조).

정답_⑤

문 36_상법상 자기주식취득에 관한 설명으로 옳지 않은 것은?

(2012 세무사)

① 해당 영업연도의 결산기에 대차대조표상의 순자산액이 상법에 의한 배당가능이익에 미치지 못함에도 불구하고 회사가 제341조 제1항에 따라 자기주식을 취득한 경우에는 이사는 주의의무를 다하였음을 증명하지 못하는 한 회사에 대하여 연대하여 그 미치지 못한 금액을 배상할 책임이 있다.
② 회사는 제341조 제1항에서 정하는 방법에 따라 자기의 명의와 계산으로 직전 결산기의 배당가능이익의 한도 내에서 자기주식을 취득할 수 있다.
③ 상법 제341조 제1항에 따라 자기주식을 취득하려는 회사는 1년을 초과하지 않는 범위에서 자기주식의 취득기간을 정하여야 한다.

직전 결산기의 대차대조표상 배당가능이익이 있어야 특정목적이 없더라도 자기주식을 취득할 수 있다(제341조 제1항).

정답_④

④ 직전 결산기의 대차대조표상 배당가능이익이 없어도 해당 영업연도의 결산기에 이익이 예상되면 회사는 합병 등 특정 목적이 없음에도 불구하고 자기주식을 취득할 수 있다.
⑤ 회사는 배당가능이익으로 취득한 자기주식을 이사회의 결의에 의해 처분할 수 있다.

문 37_상법상 특정목적에 의한 자기주식의 취득으로 규정되지 않은 경우는? (2018 세무사)

① 주주가 주식매수청구권을 행사한 경우
② 회사의 합병으로 인한 경우
③ 회사의 권리를 실행함에 있어 그 목적을 달성하기 위하여 필요한 경우
④ 단주(端株)의 처리를 위하여 필요한 경우
⑤ 다른 회사의 영업일부의 양수로 인한 경우

해설 및 정답

상법 제341조의2 규정에 따라 ①②③④의 경우와 '다른 회사의 영업 전부의 양수로 인한 경우'에 자기주식의 취득이 가능하다.

정답_⑤

문 38_상법상 특정목적에 의한 자기주식의 취득이 허용되는 경우를 모두 고른 것은? (2021 세무사)

ㄱ. 회사의 합병으로 인한 경우
ㄴ. 다른 회사의 영업 일부의 양수로 인한 경우
ㄷ. 회사의 권리를 실행함에 있어 그 목적을 달성하기 위하여 필요한 경우
ㄹ. 주주가 주식매수청구권을 행사한 경우

① ㄱ, ㄴ, ㄷ ② ㄱ, ㄴ, ㄹ ③ ㄱ, ㄷ, ㄹ
④ ㄴ, ㄷ, ㄹ ⑤ ㄱ, ㄴ, ㄷ, ㄹ

상법 제341조의2 제1호부터 제4호까지의 규정에 따라 회사합병이나 영업의 전부양수, 권리실행의 목적을 달성하기 위하여 필요한 경우, 단주처리의 경우, 주식매수청구가 있는 경우이다. 영업의 일부양수는 자기주식취득이 허용되지 않는다.

정답_③

문 39_상법상 주식회사가 배당가능이익과 상관없이 자기주식을 취득할 수 있는 경우에 해당하지 않는 것은? (2016 세무사)

① 주식을 소각하기 위한 경우
② 회사의 합병 또는 다른 회사의 영업전부의 양수로 인한 경우
③ 회사의 권리를 실행함에 있어 그 목적을 달성하기 위하여 필요한 경우
④ 단주(端株)의 처리를 위하여 필요한 경우
⑤ 주주가 주식매수청구권을 행사한 경우

제341조의2 참조

정답_①

문 40_상법상 주식회사의 상호주소유에 관한 설명으로 옳지 않은 것은?(다툼이 있으면 판례에 의함) (2018 세무사)

① 회사, 모회사 및 자회사 또는 자회사가 다른 회사의 발행주식총수의 10분의 1을 초과하는 주식을 가지고 있는 경우 그 다른 회사가 가지고 있는 회사 또는 모회사의 주식은 의결권이 없다.

② 모자회사 관계가 없는 회사 사이의 주식의 상호소유를 규제하는 주된 목적은 상호주를 통해 출자 없는 자가 의결권 행사를 함으로써 주주총회결의와 회사의 지배구조가 왜곡되는 것을 방지하기 위한 것이다.

③ A주식회사가 다른 회사의 발행주식총수의 10분의 1을 초과하는 주식을 가지고 있는지 여부는 A주식회사 주주총회에서 주주로서의 권리를 행사할 자를 확정하기 위한 기준일이 아니라 A주식회사의 주주총회일을 기준으로 판단하여야 한다.

④ 회사가 다른 회사의 발행주식총수의 10분의 1을 초과하여 취득한 때에는 그 다른 회사에 대하여 지체없이 이를 통지하여야 한다.

⑤ 회사가 특정 주주총회에 한정하여 각 주주들로부터 개별안건에 대한 의견을 표시하게 하여 의결권을 위임받아 의결권을 대리행사하는 경우에도, 그 회사가 다른 회사의 발행주식총수의 10분의 1을 초과하여 의결권을 대리행사할 권한을 취득하였다면 그 다른 회사에 대하여 지체없이 이 사실을 통지하여야 한다.

해 설 및 정 답

상법 제342조의3에는 "회사가 다른 회사의 발행주식 총수의 10분의 1을 초과하여 취득한 때에는 그 다른 회사에 대하여 지체 없이 이를 통지하여야 한다."라고 규정되어 있는바, 이는 회사가 다른 회사의 발행주식 총수의 10분의 1 이상을 취득하여 의결권을 행사하는 경우 경영권의 안정을 위협받게 된 그 다른 회사는 역으로 상대방 회사의 발행주식의 10분의 1 이상을 취득함으로써 이른바 상호보유주식의 의결권 제한 규정(상법 제369조 제3항)에 따라 서로 상대 회사에 대하여 의결권을 행사할 수 없도록 방어조치를 취하여 다른 회사의 지배가능성을 배제하고 경영권의 안정을 도모하도록 하기 위한 것으로서, 특정 주주총회에 한정하여 각 주주들로부터 개별안건에 대한 의견을 표시하게 하여 의결권을 위임받아 의결권을 대리행사하는 경우에는 회사가 다른 회사의 발행주식 총수의 10분의 1을 초과하여 의결권을 대리행사할 권한을 취득하였다고 하여도 위 규정이 유추적용되지 않는다(대법원 2001. 5. 15. 선고 2001다12973 판결).

① 상법 제369조 제3항

② 상법 제369조 제3항은 "회사, 모회사 및 자회사 또는 자회사가 다른 회사의 발행주식의 총수의 10분의 1을 초과하는 주식을 가지고 있는 경우 그 다른 회사가 가지고 있는 회사 또는 모회사의 주식은 의결권이 없다"고 규정하고 있다. 이와 같이 모자회사 관계가 없는 회사 사이의 주식의 상호소유를 규제하는 주된 목적은 상호주를 통해 출자 없는 자가 의결권 행사를 함으로써 주주총회결의와 회사의 지배구조가 왜곡되는 것을 방지하기 위한 것이다(대법원 2009. 1. 30. 선고 2006다31269 판결).

③ 상법 제354조가 규정하는 기준일 제도는 일정한 날을 정하여 그 날에 주주명부에 기재되어 있는 주주를 계쟁 회사의 주주로서의 권리를 행사할 자로 확정하기 위한 것일 뿐, 다른 회사의 주주를 확정하는 기준으로 삼을 수는 없으므로, 기준일에는 상법 제369조 제3항이 정한 요건에 해당하지 않더라도, 실제로 의결권이 행사되는 주주총회일에 위 요건을 충족하는 경우에는 상법 제369조 제3항이 정하는 상호 소유 주식에 해당하여 의결권이 없다. 회사, 모회사 및 자회사 또는 자회사가 다른 회사 발행주식 총수의 10분의 1을 초과하는 주식을 가지고 있는지 여부는 앞서 본 '주식 상호소유 제한의 목적'을 고려할 때, 실제로 소유하고 있는 주식수를 기준으로 판단하여야 하며 그에 관하여 주주명부상의 명의개서를 하였는지 여부와는 관계가 없다(대법원 2009. 1. 30. 선고 2006다31269 판결).

④ 상법 제342조의3

정답_⑤

08 진도별 모의고사

문 1_상법상 상호주의 취득 또는 보유에 관한 설명으로 옳지 않은 것은? (2011 세무사)

① 자회사가 취득한 모회사의 주식에 대해서는 의결권이 인정되지 않는다.

② 자회사에 의한 모회사 주식의 취득제한을 위반한 이사에게 벌칙이 적용된다.

③ 대법원 판례에 의하면 모자회사 관계가 없는 회사 사이의 주식의 상호소유를 규제하는 목적은 상호주를 통해 출자 없는 자가 의결권 행사를 함으로써 주주총회결의와 회사의 지배구조가 왜곡되는 것을 방지하기 위한 것이다.

④ 대법원 판례에 의하면 상호주 보유에 해당하는지 여부를 판단함에 있어서 주주명부상의 명의개서가 기준이 된다.

⑤ 회사가 다른 회사의 발행주식총수의 10분의 1을 초과하여 취득한 때에는 그 다른 회사에 대하여 지체없이 이를 통지하여야 한다.

해 설 및 정 답

대법원 판례에 의하면 상호주 보유에 해당하는지 여부를 판단함에 있어서 실제로 소유하고 있는 주식수를 기준으로 판단하여야 하며 그에 관하여 주주명부상의 명의개서를 하였는지 여부와는 관계가 없다(대법원 2009.1.30. 선고 2006다31269 판결).

정답_④

문 2_상법상 자회사에 의한 모회사주식의 취득에 관한 설명으로 옳지 않은 것은? (2015 세무사)

① 자회사는 회사의 권리를 실행함에 있어서 그 목적을 달성하기 위하여 필요한 때 모회사의 주식을 취득할 수 있다.

② 자회사가 다른 회사와의 합병으로 인하여 모회사의 주식을 취득한 경우 자회사는 그 모회사의 주식을 1년 이내에 처분하여야 한다.

③ 다른 회사의 발행주식 총수의 100분의 50을 초과하는 주식을 가진 회사는 그 다른 회사의 모회사가 된다.

④ 모회사 및 자회사가 다른 회사의 발행주식 총수의 100분 30과 100분의 25를 각각 가지고 있다면 그 다른 회사는 상법의 적용에 있어서 그 모회사의 자회사로 본다.

⑤ 모회사(A)의 자회사(B)가 다른 회사(C)의 발행주식 총수의 100분의 50을 초과하는 주식을 가지고 있는 경우, 그 다른 회사(C)는 상법의 적용에 있어 모회사(A)의 자회사로 본다.

자회사가 다른 회사와의 합병으로 인하여 모회사의 주식을 취득한 경우 자회사는 그 모회사의 주식을 취득한 경우 자회사는 그 모회사의 주식을 6월 이내에 처분하여야 한다(제342조의2 제2항).

정답_②

문 3_상법상 모자회사와 관련된 설명으로 옳지 않은 것은?

(2012 세무사)

① 모회사의 주식은 상법이 달리 정한 경우를 제외하고는 자회사가 이를 취득할 수 없다.

② 다른 회사의 발행주식총수의 100분의 50을 초과하는 주식을 모회사 및 자회사 또는 자회사가 가지고 있는 경우 그 다른 회사는 그 모회사의 자회사로 본다.

③ 자회사가 다른 회사의 발행주식총수의 10분의 1을 초과하여 취득한 때에는 모회사는 그 다른 회사에 대하여 지체없이 통지하여야 한다.

④ 모회사와 자회사가 다른 회사의 발행주식총수의 10분의 1을 초과하는 주식을 가지고 있는 경우 그 다른 회사가 가지고 있는 모회사의 주식은 의결권이 없다.

⑤ 자회사가 회사의 권리를 실행함에 있어 그 목적을 달성하기 위하여 모회사의 주식을 취득한 경우 자회사는 그 주식을 취득한 날로부터 6월 이내에 모회사의 주식을 처분하여야 한다.

해 설 및 정 답

회사가 다른 회사의 발행주식총수의 10분의 1을 초과하여 취득한 때에는 그 다른 회사에 대하여 지체없이 이를 통지하여야 하므로(제342조의2), 자회사가 통지를 하여야 한다.

정답_③

문 4_상법상 상호보유주식에 관한 설명으로 옳지 않은 것은?(단, B회사는 A회사와 S회사의 모회사가 아님)

(2020 세무사)

① A회사가 B회사 주식을 15% 보유하는 경우, B회사가 보유하는 A회사 주식은 의결권이 없다.

② A회사가 그 자회사인 S회사와 함께 B회사 주식을 11%(A회가가 7, S회사가 4%)보유하는 경우, B회사가 보유하는 A회사 주식은 의결권이 없다.

③ A회사의 자회사인 S회사가 단독으로 B회사 주식을 15% 보유하는 경우, B회사가 보유하는 A회사 및 S 회사의 주식은 의결권이 없다.

④ B회사가 A회사 주식을 30% 매수한 경우, A회사가 B회사 주식을 15% 취득하면 B 회사가 보유하는 A회사 주식은 의결권이 없다.

⑤ A회사가 그 자회사인 S회사와 함께 B회사 주식을 11%(A회사가 7%, S회사가 4%) 보유하는 경우, B회사가 보유하는 S회사의 주식은 의결권이 없다.

회사, 모회사 및 자회사 또는 자회사가 다른 회사의 발행주식총수의 10분의 1을 초과하는 주식을 가지고 있는 경우 그 다른 회사가 가지고 있는 회사 또는 모회사의 주식은 의결권이 없다(제369조 제3항) 따라서 ① A회사가 B회사 주식을 15% 보유하는 경우, B회사가 보유하는 A회사 주식은 의결권이 없다. ② A회사가 그 자회사인 S회사와 함께 B회사 주식을 11%(A회가가 7, S회사가 4%)보유하는 경우, B회사가 보유하는 A회사 주식은 의결권이 없다.
③ A회사의 자회사인 S회사가 단독으로 B회사 주식을 15% 보유하는 경우, B회사가 보유하는 A회사 및 S 회사의 주식은 의결권이 없다. ④ B회사가 A회사 주식을 30% 매수한 경우, A회사가 B회사 주식을 15% 취득하면 B회사가 보유하는 A회사 주식은 의결권이 없다. 그러나
⑤ A회사가 그 자회사인 S회사와 함께 B회사 주식을 11%(A회사가 7%, S회사가 4%) 보유하는 경우, B회사가 보유하는 A회사의 주식은 의결권이 없지만 S회사의 주식은 의결권이 있다.

정답_⑤

문 5_상법상 아래의 사례에 관한 설명으로 옳은 것은?(A, B, C는 모두 비상장주식회사임) (2014 세무사)

> A주식회사는 B주식회사의 발행주식총수의 51%와 C주식회사의 발행주식총수의 4%를 보유하고 있고, B회사는 C회사의 발행주식총수의 47%를 보유하고 있다.

① 당초 A회사는 B회사의 발행주식총수의 10%를 초과하는 주식을 취득하였을 때 그 사실을 B회사에게 통지하였어도 B회사의 주주총회에서 의결권을 행사할 수 없다.
② B회사는 현금자력이 충분한 개인 甲으로부터 영업거래의 대가로 A회사의 발행주식총수의 10%에 해당하는 주식을 B회사의 계산으로 취득할 수 있다.
③ C회사는 현금자력이 충분한 개인 乙로부터 영업거래의 대가로 A회사의 발행주식총수의 10%에 해당하는 주식을 C회사의 계산으로 취득할 수 있다.
④ B회사가 D주식회사의 발행주식총수의 11%의 주식을 취득하였다면, D회사는 자기의 계산으로 A회사의 주식을 취득할 수 있다.
⑤ B회사는 A회사의 주식을 보유하고 있던 E주식회사를 흡수합병함으로써 A회사의 주식을 취득하였다면, 이를 3월내에 처분하여야 한다.

해 설 및 정 답

위의 사례에서 A회사는 B회사와 C의 모회사에 해당하게 된다(제342조의2 제1항, 제3항)는 점을 중점으로 하여 문제를 풀어야 할 것이다.
① 당초 A회사는 B회사의 발행주식총수의 10%를 초과하는 주식을 취득하였을 때 그 사실을 B회사에게 통지하였다면(제342조의2), B회사의 주주총회에서 의결권을 행사할 수 있다.
② B회사는 현금자력이 충분한 개인 甲으로부터 영업거래의 대가로 A회사의 발행주식총수의 10%에 해당하는 주식을 B회사의 계산으로 취득할 수 없다(제342조의2 제1항).
③ C회사는 현금자력이 충분한 개인 乙로부터 영업거래의 대가로 A회사의 발행주식총수의 10%에 해당하는 주식을 C회사의 계산으로 취득할 수 없다(제342조의2 제1항).
④ 제369조 제3항 참조.
⑤ B회사는 A회사의 주식을 보유하고 있던 E주식회사를 흡수합병함으로써 A회사의 주식을 취득하였다면, 이를 6월내에 처분하여야 한다(제342조의2 제2항).

정답_④

문 6_상법상 A 주식회사는 B 주식회사의 모회사이며, B 주식회사는 C 주식회사의 모회사이며, D 주식회사는 A, B, C 주식회사와 모자관계에 있지 않은 경우에 관한 설명으로 옳지 않은 것은? (2016 세무사)

① B회사는 회사의 권리를 실행함에 있어 그 목적을 달성하기 위하여 필요한 때에는 A회사 주식을 취득할 수 있으나 즉시 처분하여야 한다.
② C회사는 회사의 합병 또는 다른 회사의 영업전부의 양수로 인한 때 A회사 주식을 취득할 수 있다.
③ B회사와 D회사의 합병으로 인하여 B회사가 존속하고 D회사가 소멸하는 경우 B회사는 D회사 주주에게 합병의 대가를 지급하기 위해 A회사 주식을 취득할 수 있다.
④ C회사와 D회사의 합병으로 인하여 C회사가 존속하고 D회사가 소멸하는 경우 C회사는 D회사 주주에게 금전이나 B회사의 주식으로 합병의 대가를 지급할 수 있다.
⑤ D회사 일부가 분할되어 C회사와 합병하여 C회사가 존속하고 D회사 일부가 소멸하는 경우 C회사는 D회사 일부의 주주에게 A회사 주식으로 합병의 대가를 지급할 수 있다.

B회사는 회사의 권리를 실행함에 있어 그 목적을 달성하기 위하여 필요한 때에는 A회사 주식을 취득할 수 있으나, 취득한 날로부터 6월 이내에 모회사의 주식을 처분하여야 한다(제342조의2 제2항).

정답_①

문 7_주권(株券)의 선의취득에 관한 설명 중 옳지 않은 것은? (2006 세무사)

① 주권의 선의취득은 권리외관주의의 반영이며, 원시취득의 일종이다.
② 주권의 선의취득이 인정되기 위해서는 주권이 유효하게 발행된 것이어야 한다.
③ 주주가 불소지신고를 하고, 회사에 제출된 주권이 무효가 된 경우에는 선의취득이 인정되지 않는다.
④ 선의취득은 회사의 합병이나 상속과 같이 법률의 규정에 따라 주권을 취득한 경우에도 인정된다.
⑤ 주식에 대한 질권 기타 주식을 담보로 하는 권리도 선의취득할 수 있다.

해 설 및 정 답

④ 선의취득은 주권의 통상적인 유통방법에 의하여 취득한 때에 인정되므로, 상속이나 합병 또는 유증과 같이 포괄적 승계의 방법으로 취득하는 경우에는 선의취득이 인정되지 않는다.

정답_④

문 8_甲은 乙에게 주식을 양도하였으나 乙이 명의개서를 하지 않은 경우, 다음 설명 중 옳은 것은?(판례에 따름) (2006 세무사 수정)

① 乙은 주권을 소지하고 있는 경우에만 명의개서를 청구할 수 있다.
② 회사는 乙이 주권을 소지하고 있는 경우에도 권리승계사실의 입증을 요구할 수 있다.
③ 회사가 乙의 명의개서 청구를 부당하게 거절한 경우에도, 乙은 주주권을 행사할 수 없다.
④ 회사는 乙을 주주권 행사자로 인정할 수 없다.
⑤ 당사자 사이에 특약이 없는 경우에는 이익배당 등에 따른 이익은 甲에게 귀속된다.

① 乙은 주권을 소지하고 있는 경우에 명의개서를 청구할 수 있는 것이 원칙이지만, 주권발행전 주식양도라면 주권의 소지없이 양도사실을 증명하여 명의개서를 청구할 수 있다.
② 회사는 乙이 주권을 소지하고 있는 경우에는 적법한 소지인으로 추정되므로(제336조 제2항), 자신이 주주임을 입증할 필요는 없다.
③ 회사가 乙의 명의개서 청구를 부당하게 거절한 경우에는 乙은 주주권을 행사할 수 있고, 명의개서청구의 소를 제기할 수 있다.
⑤ 당사자 사이에 특약이 없는 경우에는, 이익배당 등에 따른 이익은 실질주주인 乙에게 귀속되며 甲은 乙을 위해 이익배당을 받는다.

정답_④

문 9_A주식회사의 주주 甲은 乙에게 자신의 주식을 양도하였는데, 주주명부에 명의개서는 이루어지지 않은 상태이다. 다음 설명 중 틀린 것은? (2008 세무사 수정)

① 乙은 주권을 점유하고 있다면 적법한 소지인으로 추정된다.
② A회사가 乙의 명의개서 청구에 대하여 부당하게 지체한 경우에는, 乙은 명의개서 없이 주주의 권리를 주장할 수 있다.
③ A회사가 명의개서대리인으로 B회사를 선임했다면, A회사는 B회사의 명의개서 부당거절시 乙에 대하여 손해배상책임을 부담한다.
④ A회사는 乙이 실질적인 주주임을 인지하였어도 회사 스스로 乙에게 주주의 권리를 인정할 수 없다는 것이 우리나라 대법원의 입장이다.
⑤ 甲은 A회사로부터 이익배당을 받았다면, 그 이익을 乙에게 반환하여야 한다.

정답_정답없음

문 10_다음은 상법상 명의개서에 관한 설명이다. 옳은 것만으로 묶인 것은? (2010 세무사)

> ㄱ. 주식의 이전은 명의개서를 하지 아니하면 회사에 대항하지 못한다.
> ㄴ. 판례에 따르면, 주식의 양도약정이 해제된 경우에 양도인이 주주명부상의 주주명의를 자기명의로 복구하지 않더라도 회사에 대하여 대항할 수 있다.
> ㄷ. 판례에 따르면, 양수인이 명의개서를 청구함에는 특별한 사정이 없는 한 주권을 회사에 제시하여야 하므로 단지 회사에 양수한 사실만 통지한 것은 명의개서를 청구한 것으로 볼 수 없다.
> ㄹ. 회사는 정관이 정하는 바에 의하여 명의개서대리인을 둘 수 있고, 이 경우에는 명의개서대리인의 상호 및 본점소재지를 등기하여야 한다.
> ㅁ. 기명주식과 달리 기명사채에는 명의개서대리인제도가 없다.
> ㅂ. 명의개서대리인이 취득자의 성명과 주소를 주주명부의 복본에 기재한 경우 회사는 취득자의 주주권행사를 거부할 수 있다.

① ㄱ, ㄴ, ㄷ　② ㄱ, ㄷ, ㄹ　③ ㄱ, ㄷ, ㅂ
④ ㄴ, ㄹ, ㅁ　⑤ ㄹ, ㅁ, ㅂ

해 설 및 정 답

ㄱ. 제337조 제1항
ㄴ. 판례에 따르면, 주식의 양도약정이 해제된 경우에 양도인이 주주명부상의 주주명의를 자기명의로 복구하지 아니하면 회사에 대하여 대항할 수 없다(대판2002.12.24, 2000다69927).
ㄷ. 대판1995.7.28, 94다25735
ㄹ. 제317조 제2항 11호.
ㅁ. 기명주식과 달리 기명사채에는 명의개서대리인제도가 인정된다(제479조 제2항).
ㅂ. 명의개서대리인이 취득자의 성명과 주소를 주주명부의 복본에 기재한 경우는 그 원본에 한 것과 동일한 효력이 있으므로 회사는 취득자의 주주권행사를 거부할 수 없다(제337조 제2항).

정답_②

문 11_상법상 명의개서에 관한 설명으로 옳지 않은 것은? (다툼이 있는 경우에는 대법원 판례에 의함) (2011 세무사 수정)

① 주식의 이전은 취득자의 성명과 주소를 주주명부에 기재하지 아니하면 회사에 대항하지 못한다.
② 회사가 주주명부상에 명의개서가 되어 있지 않은 주식양수인을 주주로 인정할 수 없다.
③ 주식양수인이 주권제시 없이 회사에 그 양수한 내용만 통지하였다면 그 통지 사실만 가지고는 회사에 명의개서를 청구한 것으로 볼 수 없다.
④ 주식양수인은 회사에 대한 명의개서의 청구를 주식양도인 또는 그 대리인과 공동으로 하여야 한다.
⑤ 회사는 정관이 정하는 바에 의하여 명의개서대리인을 둘 수 있다.

명의개서의 청구는 주식양수인이 회사에 하면 되고, 주식양도인이나 그의 대리인과 하여야 하는 것은 아니다(대법원 2010.10.14. 선고 2009다89665 판결).

정답_④

문 12 상법상 비상장회사의 주식매수선택권에 관한 설명으로 옳지 않은 것은? (2015 세무사)

① 회사가 주식매수선택권을 부여하기 위해서는 정관으로 정하는 바에 따라 주주총회의 특별결의가 필요하다.
② 주식매수선택권의 부여에 따라 발행할 신주 또는 양도할 자기의 주식은 회사의 발행주식총수의 100분의 10을 초과할 수 없다.

주식매수청구권의 행사로 신주를 발행하는 경우, 주식매수선택권을 행사하는 자는 그 납입을 한 때에 신주의 주주가 된다(제340조의5, 제516조의10 전단).

정답_④

③ 주식매수선택권의 행사가액이 주식의 실질가액보다 낮은 경우에는 회사는 그 차액을 금전으로 지급할 수 있다.
④ 주식매수선택권의 행사로 신주를 발행하는 경우, 주식매수선택권을 행사하는 자는 이를 행사한 때에 신주의 주주가 된다.
⑤ 주식매수선택권자는 본인에 대한 주식매수선택권의 부여에 관한 사항을 정하는 주주총회결의일로부터 2년 이상 재임 또는 재직하여야 주식매수선택권을 행사할 수 있다.

문 13_상법상 비상장회사의 주식매수선택권에 관한 설명으로 옳지 않은 것은? (2016 세무사)

① 회사는 정관으로 정하는 바에 따라 주주총회의 특별결의로 회사의 기술혁신에 기여한 회사의 피용자에게 주식매수선택권을 부여할 수 있다.
② 주식매수선택권의 행사에 따라 발행할 신주 또는 양도할 자기의 주식은 회사의 발행주식총수의 100분의 10을 초과할 수 없다.
③ 주식매수선택권은 이를 부여받을 자의 성명 등을 정하는 주주총회의 결의일부터 1년 이상 재임 또는 재직하여야 행사할 수 있다.
④ 주식매수선택권은 양도가 불가능하지만, 상속은 가능하다.
⑤ 의결권 없는 주식을 제외한 발행주식총수의 100분의 10 이상의 주식을 가진 주주에게는 주식매수선택권을 부여할 수 없다.

해 설 및 정 답

주식매수선택권은 이를 부여받을 자의 성명 등을 정하는 주주총회의 결의일부터 2년 이상 재임 또는 재직하여야 행사할 수 있다(제340조의4 제1항).

정답_③

문 14_상법상 비상장회사의 주식매수선택권에 관한 설명으로 옳은 것은? (2017 세무사)

① 주식매수선택권에 관한 사항을 정하는 주주총회결의일부터 1년을 재임 또는 재직한 자도 이를 행사할 수 있다.
② 주식매수선택권은 이를 양도할 수 있다.
③ 주식매수선택권의 행사에 따라 발행할 신주 또는 양도할 자기의 주식은 회사의 발행주식총수의 100분의 10을 초과할 수 있다.
④ 주식매수선택권에 관한 주주총회의 결의에 있어서는 주식매수선택권을 부여받을 자 각각에 대하여 주식매수선택권의 행사로 발행하거나 양도할 주식의 종류와 수를 정하여야 한다.
⑤ 주식매수선택권의 행사가액은 신주를 발행하는 경우에는 주식매수선택권의 부여일을 기준으로 한 주식의 실질가액과 주식의 권면액(券面額) 중 낮은 금액으로 한다.

① 주식매수선택권에 관한 사항을 정하는 주주총회결의일부터 2년 이상을 재임 또는 재직하여야 이를 행사할 수 있다(제340조의4 제1항).
② 주식매수선택권은 이를 양도할 수 없다(제340조의4 제2항).
③ 주식매수선택권의 행사에 따라 발행할 신주 또는 양도할 자기의 주식은 회사의 발행주식총수의 100분의 10을 초과할 수 없다(제340조의2 제3항).
④ 제340조의3 제2항 5호
⑤ 주식매수선택권의 행사가액은 신주를 발행하는 경우에는 주식매수선택권의 부여일을 기준으로 한 주식의 실질가액과 주식의 권면액(券面額) 중 높은 금액으로 한다(제340조의2 제4항 1호).

정답_④

문 15_상법상 비상장주식회사인 甲회사의 주식은 A가 95%, A의 배우자 B가 5%를 소유하고 있고, 甲회사에는 A의 자녀인 C와 D 그리고 A의 자매인 E가 이사로 재임하고 있다. 이 경우 甲회사가 주식매수선택권을 부여할 수 없는 자를 모두 묶은 것은?

(2021 세무사)

① A, B, C, D, E
② A, B, C, D
③ A, B, C
④ A, B
⑤ A

해 설 및 정 답

주식매수선택권을 부여받을 수 없는 자는 의결권없는 주식을 제외한 발행주식총수의 100분의 10이상의 주식을 보유한 주주 또는 그의 배우자나 직계존비속, 이사나 감사의 선임 등 회사의 경영사항에 대하여 사실상의 영향력을 행사하는 자 또는 그의 배우자나 직계존비속이다(상법 제340조의2 제2항). 따라서 위 설문상 A와 그의 배우자 B, A의 직계비속 C, D는 주식매수선택권을 부여받을 수 없고, A의 자매 E는 직계존비속이 아니므로 매수선택권 부여의 제한을 받지 않는다.

정답_②

문 16_상법상 주식매수선택권에 관한 설명으로 옳지 않은 것은?

(2011 세무사)

① 상장회사의 경우 해당 회사의 이사 또는 피용자에 한하여 주식매수선택권을 부여할 수 있다.
② 비상장회사의 경우 주식매수선택권의 행사로 발행할 신주 또는 양도할 자기의 주식은 회사의 발행주식총수의 100분의 10을 초과할 수 없다.
③ 비상장회사의 경우 주식매수선택권의 행사는 이를 부여하는 주주총회 결의일부터 2년 이상 재임 또는 재직하여야 가능하다.
④ 상장회사의 경우 주식매수선택권을 부여받은 자가 본인의 의사에 따라 사임 또는 사직한 경우 정관에서 정하는 바에 따라 이사회 결의에 의하여 주식매수선택권의 부여를 취소할 수 있다.
⑤ 상장회사에서 주식매수선택권의 행사기한을 이사의 퇴임일로 정하는 경우 이사 본인의 귀책사유가 아닌 사유로 퇴임한 때에는 그 날부터 3개월 이상의 행사기간을 추가로 부여하여야 한다.

상장회사의 경우 해당 회사의 이사, 집행임원, 감사 또는 피용자 외에 대통령령으로 정하는 관계 회사의 이사, 집행임원, 감사 또는 피용자에게 주식매수선택권을 부여할 수 있다(제542조의3 제1항).
⑤ 상법시행령 제9조 제7항

정답_①

문 17_상법상 비상장주식회사인 A 회사는 회사설립에 기여하였던 이사들에게 주식매수선택권을 부여하고자 한다. 이 경우에 관한 설명으로 옳지 않은 것은? (2012 세무사)

① A 회사는 주식매수선택권을 부여받은 이사와 계약을 체결하고 상당한 기간 내에 그에 관한 계약서를 작성하여야 한다.
② 주식매수선택권을 부여하기 위하여 발행할 신주 또는 양도할 자기의 주식은 회사의 발행주식총수의 100분의 20을 초과할 수 없다.
③ 주식매수선택권을 부여받은 이사는 주식매수선택권에 관하여 결의한 주주총회일부터 2년 이상 재임하여야 이를 행사할 수 있다.
④ 의결권 없는 주식을 제외한 발행주식총수의 100분의 20의 주식을 가진 주주와 그 배우자 및 직계존비속에게는 주식매수선택권을 부여할 수 없다.
⑤ A 회사가 부여한 주식매수선택권은 이를 양도할 수 없다.

해 설 및 정 답

주식매수선택권을 부여하기 위하여 발행할 신주 또는 양도할 자기의 주식은 회사의 발행주식총수의 100분의 10을 초과할 수 없다(제340조의2 제3항).

정답_②

문 18_상법상 비상장주식회사에 있어서 주식매수선택권에 관한 설명으로 옳지 않은 것은? (2013 세무사)

① 주식매수선택권은 회사가 보유하는 자기주식을 미리 정한 가액으로 매수할 수 있는 권리를 주식매수선택권자에게 부여하는 방법으로 할 수 있다.
② 주식매수선택권을 부여하기 위해서는 반드시 정관에 근거를 두어야 한다.
③ 주식매수선택권의 행사로 발행할 신주 또는 양도할 자기의 주식은 회사의 발행주식총수의 100분의 10을 초과할 수 없다.
④ 이사 · 집행임원 · 감사의 선임과 해임 등 회사의 주요 경영사항에 대하여 사실상 영향력을 행사하는 자에게는 주식매수선택권을 부여할 수 없다.
⑤ 회사는 주식매수선택권의 부여에 관한 계약서를 주식매수선택권의 행사기간이 종료할 때까지 본점에 비치하고, 주주와 회사채권자로 하여금 영업시간내에 이를 열람할 수 있도록 하여야 한다.

회사는 주식매수선택권의 부여에 관한 계약서를 주식매수선택권의 행사기간이 종료할 때까지 본점에 비치하고, 주주로 하여금 영업시간내에 이를 열람할 수 있도록 하여야 한다(제340조의3 제4항).

정답_⑤

문 19_상법상 비상장회사의 주식매수선택권에 관한 설명으로 옳은 것을 모두 고른 것은? (2019 세무사)

ㄱ. 주식매수선택권 부여를 위하여 발행한 신주 또는 양도할 자기주식은 회사의 발행주식총수의 100분의 10을 초과할 수 없다.
ㄴ. 주식매수선택권은 양도할 수 있으며, 주식매수선택권을 행사할 수 있는 자가 사망한경우에는 그 상속인이 이를 행사할 수 있다.
ㄷ. 주식매수선택권을 부여받은 자는 주식매수선택권에 관한 주주총회결의일부터 2년 이상 재임 또는 재직하여야 이를 행사할 수 있다.
ㄹ. 이사의 선임과 해임 등 회사의 주요 경영사항에 대하여 사실상 영향력을 행사하는 자의 직계비속에게는 주식매수선택권을 부여할 수 없다.

① ㄱ. ㄷ. ② ㄱ. ㄹ.
③ ㄴ. ㄷ. ④ ㄱ. ㄷ. ㄹ.
⑤ ㄴ. ㄷ. ㄹ.

해 설 및 정 답

ㄱ. 주식매수선택권 부여를 위하여 발행한 신주 또는 양도할 자기주식은 회사의 발행주식총수의 100분의 10을 초과할 수 없다(제340조의2 제3항).
ㄴ. 주식매수선택권은 양도할 수 없으며, 주식매수선택권을 행사할 수 있는 자가 사망한경우에는 그 상속인이 이를 행사할 수 있다(제340조의4 제2항).
ㄷ. 주식매수선택권을 부여받은 자는 주식매수선택권에 관한 주주총회결의일부터 2년 이상 재임 또는 재직하여야 이를 행사할 수 있다(제340조의4 제1항).
ㄹ. 이사의 선임과 해임 등 회사의 주요 경영사항에 대하여 사실상 영향력을 행사하는 자의 직계비속에게는 주식매수선택권을 부여할 수 없다(제340조의2 제2항 2호 및 3호).

정답_④

문 20_상법상 주식을 목적으로 하는 질권에 관한 설명으로 옳지 않은 것은? (2018 세무사)

① 주식을 질권의 목적으로 하는 때에는 주권을 질권자에게 교부하여야 한다.
② 주식의 소각이 있는 때에는 이로 인하여 종전의 주주가 받을 금전에 대하여도 종전의 주식을 목적으로 한 질권을 행사할 수 있다.
③ 준비금의 자본금 전입으로 신주의 주주가 된 때에는 이사는 지체없이 신주를 받은 주주와 주주명부에 기재된 질권자에 대하여 그 주주가 받은 주식의 종류와 수를 통지하여야 한다.
④ 주식에 대해 질권이 설정된 이상 질권자가 주권의 점유를 상실하더라도 그 질권으로써 제3자에게 대항할 수 있다.
⑤ 주식의 등록질의 질권자는 회사로부터 이익배당을 받아 다른 채권자에 우선하여 자기채권의 변제에 충당할 수 있다.

주식에 대해 질권이 설정된 이상 질권자가 계속하여 주권을 점유하지 아니하면 그 질권으로써 제3자에게 대항하지 못한다(상법 제338조 제2항)
① 상법 제338조 제1항 ② 상법 제339조
③ 상법 제461조 제5항
⑤ 상법 제340조 제1항

정답_④

문 21_주식의 병합과 분할에 관한 설명으로 옳지 않은 것은? (2019 세무사)

① 주식병합 시 단주가 발생하는 경우 단주에 대해서는 발행한 신주를 경매하여 각 주수에 따라 그 대금을 종전의 주주에게 지급하되, 거래소의 시세있는 주식은 거래소를 통하여 매각하고, 거래소의 시세없는 주식은 법원의 허가를 받아 경매 외의 방법으로 매각할 수 있다.
② 주식병합의 결손의 보전을 위한 자본금 감소의 방법으로 이용되는 경우에는 채권자이의절차를 거쳐야 한다.
③ 주식을 병합할 경우에는 회사는 1월 이상의 기간을 정하여 그 뜻과 그 기간 내에 주권을 회사에 제출할 것을 공고하고 주주명부에 기재된 주주와 질권자에 대하여는 각 별로 그 통지를 하여야 한다.
④ 주식의 병합이나 분할이 있는 때에는 이로 인하여 종전의 주주가 받을 금전이나 주식에 대하여도 종전의 주식을 목적으로 한 질권을 행사할 수 있다.
⑤ 주식분할을 위해서는 주주총회의 특별결의를 요한다.

해 설 및 정 답

① 주식병합 시 단주가 발생하는 경우 단주에 대해서는 발행한 신주를 경매하여 각 주수에 따라 그 대금을 종전의 주주에게 지급하되, 거래소의 시세있는 주식은 거래소를 통하여 매각하고, 거래소의 시세없는 주식은 법원의 허가를 받아 경매 외의 방법으로 매각할 수 있다(제443조).
② 주식병합의 결손의 보전을 위한 자본금 감소의 방법으로 이용되는 경우에는 채권자이의 절차를 거치지 않아도 된다(제439조 제2항 단서).
③ 주식을 병합할 경우에는 회사는 1월 이상의 기간을 정하여 그 뜻과 그 기간내에 주권을 회사에 제출할 것을 공고하고 주주명부에 기재된 주주와 질권자에 대하여는 각 별로 그 통지를 하여야 한다(제440조).
④ 주식의 병합이나 분할이 있는 때에는 이로 인하여 종전의 주주가 받을 금전이나 주식에 대하여도 종전의 주식을 목적으로 한 질권을 행사할 수 있다(제339조).
⑤ 주식분할을 위해서는 주주총회의 특별결의를 요한다(제329조의2 제1항).

정답_②

문 22_상법상 주식의 분할과 소각에 관한 설명으로 옳은 것을 모두 고른 것은? (2020 세무사)

ㄱ. 회사는 주주총회의 보통결의로 주식을 분할할 수 있다.
ㄴ. 주식은 자본금 감소에 관한 규정에 따라서만 소각할 수 있다. 다만, 이사회의 결의에 의하여 회사가 보유하는 자기주식을 소각하는 경우에는 그러하지 아니하다.
ㄷ. 1주당 액면가 1만원인 주식 1만주를 1주당 액면가 5천원인 주식 2만주로 분할하려면 정관변경 절차도 거쳐야 한다.

① ㄱ　　② ㄱ, ㄴ
③ ㄱ, ㄷ　　④ ㄴ, ㄷ
⑤ ㄱ, ㄴ, ㄷ

ㄱ. 회사는 주주총회의 특별결의로 주식을 분할할 수 있다(제329조의2 제1항).
ㄴ. 주식은 자본금 감소에 관한 규정에 따라서만 소각할 수 있다. 다만, 이사회의 결의에 의하여 회사가 보유하는 자기주식을 소각하는 경우에는 그러하지 아니하다(제343조 제1항).
ㄷ. 1주당 액면가 1만원인 주식 1만주를 1주당 액면가 5천원인 주식 2만주로 분할하려면 정관변경 절차도 거쳐야 한다. 따라서 주식분할은 주주총회 특별결의가 있어야 한다.

정답_④

문 23_상법상 주식의 분할과 병합에 관한 설명으로 옳지 않은 것은? (2010 세무사)

① 주식의 분할은 주가가 지나치게 높을 때 또는 합병비율의 결정이 편리하도록 당사회사들이 액면가를 조정하기 위한 목적 등에 이용된다.
② 주식을 분할하는 경우 1만원권 1주를 5,000원권 1주와 100원권 50주로 분할할 수 있다.
③ 주식분할을 하기 위해서는 주주총회의 특별결의 외에 정관을 변경하여야 한다.
④ 주식분할로 액면가가 달라지므로 회사는 신주권을 발행하여야 한다.
⑤ 주식의 병합은 수개의 주식을 합하여 그보다 적은 수의 주식을 발행하는 것으로 이 경우 회사는 신주권을 발행하여야 한다.

해 설 및 정 답

주식을 분할은 액면분할이므로, 1주의 금액이 다른 주식으로의 분할은 인정될 수 없다. 즉, 1만원권 1주를 5,000원권 1주와 100원권 50주로 분할할 수는 없다.

정답_②

문 24_상법상 소규모 주식교환에 관한 설명으로 옳은 것은? (2016 세무사)

① 완전모회사가 되는 회사가 주식교환을 위하여 발행하는 신주의 총수가 그 회사의 발행주식총수의 100분의 5를 초과하지 않아야 한다.
② 완전자회사가 되는 회사의 주주에게 제공할 금전이나 그 밖의 재산을 정한 경우에 그 금액 및 그 밖의 재산의 가액이 최종 대차대조표에 의하여 완전모회사가 되는 회사에 현존하는 순자산액의 100분의 5를 초과하지 않아야 한다.
③ 완전모회사가 되는 회사는 주식교환계약서를 작성한 날부터 3주내에 완전자회사가 되는 회사의 상호와 본점, 주식교환을 할 날 및 주주총회의 승인을 얻지 않고 주식교환을 한다는 뜻을 공고하거나 주주에게 통지하여야 한다.
④ 완전모회사가 되는 회사의 발행주식총수의 100분의 10 이상에 해당하는 주식을 가지는 주주가 법정기간 내에 회사에 대하여 서면으로 소규모 주식교환에 반대하는 의사를 통지한 경우에는 소규모 주식교환을 할 수 없다.
⑤ 소규모 주식교환에 반대하는 주주는 이사회 승인일부터 20일 이내에 주식의 종류와 수를 기재한 서면으로 회사에 대하여 자기보유 주식의 매수를 청구할 수 있다.

① 완전모회사가 되는 회사가 주식교환을 위하여 발행하는 신주의 총수가 그 회사의 발행주식총수의 100분의 10을 초과하지 않아야 한다(제360조의10 제1항).
③ 완전모회사가 되는 회사는 주식교환계약서를 작성한 날부터 2주내에 완전자회사가 되는 회사의 상호와 본점, 주식교환을 할 날 및 주주총회의 승인을 얻지 않고 주식교환을 한다는 뜻을 공고하거나 주주에게 통지하여야 한다(제360조의10 제4항).
④ 완전모회사가 되는 회사의 발행주식총수의 100분의 20 이상에 해당하는 주식을 가지는 주주가 법정기간 내에 회사에 대하여 서면으로 소규모 주식교환에 반대하는 의사를 통지한 경우에는 소규모 주식교환을 할 수 없다(제360조의10 제5항).
⑤ 소규모 주식교환에 반대하는 주주는 주식매수청구권이 인정되지 않는다(제360조의10 제7항).

정답_②

문 25_상법상 주식의 포괄적 교환에 관한 설명으로 옳지 않은 것은? (2014 세무사)

① 회사에 중대한 이해관계 있는 채권자는 주식교환의 날로부터 6월내에 주식교환 무효의 소를 제기할 수 있다.
② 이사는 주주총회일 2주 전부터 주식교환일 이후 6월이 경과하는 날까지 주식교환계약서를 본점에 비치하여야 한다.
③ 주식교환에 반대하는 주주는 상법상 소정의 요건을 갖추어 주식매수청구권을 행사할 수 있다.
④ 이사가 3인 이상인 완전모회사가 주식교환을 위하여 발행하는 신주의 총수가 그 회사 발행주식총수의 100분의 10을 초과하지 않는 경우 소규모주식교환이 가능하다.
⑤ 주식교환으로 인해 완전자회사의 주주가 완전모회사의 주주로 되는 시점은 신주 배정 시이다.

해 설 및 정 답

주식교환무효의 소는 주주, 이사, 감사(감사위원)에 한하여 주식교환의 날로부터 6월내에 주식교환무효의 소를 제기할 수 있다(제360조의14 제1항). 회사에 중대한 이해관계 있는 채권자는 주식교환무효의 소를 제기할 수 없다.

정답_①

문 26_상법상 주식의 포괄적 교환에 관한 설명으로 옳지 않은 것은? (2017 세무사)

① 주식교환에 의하여 완전자회사가 되는 회사의 주주가 가지는 그 회사의 주식은 주식을 교환하는 날에 주식교환에 의하여 완전모회사가 되는 회사에 이전한다.
② 주식회사는 주식교환에 의하여 다른 회사의 발행주식의 총수를 소유하는 완전모회사가 될 수 있다.
③ 주식교환을 할 날은 주식교환계약서에 기재하여야 한다.
④ 주식교환에 의하여 완전자회사가 되는 회사의 총주주의 동의가 있는 때에는 완전자회사가 되는 회사의 주주총회의 승인은 이를 이사회의 승인으로 갈음할 수 있다.
⑤ 주식교환무효의 판결은 판결확정전에 생긴 회사와 사원 및 제3자간의 권리의무에 영향을 미친다.

⑤ 주식교환무효의 판결은 장래에 대하여 효력이 있으므로(제360조의14 제4항, 제431조 제1항), 판결확정전에 생긴 회사와 사원 및 제3자간의 권리의무에 영향을 미치지 않는다.
① 제360조의2 제2항 ② 제360조의2 제1항
③ 제360조의3 제3항 6호
④ 제360조의9 제1항

정답_⑤

문 27_상법상 주식의 포괄적 교환에 관한 설명으로 옳지 않은 것은? (2021 세무사)

① 주식교환의 무효는 각 회사의 주주 · 이사 · 감사 · 감사위원회의 위원 또는 청산인에 한하여 주식교환의 날부터 6월내에 소만으로 이를 주장할 수 있다.
② 완전자회사가 되는 회사의 발행주식총수의 100분의 90 이상을 완전모회사가 되는 회사가 소유하고 있는 때에는 완전자회사가 되는 회사의 주주총회의 승인은 이를 이사회의 승인으로 갈음할 수 있다.

① 주식교환의 무효는 각 회사의 주주 · 이사 · 감사 · 감사위원회의 위원 또는 청산인에 한하여 주식교환의 날부터 6월내에 소만으로 이를 주장할 수 있다(상법 제360조의14 제1항).
② 완전자회사가 되는 회사의 발행주식총수의 100분의 90 이상을 완전모회사가 되는 회사가 소유하고 있는 때에는 완전자회사가 되는 회사의 주주총회의 승인은 이를 이사회의 승인으로 갈음할 수 있다(상법 제360조의9 제1항).
④ 주식교환을 무효로 하는 판결이 확정된 때에는 완전모회사가 된 회사는 주식교환을 위하여 발행한 신주 또는 이전한 자기주식의 주주에 대하여 그가 소유하였던 완전자회사가

③ 주식교환을 무효로 하는 판결이 확정된 때에는 완전모회사가 된 회사는 주식교환을 위하여 발행한 신주 또는 이전한 자기주식의 주주에 대하여 그가 소유하였던 완전자회사가 된 회사의 주식을 이전하여야 한다.
④ 주식교환을 하고자 하는 회사는 주식교환계약서를 작성하여 주주총회의 승인을 얻은 후 채권자 보호절차를 거쳐야 한다.
⑤ 주식교환에 의하여 완전모회사가 되는 회사의 이사 및 감사로서 주식교환전에 취임한 자는 주식교환계약서에 다른 정함이 있는 경우를 제외하고는 주식교환후 최초로 도래하는 결산기에 관한 정기총회가 종료하는 때에 퇴임한다.

해 설 및 정 답

된 회사의 주식을 이전하여야 한다(상법 제360조의14 제3항).
④ 주식교환을 하고자 하는 회사는 주식교환계약서를 작성하여 주주총회의 승인을 얻어야 하며(상법 제360조의3 제1항), 회사자본금의 감소가 없으므로 채권자 보호절차를 필요로 하지 않는다.
⑤ 주식교환에 의하여 완전모회사가 되는 회사의 이사 및 감사로서 주식교환전에 취임한 자는 주식교환계약서에 다른 정함이 있는 경우를 제외하고는 주식교환후 최초로 도래하는 결산기에 관한 정기총회가 종료하는 때에 퇴임한다(상법 제360조의13).

정답_④

문 28_상법상 주식의 포괄적 교환(이하 '주식교환'이라 함)에 관한 설명으로 옳지 않은 것은? (2011 세무사)

① 주식교환을 위한 주주총회의 전단계로서 이사회의 결의가 있는 때에 그 결의에 반대하는 주주는 주주총회 전에 회사에 대하여 서면으로 그 결의에 반대하는 의사를 통지한 경우 회사에 대하여 주식매수청구를 할 수 있다.
② 주식교환을 함에 있어서 완전모회사가 되는 회사는 주주의 주식매수청구권 행사에 응하여 취득한 자기의 주식을 완전자회사가 되는 회사의 주주에게 신주발행에 갈음하여 이전할 수 있다.
③ 완전자회사가 되는 회사의 주주총회의 특별결의가 있는 경우 완전자회사가 되는 회사의 주주총회의 승인은 이를 이사회의 승인으로 갈음할 수 있다.
④ 주식교환에 의하여 완전모회사가 되는 회사의 이사 및 감사로서 주식교환 전에 취임한 자는 주식교환계약서에 다른 정함이 있는 경우를 제외하고는 주식교환 후 최초로 도래하는 결산기에 관한 정기총회가 종료하는 때에 퇴임한다.
⑤ 주식교환의 무효는 각 회사의 주주 · 이사 · 감사 · 감사위원회의 위원 또는 청산인에 한하여 주식교환의 날부터 6월내에 소만으로 이를 주장할 수 있다.

완전자회사가 되는 회사의 주주총회의 특수결의(주주전원의 동의)가 있는 경우 완전자회사가 되는 회사의 주주총회의 승인은 이를 이사회의 승인으로 갈음할 수 있다(제360조의9 제1항).

정답_③

문 29_A주식회사는 상법상 주식의 포괄적 교환에 의하여 B주식회사를 A주식회사의 자회사가 되도록 하고자 한다. 상법상 이에 관한 설명으로 옳은 것은? (2018 세무사)

① 주식의 포괄적 교환을 행하기 위하여 A주식회사는 B주식회사의 모든 주주와 개별적으로 주식교환계약을 체결해야 한다.
② 주식교환 전에 취임한 A주식회사의 이사는 주식교환계약서에서 다른 정함이 없다면 주식교환 후 최초로 도래하는 결산기에 관한 정기총회가 종료하는 때에 퇴임한다.
③ A주식회사가 신주발행 없이 자기주식만을 B주식회사의 주주들에게 이전해 주고 B주식회사 주식 전부를 취득하였다면 주식교환의 날에 A주식회사의 자본금은 증가한다.
④ A주식회사가 B주식회사 주주들에게 주식교환의 대가로 이전하기 위하여 취득한 A주식회사의 모회사 주식이 주식교환 후에도 남은 경우 A주식회사는 이를 처분할 의무가 없다.
⑤ A주식회사가 B주식회사 주주들에게 신주를 발행하는 방법으로 주식교환을 마친 경우 A주식회사의 변경등기는 필요하지 않다.

해 설 및 정 답

① 주식의 포괄적 교환을 행하기 위하여 A주식회사는 B주식회사와 주식교환약을 하고, 교환계약서를 작성하여 주주총회의 승인을 얻으면 된다(상법 제360조의3 제1항).
② 상법 제360조의 13
③ A주식회사가 신주발행 없이 자기주식만을 B주식회사의 주주들에게 이전해 주고 B주식회사 주식 전부를 취득하였다면, 신주의 발행이 있는 것이 아니므로 주식교환의 날에 A주식회사의 자본금은 증가하지 않는다.
④ A주식회사가 B주식회사 주주들에게 주식교환의 대가로 이전하기 위하여 취득한 A주식회사의 모회사 주식이 주식교환 후에도 남은 경우, A주식회사는 주식교환의 효력이 발생하는 날부터 6개월 이내에 그 주식을 처분하여야 한다(상법 제360조의3 제7항).
⑤ A주식회사가 B주식회사 주주들에게 신주를 발행하는 방법으로 주식교환을 마친 경우, A주식회사는 주식수의 증가와 자본금의 증가가 있으므로 변경등기를 하여야 한다(183조, 360조의7 참조).

정답_②

문 30_상법상 주식의 포괄적 교환에 관한 설명으로 옳지 않은 것은? (2019 세무사)

① 의결권이 없거나 제한되는 주주라도 주식의 포괄적 교환에 반대하는 경우에는 회사에 대하여 자기가 소유하고 있는 주식의 매수를 청구할 수 있다.
② 주식교환무효의 소는 완전모회사가 되는 회사의 본점소재지의 지방법원의 관할에 전속한다.
③ 완전자회사가 되는 회사의 총주주의 동의가 있는 경우에는 완전자회사가 되는 회사의 주주총회의 승인이나 이사회의 승인은 필요하지 않다.
④ 소규모주식교환의 경우 완전모회사가 되는 회사의 발행주식총수의 100분의 20 이상에 해당하는 주식을 가지는 주주가 상법에서 정한 절차에 따라 소규모주식교환에 반대하는 의사를 통지한 때에는 (소규모)주식교환을 할 수 없다.
⑤ 주식교환에 의하여 완전모회사가 되는 회사의 이사로서 주식교환 전에 취임한 자는 주식교환계약서에 다른 정함이 없는 경우에는 주식교환 후 최초로 도래하는 결산기에 관한 정기총회가 종료하는 때에 퇴임한다.

① 의결권이 없거나 제한되는 주주라도 주식의 포괄적 교환에 반대하는 경우에는 회사에 대하여 자기가 소유하고 있는 주식의 매수를 청구할 수 있다(제360조의5 제1항).
② 주식교환무효의 소는 완전모회사가 되는 회사의 본점소재지의 지방법원의 관할에 전속한다(제360조의14 제2항).
③ 규정이 없으며, 주주총회 특별결의에 의한 주식교환계약서의 승인이 있어야 한다(제360조의3 제1항, 제2항). 주주부담이 가중되는 경우에는 특별결의와 종류주총결의 외에 그 주주 전원의 동의가 있어야 한다(제360조3 제5항)
④ 소규모주식교환의 경우 완전모회사가 되는 회사의 발행주식총수의 100분의 20 이상에 해당하는 주식을 가지는 주주가 상법에서 정한 절차에 따라 소규모주식교환에 반대하는 의사를 통지한 때에는 (이 조에 따른, 즉 소규모)주식교환을 할 수 없다(제360조의10 제5항).
⑤ 주식교환에 의하여 완전모회사가 되는 회사의 이사로서 주식교환 전에 취임한 자는 주식교환계약서에 다른 정함이 없는 경우에는 주식교환 후 최초로 도래하는 결산기에 관한 정기총회가 종료하는 때에 퇴임한다(제360조의12).

정답_③, ④ (가답안은 ③)

문 31_상법상 주식의 포괄적 교환과 포괄적 이전에 관한 설명으로 옳지 않은 것은? (2016 세무사)

① 주식의 포괄적 교환은 이로 인하여 설립한 완전모회사가 그 본점소재지에서 설립등기를 함으로써 그 효력이 발생한다.
② 주식의 포괄적 이전은 이로 인하여 설립한 완전모회사가 그 본점소재지에서 설립등기를 함으로써 그 효력이 발생한다.
③ 완전모자회사 관계를 형성하는 구조변경으로 주식회사에서만 인정된다.
④ 주식의 포괄적 교환과 달리 포괄적 이전은 간이주식이전, 소규모 주식이전이 허용되지 않는다.
⑤ 주식이전의 무효는 각 회사의 주주 · 이사 · 감사 · 감사위원회의 위원 또는 청산인에 한하여 주식이전의 날부터 6월내에 소만으로 주장할 수 있다.

해 설 및 정 답

주식의 포괄적 교환은 주식교환의 날에 그 효력이 발생한다(제360조의2 제2항).

정답_①

문 32_상법상 지배주주의 매도청구권 및 소수주주의 매수청구권에 관한 설명으로 옳지 않은 것은? (2015 세무사)

① 회사의 발행주식총수의 100분의 95 이상을 자기의 계산으로 보유하는 지배주주는 회사의 경영상 목적을 달성하기 위하여 필요한 경우에는 회사의 다른 주주에게 그 보유하는 주식의 매도를 청구할 수 있다.
② 지배주주의 매도청구를 받은 소수주주는 매도청구를 받은 날부터 2개월 내에 지배주주에게 그 주식을 매도하여야 한다.
③ 지배주주의 매도청구는 주주총회에 출석한 주주가 가지는 의결권의 3분의 2 이상의 수와 발행주식총수의 3분의 1 이상에 의하여 승인되어야 한다.
④ 지배주주가 있는 회사의 소수주주는 언제든지 지배주주에게 그 보유주식의 매수를 청구할 수 있다.
⑤ 매매가액을 지급받을 소수주주가 수령을 거부하여 지배주주가 그 가액을 공탁한 경우 그 공탁한 날에 주식이 지배주주에게 이전된 것으로 본다.

지배주주의 매도청구는 주주총회의 승인을 얻어야 하며(제360조의24 제3항), 이는 보통결의사항에 해당한다.

정답_③

문 33_상법상 지배주주에 의한 소수주식의 전부 취득에 관한 설명으로 옳지 않은 것은? (2021 세무사)

① 지배주주가 있는 회사의 소수주주는 정관의 규정이 있는 경우에 한하여 지배주주에게 그 보유주식의 매수를 청구할 수 있다.
② 지배주주의 보유주식 수를 산정할 때에는 모회사와 자회사가 보유한 주식을 합산한다.
③ 지배주주가 소수주주에게 그 보유주식의 매도를 청구할 때에는 미리 주주총회의 승인을 받아야 한다.
④ 지배주주로부터 매도청구를 받은 소수주주는 매도청구를 받은 날부터 2개월 내에 지배주주에게 그 주식을 매도하여야 한다.
⑤ 지배주주가 소수주주에게 그 보유하는 주식의 매도를 청구한 경우, 지배주주가 매매가액을 소수주주에게 지급한 때에 주식이 이전된 것으로 본다.

해 설 및 정 답

① 지배주주가 있는 회사의 소수주주는 언제든지 지배주주에게 그 보유주식의 매수를 청구할 수 있다(상법 제360조의25 제1항).
② 지배주주의 보유주식 수를 산정할 때에는 모회사와 자회사가 보유한 주식을 합산한다(상법 제360조의24 제2항).
③ 지배주주가 소수주주에게 그 보유주식의 매도를 청구할 때에는 미리 주주총회의 승인을 받아야 한다(상법 제360조의24 제3항).
④ 지배주주로부터 매도청구를 받은 소수주주는 매도청구를 받은 날부터 2개월 내에 지배주주에게 그 주식을 매도하여야 한다(상법 제360조의24 제6항).
⑤ 지배주주가 소수주주에게 그 보유하는 주식의 매도를 청구한 경우, 지배주주가 매매가액을 소수주주에게 지급한 때에 주식이 이전된 것으로 본다(상법 제360조의26 제1항).

정답_①

문 34_상법상 지배주주의 매도청구권과 소수주주의 매수청구권에 관한 설명으로 옳지 않은 것은? (2013 세무사)

① 발행주식총수의 95% 이상을 자기의 계산으로 보유한 지배주주는 회사의 경영상 목적을 달성하기 위하여 필요한 경우에는 소수주주에 대하여 그 보유하는 주식의 매도청구를 할 수 있고, 이 경우에는 미리 주주총회의 승인을 받아야 한다.
② 발행주식총수의 95% 이상을 자기의 계산으로 보유한 지배주주로부터 매도청구를 받은 소수주주는 매도청구를 받은 날부터 2개월 내에 지배주주에게 그 주식을 매도하여야 한다.
③ 발행주식총수의 95% 이상을 자기의 계산으로 보유한 지배주주가 소수주주에게 지급한 매매가액의 수령을 소수주주가 거부한 때에는 지배주주는 그 가액을 공탁할 수 있으며, 이 경우 주식은 그 매매가액을 공탁한 날에 지배주주에게 이전된 것으로 본다.
④ 발행주식총수의 95% 이상을 자기의 계산으로 보유한 지배주주가 있는 회사의 소수주주는 언제든지 지배주주에게 그 보유주식의 매수를 청구할 수 있다.
⑤ 발행주식총수의 95% 이상을 자기의 계산으로 보유한 지배주주인 회사의 보유주식수를 산정할 때에는 모회사와 자회사가 보유한 주식을 합산할 수 없다.

발행주식총수의 95% 이상을 자기의 계산으로 보유한 지배주주인 회사의 보유주식수를 산정할 때에는 모회사와 자회사가 보유한 주식을 합산한다(제360조의24 제2항).

정답_⑤

문 35_상법상 A회사의 발행주식총수의 100분의 95 이상을 자기의 계산으로 보유하고 있는 지배주주 甲의 매도청구권에 관한 설명으로 옳지 않은 것은? (2019 세무사)

① 甲은 A회사의 경영상 목적을 달성하기 위하여 필요한 경우에는 소수주주에게 그 보유하는 주식의 매도를 청구할 수 있다.

② 甲이 매도청구를 할 때에는 미리 이사회의 승인을 받아야 한다.

③ 甲의 매도청구를 받은 소수주주는 매도청구를 받은 날부터 2개월 내에 甲에게 그 주식을 매도하여야 한다.

④ 법원이 甲의 매도청구에 따라 주식의 매매가액을 결정하는 경우에는 A회사의 재산상태와 그 밖의 사정을 고려하여 공정한 가액으로 산정하여야 한다.

⑤ 甲의 매도청구권 행사 시 매매가액을 지급받을 소수주주가 수령을 거부하여 甲이 그 가액을 공탁한 경우, 그 주식은 공탁한 날에 甲에게 이전된 것으로 본다.

해 설 및 정 답

① 甲은 A회사의 경영상 목적을 달성하기 위하여 필요한 경우에는 소수주주에게 그 보유하는 주식의 매도를 청구할 수 있다(제360조의24 제1항).
② 甲이 매도청구를 할 때에는 미리 주주총회의 승인을 받아야 한다(제360조의24 제3항).
③ 甲의 매도청구를 받은 소수주주는 매도청구를 받은 날부터 2개월 내에 甲에게 그 주식을 매도하여야 한다(제360조의24 제6항).
④ 법원이 甲의 매도청구에 따라 주식의 매매가액을 결정하는 경우에는 A회사의 재산상태와 그 밖의 사정을 고려하여 공정한 가액으로 산정하여야 한다(제360조의24 제9항).
⑤ 甲의 매도청구권 행사 시 매매가액을 지급받을 소수주주가 수령을 거부하여 甲이 그 가액을 공탁한 경우, 그 주식은 공탁한 날에 甲에게 이전된 것으로 본다(제360조의26 제2항).

정답_②

문 36_상법상 주주총회에 관한 설명으로 옳은 것은? (2013 세무사)

① 정관에 주주총회의 의장에 관한 정함이 없으면 대표이사가 당연히 의장이 된다.

② 주주총회의 의장은 고의로 의사진행을 방해하기 위한 발언·행동을 하는 등 현저히 질서를 문란하게 하는 자에 대하여 그 발언의 정지를 명할 수 있지만 퇴장을 명할 수는 없다.

③ 주주총회의 결의는 상법 또는 정관에 다른 정함이 있는 경우를 제외하고는 출석한 주주의 의결권의 과반수로써 하여야 한다.

④ 주주가 2 이상의 의결권을 가지고 있을 때 그 의결권을 통일하지 않고 행사하려면 그 주주는 주주총회일의 3일전에 회사에 대하여 서면 또는 전자문서로 그 뜻과 이유를 통지하여야 한다.

⑤ 주주총회의 소집절차 또는 결의방법이 법령에 위반한 경우에는 주주는 결의의 날로부터 6월 내에 결의취소의 소를 제기할 수 있다.

① 정관에 주주총회의 의장에 관한 정함이 없으면 그 주주총회에서 선임된다(제366조의2 제1항).
② 주주총회의 의장은 고의로 의사진행을 방해하기 위한 발언·행동을 하는 등 현저히 질서를 문란하게 하는 자에 대하여 그 발언의 정지를 명할 수 있지만 퇴장을 명할 수 있다(제366조의2 제3항).
③ 주주총회의 결의는 상법 또는 정관에 다른 정함이 있는 경우를 제외하고는 출석한 주주의 의결권의 과반수와 발행주식총수의 4분의 1 이상의 수로써 하여야 한다(제368조 제1항).
⑤ 주주총회의 소집절차 또는 결의방법이 법령에 위반한 경우에는 주주는 결의의 날로부터 2월내에 결의취소의 소를 제기할 수 있다(제376조 제1항).

정답_④

문 37_상법상 자본금 총액이 10억원인 비상장주식회사의 주주총회 소집에 관한 설명으로 옳지 않은 것은? (다툼이 있으면 판례에 따름) (2021 세무사)

① 총회의 소집은 상법에 다른 규정이 있는 경우 외에는 이사회가 이를 결정한다.

② 총회는 정관에 다른 정함이 없으면 본점소재지 또는 이에 인접한 지에 소집하여야 한다.

③ 총회 소집통지가 주주명부상 주주의 주소에 계속 3년간 도달하지 아니한 경우, 회사는 해당 주주에게 총회의 소집을 통지하지 아니할 수 있다.

④ 정기총회는 매년 1회 일정한 시기에 이를 소집하여야 하고, 연 2회 이상의 결산기를 정한 회사는 매기에 총회를 소집하여야 한다.

⑤ 명의개서를 하지 아니한 주식양수인에 대하여 주주총회 소집통지를 하지 않은 경우, 그 주주총회의 결의에는 절차상의 하자가 인정된다.

해 설 및 정 답

① 총회의 소집은 상법에 다른 규정이 있는 경우 외에는 이사회가 이를 결정한다(상법 제362조).
② 총회는 정관에 다른 정함이 없으면 본점소재지 또는 이에 인접한 지에 소집하여야 한다(상법 제364조).
③ 총회 소집통지가 주주명부상 주주의 주소에 계속 3년간 도달하지 아니한 경우, 회사는 해당 주주에게 총회의 소집을 통지하지 아니할 수 있다(상법 제363조 제1항 단서).
④ 정기총회는 매년 1회 일정한 시기에 이를 소집하여야 하고, 연 2회 이상의 결산기를 정한 회사는 매기에 총회를 소집하여야 한다(상법 제365조 제1항).
⑤ 명의개서를 하지 아니한 주식양수인은 주주로서의 권리를 행사할 수 없으므로(판례), 명의개서미필주주대하여 주주총회 소집통지를 하지 않은 경우라도 그 주주총회의 결의는 절차상의 하자가 없다.

정답_⑤

문 38_상법상 주주총회에 관한 설명 중 옳은 것은? (2006 세무사)

① 주주총회는 상법에 규정된 사항에 한해서 결의할 수 있으므로 정관규정에 의하여 그 결의사항을 확장할 수 없다.

② 주주총회의 권한사항으로 상법에 규정된 것은 정관에 의하여 이사회에 위임할 수 있다.

③ 대표이사의 선임은 주주총회의 전속권한사항이다.

④ 비상장회사의 발행주식 총수의 100분의 1 이상에 해당하는 주식을 가진 소수주주는 임시총회의 소집을 청구할 수 있다.

⑤ 정관에 특별한 규정이 없는 한, 주주총회의 의장선임은 보통결의에 의하면 되고 의장이 반드시 주주일 필요는 없다.

① 주주총회는 상법에 규정된 사항에 한해서 결의할 수 있고, 정관규정에 의하여 그 결의사항을 확장할 수 있다(제361조).
② 주주총회의 권한사항으로 상법에 규정된 것은 정관에 의하여 이사회에 위임할 수 없다.
③ 대표이사의 선임은 이사회의 결의사항이지만, 정관으로 주주총회의 결의사항으로 할 수 있다(제389조 제1항).
④ 발행주식 총수의 100분의 3 이상에 해당하는 주식을 가진 소수주주는 임시총회의 소집을 청구할 수 있다(제366조 제1항).

정답_⑤

해 설 및 정 답

문 39_상법상 비상장회사의 주주총회 소집에 관한 설명으로 옳지 않은 것은? (2020 세무사)

① 주주총회 소집통지서에는 회의의 목적사항을 적어야 한다.
② 주주총회의 소집통지가 주주명부상 주주의 주소에 계속 2년간 도달하지 아니한 경우에는 회사는 해당 주주에게 총회의 소집을 통지하지 아니할 수 있다.
③ 연 2회의 결산기를 정한 회사는 매기에 주주총회를 소집하여야 한다.
④ 자본금 총액이 10억원 미만인 회사가 주주총회를 소집하는 경우에는 주주총회일의 10일 전에 각 주주에게 서면으로 통지를 발송하거나 각 주주의 동의를 받아 전자문서로 통지를 발송할 수 있다.
⑤ 자본금 총액이 10억원 미만인 회사는 주주 전원의 동의가 있을 경우에는 소집절차없이 주주총회를 개최할 수 있고, 서면에 의한 결의로써 주주총회의 결의를 갈음할 수 있다.

① 주주총회 소집통지서에는 회의의 목적사항을 적어야 한다(제363조 제2항).
② 주주총회의 소집통지가 주주명부상 주주의 주소에 계속 3년간 도달하지 아니한 경우에는 회사는 해당 주주에게 총회의 소집을 통지하지 아니할 수 있다(제363조 제1항 단서).
③ 연 2회의 결산기를 정한 회사는 매기에 주주총회를 소집하여야 한다(제365조).
④ 자본금 총액이 10억원 미만인 회사가 주주총회를 소집하는 경우에는 주주총회일의 10일 전에 각 주주에게 서면으로 통지를 발송하거나 각 주주의 동의를 받아 전자문서로 통지를 발송할 수 있다(제363조 제3항).
⑤ 자본금 총액이 10억원 미만인 회사는 주주 전원의 동의가 있을 경우에는 소집절차없이 주주총회를 개최할 수 있고, 서면에 의한 결의로써 주주총회의 결의를 갈음할 수 있다(제363조 제4항).

정답_②

문 40_상법상 주주총회에 관한 설명으로 옳지 않은 것은? (2019 세무사)

① 주주총회의 소집은 상법에 다른 규정이 있는 경우 외에는 이사회가 이를 결정한다.
② 비상장회사의 경우 발행주식총수의 100분의 3 이상에 해당하는 주식을 가진 주주는 회의의 목적사항과 소집의 이유를 적은 서면 또는 전자문서를 이사회에 제출하여 임시주주총회의 소집을 청구할 수 있다.
③ 감사 또는 감사위원회 위원은 임시주주총회의 소집을 청구할 수 있다.
④ 주주총회는 정관에 다른 정함이 없으면 본점소재지 또는 이에 인접한 지에 소집하여야 하다
⑤ 주주총회 소집의 통지는 서면 또는 전자문서 외에 구두 · 전화 등의 방법에 의하더라도 유효하다.

① 주주총회의 소집은 상법에 다른 규정이 있는 경우 외에는 이사회가 이를 결정한다(제362조).
② 비상장회사의 경우 발행주식총수의 100분의 3 이상에 해당하는 주식을 가진 주주는 회의의 목적사항과 소집의 이유를 적은 서면 또는 전자문서를 이사회에 제출하여 임시주주총회의 소집을 청구할 수 있다(제366조 제1항).
③ 감사 또는 감사위원회 위원은 임시주주총회의 소집을 청구할 수 있다(제412조의3).
④ 주주총회는 정관에 다른 정함이 없으면 본점소재지 또는 이에 인접한 지에 소집하여야 하다(제364조).
⑤ 주주총회 소집의 통지는 서면 또는 각 주주의 동의를 받아 전자문서로 하여야 하며(제363조 제1항), 구두 · 전화 등의 방법에 의할 수 없다. 이 점에서 이사회의 소집통지와 차이가 있다.

정답_⑤

진도별 모의고사

문 1_상법상 비상장회사의 주주총회 소집에 관한 설명으로 옳지 않은 것은? (2015 세무사 수정)

① 자본금 총액이 10억원 미만인 회사가 주주총회를 소집하는 경우에는 주주총회일의 10일 전에 각 주주에게 서면으로 통지를 발송하거나 각 주주의 동의를 받아 전자문서로 통지를 발송할 수 있다.

② 주주총회 소집통지서에는 회의의 목적사항을 적어야 하지만, 전자문서로 통지를 발송하는 경우에는 예외이다.

③ 반대주주의 주식매수청구권이 인정되는 특별결의의 경우를 제외하고는 의결권 없는 주식을 가진 주주에게는 주주총회의 소집통지를 하지 않아도 된다.

④ 주주총회 소집통지가 주주명부상 주주의 주소에 계속 3년간 도달하지 아니한 경우에는 회사는 해당 주주에게 총회의 소집을 통지하지 아니할 수 있다.

⑤ 자본금 총액이 10억원 미만인 회사는 주주 전원의 동의가 있을 경우에는 소집절차 없이 주주총회를 개최할 수 있다.

해 설 및 정 답

주주총회 소집통지서(서면이든 전자문서든)에는 회의의 목적사항을 적어야 한다(제363조 제2항).

정답_②

문 2_상법상 비상장주식회사의 주주총회의 소집통지에 관한 설명으로 옳지 않은 것은? (2014 세무사 수정)

① 자본금 총액이 10억원 미만인 회사가 전자문서로 주주총회의 소집통지를 하는 경우 각 주주의 동의를 받아야 한다.

② 주주총회의 소집통지가 주주명부상 주주의 주소에 계속 3년간 도달하지 아니한 경우 해당 주주는 그 주주총회에서 의결권을 행사할 수 없다.

③ 감사위원회는 회의의 목적사항과 소집의 이유를 기재한 서면을 소집권자인 이사에게 제출하여 임시주주총회의 소집을 청구할 수 있다.

④ 반대주주의 주식매수청구권이 인정되는 특별결의의 경우를 제외하고는 의결권이 없는 종류주식의 주주에게는 주주총회의 소집통지에 관한 규정이 적용되지 않는다.

⑤ 자본금 총액이 10억원 미만인 회사는 주주 전원의 동의가 있으면 소집절차 없이 주주총회를 개최할 수 있다.

② 주주총회의 소집통지가 주주명부상 주주의 주소에 계속 3년간 도달하지 아니한 경우 해당 주주에게 그 주주총회의 소집통지를 생략할 수 있지만(제363조 제1항 단서), 그 자가 주주총회에서 의결권을 행사할 수 없는 것은 아니다.
③ 감사위원회는 회의의 목적사항과 소집의 이유를 기재한 서면을 소집권자인 이사회에 제출하여 임시주주총회의 소집을 청구할 수 있다(제412조의3 제1항).

정답_②, ③

문 3_상법상 비상장주식회사의 주주제안권에 관한 설명으로 옳지 않은 것은? (2018 세무사)

① 이사는 주주제안이 있는 경우에는 이를 이사회에 보고하여야 한다.
② 주주제안의 내용이 주주 개인의 고충에 관한 사항인 경우 회사는 그 주주제안을 거부할 수 없다.
③ 회사는 적법한 주주제안을 한 자의 청구가 있는 경우 주주총회에서 당해 의안을 설명할 기회를 주어야 한다.
④ 주주는 이사에게 주주총회일의 6주 전에 서면 또는 전자문서로 일정한 사항을 주주총회의 목적사항으로 할 것을 제안할 수 있다.
⑤ 주주총회에서 의결권의 100분의 10 미만의 찬성밖에 얻지 못하여 부결된 내용과 같은 내용의 의안을 부결된 날부터 3년 내에 다시 제안하는 경우 회사는 주주제안을 거부할 수 있다.

해 설 및 정 답

주주제안의 내용이 주주 개인의 고충에 관한 사항인 경우 회사는 그 주주제안을 거부할 수 있다(상법시행령 제12조 제2호).
① 상법 제363조의2 제3항 1문
③ 상법 제363조의2 제3항 2문
④ 상법 제363조의2 제1항
⑤ 상법시행령 제12조 제1호

정답_②

문 4_상법상 비상장회사에서의 주주제안권에 관한 설명으로 옳지 않은 것은? (2015 세무사)

① 주주제안의 내용이 주주가 권리를 행사하기 위하여 일정 비율을 초과하는 주식을 보유해야 하는 소수주주권에 관한 사항인 경우에 이사회는 이를 주주총회의 목적사항으로 하여야 한다.
② 주주제안권이 있는 주주는 주주총회일(정기주주총회의 경우 직전 연도의 정기주주총회일에 해당하는 그 해의 해당일)의 6주 전에 서면 또는 전자문서로 일정한 사항을 주주총회의 목적사항으로 할 것을 제안할 수 있다.
③ 이사회는 주주가 제안한 일정한 사항을 주주총회의 목적사항으로 한 경우, 주주제안을 한 자의 청구가 있는 때에는 주주총회에서 당해 의안을 설명할 기회를 주어야 한다.
④ 주주제안의 내용이 법령 또는 정관을 위반하는 경우에 이사회는 그 제안내용을 주주총회의 목적사항으로 해서는 아니 된다.
⑤ 의결권 없는 주식을 제외한 발행주식총수의 100분의 3 이상에 해당하는 주식을 가진 주주에게 주주제안권이 인정된다.

주주제안의 내용이 주주의 권리를 행사하기 위하여 일정 비율을 초과하는 주식을 보유해야 하는 소수주주권에 관한 사항인 경우에 이사회는 이를 주주총회의 목적사항으로 하지 않아도 된다(제363조의2 제3항, 상법시행령 제12조 제3호).

정답_①

문 5_상법상 주주제안권에 관한 설명으로 옳은 것은?

(2020 세무사)

① 주주제안은 감사에게 하여야 한다.

② 주주제안권은 모든 주주에게 인정된다.

③ 의결권이 없는 주식을 보유한 주주는 이사회에 주주총회일의 2주 전에 서면 또는 전자문서로 일정한 사항을 주주총회의 목적사항으로 할 것을 제안할 수 있다.

④ 주주제안에 따라 이사회에서 이를 주주총회의 목적사항으로 한 경우, 주주제안을 한 자의 청구가 있는 때에는 주주총회에서 당해 의안을 설명할 기회를 주어야 한다.

⑤ 3개월 전부터 계속하여 발행주식총수의 1천분의 1에 해당하는 주식을 보유한 상장회사의 주주는 주주제안을 할 수 있다.

해 설 및 정 답

① 주주제안은 이사에게 하여야 한다(제363조의2 제2항).
② 주주제안권은 의결권없는 주식을 제외한 발행주식총수의 100분의 3 이상을 보유한 주주에게 인정된다(제363조의2 제1항).
③ 의결권이 없는 주식을 보유한 주주는 이사회에 주주총회일의 6주 전에 서면 또는 전자문서로 일정한 사항을 주주총회의 목적사항으로 할 것을 제안할 수 있다(제363조의2 제1항).
④ 주주제안에 따라 이사회에서 이를 주주총회의 목적사항으로 한 경우, 주주제안을 한 자의 청구가 있는 때에는 주주총회에서 당해 의안을 설명할 기회를 주어야 한다(제363조의2 제3항).
⑤ 6개월 전부터 계속하여 발행주식총수의 1천분의 10에 해당하는 주식을 보유한 상장회사의 주주는 주주제안을 할 수 있다(제542조의6 제2항).

정답_④

문 6_상법상 비상장회사의 주주제안권에 관한 설명으로 옳지 않은 것은?

(2010 세무사)

① 주주제안권은 의결권없는 주식을 포함한 발행주식총수의 100분의 3 이상의 주식을 가진 주주가 행사할 수 있다.

② 법정요건을 갖춘 주주는 이사에게 주주총회일(정기주주총회의 경우 직전 연도의 정기주주총회일에 해당하는 그 해의 해당일)의 6주 전에 서면 또는 전자문서로 일정한 사항을 주주총회의 목적사항으로 할 것을 제안할 수 있다.

③ 이사는 주주제안이 있을 경우 이를 이사회에 보고하고, 이사회는 주주제안의 내용이 법령 또는 정관을 위반한 경우와 그 밖에 대통령령으로 정하는 경우를 제외하고는 이를 주주총회의 목적사항으로 하여야 한다.

④ 주주제안을 한 자의 청구가 있는 때에는 주주총회에서 당해 의안을 설명할 기회를 주어야 한다.

⑤ 이사회는 주주제안의 내용이 임기중에 있는 임원의 해임에 관한 사항인 경우에는 이를 거부할 수 없다.

주주제안권은 의결권없는 주식을 제외한 발행주식총수의 100분의 3 이상의 주식을 가진 주주가 행사할 수 있다(제363조의2 제1항).
⑤ 상장회사의 경우에는 제안을 거부할 수 있으나, 비상장회사는 거부할 수 없다.

정답_①

문 7_상법상 주식회사 주주총회 또는 창립총회의 정족수 계산방식에 관한 설명 중 옳지 않은 것은? (2004 세무사)

① 창립총회의 결의는 출석한 주식인수인의 의결권의 3분의 2 이상이며 인수된 주식의 총수의 3분의 1 이상에 해당하는 다수로 하여야 한다.
② 주주총회의 결의에 특별이해관계를 가진 주주의 의결권의 수는 당해 사안에 관하여는 출석한 주주의 의결권의 수에 산입하지 아니한다.
③ 주주총회의 결의에 관해 의결권 없는 주주가 가진 주식의 수는 발행주식의 총수에 산입하지 아니한다.
④ 주주총회의 보통결의는 출석한 주주의 의결권의 과반수와 발행주식총수의 4분의 1이상의 수로써 성립된다.
⑤ 회사의 정관을 변경하기 위해서는 출석한 주주의 의결권의 3분의 2 이상의 수와 발행주식총수의 3분의 1 이상의 수로써 하여야 한다.

해 설 및 정 답

① 창립총회의 결의는 출석한 주식인수인의 의결권의 3분의 2 이상이며 인수된 주식의 총수의 과반수에 해당하는 다수로 하여야 한다(제309조).

정답_①

문 8_상법상 비상장회사의 주주총회 소집절차에 관한 설명으로 옳지 않은 것은? (2010 세무사)

① 발행주식총수의 100분의 3 이상에 해당하는 주식을 가진 주주는 회의의 목적사항과 소집의 이유를 기재한 서면을 이사회에 제출하여 임시총회의 소집을 청구할 수 있다.
② 회사가 주주총회를 소집할 때에는 주주총회일의 2주 전에 각 주주에게 서면으로 통지를 발송하거나 각 주주의 동의를 받아 전자문서로 통지를 발송하여야 한다.
③ 자본금 총액이 10억원 미만인 회사는 주주 전원의 동의가 있을 경우에 소집절차없이 주주총회를 개최할 수 있지만, 서면결의로써 주주총회의 결의에 갈음할 수는 없다.
④ 적법한 요건을 갖춘 주주가 회사의 업무와 재산상태를 조사하게 하기 위하여 법원에 검사인의 선임을 청구한 경우, 법원은 이 검사인의 조사보고에 의해 필요하다고 인정한 때에는 대표이사에게 주주총회의 소집을 명할 수 있다.
⑤ 자본금 총액이 10억원 미만인 회사가 주주총회를 소집하는 경우에는 주주총회일의 10일 전에 각 주주에게 서면으로 통지를 발송하거나 각 주주의 동의를 받아 전자문서로 통지를 발송할 수 있다.

자본금 총액이 10억원 미만인 회사는 주주 전원의 동의가 있을 경우에 소집절차없이 주주총회를 개최할 수 있으며, 서면결의로써 주주총회의 결의에 갈음할 수는 있다(제363조 제5항).

정답_③

문 9_상법상 비상장주식회사에서의 주주총회의 소집에 관한 설명으로 옳은 것은? (2012 세무사)

① 주주총회의 소집에 관한 사항은 상법에 다른 규정이 있는 경우 외에는 대표이사가 이를 결정한다.
② 기명주주에게 전자문서로 주주총회소집을 하는 경우에 각 주주의 사전동의를 필요로 하지 않는다.
③ 발행주식총수 100분의 1이상의 주식을 가진 주주는 서면을 이사회에 제출하여 임시총회소집을 청구할 수 있다.
④ 자본금총액이 10억원 미만인 회사의 경우 의결권 있는 발행주식총수의 100분의 1이하의 주식을 소유하는 기명주주에게는 총회소집을 둘 이상의 일간신문에 공고하는 것으로 소집통지를 갈음할 수 있다.
⑤ 〈삭제〉

해 설 및 정 답

① 주주총회의 소집에 관한 사항은 상법에 다른 규정이 있는 경우 외에는 이사회가 이를 결정한다(제362조).
② 기명주주에게 전자문서로 주주총회소집을 하는 경우에는 각 주주의 사전동의를 얻어야 한다(제363조 제1항).
③ 발행주식총수의 100분의 3 이상의 주식을 가진 주주는 회의 목적사항과 소집이유를 적은 서면 또는 전자문서를 이사회에 제출하여 임시총회의 소집을 청구할 수 있다(제366조 제1항).
④ 자산 2조원 이상인 회사의 경우 의결권있는 발행주식총수의 100분의 1 이하의 주식을 소유하는 기명주주에게는 정관으로 정하는 바에 따라 총회소집을 둘 이상의 일간신문에 공고하는 것으로 소집통지를 갈음할 수 있다(제542조의4 제1항).

정답_⑤

문 10_상법상 자본금 총액이 10억원 미만인 회사에 관한 특칙규정으로 옳지 않은 것은?

① 자본금 10억원 미만의 회사를 설립하는 경우에는 원시정관에 대한 공증인의 인증을 받지 않아도, 발기인 전원의 동의가 있으면 정관의 효력이 발생한다.
② 자본금 10억원 미만의 회사의 이사가 1명 또는 2명인 경우 정관에 다른 정함이 없으면 각 이사가 회사를 대표한다.
③ 자본금 10억원 미만의 회사도 정관의 정함이 있으면 감사위원회를 둘 수 있다.
④ 자본금 10억원 미만의 회사는 주주총회의 소집통지를 주주총회일의 10일 전에 할 수 있고, 소집공고는 2주 전에 할 수 있다.
⑤ 자본금 10억원 미만의 회사는 감사를 두지 않을 수 있고, 이 경우 이사는 회사에 현저한 손해를 미칠 염려가 있는 사실을 발견한 때에는 즉시 주주총회에 이를 보고하여야 한다.

자본금 10억원 미만의 회사를 발기설립하는 경우에는 원시정관에 대한 공증인의 인증을 받지 않아도 발기인 전원의 동의가 있으면 정관의 효력이 발생한다(제292조 단서).

정답_①

문 11_상법상 자본금 총액이 10억원 미만인 주식회사에 관한 설명으로 옳지 않은 것은? (2012 세무사)

① 이사회를 둘 수 있다.
② 발기설립을 하는 경우에는 정관을 작성하여 각 발기인이 기명날인 또는 서명함으로써 정관의 효력이 생긴다.
③ 결의의 목적사항에 대하여 주주 전원이 서면으로 동의를 한 때에는 서면에 의한 결의가 있는 것으로 본다.
④ 발행주식총수의 3분의 2 이상 주주의 동의가 있으면 소집절차 없이 주주총회를 개최할 수 있다.
⑤ 감사를 선임하지 않은 경우 주주총회는 언제든지 이사에 대해 영업에 관한 보고를 요구할 수 있다.

해 설 및 정 답

자본금 총액이 10억원 미만인 주식회사는 주주 전원의 동의가 있으면 소집절차없이 주주총회를 개최할 수 있다(제363조 제5항).

정답_④

문 12_상법상 주주총회의 권한으로 규정된 것이 아닌 것은? (2018 세무사)

① 정관의 변경 ② 지배인의 선임 ③ 주식배당
④ 감사의 선임 ⑤ 이사의 해임

지배인의 선임은 이사회의 결의사항이다(상법 제393조 제1항). ① 정관의 변경과 ⑤ 이사의 해임는 주주총회 특별결의사항에 해당한다. ③ 주식배당과 ④ 감사의 선임은 주주총회 보통결의사항에 해당한다.

정답_②

문 13_상법상 주주총회의 특별결의 사항에 해당하는 것을 모두 고른 것은? (2015 세무사)

ㄱ. 경영위임
ㄴ. 영업의 중요한 일부의 임대
ㄷ. 영업의 중요한 일부의 양도
ㄹ. 타인과 영업의 손익 일부를 같이하는 계약
ㅁ. 회사의 영업에 중대한 영향을 미치는 다른 회사의 영업 일부의 양수

① ㄱ, ㄴ, ㄹ ② ㄱ, ㄷ, ㅁ ③ ㄴ, ㄷ, ㄹ
④ ㄴ, ㄷ, ㅁ ⑤ ㄷ, ㄹ, ㅁ

영업의 전부임대, 타인과 영업의 손익 전부를 같이하는 계약은 주주총회의 특별결의사항이다(제374조 제1항 2호). 그러나 일부임대, 손익의 일부를 같이하는 계약은 특별결의사항이 아니다.

정답_②

문 14_상법상 비상장주식회사에서 주주총회의 특별결의가 요구되지 않는 사항은? (2017 세무사)

① 주식매수선택권의 부여 ② 사후설립
③ 정관변경 ④ 주식회사의 계속
⑤ 이사가 제출한 서류와 감사의 보고서를 조사하기 위한 총회의 검사인 선임

① 주식매수선택권의 부여(제340조의2 제1항), ② 사후설립(제375조), ③ 정관변경(제434조), ④ 주식회사의 계속(제519조)는 주주총회의 특별결의가 요구된다. 그러나 ⑤ 이사가 제출한 서류와 감사의 보고서를 조사하기 위한 총회의 검사인 선임은 특별한 정함이 없으므로 보통결의(제368조 제1항) 사항에 해당한다.

정답_⑤

해 설 및 정 답

문 15_다음 보기 중 주주총회의 특별결의사항에 해당하는 것으로만 묶인 것은? (2008 세무사 수정)

• 보기 •

ㄱ. 감사의 해임	ㄴ. 영업전부의 임대계약의 체결
ㄷ. 주식배당의 결정	ㄹ. 이사의 선임
ㅁ. 청산인의 해임	ㅂ. 정관변경
ㅅ. 준비금의 자본금 전입	ㅇ. 주식매수선택권의 부여

① ㄱ, ㄴ, ㅂ, ㅇ ② ㄱ, ㄹ, ㅂ, ㅅ ③ ㄱ, ㅁ, ㅂ, ㅇ
④ ㄴ, ㄷ, ㄹ, ㅁ ⑤ ㄱ, ㄴ, ㅁ, ㅇ

주식배당의 결정, 이사의 선임, 청산인의 해임, 준비금의 자본전입은 주주총회의 보통결의사항에 해당한다.

정답_①

문 16_상법상 주주총회의 특별결의사항에 해당하지 않는 것은? (2021 세무사)

① 회사의 계속 ② 주식매수선택권
③ 임의해산 ④ 재무제표의 승인
⑤ 휴면회사의 계속

① 회사의 계속, ② 주식매수선택권, ③ 임의해산, ⑤ 휴면회사의 계속은 주주총회의 특별결의사항이지만, ④ 재무제표의 승인은 주주총회의 보통결의사항에 해당한다.

정답_④

문 17_상법상 주주총회의 특별결의사항이 아닌 것은? (2012 세무사)

① 신설합병에서의 설립위원의 선임
② 주식교환계약서의 승인
③ 회사의 영업에 중대한 영향을 미치지 않는 다른 회사의 영업전부의 양수
④ 주식회사의 분할
⑤ 사후설립

회사의 영업에 중대한 영향을 미치는 다른 회사의 영업전부 또는 일부의 양수는 주주총회 특별결의사항이지만(제374조 제1항 3호), 영향을 미치지 않는 다른 회사의 영업전부의 양수는 규정이 없다.

정답_③

문 18_상법상 주식회사의 주주총회 특별결의 사항이 아닌 것은? (다툼이 있는 경우에는 판례에 의함) (2013 세무사)

① 영업 전부의 양도
② 영업의 전부 또는 중요한 일부를 양도하거나 폐지하는 결과를 초래하지 않는 영업용 재산의 양도 또는 재산의 처분
③ 영업 전부의 임대
④ 회사의 영업에 중대한 영향을 미치는 다른 회사의 영업 전부의 양수
⑤ 타인과 영업의 손익 전부를 같이 하는 계약

영업의 전부 또는 중요한 일부를 양도하거나 폐지하는 결과를 초래하지 않는 영업용 재산의 양도 또는 재산의 처분은 이사회의 결의사항이다(제393조 제1항).

정답_②

문 19_상법상 주식회사의 영업양도에 관한 설명으로 옳은 것은? (2016 세무사)

① 영업의 전부를 양도하려는 회사가 해당 영업을 양수하려는 회사의 발행주식총수의 100분의 90 이상을 소유하고 있는 경우 이사회의 승인으로 영업을 양도할 수 있다.
② 영업양도에 반대하는 주주가 주식매수를 청구한 날로부터 20일 이내에 청구를 받은 회사는 그 주식을 매수하여야 한다.
③ 영업을 양도하려는 회사의 총주주의 동의가 있는 경우, 그 회사의 주주총회의 승인은 이를 이사회의 승인으로 갈음할 수 있으며 이 경우 주주총회의 승인 없이 영업양도를 한다는 뜻을 공고하거나 주주에게 통지하여야 한다.
④ 주주총회의 승인을 받지 아니하고 영업양도를 한다는 뜻의 공고가 있은 날부터 20일 이내에 회사에 대하여 서면으로 영업양도에 반대하는 의사를 통지한 주주는 주식의 매수를 청구할 수 있다.
⑤ 영업의 전부 또는 중요한 일부의 양도에 반대하는 무의결권 주식의 주주도 주식매수청구권을 행사할 수 있다.

해 설 및 정 답

① 영업의 전부를 양수하려는 회사가 해당 영업을 양도하려는 회사의 발행주식총수의 100분의 90 이상을 소유하고 있는 경우 양도회사의 이사회의 승인으로 영업을 양도할 수 있다(제374조의3 제1항).
② 영업양도에 반대하는 주주로부터 주식매수청구를 받은 회사는 그 매수청구기간이 종료하는 날부터 2개월 이내에 그 주식을 매수하여야 한다(제374조의2 제2항).
③ 영업을 양도하려는 회사의 총주주의 동의가 있는 경우, 그 회사의 주주총회의 승인은 이를 이사회의 승인으로 갈음할 수 있으며 이 경우 주주총회의 승인 없이 영업양도를 한다는 뜻을 공고하거나 주주에게 통지하지 않아도 된다(제374조의3 제2항).
④ 주주총회의 승인을 받지 아니하고 영업양도를 한다는 뜻의 공고가 있은 날부터 2주 이내에 회사에 대하여 서면으로 영업양도에 반대하는 의사를 통지한 주주는 주식의 매수를 청구할 수 있다(제374조의3 제3항).

정답_⑤

문 20_상법상 주식회사의 정관변경에 관한 설명으로 옳지 않은 것은? (2012 세무사)

① 주주총회에서 정관을 변경하기 위해서는 출석한 주주의 의결권의 3분의 2이상의 수와 발행주식총수의 3분의 1이상의 수로써 하여야 한다.
② 정관의 변경등기는 정관변경의 효력발생요건이 아니다.
③ 회사가 종류주식을 발행한 경우에 정관을 변경함으로써 어느 종류주식의 주주에게 손해를 미치게 될 때에는 주주총회의 결의 외에 그 종류주식의 주주총회의 결의가 있어야 한다
④ 창립총회에서 이루어지는 정관변경결의는 소집통지서에 그 뜻의 기재가 있는 경우에 한하여 할 수 있다.
⑤ 정관변경 그 자체는 등기할 필요가 없으나 정관변경으로 등기사항이 변경된 때에는 변경등기를 요한다.

창립총회에서 이루어지는 정관변경결의는 소집통지서에 그 뜻의 기재가 있는 경우가 아니라도 할 수 있다(제316조 제2항).

정답_④

문 21_상법상 주식회사의 정관변경에 관한 설명으로 옳지 않은 것은?(다툼이 있는 경우에는 판례에 의함) (2009 세무사)

① 정관변경을 위하여 주주총회를 소집할 경우에는 정관변경에 관한 의안의 요령을 소집통지와 공고에 기재하여야 한다.
② 판례에 의하면 정관이 변경되는 경우 변경등기를 하여야 하고, 그 등기가 완료된 때로부터 정관변경의 효력이 발생한다.
③ 주식의 액면가액을 인상하여 주주에게 추가납입이 필요한 경우에는 총주주의 동의에 따른 정관변경절차를 밟아야 한다는 것이 통설이다.
④ 정관변경을 위한 종류주주총회의 결의는 출석한 주주의 의결권의 3분의 2 이상의 수와 그 종류의 발행주식총수의 3분의 1 이상의 수로써 하여야 한다.
⑤ 정관변경에 의하더라도 주식의 액면가액을 법정최저액 미만으로 인하할 수 없다.

해 설 및 정 답

정관변경은 변경결의를 한 때에 효력이 발생하며, 변경등기를 하여야 효력이 발생하는 것은 아니다.

정답_②

문 22_상법상 주식회사 설립 후 정관변경에 관한 설명으로 옳지 않은 것은? (다툼이 있는 경우에는 판례에 의함) (2013 세무사)

① 정관변경의 결의는 출석한 주주의 의결권의 3분의 2 이상의 수와 발행주식총수의 3분의 1 이상의 수로써 하여야 한다.
② 정관변경의 결과 등기사항에 변경이 있는 때에는 본점 소재지에서만 3주간 내에 변경등기를 하면 된다.
③ 정관의 변경내용이 강행법규, 사회질서, 주식회사의 본질에 반하지 않고 주주의 고유권을 침해하지 않는 한 원칙적으로 자유롭게 변경할 수 있다.
④ 정관의 변경에 관한 의안의 요령은 주주총회의 소집을 위한 통지와 공고에 기재하여야 한다.
⑤ 회사 설립 후 정관변경에는 공증인의 인증이 필요하지 않다.

정관변경의 결과 등기사항에 변경이 있는 때에는 본점 소재지에서 2주간내, 지점소재지에서는 3주간 내에 변경등기를 하여야 한다(제183조).

정답_②

문 23_상법상 주주총회에서 의결권이 제한되는 주식이 아닌 것은? (2007 세무사)

① 자기주식
② 자회사가 취득한 모회사의 주식
③ 주주총회 1주간 전에 회사에 공탁한 무기명주식
④ 특별이해관계인의 보유주식
⑤ 감사의 선임시 무의결권 주식을 제외한 발행주식총수의 100분의 3을 초과하는 주식을 가진 주주가 그 초과하는 범위에서 보유하는 주식

③ 주주총회 1주간 전에 주권을 회사에 공탁하지 않은 무기명주식은 의결권이 제한되지만, 공탁한 무기명주식은 의결권이 있다.

정답_③

해 설 및 정 답

문 24_상법상 주식회사에서의 특별이해관계인에 관한 설명 중 틀린 것은? (2008 세무사)

① 회사와 자기 거래를 하고자 하는 이사는 그 승인 여부를 결정하는 이사회에서 의결권을 행사할 수 없다.
② 회사와 자기거래를 하고자 하는 이사는 그 승인여부를 결정하는 이사회의 성립정족수에 포함되지 않는다.
③ 회사의 중요 영업을 양도받고자 하는 주주는 그 주주총회의 결의를 할 때 의결권을 행사하지 못한다.
④ 재무제표의 승인결의에 있어서 이사나 감사인 주주는 특별이해관계인에 해당하지 않는다.
⑤ 이사인 주주는 자신의 면책을 결의하는 주주총회에서 자신은 물론 대리인도 의결권을 행사할 수 없다.

회사와 자기거래를 하고자 하는 이사는 그 승인여부를 결정하는 이사회의 성립정족수에는 포함되지만, 의결정족수에는 포함되지 않는다(제391조, 제371조 제2항).

정답_②

문 25_상법상 주주의 의결권에 관한 설명 중 틀린 것은? (2008 세무사)

① 주주가 의결권의 불통일행사를 하는 경우, 회일의 3일전에 회사에 대하여 서면 또는 전자문서로 그 뜻과 이유를 통지하여야 한다.
② 〈삭제〉
③ 주주는 대리인을 통하여 의결권을 행사할 수 있고, 서면에 의하여도 의결권을 행사할 수 있다.
④ 회사가 적법하게 자기주식을 가지는 경우에는 회사는 그 주식으로써 의결권을 행사할 수 있다.
⑤ 이사와 주주의 법적 지위는 분리되므로, 원칙적으로 회사지배와 관련되는 결의에서 이사인 주주는 의결권을 행사할 수 있다.

④ 회사가 적법하게 자기주식을 가지는 경우라도 회사는 그 주식으로써 의결권을 행사할 수 없다(제369조 제2항).

정답_②

문 26_상법상 비상장주식회사 주주의 의결권 행사방법에 관한 설명으로 옳지 않은 것은? (2017 세무사)

① 주주는 대리인으로 하여금 그 의결권을 행사하게 할 수 있다.
② 회사는 이사회의 결의로 주주가 총회에 출석하지 아니하고 전자적 방법으로 의결권을 행사할 수 있음을 정할 수 있다.
③ 주주는 동일한 주식에 관하여 상법의 규정에 따라 의결권을 행사하는 경우 전자적 방법과 서면의 방법을 병행해야 한다.

주주는 동일한 주식에 관하여 상법의 규정에 따라 의결권을 행사하는 경우 전자적 방법과 서면의 방법중 어느 하나의 방법을 선택하여야 한다(제368조의4 제4항).
① 제368조 제2항 ② 제368조의4 제1항
④ 제368조의3 제2항 ⑤ 제368조의2 제1항

정답_③

해설 및 정답

④ 정관으로 서면에 의한 의결권의 행사방법을 채택한 회사는 총회의 소집통지서에 주주가 서면에 의한 의결권을 행사하는데 필요한 서면과 참고자료를 첨부하여야 한다.
⑤ 주주가 2 이상의 의결권을 가지고 있는 경우 이를 통일하지 아니하고 행사하고자 할 때에는 주주총회일의 3일전에 회사에 대하여 서면 또는 전자문서로 그 뜻과 이유를 통지하여야 한다.

문 27_상법상 주주총회에서 주주의 의결권행사에 관한 설명 중 옳지 않은 것은? (2003 세무사)

① 이사를 선임할 때에는 이사 후보자인 주주는 의결권이 없다.
② 감사를 선임할 때에는 의결권 없는 주식을 제외한 발행주식총수의 100분의 3을 초과한 수의 주식을 가진 주주는 100분의 3까지만 의결권을 행사할 수 있다.
③ 주주는 서면에 의해서만 대리인으로 하여금 의결권을 행사하게 할 수 있다.
④ 총회의 결의에 관하여는 의결권 없는 주주가 가진 주식의 수는 발행주식총수에 산입하지 않는다.
⑤ 총회의 결의에 관하여는 특별이해관계인의 의결권의 수는 출석한 주주의 의결권의 수에 산입하지 않는다.

주주총회의 결의에 관하여 특별이해관계인의 의결권의 수는 출석주주의 의결권의 수에 산입하지 않는다. 이사를 선임할 때 그 후보자인 주주가 특별이해관계인에 해당하는가에 대해서는 부정하는 것이 통설의 입장이다. 통설에 의하면 특별이해관계란 특정한 주주가 주주의 입장을 떠나서 개인적으로 갖는 이해관계라고 보고 있다. 이에 의하면 주주가 주주의 입장에서 이해관계를 갖는 이사의 선·해임시 당사자인 주주는 특별이해관계인이 아니며, 따라서 의결권의 행사가 제한되지 않는다.
이에 대해 손주찬 교수님은 특정후보를 선임하는 형식으로 선임결의를 하는 때에는 후보자인 주주는 특별이해관계인이 된다는 반대의 견해를 취하고 있다(상법[상], 2001년, 705면).

정답_①

문 28_상법상 주주총회에서의 의결권행사에 관한 설명 중 옳지 않은 것은? (2007 세무사)

① 주주의 경우 주주명부에 기재되어 있으면 주권 없이도 의결권을 행사할 수 있다.
② 주주가 주식의 신탁을 인수하였거나 또는 기타 타인을 위하여 주식을 가지고 있는 경우 외에는 회사는 의결권의 불통일행사를 거부할 수 있다.
③ 의결권을 불통일행사하려는 주주는 총회일 3일 전에 서면 또는 전자문서로 그 뜻과 이유를 회사에 통지하여야 한다.
④ 주주는 대리인으로 하여금 자신의 의결권을 행사하게 할 수 있는 바, 이는 정관으로도 금지할 수 없다.
⑤ 의결권의 대리행사시 그 대리인의 증명을 반드시 서면으로 할 필요는 없다.

⑤ 의결권의 대리행사시 그 대리인의 증명을 반드시 서면으로 하여야 하며, 서면은 특별한 사정이 없는 한 원본이어야 한다.

정답_⑤

문 29_상법상 주주총회의 의결권행사에 관한 설명으로 옳지 않은 것은? (2010 세무사)

① 총회의 결의에 관하여 특별한 이해관계가 있는 자는 의결권을 행사하지 못한다.
② 회사는 정관의 규정이 없는 경우에도 이사회의 결의로 주주가 총회에 출석하지 아니하고 서면에 의하여 의결권을 행사할 수 있음을 정할 수 있다.
③ 회사, 모회사 및 자회사 또는 자회사가 다른 회사의 발행주식의 총수의 10분의 1을 초과하는 주식을 가지고 있는 경우 그 다른 회사가 가지고 있는 회사 또는 모회사의 주식은 의결권이 없다.
④ 주주가 주식의 신탁을 인수하였거나 기타 타인을 위하여 주식을 가지고 있는 경우외에는 회사는 주주의 의결권의 불통일행사를 거부할 수 있다.
⑤ 회사가 종류주식을 발행하는 경우에는 정관으로 이익배당에 관한 우선적 내용이 있는 종류의 주식에 대하여 주주에게 의결권없는 것으로 할 수 있다.

해 설 및 정 답

회사는 정관의 정함에 따라 주주가 총회에 출석하지 아니하고 서면에 의하여 의결권을 행사할 수 있음을 정할 수 있다(제368조의3 제1항).

정답_②

문 30_갑주식회사가 을주식회사의 주식을 을회사발행주식총수의 15%를 소유하고 있고, 을회사는 갑회사 발행주식총수의 7%를 소유하고 있다. 갑회사가 을회사의 주주총회에서 의결권을 행사하고자 하거나, 을회사가 갑회사의 주주총회에서 의결권을 행사하고자 할 때 어떤 효력이 생기는가?

① 갑, 을회사 모두 의결권을 행사할 수 있다.
② 갑회사는 을회사에 대해 의결권을 행사할 수 있으나, 을회사는 갑회사에 대해 의결권을 행사할 수 없다.
③ 갑회사는 을회사에 대해 의결권을 행사할 수 없으나, 을회사는 갑회사에 대해 의결권을 행사할 수 있다.
④ 갑, 을회사 모두 의결권을 행사할 수 없다.
⑤ 갑회사는 을회사에 대해 5%만큼만 의결권을 행사할 수 있고, 을회사는 갑회사에 대해 7%의 의결권을 행사할 수 있다.

② 어떤 회사가 다른 회사의 발행주식총수의 10분의 1 이상을 취득하고 있는 경우, 다른 회사가 갖고 있는 어떤 회사의 주식은 의결권이 제한된다(제369조 제3항).

정답_②

문 31_상법상 주주의 의결권의 대리에 관한 설명으로 옳은 것을 모두 고른 것은?(다툼이 있으면 판례에 따름) (2020 세무사)

ㄱ. 의결권을 대리할 대리인은 대리권을 증명하는 서면을 주주총회에 제출하여야 한다.
ㄴ. 특별한 사정이 없는 한 대리권을 증명하는 서면은 원본이어야 한다.
ㄷ. 타인에게 의결권 행사를 위임하거나 대리행사하도록 하는 경우, 의결권의 행사를 구체적이고 개별적인 사항에 국한하여 위임해야 한다고 해석하여야 하므로 포괄적으로 위임할 수는 없다.

① ㄴ ② ㄱ, ㄴ ③ ㄱ, ㄷ
④ ㄴ, ㄷ ⑤ ㄱ, ㄴ, ㄷ

해 설 및 정 답

ㄱ. 의결권을 대리할 대리인은 대리권을 증명하는 서면을 주주총회에 제출하여야 한다(제368조 제2항).
ㄴ. 특별한 사정이 없는 한 대리권을 증명하는 서면은 원본이어야 한다(판례).
ㄷ. 타인에게 의결권 행사를 위임하거나 대리행사하도록 하는 경우, 의결권의 행사를 포괄적으로 위임할 수 있다(판례).

정답_②

문 32_상법상 의결권에 관한 설명으로 옳지 않은 것은? (2005 세무사)

① 회사가 가진 자기주식은 의결권이 없다.
② 자회사가 소유하고 있는 모회사의 주식은 의결권이 없다.
③ A회사가 B회사의 발행주식 총수의 10분의 1을 초과하는 주식을 가지고 있는 경우 A회사가 가지고 있는 B회사의 주식은 의결권이 없다.
④ 주주총회의 결의에 관하여 특별한 이해관계가 있는 자는 의결권을 행사하지 못한다.
⑤ 감사 선임시 의결권 없는 주식을 제외한 발행주식총수의 100분의 3을 초과하는 수의 주식을 가진 주주는 그 초과하는 주식에 관하여 의결권을 행사하지 못한다.

③ A회사가 B회사의 발행주식총수의 10분의 1을 초과하는 주식을 가지고 있는 경우 B회사가 가지고 있는 A회사의 주식은 의결권이 없다(제369조 제3항). 그러나 A회사가 가지고 있는 B회사의 주식은 의결권이 인정된다.

정답_③

문 33_상법상 주주의 의결권에 관한 설명으로 옳은 것은? (2009 세무사)

① 자회사가 모회사의 주식을 취득하고 있는 경우 그 주식 전부에 대하여 의결권이 인정되지 않는다.
② 〈삭제〉
③ 의결권을 대리행사하는 경우 그 대리인의 증명은 구두로 할 수 있다.
④ 주주가 주식의 신탁을 인수한 경우에는 회사는 주주의 의결권의 불통일행사를 거부할 수 있다.
⑤ 두 회사가 서로 상대방 회사의 발행주식총수의 10분의 1을 초과하여 주식을 취득하고 있는 경우 그 초과지분에 대하여는 상호 의결권이 인정되지 않는다.

③ 의결권을 대리행사하는 경우 그 대리인의 증명은 서면으로만 할 수 있다(제368조 제3항 참조).
④ 주주가 주식의 신탁을 인수한 경우에는 회사는 주주의 의결권의 불통일행사를 거부할 수 없다(제368조의2 제2항).
⑤ 두 회사가 서로 상대방 회사의 발행주식총수의 10분의 1을 초과하여 주식을 취득하고 있는 경우 그 주식 모두에 대하여는 상호 의결권이 인정되지 않는다(제369조 제3항).

정답_①

문 34_상법상 의결권의 행사가 제한되는 경우가 아닌 것은? (2002 세무사)

① 타인에 의한 회사 자기주식의 의결권 대리행사
② 이사선임결의시 이사후보인 주주가 가진 주식의 의결권 행사
③ A회사가 B회사의 주식을 발행주식총수의 100분의 10을 초과하여 소유할 경우 B회사가 가진 A회사 주식의 의결권 행사
④ 총회의 결의에 관해 특별한 이해관계가 있는 자가 소유하고 있는 주식의 의결권 행사
⑤ 총회일의 1주간 전까지 회사에 공탁되지 않은 무기명주식의 의결권 행사

해 설 및 정 답

①③④⑤는 의결권행사의 제한사유가 되지만, ②의 경우 통설은 의결권의 행사제한이 인정되지 않는다고 한다.

정답_②

문 35_상법상 의결권이 없거나 의결권 행사가 제한되는 주식에 해당되지 않는 것은? (단, 종류주식은 없다고 가정함.) (2013 세무사)

① 회사가 가진 자기주식
② 회사가 다른 회사의 발행주식의 총수의 10분의 1을 초과하는 주식을 가지고 있는 경우 그 다른 회사가 가지고 있는 회사의 주식
③ 이사와 통모하여 현저하게 불공정한 발행가액으로 취득한 주식
④ 주주총회 결의에 관하여 특별한 이해관계가 있는 자가 보유하는 주식
⑤ 감사선임의 결의에 있어서 의결권없는 주식을 제외한 발행주식 총수의 100분의 3을 초과하는 수의 주식을 가진 주주가 보유하는 그 초과하는 주식

① 제369조 제2항, ② 제369조 제3항, ④ 제368조 제4항, ⑤ 제409조 제2항

정답_③

문 36_상법상 주주의 의결권행사에 관한 설명으로 옳은 것은? (2012 세무사)

① 주주가 주식의 신탁을 인수하였거나 기타 타인을 위하여 주식을 가지고 있는 경우 외에는 회사는 주주의 의결권의 불통일행사를 거부할 수 있다.
② 상법상 특정 목적에 의한 자기주식의 취득분에 대하여는 의결권을 행사할 수 있다.
③ 총회결의에 관하여 특별이해관계로 인해 행사할 수 없는 주식의 의결권 수는 출석한 주주의 의결권 수에 산입한다.

② 자기주식은 의결권이 없다(제369조 제2항)
③ 총회결의에 관하여 특별이해관계로 인해 행사할 수 없는 주식의 의결권 수는 발행주식총수에 산입하지 않는다(제371조 제1항). 따라서 당연히 출석주주의 의결권 수에 산입하지 않는다.
④ 주주가 대리인으로 하여금 그 의결권을 행사하게 하기 위한 정관의 규정은 필요하지 않다(제368조 제3항).
⑤ 주주총회의 결의는 상법 또는 정관에 다른 정함이 있는 경우를 제외하고는 출석한 주주의 의결권의 과반수와 발행주식총수의 4분의 1 이상의 수로써 하여야 한다(제368조 제1항).

정답_①

④ 주주가 대리인으로 하여금 그 의결권을 행사하게 하기 위해서는 정관에 정함이 있어야 한다.
⑤ 주주총회의 결의는 상법 또는 정관에 다른 정함이 있는 경우를 제외하고는 출석한 주주의 의결권의 과반수와 발행주식총수의 3분의 1이상의 수로써 하여야 한다.

문 37_상법상 주식회사에서 서면에 의한 의결권의 행사(서면투표)에 관한 설명으로 옳은 것은? (2013 세무사)

① 자본금 총액이 10억원 미만인 회사는 주주 전원의 동의가 있더라도 서면에 의한 결의로써 주주총회의 결의를 갈음할 수 없다.
② 주주총회소집통지가 주주명부상 주주의 주소에 계속 3년간 도달하지 아니하여 총회소집통지를 생략하는 경우에도 회사는 그 주주에 대하여 서면에 의한 의결권행사에 필요한 서류는 송부하여야 한다.
③ 이사회결의로 채택할 수 있는 전자투표와는 달리 회사는 정관에 규정을 두어야 서면투표를 실시할 수 있다.
④ 서면투표의 제출기한에 관하여 상법은 전자투표의 제출기한에 관한 규정을 준용하고 있다.
⑤ 주주총회에서 서면투표를 실시하는 경우 상장회사는 발행주식총수의 100분의 3 이하의 주식을 소유한 주주에게 전자적 방법에 의한 소집공고로써 소집통지를 갈음할 수 있다.

해 설 및 정 답

① 자본금 총액이 10억원 미만인 회사는 주주 전원의 동의가 있으면 서면에 의한 결의로써 주주총회의 결의를 갈음할 수 있다(제363조 제5항).
② 주주총회소집통지가 주주명부상 주주의 주소에 계속 3년간 도달하지 아니하여 총회소집통지를 생략하는 경우에는 회사는 그 주주에 대하여 서면에 의한 의결권행사에 필요한 서류는 송부하지 않아도 된다(제363조 제7항, 제363조 제1항 단서).
④ 서면투표의 제출기한에 관하여 상법은 전자투표의 제출기한에 관한 규정을 준용한다는 규정은 없다.
⑤ 주주총회에서 서면투표를 실시하는 경우 상장회사는 발행주식총수의 100분의 1이하의 주식을 소유한 주주에게 전자적 방법에 의한 소집공고로써 소집통지를 갈음할 수 있다(제542조의4, 상법시행령 제31조 제1항).

정답_③

문 38_상법상 주식회사의 주주총회의 전자투표제도에 관한 설명으로 옳지 않은 것은? (2013 세무사)

① 이사회를 설치한 회사는 이사회의 결의로 주주가 총회에 출석하지 아니하고 전자적 방법으로 의결권을 행사할 수 있음을 정할 수 있다.
② 회사가 상법이 정한 바에 따라 전자적 방법에 의한 의결권 행사를 정한 경우 전자서명법이 정하는 공인전자서명을 통하여 주주확인을 받은 주주만이 전자투표를 할 수 있다.
③ 전자투표의 종료일은 주주총회 전날까지로 하여야 한다.
④ 전자투표를 한 주주는 해당 주식에 대하여 그 의결권 행사를 철회할 수 있으나 변경하지는 못한다.
⑤ 동일한 주식에 관하여 서면 또는 전자적 방법에 따라 의결권을 행사하는 경우 전자적 방법 또는 서면 중 어느 하나의 방법을 선택하여야 한다.

전자투표를 한 주주는 해당 주식에 대하여 그 의결권 행사를 철회하거나 변경하지는 못한다(상법시행령 제13조 제3항).

정답_④

문 39_주주총회 의사(議事)에 관한 설명으로 옳지 않은 것은?

① 주주총회 의장은 정관에 정함이 없는 때에는 이사회에서 선임한다.
② 의장은 총회의 질서를 유지하고 의사를 정리하여야 한다.
③ 의장은 고의로 의사진행을 방해하기 위한 발언과 행동을 하는 등 현저히 질서를 문란하게 하는 자에 대하여 퇴장을 명할 수 있다.
④ 의사에 있어서는 의사록을 작성하여 의사의 경과요령과 그 결과를 기재하고 의장과 출석한 이사가 기명날인 또는 서명하여야 한다.
⑤ 의사록은 본점과 지점에 비치하여 주주 또는 제3자가 열람할 수 있도록 하여야 한다.

해 설 및 정 답

① 주주총회 의장은 정관에 정함이 없는 때에는 주주총회에서 선임한다(제366조의2).

정답_①

문 40_상법상 반대주주의 주식매수청구권이 인정되는 것은?

(2018 세무사)

① 회사 계속의 결의 ② 간이영업양도 결의
③ 자본금 감소의 결의 ④ 정관변경 결의
⑤ 이사해임 결의

간이영업양도의 경우에는 반대주주의 주식매수청구권이 인정된다(상법 제374조의3 제3항). ① 회사 계속의 결의, ③ 자본금 감소의 결의, ④ 정관변경 결의, ⑤ 이사해임 결의의 경우에는 인정되지 않는다.

정답_②

10 진도별 모의고사

문 1_상법상 반대주주의 주식매수청구권이 인정되지 않는 주주총회의 결의사항은? (2017 세무사)

① 영업의 전부의 양도 ② 이사의 해임
③ 경영 전부의 위임
④ 타인과 영업의 손익 전부를 같이 하는 계약
⑤ 회사의 영업에 중대한 영향을 미치는 다른 회사의 영업 일부의 양수

해 설 및 정 답

① 영업의 전부의 양도, ③ 경영 전부의 위임, ④ 타인과 영업의 손익 전부를 같이 하는 계약, ⑤ 회사의 영업에 중대한 영향을 미치는 다른 회사의 영업 일부의 양수의 경우에는 반대주주에게 주식매수청구권이 인정된다(제374조의2 제1항). 그래서 영업양도 등의 결의가 있는 주주총회의 소집의 통지에는 주식매수청구권의 내용 및 행사방법을 명시하여야 한다(제374조 제2항).

정답_②

문 2_다음 중 상법상 주식매수청구권을 행사할 수 없는 주주는? (2009 세무사)

① 상장폐지에 관한 주주총회의 결의에 반대하는 주주
② 주식의 포괄적 교환의 승인사항에 관한 주주총회의 결의에 반대하는 주주
③ 분할합병의 승인사항에 관한 주주총회의 결의에 반대하는 주주
④ 회사의 영업에 중대한 영향을 미치는 다른 회사의 영업 일부의 양수에 관한 주주총회의 결의에 반대하는 주주
⑤ 정관에 의하여 주식양도가 제한된 경우 회사에 대하여 주식양도승인을 청구하였으나 양도승인거부의 통지를 받은 주주

② 제360조의5, ③ 제530조의11 제2항, 제522조의3, ④ 제374조의2, ⑤ 제335조의6에서 각각 반대주주의 주식매수청구권에 관한 규정을 두고 있으나, ①의 경우에는 그 규정이 없다.

정답_①

문 3_상법상 영업의 전부 또는 중요한 일부의 양도에 반대하는 주주의 주식매수청구권에 관한 설명 중 옳지 않은 것은? (2004 세무사)

① 주식매수청구권은 다수결원칙 때문에 자칫 희생되기 쉬운 소수주주를 보호하기 위한 제도라 할 수 있다.
② 주식매수청구권을 행사하고자 하는 주주는 영업의 전부 또는 중요한 일부의 양도에 관한 주주총회 전에 결의에 반대하는 의사를 서면으로 통지하여야 한다.
③ 유한회사에도 영업의 전부 또는 중요한 일부의 양도에 반대하는 사원에게 지분매수청구권을 인정하고 있다.
④ 주주가 주식매수청구권을 행사하면 회사는 청구를 받은 날로부터 2월 이내에 그 주식을 매수하여야 한다.

③ 유한회사의 경우 사원의 지분매수청구권의 규정을 두고 있지 않으며, 주식회사의 규정의 준용도 되지 않고 있다. 따라서 영업양도에 반대하는 사원의 지분매수청구권은 인정될 수 없다.

정답_③

해 설 및 정 답

⑤ 주식매수청구권을 행사하려는 자는 영업의 전부 또는 중요한 일부의 양도에 관한 주주총회 결의일로부터 20일 내에 주식의 종류와 수를 기재한 서면으로 청구하여야 한다.

문 4_상법상 주주총회결의에 반대하는 주주의 주식매수청구권이 인정되지 않는 것은? (2020 세무사)

① 간이합병 ② 회사의 해산
③ 영업 전부의 임대 ④ 영업의 중요한 일부의 양도
⑤ 회사의 영업에 중대한 영향을 미치는 다른 회사의 영업 전부의 양수

① 간이합병(제522조의3 제2항), ③ 영업 전부의 임대, ④ 영업의 중요한 일부의 양도 ⑤ 회사의 영업에 중대한 영향을 미치는 다른 회사의 영업 전부의 양수(제374조의2)에서 명문으로 인정하지만 ② 회사의 해산의 경우에는 인정되지 않는다.

정답_②

문 5_상법상 주주의 주식매수청구권이 인정될 수 없는 경우는? (2011 세무사)

① 정관으로 주식양도 제한을 한 회사가 주주의 주식양도 승인의 청구를 거부한 경우
② 주주가 영업전부의 임대 또는 경영위임에 관한 주주총회의 특별결의에 반대하는 경우
③ 주주가 영업의 중요한 일부의 양도에 관한 주주총회의 특별결의에 반대하는 경우
④ 주주가 정관변경에 관한 주주총회의 특별결의에 반대하는 경우
⑤ 주주가 분할합병에 관한 주주총회의 특별결의에 반대하는 경우

주식양도제한의 승인거부(제335조의6), 영업의 전부 임대 등(제374조의2), 분할합병의 경우(제530조의11 제2항, 제522조의3)에는 주식매수청구권이 인정되지만, 정관변경에 반대한 주주에게는 주식매수청구권이 인정되지 않는다.

정답_④

문 6_상법상 주주총회의 결의사항 중 반대주주의 주식매수청구권이 인정되지 않는 것은? (2013 세무사)

① 주식의 포괄적 이전을 하고자 하는 회사의 주식이전계획서에 대한 승인 결의
② 영업 전부의 경영위임에 관한 결의
③ 회사의 영업에 중대한 영향을 미치는 다른 회사의 영업 일부의 양수
④ 자본금 감소에 관한 결의
⑤ 영업의 중요한 일부의 양도에 관한 결의

자본금 감소의 결의에는 반대주주의 주식매수청구권이 인정되지 않는다.

정답_④

문 7_상법상 종류주주총회에 관한 설명으로 옳은 것을 모두 고른 것은? (2020 세무사)

> ㄱ. 의결권 없는 종류주식을 가진 주주는 그 종류주식의 주주총회에서 의결권이 있다.
> ㄴ. 종류주주총회의 결의는 출석한 주주의 의결권의 3분의 2 이상의 수와 그 종류의 발행주식총수의 2분의 1이상의 수로써 하여야 한다.
> ㄷ. 회사의 주식교환으로 인하여 어느 종류의 주주에게 손해를 미치게 될 경우에는 그 종류주식의 주주의 총회의 결의가 있어야 한다.

① ㄱ ② ㄱ, ㄴ ③ ㄱ, ㄷ
④ ㄴ, ㄷ ⑤ ㄱ, ㄴ, ㄷ

해 설 및 정 답

ㄱ. 의결권 없는 종류주식을 가진 주주는 그 종류주식의 주주총회에서 의결권이 있다(제435조 제1항, 제3항 참조).
ㄴ. 종류주주총회의 결의는 출석한 주주의 의결권의 3분의 2 이상의 수와 그 종류의 발행주식총수의 3분의 1이상의 수로써 하여야 한다(제435조 제2항).
ㄷ. 회사의 주식교환으로 인하여 어느 종류의 주주에게 손해를 미치게 될 경우에는 그 종류주식의 주주의 총회의 결의가 있어야 한다(제436조).

정답_③

문 8_상법상 종류주식 및 종류주주총회에 관한 설명으로 옳지 않은 것은?(다툼이 있으면 판례에 따름) (2019 세무사)

① 회사가 종류주식을 발행하기 위해서는 정관에 종류주식의 내용과 수를 정하여야 한다.
② 어느 종류주식의 주주의 지위가 정관의 변경에 따라 유리한 면이 있으면서 불이익한 면을 수반하는 경우, 이는 종류주주총회의 결의가 필요한 사유인 '어느 종류의 주주에게 손해를 미치게 될 때'에 해당하지 않는다.
③ 어느 종류주식의 주주에게 손해를 미치는 내용으로 정관을 변경함에 있어서 그 정관변경에 관한 주주총회의 결의 후, 위 종류주식의 총회의 결의가 아직 이루어지지 않았다고 하더라도 그러한 사정만으로 주주총회결의의 효력에 하자가 있다고 할 수는 없다.
④ 회사가 종류주식을 발행하는 때에는 정관에 다른 정함이 없는 경우에도 주식의 종류에 따라 신주의 인수에 관하여 특수하게 정할 수 있다.
⑤ 종류주주총회의 결의는 출석한 주주의 의결권의 3분의 2 이상의 수와 그 종류의 발행주식총수의 3분의 1 이상의 수로써 하여야 한다.

① 회사가 종류주식을 발행하기 위해서는 정관에 종류주식의 내용과 수를 정하여야 한다(제344조 제2항).
② 어느 종류주식의 주주의 지위가 정관의 변경에 따라 유리한 면이 있으면서 불이익한 면을 수반하는 경우, 이는 종류주주총회의 결의가 필요한 사유인 '어느 종류의 주주에게 손해를 미치게 될 때'에 해당한다(상법 제435조 제1항은 "회사가 수종의 주식을 발행한 경우에 정관을 변경함으로써 어느 종류의 주주에게 손해를 미치게 될 때에는 주주총회의 결의 외에 그 종류의 주주의 총회의 결의가 있어야 한다." 고 규정하고 있는바, 위 규정의 취지는 주식회사가 보통주 이외의 수종의 주식을 발행하고 있는 경우에 보통주를 가진 다수의 주주들이 일방적으로 어느 종류의 주식을 가진 소수주주들에게 손해를 미치는 내용으로 정관을 변경할 수 있게 할 경우에 그 종류의 주식을 가진 소수주주들이 부당한 불이익을 받게 되는 결과를 방지하기 위한 것이므로, 여기서의 '어느 종류의 주주에게 손해를 미치게 될 때'라 함에는, 어느 종류의 주주에게 직접적으로 불이익을 가져오는 경우는 물론이고, 외견상 형식적으로는 평등한 것이라고 하더라도 실질적으로는 불이익한 결과를 가져오는 경우도 포함되며, 나아가 어느 종류의 주주의 지위가 정관의 변경에 따라 유리한 면이 있으면서 불이익한 면을 수반하는 경우도 이에 해당된다 : 대법원 2006. 1. 27. 선고 2004다44575,44582 판결).
③ 어느 종류 주주에게 손해를 미치는 내용으로 정관을 변경함에 있어서 그 정관변경에 관한 주주총회의 결의 외에 추가로 요구되는 종류주주총회의 결의는 정관변경이라는 법률효과가 발생하기 위한 하나의 특별요건이라고 할 것이므로, 그와 같은 내용의 정관변경에 관하여 종류주주총회의 결의가 아직 이루어지지 않았다면 그러한 정관변경의 효력이 아직 발생하지 않는 데에 그칠 뿐이고, 그러한 정관변경을 결의한 주주총회결의 자체의 효력에는 아무런 하자가 없다(대법원 2006. 1. 27. 선고 2004다44575,44582 판결).
④ 회사가 종류주식을 발행하는 때에는 정관에 다른 정함이 없는 경우에도 주식의 종류에 따라 신주의 인수에 관하여 특수하게 정할 수 있다(제344조 제3항).
⑤ 종류주주총회의 결의는 출석한 주주의 의결권의 3분의 2 이상의 수와 그 종류의 발행주식총수의 3분의 1 이상의 수로써 하여야 한다(제435조 제2항).

정답_②

문 9_상법상 주주총회결의의 하자에 관한 설명으로 옳지 않은 것은? (2019 세무사)

① 주주가 결의취소의 소를 제기한 경우에 법원은 그 취소가 부적당하다고 인정되는 때에는 그 청구를 기각할 수 있다.
② 주주가 결의취소의 소를 제기한 때에는 법원은 직권으로 상당한 담보를 제공할 것을 명할 수 있다.
③ 주주총회결의 취소의 소의 경우에 원고가 승소한 판결의 효력은 제3자에 대하여도 그 효력이 있다.
④ 주주총회에서 결의한 사항이 등기된 경우에 결의취소의 판결이 확정된 때에는 본점과 지점의 소재지에서 등기하여야 한다.
⑤ 주주총회결의 취소의 소와 부존재의 소가 제기된 때에는 법원은 이를 병합심리하여야 한다.

해 설 및 정 답

① 주주가 결의취소의 소를 제기한 경우에 법원은 그 취소가 부적당하다고 인정되는 때에는 그 청구를 기각할 수 있다(제379조).
② 주주가 결의취소의 소를 제기한 때에는 법원은 회사의 청구에 의하여 상당한 담보를 제공할 것을 명할 수 있다(제377조 제1항).
③ 주주총회결의 취소의 소의 경우에 원고가 승소한 판결의 효력은 제3자에 대하여도 그 효력이 있다(제376조 제2항, 제190조 본문).
④ 주주총회에서 결의한 사항이 등기된 경우에 결의취소의 판결이 확정된 때에는 본점과 지점의 소재지에서 등기하여야 한다(제378조).
⑤ (동일한 주주총회 결의에 관해) 주주총회결의 취소의 소와 부존재의 소가 제기된 때에는 법원은 이를 병합심리하여야 하며, 그 이유는 대세적 효력(제190조 본문)이 있으므로 모든 당사자에 대하여 합일확정되어야 되기 때문이다. 지문에 문제가 있다고 본다.

정답_②

문 10_상법상 주주총회 결의취소의 소에 관한 설명으로 옳지 않은 것은? (2015 세무사)

① 총회의 소집절차가 정관에 위반한 때에는 결의취소의 소의 대상이 된다.
② 결의취소의 소의 제소권자는 주주·이사 또는 감사이다.
③ 결의취소의 소를 제기한 자가 이사 또는 감사인 경우 법원은 회사의 청구에 의하여 상당한 담보를 제공할 것을 명할 수 있다.
④ 결의한 사항이 등기된 경우에 결의취소의 판결이 확정된 때에는 본점과 지점의 소재지에서 등기하여야 한다.
⑤ 결의취소의 판결은 제3자에 대하여도 그 효력이 있다.

결의취소의 소를 제기한 자가 이사 또는 감사인 경우 법원은 회사의 청구에 의하여 상당한 담보를 제공할 것을 명할 수 없다(제377조 제1항 단서).

정답_③

문 11_상법상 심리 중에 소의 원인이 된 하자가 보완되고 회사의 현황과 제반사정을 참작하여 원고의 청구를 인용하는 것이 부적당하다고 인정한 때에 법원이 그 청구를 기각할 수 있는 경우가 아닌 것은? (2010 세무사)

① 주식회사의 설립무효의 소
② 주식회사의 주식교환무효의 소
③ 주식회사의 신주발행무효의 소
④ 주식회사의 이사해임의 소
⑤ 주식회사의 합병무효의 소

회사소송의 청구기각에 대해서는 상법 제189조, 제379조에 규정되어 있다. 위의 내용 중에서 ① 상법 제328조 제2항, 제189조 ② 상법 제360조의14, 제189조 ③ 상법 제430조, 제189조 ⑤ 상법 제530조 제2항, 제240조, 제189조에 따라 법원의 청구기각이 인정된다. 이사해임의 소에 대하여는 청구기각의 규정이 준용되지 않는다.

정답_④

문 12_상법상 주주총회결의의 하자에 관한 설명으로 옳지 않은 것은? (2017 세무사)

① 총회에서 결의한 사항이 등기된 경우 결의부존재의 확인의 판결이 확정된 때에는 본점과 지점의 소재지에서 등기하여야 한다.
② 총회의 소집절차 또는 결의방법이 현저하게 불공정한 때에는 주주·이사 또는 감사는 결의의 날로부터 2월내에 결의취소의 소를 제기할 수 있다.
③ 결의취소의 소에서 원고가 승소한 경우 판결의 효력에 소급효가 있다.
④ 이사인 주주가 결의취소의 소를 제기한 때에는 법원은 회사의 청구에 의하여 상당한 담보를 제공할 것을 명할 수 있다.
⑤ 주주총회의 결의의 내용이 법령에 위반한 것은 결의무효확인의 소의 원인이 된다.

해 설 및 정 답

④ 주주가 결의취소의 소를 제기한 때에는 법원은 회사의 청구에 의하여 상당한 담보를 제공할 것을 명할 수 있다. 그러나 그 주주가 이사 또는 감사인 때에는 그러하지 아니하다(제377조 제1항).
① 제380조, 제378조 ② 제376조 제1항 ③ 제376조 제2항(제190조 단서가 적용되지 않으므로 소급효가 인정된다). ⑤ 제380조

정답_④

문 13_상법상 주주총회결의부존재확인의 소에 관한 설명 중 옳지 않은 것은? (다툼이 있으면 판례에 의함) (2007 세무사)

① 결의절차에 총회결의가 존재한다고 볼 수 없을 정도의 중대한 하자가 있는 경우에는 결의부존재확인의 소의 제기가 허용된다.
② 주주총회결의부존재확인의 소의 경우 주주총회결의취소의 소와는 달리 확인의 이익이 있는 회사채권자는 그 소를 제기할 수 있다.
③ 결의부존재확인의 소의 경우 청구의 인락이나 화해 및 조정이 이루어졌다면 그 조서는 효력이 있다.
④ 총회에 참석하여 결의에 찬성한 주주도 결의부존재확인의 소를 제기할 수 있다.
⑤ 결의부존재확인의 소에서는 법원의 재량기각이 인정되지 않는다.

③ 결의부존재확인의 소의 경우 청구의 인락이나 화해 및 조정이 이루어졌다면 그 조서는 효력이 없다.

정답_③

문 14_법원의 재량기각이 인정되는 경우에 해당하지 않는 것은? (2003 세무사)

① 주주총회 결의 취소의 소송
② 자본금 감소 무효의 소송
③ 주주총회 결의 무효확인의 소송
④ 신주발행 무효의 소송
⑤ 합명회사 설립 무효의 소

해 설 및 정 답

③ 주주총회결의무효확인의 소송의 경우에는 주주총회결의 취소소송의 경우 인정되는 법원의 재량기각에 관한 규정(제379조)가 준용되지 않으므로, 법원의 재량기각이 인정되지 않는다.

정답_③

문 15_상법상 판결의 효력이 소급하는 것은? (2018 세무사)

① 주식회사의 주주총회 결의취소판결
② 주식회사의 설립무효판결
③ 합명회사의 설립무효판결
④ 주식회사의 합병무효판결
⑤ 주식회사의 신주발행무효판결

주식회사의 주주총회 결의취소판결은 상법 제376조 제2항에서 상법 제190조 단서가 준용되지 않으므로 소급효가 있다. ② 주식회사의 설립무효판결, ③ 합명회사의 설립무효판결, ④ 주식회사의 합병무효판결은 상법 제190조 단서가 적용되므로 불소급의 효력이 있다. ⑤ 주식회사의 신주발행무효판결는 상법 제431조 제1항에 따라 '장래에 대하여 효력이 있다'고 하므로 불소급의 효력이 인정된다.

정답_①

문 16_상법상 주주총회 결의하자의 소에 관한 설명으로 옳지 않은 것은?(다툼이 있으면 판례에 의함) (2018 세무사)

① 주주총회의 소집절차 또는 결의방법이 법령 또는 정관에 위반하거나 현저하게 불공정한 때 또는 그 결의의 내용이 정관에 위반한 때에는 주주·이사 또는 감사는 결의의 날로부터 2월내에 결의취소의 소를 제기할 수 있다.
② 주주총회 결의취소의 소가 제기된 경우에 결의의 내용, 회사의 현황과 제반사정을 참작하여 그 취소가 부적당하다고 인정한 때에는 법원은 그 청구를 기각할 수 있다.
③ 주주총회의 소집절차 또는 결의방법에 총회결의가 존재한다고 볼 수 없을 정도의 중대한 하자가 있는 경우 결의부존재확인의 소를 제기할 수 있다.
④ 상법상 주주총회 결의부존재확인의 소에서 주주총회결의 자체가 있었다는 점에 관해서는 제소한 주주가 증명책임을 부담한다.
⑤ 주주총회를 소집할 권한이 없는 자가 이사회의 주주총회 소집결정도 없이 주주총회를 소집한 겨우에는 특별한 사정이 없는 한 주주총회 결의부존재확인의 소의 원인이 된다.

주주가 회사를 상대로 제기한 분할합병무효의 소에서 당사자 사이에 분할합병계약을 승인한 주주총회결의 자체가 있었는지 및 그 결의에 이를 부존재로 볼 만한 중대한 하자가 있는지 등 주주총회결의의 존부에 관하여 다툼이 있는 경우 주주총회결의 자체가 있었다는 점에 관해서는 회사가 증명책임을 부담하고 그 결의에 이를 부존재로 볼 만한 중대한 하자가 있다는 점에 관해서는 주주가 증명책임을 부담하는 것이 타당하다(대법원 2010. 7. 22. 선고 2008다37193 판결).
① 상법 제376조 제1항 ② 상법 제379조
③ 상법 제380조
⑤ 주주총회를 소집할 권한이 없는 자가 이사회의 주주총회 소집결정도 없이 소집한 주주총회에서 이루어진 결의는, 1인 회사의 1인 주주에 의한 총회 또는 주주 전원이 참석하여 총회를 개최하는 데 동의하고 아무런 이의 없이 결의가 이루어졌다는 등의 특별한 사정이 없는 이상, 총회 및 결의라고 볼 만한 것이 사실상 존재한다고 하더라도 그 성립 과정에 중대한 하자가 있어 법률상 존재하지 않는다고 보아야 한다(대법원 2010. 6. 24. 선고 2010다13541 판결).

정답_④

문 17_상법상 주주총회의 부당결의 취소의 소에 관한 설명으로 옳지 않은 것은? (2021 세무사)

① 총회의 결의에 관하여 특별한 이해관계가 있는 자로서 의결권을 행사하지 못한 주주는 결의가 현저하게 부당하고 의결권을 행사하였더라면 이를 저지할 수 있었을 때에는 결의의 취소의 소를 제기할 수 있다.
② 부당결의 취소의 소는 결의의 날부터 2월 내에 제기할 수 있다.
③ 부당결의 취소의 소가 제기된 경우에 법원은 결의의 내용, 회사의 현황과 제반사정을 참작하여 그 취소가 부적당하다고 인정한 때에는 그 청구를 기각할 수 있다.
④ 원고 승소의 판결이 확정된 경우, 판결의 대세적 효력 및 소급효가 인정된다.
⑤ 원고 패소의 판결이 확정된 경우, 악의 또는 중대한 과실이 있는 원고는 회사에 대하여 손해배상책임을 진다.

해 설 및 정 답

① 총회의 결의에 관하여 특별한 이해관계가 있는 자로서 의결권을 행사하지 못한 주주는 결의가 현저하게 부당하고 의결권을 행사하였더라면 이를 저지할 수 있었을 때에는 결의의 취소의 소를 제기할 수 있다(상법 제381조 제1항).
② 부당결의 취소의 소는 결의의 날부터 2월 내에 제기할 수 있다(상법 제381조 제1항).
③ 부당결의 취소의 소가 제기된 경우에 법원은 결의의 내용, 회사의 현황과 제반사정을 참작하여 그 취소가 부적당하다고 인정한 때라도 그 청구를 기각할 수 없다. 주주총회결의취소의 소에 인정되는 법원의 재량기각(상법 제379조)이 인정되지 않는다
④ 원고 승소의 판결이 확정된 경우, 판결의 대세적 효력 및 소급효가 인정된다(상법 제381조 제2항, 제190조 본문).
⑤ 원고 패소의 판결이 확정된 경우, 악의 또는 중대한 과실이 있는 원고는 회사에 대하여 손해배상책임을 진다(상법 제381조 제2항, 제191조).

정답_③

문 18_다음 보기는 상법상 주주총회결의의 하자에 관한 설명이다. 옳은 설명은 모두 몇 개인가? (2008 세무사)

• 보기 •

가. 법원은 주주총회결의 무효확인의 소가 제기된 경우에 결의의 내용과 회사의 현황 등을 참작하여 그 무효가 부당하다고 인정한 때에는 그 청구를 기각할 수 있다.
나. 의결권을 행사하지 못한 특별이해관계인은 그 결의의 날로부터 2월 내에 부당결의의 취소의 소 또는 변경의 소를 제기할 수 있다.
다. 주주총회결의의 내용이 정관의 규정을 위반한 때에는 결의무효확인의 소의 사유가 된다.
라. 이사인 주주가 결의취소의 소를 제기한 때에는 법원은 회사의 청구에 의하여 상당한 담보를 제공할 것을 명할 수 있다.

① 0개 ② 1개 ③ 2개
④ 3개 ⑤ 4개

가. 법원은 주주총회결의 취소의 소를 제외하고는 재량기각할 수 없다.
다. 주주총회결의의 내용이 정관의 규정을 위반한 때에는 결의취소의 소의 사유가 된다.
라. 이사인 주주가 결의 취소의 소를 제기한 때에는 법원은 회사의 청구에 의하여 상당한 담보를 제공할 것을 명할 수 없다.

정답_②

문 19_상법상 주주총회결의의 하자에 관한 설명으로 옳지 않은 것은? (2009 세무사)

① 결의취소의 소는 결의의 날로부터 2월내에 제기할 수 있다.
② 주주총회의 소집절차가 정관 또는 법령에 위반한 경우 결의취소의 소의 원인이 된다.

결의부존재확인의 소는 소의 이익이 있는 중대한 이해관계인이라면 누구나 제기할 수 있다(제380조 참조).

정답_⑤

해 설 및 정 답

③ 주주총회의 결의내용이 법령에 위반한 것을 이유로 하여 결의무효의 소를 제기할 수 있다.
④ 결의무효확인의 소에서 원고가 승소한 경우 판결은 제3자에 대하여도 그 효력이 있다.
⑤ 결의부존재확인의 소의 경우 원고는 주주, 이사 또는 감사에 한한다.

문 20_상법상 주주총회 결의취소의 소에 관한 설명으로 옳지 않은 것은? (다툼이 있는 경우에는 판례에 의함) (2014 세무사)

① 이사인 주주가 결의취소의 소를 제기한 경우에 법원은 회사의 청구에 의하여 상당한 담보를 제공할 것을 명할 수 있다.
② 특별결의사항을 보통결의의 정족수로 가결한 경우에는 주주총회 결의취소의 소의 원인이 된다.
③ 주주총회에 참석하여 의결권을 행사한 주주도 다른 주주에 대한 소집절차의 하자를 이유로 주주총회 결의취소의 소를 제기할 수 있다.
④ 주주총회에서 결의한 사항이 등기된 경우 결의취소의 판결이 확정된 때에는 본점과 지점의 소재지에서 등기하여야 한다.
⑤ 동일한 의안에 관하여 수 개의 주주총회 결의취소의 소가 제기된 때에는 법원은 이를 병합심리하여야 한다.

주주가 결의취소의 소를 제기한 경우에 법원은 회사의 청구에 의하여 상당한 담보를 제공할 것을 명할 수 있다. 그러나 그 주주가 이사나 감사인 경우에는 제외된다(제377조 제1항).
정답_①

문 21_상법상 주식회사의 이사의 원수와 임기에 관한 설명으로 옳지 않은 것은? (2020 세무사)

① 이사의 임기는 3년을 초과하지 못한다. 다만, 정관으로 그 임기 중의 최종의 결산기에 관한 정기주주총회의 종결에 이르기까지 연장할 수 있다.
② 자본금 총액이 10억원 미만인 회사는 이사를 1명으로 할 수 있고, 이 경우 주주총회가 준비금의 자본금 전입을 결정한다.
③ 법률 또는 정관에 정한 이사의 원수를 결한 경우, 일시이사의 직무를 행할 자의 선임을 법원에 청구할 수 있는 자는 이사에 한한다.
④ 법률 또는 정관에 정한 이사의 원수를 결한 경우, 임기의 만료 또는 사임으로 인하여 퇴임한 이사는 새로 선임된 이사가 취임할 때까지 이사의 권리의무가 있다.
⑤ 최근 사업연도 말 현재의 자산총액이 2조원 이상인 상장회사의 사외이사는 3명이상으로 하되, 이사 총수의 과반수가 되도록 하여야 한다.

① 이사의 임기는 3년을 초과하지 못한다. 다만, 정관으로 그 임기 중의 최종의 결산기에 관한 정기주주총회의 종결에 이르기까지 연장할 수 있다(제383조 제2항, 제3항).
② 자본금 총액이 10억원 미만인 회사는 이사를 1명으로 할 수 있고, 이 경우 주주총회가 준비금의 자본금 전입을 결정한다(제383조 제1항 단서, 제4항).
③ 법률 또는 정관에 정한 이사의 원수를 결한 경우, 일시이사의 직무를 행할 자의 선임을 법원에 청구할 수 있는 자는 이사, 감사 기타의 이해관계인이다(제386조 제1항).
④ 법률 또는 정관에 정한 이사의 원수를 결한 경우, 임기의 만료 또는 사임으로 인하여 퇴임한 이사는 새로 선임된 이사가 취임할 때까지 이사의 권리의무가 있다(제386조 제1항).
⑤ 최근 사업연도 말 현재의 자산총액이 2조원 이상인 상장회사의 사외이사는 3명이상으로 하되, 이사 총수의 과반수가 되도록 하여야 한다(제542조의8 제1항 단서).
정답_③

해 설 및 정 답

문 22_상법상 사외이사의 직을 상실하게 되는 자가 아닌 것은? (2011 세무사)

① 감사의 배우자
② 최대주주가 자연인인 경우 그의 직계비속
③ 최대주주가 법인인 경우 그 법인의 피용자
④ 회사의 상무에 종사하는 피용자의 배우자
⑤ 회사의 피용자가 이사로 있는 다른 회사의 피용자

회사의 상무에 종사하는 피용자는 사외이사의 직을 상실하게 되지만, 그의 배우자는 사외이사의 직을 상실하는 자에 해당하지 아니한다(제383조 제3항).

정답_④

문 23_상법상 주식회사 이사의 선임에 관한 설명으로 옳지 않은 것은?(다툼이 있으면 판례에 따름) (2018 세무사)

① 발기설립의 경우 발기인은 의결권의 과반수로 이사를 선임한다.
② 주주총회에서 특정인을 이사로 선임하는 결의를 하였더라도 이사의 지위는 별도로 대표이사와 피선임자 사이에 임용계약이 체결되어야 비로소 인정된다.
③ 집중투표의 방법으로 이사를 선임하는 경우에는 투표의 최다수를 얻은 자부터 순차적으로 이사에 선임되는 것으로 한다.
④ 회사는 정관에 집중투표를 허용하지 않는다는 규정을 둠으로써 집중투표의 적용을 배제할 수 있다.
⑤ 회사가 설립된 후에는 주주총회에서 이사를 선입한다.

상법은 제382조 제1항, 제409조 제1항에서 이사·감사의 선임에 관하여 '이사·감사는 주주총회에서 선임한다'고 규정하고 있는데, 위 조항의 취지는 원칙적으로 소유와 경영이 분리되는 주식회사의 특수성을 고려하여 주주가 회사의 경영에 관여하는 유일한 통로인 주주총회에 이사·감사의 선임 권한을 전속적으로 부여하기 위한 데에 있다. 그럼에도 불구하고 이사·감사의 지위가 주주총회의 선임결의와 별도로 대표이사와 사이에 임용계약이 체결되어야만 비로소 인정된다고 보는 것은, 이사·감사의 선임을 주주총회의 전속적 권한으로 규정하여 주주들의 단체적 의사결정 사항으로 정한 상법의 취지에 배치된다. 또한 상법상 대표이사는 회사를 대표하며, 회사의 영업에 관한 재판상 또는 재판 외의 모든 행위를 할 권한이 있으나(제389조 제3항, 제209조 제1항), 이사·감사의 선임이 여기에 속하지 아니함은 법문상 분명하다. 그러므로 이사·감사의 지위는 주주총회의 선임결의가 있고 선임된 사람의 동의가 있으면 취득된다고 보는 것이 옳다(대법원 2017. 3. 23. 선고 2016다251215 전원합의체 판결).
① 상법 제296조 제1항 ③ 상법 제382조의2 제4항 ④ 상법 제382조의2 제1항 ⑤ 상법 제382조 제1항

정답_②

문 24_상법상 주식회사의 이사에 관한 설명으로 옳지 않은 것은? (2009 세무사)

① 자본금의 총액이 10억원 미만인 회사는 이사를 1명 또는 2명으로 할 수 있다.
② 이사는 회사설립시에는 발기인이 선임하거나 창립총회에서 선임하고, 설립이후에는 주주총회에서 선임한다.
③ 이사가 가져야 할 주식의 수를 회사의 정관으로 정한 때에는 다른 규정이 없는 한 이사는 주권을 대표이사에게 공탁하여야 한다.
④ 이사의 임기는 3년을 초과하지 못하지만 정관으로 그 임기중의 최종의 결산기에 관한 정기주주총회의 종결에 이르기까지 연장할 수 있다.
⑤ 이사의 임기를 정한 경우에 정당한 이유없이 그 임기만료 전에 이사를 해임한 때에는 그 이사는 회사에 대하여 해임으로 인한 손해의 배상을 청구할 수 있다.

이사가 가져야 할 주식의 수를 회사의 정관으로 정한 때에는 다른 규정이 없는 한 이사는 주권을 감사에게 공탁하여야 한다(제387조).

정답_③

문 25_상법상 주식회사의 이사에 관한 설명으로 옳은 것은?

(2015 세무사)

① 이사는 이사회의 승인이 없더라도 제3자의 계산으로 회사의 영업부류에 속한 거래를 할 수 있다.
② 이사의 배우자가 제3자의 계산으로 회사와 거래를 하려는 경우에는 이사회의 승인을 받지 않아도 된다.
③ 이사회의 결의에 참가한 이사로서 이의를 한 기재가 의사록에 없는 자는 그 결의에 찬성한 것으로 의제한다.
④ 이사가 고의 또는 과실로 정관에 위반한 행위에 대하여 그 이사는 회사에 대하여 연대하여 손해를 배상할 책임이 있다.
⑤ 이사의 제3자에 대한 책임은 주주 전원의 동의로 면제할 수 있다.

해 설 및 정 답

① 이사는 이사회의 승인없이는 제3자의 계산으로 회사의 영업부류에 속하는 거래를 할 수 없다(제397조 제1항). ② 이사의 배우자가 제3자의 계산으로 회사와 거래를 하려는 경우에는 이사회의 손인을 받아야 한다(제398조). ③ 이사회의 결의에 참가한 이사로서 이의를 기재한 기재가 의사록에 없는 자는 그 결의에 찬성한 것으로 추정한다(제399조 제3항). ④ 제399조 제1항. ⑤ 이사의 회사에 대한 손해배상책임은 주주 전원의 동의로 면제할 수 있으나(제400조 제1항), 제3자에 대한 책임은 주주 전원의 동의로 면제할 수 없다.

정답_④

문 26_상법상 비상장주식회사에서의 집중투표에 관한 설명으로 옳지 않은 것은? (단, 정관에는 집중투표 배제조항이 없음)

(2021 세무사)

① 집중투표에 의한 이사 선임의 청구는 의결권 없는 주식을 제외한 발행주식총수의 100분의 3 이상에 해당하는 주식을 가진 주주가 할 수 있다.
② 집중투표에 의한 이사 선임의 청구는 주주총회일의 7일 전까지 서면 또는 전자문서로 하여야 한다.
③ 집중투표의 청구 서면은 결산기가 종료될 때까지 본점에 비치하고 주주로 하여금 영업시간 내에 열람할 수 있게 하여야 한다.
④ 집중투표의 경우, 각 주주는 1주마다 선임할 이사의 수와 동일한 수의 의결권을 가지며, 그 의결권으로 이사 후보자 1인 또는 수인에게 집중하여 투표할 수 있다.
⑤ 집중투표를 한 경우, 투표의 최다수를 얻은 자부터 순차적으로 이사에 선임되는 것으로 한다.

① 집중투표에 의한 이사 선임의 청구는 의결권 없는 주식을 제외한 발행주식총수의 100분의 3 이상에 해당하는 주식을 가진 주주가 할 수 있다(상법 제382조의2 제1항).
② 집중투표에 의한 이사 선임의 청구는 주주총회일의 7일 전까지 서면 또는 전자문서로 하여야 한다(상법 제382조의2 제2항).
③ 집중투표의 청구 서면은 그 총회가 종료될 때까지 본점에 비치하고 주주로 하여금 영업시간 내에 열람할 수 있게 하여야 한다(상법 제382조의2 제6항).
④ 집중투표의 경우, 각 주주는 1주마다 선임할 이사의 수와 동일한 수의 의결권을 가지며, 그 의결권으로 이사 후보자 1인 또는 수인에게 집중하여 투표할 수 있다(상법 382조의2 제3항).
⑤ 집중제투표를 한 경우, 투표의 최다수를 얻은 자부터 순차적으로 이사에 선임되는 것으로 한다(상법 제382조의2 제4항).

정답_③

문 27_상법상 주식회사의 집중투표제에 관한 설명으로 옳지 않은 것은? (2009 세무사)

① 집중투표제는 2인 이상의 이사를 선임할 때에 한하여 채택할 수 있다.
② 집중투표제를 원하지 않는 회사는 정관에 집중투표제를 허용하지 않는다는 규정을 둠으로써 이 제도의 적용을 배제할 수 있다.
③ 집중투표의 청구가 있는 경우에 주주총회의 의장은 의결에 앞서 그러한 청구가 있다는 취지를 알려야 한다.
④ 집중투표의 경우 주주는 1주마다 선임할 이사수와 동일한 수의 의결권을 가지며, 그 의결권을 후보자 1인에게 집중하여 투표하여야 한다.
⑤ 집중투표의 방법으로 이사를 선임하는 경우에는 투표의 최다수를 얻은 자로부터 순차적으로 이사에 선임되는 것으로 한다.

해 설 및 정 답

집중투표의 경우 주주는 1주마다 선임할 이사수와 동일한 수의 의결권을 가지며, 그 의결권을 후보자 1인 또는 수인에게 집중하여 투표하는 방법으로 행사할 수 있다(제382조의2제3항).

정답_④

문 28_A 주식회사에서 5인의 이사후보 중 3인의 이사를 집중투표의 방법으로 선임하고자 한다. 상법상 이에 관한 설명으로 옳은 것은? (2011 세무사)

① A 주식회사의 정관에 집중투표를 명시적으로 허용하는 규정이 있어야만 가능하다.
② 이사의 선임결의에 관하여 각 주주는 1주마다 5개의 의결권을 갖는다.
③ 각 주주는 이사 후보자 5인 중 1인 또는 수인에게 집중하여 투표하는 방법으로 의결권을 행사할 수 있다.
④ 5인의 이사후보 중 과반수 이상의 득표를 얻은 자 중에서 투표의 최다수를 얻은 자부터 순차적으로 이사에 선임된다.
⑤ A 주식회사가 상장회사일 경우 6개월 전부터 계속하여 발행주식총수의 1만분의 10 이상에 해당하는 주식을 보유한 자는 집중투표의 방법으로 이사를 선임할 것을 청구할 수 있다.

① A주식회사의 정관에 집중투표를 배제하는 규정이 없는 경우에 가능하다(제382조의2 제1항).
② 이사의 선임결의에 관하여 각 주주는 1주마다 3개의 의결권을 갖는다(제382조의2 제3항).
④ 5인의 이사후보 중 투표의 최다수를 얻은 자부터 순차적으로 이사에 선임된다(제382조의2 제4항).
⑤ A주식회사가 상장회사일 경우 6개월 전부터 계속하여 발행주식총수의 100분의 3 이상에 해당하는 주식을 보유한 자는 집중투표의 방법으로 이사를 선임할 것을 청구할 수 있다(제542조의7 제1항).

정답_③

문 29_상법상 주식회사의 이사에 관한 설명으로 옳지 않은 것은? (다툼이 있으면 판례에 따름) (2018 세무사)

① 이사의 보수는 정관에 그 액을 정하지 아니한 때에는 주주총회의 보통결의로 이를 정한다.

② 주주총회의 결의로 이사의 보수를 정한 경우 보수에 관한 권리를 주장하는 이사는 이사의 보수에 관해 주주총회의 결의가 있었음에 관하여 증명책임을 진다.

③ 정관이나 주주총회의 결의로 이사의 보수를 정한 경우에 이사로서의 실질적인 직무를 수행하지 않는 명목상 이사라 하더라도 특별한 사정이 없는 한 그 이사는 회사에 대하여 보수에 관한 권리를 주장할 수 있다.

④ 이사의 퇴직시에 지급하는 퇴직위로금은 재직 중 직무집행의 대가가 아니므로 상법상 이사의 보수에 포함되지 않는다.

⑤ 이사의 임기를 정한 경우에 정당한 이유없이 그 임기만료전에 이를 해임한 때에는 그 이사는 회사에 대하여 해임으로 인한 손해의 배상을 청구할 수 있다.

해 설 및 정 답

상법 제388조에 의하면, 주식회사 이사의 보수는 정관에 그 액을 정하지 아니한 때에는 주주총회의 결의로 이를 정한다고 규정되어 있는바, 이사에 대한 퇴직위로금은 그 직에서 퇴임한 자에 대하여 그 재직 중 직무집행의 대가로 지급되는 보수의 일종으로서 상법 제388조에 규정된 보수에 포함된다(대법원 2004. 12. 10. 선고 2004다25123 판결).

① 상법 제388조

② 상법 제388조에 의하면, 주식회사 이사의 보수는 정관에 그 액을 정하지 아니한 때에는 주주총회의 결의로 이를 정한다고 규정되어 있는바, 이사에 대한 퇴직위로금은 그 직에서 퇴임한 자에 대하여 그 재직 중 직무집행의 대가로 지급되는 보수의 일종으로서 상법 제388조에 규정된 보수에 포함되고, 정관 등에서 이사의 보수 또는 퇴직금에 관하여 주주총회의 결의로 정한다고 규정되어 있는 경우 그 금액·지급방법·지급시기 등에 관한 주주총회의 결의가 있었음을 인정할 증거가 없는 한 이사의 보수나 퇴직금청구권을 행사할 수 없다(대법원 2004. 12. 10. 선고 2004다25123 판결).

③ 법적으로는 주식회사 이사·감사의 지위를 갖지만 회사와의 명시적 또는 묵시적 약정에 따라 이사·감사로서의 실질적인 직무를 수행하지 않는 이른바 명목상 이사·감사도 법인인 회사의 기관으로서 회사가 사회적 실체로서 성립하고 활동하는 데 필요한 기초를 제공함과 아울러 상법이 정한 권한과 의무를 갖고 의무위반에 따른 책임을 부담하는 것은 일반적인 이사·감사와 다를 바 없으므로, 과다한 보수에 대한 사법적 통제의 문제는 별론으로 하더라도, 오로지 보수의 지급이라는 형식으로 회사의 자금을 개인에게 지급하기 위한 방편으로 이사·감사로 선임한 것이라는 등의 특별한 사정이 없는 한, 회사에 대하여 상법 제388조, 제415조에 따라 정관의 규정 또는 주주총회의 결의에 의하여 결정된 보수의 청구권을 갖는다(대법원 2015. 7. 23. 선고 2014다236311 판결).

⑤ 상법 제385조 제1항 단서

정답_④

문 30_상법상 비상장회사의 이사에 관한 설명으로 옳지 않은 것은? (2015 세무사)

① 자본금 총액이 15억원인 회사의 이사는 3명 이상이어야 한다.

② 이사의 보수는 정관에 그 액을 정하지 않은 때에는 주주총회의 결의로 이를 정한다.

③ 이사회의 결의는 상법에 달리 규정이 없는 한, 이사과반수의 출석과 출석이사의 과반수로 하여야 하지만 이 결의요건은 정관으로 그 비율을 낮게 정할 수 있다.

④ 이사회의 결의에 관하여 특별한 이해관계가 있는 자는 이사회에서 의결권을 행사하지 못한다.

⑤ 이사가 중대한 과실로 그 임무를 게을리한 때에는 그 이사는 제3자에 대하여 연대하여 손해를 배상할 책임이 있다.

이사회의 결의는 상법에 달리 규정이 없는 한, 이사과반수의 출석과 출석이사의 과반수로 하여야 하지만 이 결의요건은 정관으로 그 비율을 높게 정할 수 있다(제391조 제1항).

정답_③

문 31_상법상 자본금 총액이 10억원인 주식회사의 이사에 관한 설명으로 옳지 않은 것은? (2021 세무사)

① 이사는 3명 이상이어야 한다.
② 이사의 임기는 3년을 초과하지 못하지만, 정관으로 그 임기 중의 최종의 결산기에 관한 정기주주총회의 종결에 이르기까지 연장할 수 있다.
③ 회사는 언제든지 주주총회의 특별결의로 이사를 해임할 수 있다.
④ 이사의 임기를 정한 경우에 정당한 이유 없이 그 임기만료 전에 이를 해임한 때에는 그 이사는 회사에 대하여 해임으로 인한 손해의 배상을 청구할 수 있다.
⑤ 정관으로 이사가 가질 주식의 수를 정한 경우에 다른 규정이 없는 때에는 이사는 그 수의 주권을 이사회에 공탁하여야 한다.

해설 및 정답

① 이사는 3명 이상이어야 한다(상법 제383조 제1항).
② 이사의 임기는 3년을 초과하지 못하지만, 정관으로 그 임기 중의 최종의 결산기에 관한 정기주주총회의 종결에 이르기까지 연장할 수 있다(상법 제383조 제2항, 제3항).
③ 회사는 언제든지 주주총회의 특별결의로 이사를 해임할 수 있다(상법 제385조 제1항).
④ 이사의 임기를 정한 경우에 정당한 이유 없이 그 임기만료 전에 이를 해임한 때에는 그 이사는 회사에 대하여 해임으로 인한 손해의 배상을 청구할 수 있다(상법 제385조 제1항).
⑤ 정관으로 이사가 가질 주식의 수를 정한 경우에 다른 규정이 없는 때에는 이사는 그 수의 주권을 감사에게 공탁하여야 한다(상법 제387조).

정답_⑤

문 32_상법상 이사에 관한 설명으로 옳지 않은 것은? (2010 세무사)

① 회사의 정관에서 배제하는 규정을 두지 않은 한 주주총회에서 2인 이상의 이사를 선임하는 경우에는 의결권없는 주식을 제외한 발행주식 총수의 100분의 3 이상에 해당하는 주식을 가진 주주가 집중투표의 방법으로 이사를 선임할 것을 청구할 수 있다.
② 이사선임결의는 1주 1의결권의 원칙에 의한 주주총회의 보통결의에 의하고, 이사해임결의는 주주총회의 특별결의에 의한다.
③ 정관으로 이사가 가질 주식의 수를 정할 수 있고, 이 경우 이사가 가진 주권은 감사 또는 감사위원회에 공탁하여야 한다.
④ 이사는 3인 이상이어야 하지만, 1인 주식회사의 경우에는 자본금 총액과 상관없이 이사를 1인으로 할 수 있다.
⑤ 이사의 임기는 3년을 초과할 수 없으나, 정관으로 그 임기 중의 최종의 결산기에 관한 정기주주총회의 종결시까지 연장할 수 있다.

이사는 원칙적으로 3인 이상이어야 한다(제383조 제1항). 1인 주식회사의 경우라도 자본금 총액 10억원 미만의 경우를 제외하고는 3인 이상의 이사를 두어야 한다.

정답_④

문 33_상법상 이사 및 감사의 보수에 관한 설명 중 옳은 것은? (2008 세무사)

① 정관에 이사의 보수총액을 정하고 그 분배를 이사회의 결정에 위임할 수 있다.
② 주주총회의 결의로 이사의 보수총액의 결정 및 지급을 대표이사에게 일임하는 것은 유효하다.
③ 원칙상 정관에 이사의 보수가 정해져 있어도 정관변경을 통하여 동일 이사의 보수를 감액할 수 있다.
④ 감사의 보수는 반드시 정관으로 정해야 효력이 있다.
⑤ 판례에 따르면, 이사에게 지급되는 퇴직금은 재직중의 직무집행의 대가로 지급되어도 보수에 포함되지 않는다.

해 설 및 정 답

② 주주총회의 결의로 이사의 보수총액의 결정 및 지급을 대표이사에게 일임하는 것은 무효이다.
③ 원칙상 정관에 이사의 보수가 정해져 있어도 정관변경을 통하여 동일 이사의 보수를 감액할 수 없다.
④ 감사의 보수도 정관 또는 주주총회의 결의로 정할 수 있다(제415조, 제388조).
⑤ 판례에 따르면, 이사에게 지급되는 퇴직금은 재직중의 직무집행의 대가로서 보수에 포함된다.

정답_①

문 34_상법상 이사회에 관한 설명 중 옳지 않은 것은? (2006 세무사)

① 이사회는 각 이사가 소집하는 것이 원칙이나, 이사회결의로 소집할 이사를 정할 수 있다.
② 이사는 직접 회의에 출석한 경우에만 이사회 결의에 참가할 수 있다.
③ 이사회의 결의는 이사 과반수 출석과 출석이사 과반수로 하여야 하나 정관으로 그 비율을 높게 정할 수 있다.
④ 감사는 이사회에 출석하여 의견을 진술할 수 있다.
⑤ 이사회는 이사 및 감사 전원의 동의가 있는 경우에 소집절차 없이 회의를 개최할 수 있다.

② 이사는 직접 회의에 출석하지 않고, 정관에 달리 정함이 없는 때에는 동시에 송수신이 가능한 통신수단에 의하여 회사의 참석할 수 있고, 이는 회의에 출석한 것으로 본다(제391조 제2항).

정답_②

문 35_상법상 자본금 총액이 10억원 미만인 비상장주식회사에 관한 설명으로 옳지 않은 것은? (2016 세무사)

① 이사는 1명 또는 2명으로 할 수 있다.
② 감사를 선임하지 아니할 수 있다.
③ 이사가 2명인 경우에는 공동으로 회사를 대표하여야 한다.
④ 주주총회를 소집하는 경우에는 주주총회일의 10일 전에 각 주주에게 서면으로 통지를 발송하거나 각 주주의 동의를 받아 전자문서로 통지를 발송할 수 있다.
⑤ 주주 전원의 동의가 있을 경우에는 소집절차 없이 주주총회를 개최할 수 있고, 서면에 의한 결의로써 주주총회의 결의를 갈음할 수 있다.

이사가 2명인 경우에는 대표이사를 정하지 아니한 때에는 각 자 회사를 대표한다(제383조 제6항).

정답_③

문 36_상법상 자본금 총액이 10억원인 주식회사의 이사 또는 이사회에 관한 설명으로 옳은 것은? (2013 세무사)

① 자본금 총액이 10억원인 회사는 1인 또는 2인의 이사를 둘 수 있다.
② 이사 과반수의 동의만 있으면 언제든지 소집절차 없이 이사회의 회의를 개최할 수 있다.
③ 감사는 이사회에 출석할 수 있으나 의견은 진술할 수 없다.
④ 주주는 회사에 대하여 영업시간내에 이사회의사록의 열람 또는 등사를 청구할 수 있으며, 회사는 그 청구에 대하여 이유를 붙여 이를 거절할 수 있다.
⑤ 이사회는 회의 연기의 결의를 할 수 있지만, 소집절차는 다시 밟아야 한다.

해 설 및 정 답

① 자본금 총액이 10억원인 회사는 3인 이상의 이사를 두어야 한다(제383조 제1항).
② 이사와 감사 전원의 동의만 있으면 언제든지 소집절차 없이 이사회의 회의를 개최할 수 있다(제390조 제4항).
③ 감사는 이사회에 출석할 수 있으며 의견을 진술할 수 있다(제391조의2 제1항).
⑤ 이사회는 회의 연기의 결의를 할 수 있으며, 소집절차를 다시 밟을 필요가 없다(제392조, 제372조).

정답_④

문 37_상법상 자본금 총액이 10억원인 비상장주식회사의 이사회에 관한 설명으로 옳지 않은 것은? (2013 세무사)

① 이사회의사록의 열람 또는 등사 청구권은 주주와 회사채권자에게 인정된다.
② 이사는 매결산기에 영업보고서를 작성하여 이사회의 승인을 얻어야 한다.
③ 지배인의 선임 또는 해임과 지점의 설치 · 이전 또는 폐지 등 회사의 업무집행은 이사회의 결의로 한다.
④ 이사는 대표이사로 하여금 다른 이사 또는 피용자의 업무에 관하여 이사회에 보고할 것을 요구할 수 있다.
⑤ 이사회를 소집함에는 회일을 정하고 그 1주간 전에 각 이사 및 감사에 대하여 통지를 발송하여야 하지만, 그 기간은 정관으로 단축할 수 있다.

이사회의사록의 열람 또는 등사 청구권은 주주에게 인정된다(제391조의3 제3항).

정답_①

문 38_상법상 이사회의 권한사항을 정관으로 주주총회에서 정할 수 있도록 명문으로 허용하는 경우가 아닌 것은? (2020 세무사)

① 대표이사의 선임
② 정관에 규정이 없는 전환사채의 총액에 관한 결정
③ 정관에 규정이 없는 신주의 종류와 수에 관한 결정
④ 준비금의 자본금 전입
⑤ 이사가 자기 또는 제3자의 계산으로 회사와 거래를 하는 것에 대한 승인

① 대표이사의 선임(제389조 제1항), ② 정관에 규정이 없는 전환사채의 총액에 관한 결정(제513조 제2항), ③ 정관에 규정이 없는 신주의 종류와 수에 관한 결정(제416조), ④ 준비금의 자본금 전입(제461조 제1항)은 명문규정으로 정관으로 주주총회에서 정할 수 있도록 명문으로 허용하고 있다.

정답_⑤

문 39_상법상 이사회의 권한 중 정관에 의하여 주주총회의 권한으로 할 수 있는 사항이 아닌 것은? (2017 세무사)

① 대표이사의 선임
② 주주에 대한 신주의 발행
③ 준비금의 자본전입
④ 주주에 대한 전환사채의 발행
⑤ 감사의 보수결정

해 설 및 정 답

⑤ 감사의 보수는 정관에 규정이 없으면 주주총회에서 정한다(제415조, 제388조).
① 대표이사의 선임(제389조 제1항), ② 주주에 대한 신주의 발행(제416조), ③ 준비금의 자본전입(제461조 제1항), ④ 주주에 대한 전환사채의 발행(제513조 제1항)은 이사회의 결의사항이지만 정관으로 주주총회의 결의사항으로 할 수 있다.

정답_⑤

문 40_A주식회사는 자본금 총액이 8억원인 비상장주식회사로서 이사가 1인이다. 상법상 이사회의 결의 사항 중 A주식회사의 이사가 담당하는 기능이 아닌 것은? (2018 세무사)

① 회사가 보유하는 자기주식의 소각
② 상법에 다른 규정이 없는 경우의 주주총회의 소집
③ 주주제안이 있는 경우 이를 주주총회의 목적사항으로 하는 것
④ 지점의 설치 · 이전 또는 폐지
⑤ 회사가 정관으로 주식의 양도에 관하여 이사회의 승인을 받도록 하는 경우 그 양도에 관한 승인

① 회사가 보유하는 자기주식의 소각, ② 상법에 다른 규정이 없는 경우의 주주총회의 소집, ③ 주주제안이 있는 경우 이를 주주총회의 목적사항으로 하는 것, ④ 지점의 설치 · 이전 또는 폐지에 관해서는 이사회가 존재하지 아니하는 경우 각 이사가 이를 담당한다(상법 제383조 제6항). 그러나 ⑤ 회사가 정관으로 주식의 양도에 관하여 이사회의 승인을 받도록 하는 경우 그 양도에 관한 승인은 이사회가 존재하지 아니하는 경우 주주총회가 이를 담당한다(상법 제383조 제4항).

정답_⑤

11 진도별 모의고사

문 1_상법상 주식회사의 이사회에 관한 설명으로 옳지 않은 것은? (2016 세무사)

① 이사회 소집권자인 이사가 정당한 이유없이 이사회 소집을 거절하는 경우에는 다른 이사가 이사회를 소집할 수 있다.
② 이사회의 결의는 이사과반수의 출석과 출석이사의 과반수로 하여야 하는 것이 원칙이나, 정관으로 그 비율을 높게 정할 수 있다.
③ 감사는 이사가 법령 또는 정관에 위반한 행위를 하거나 그 행위를 할 염려가 있다고 인정한 때에는 이사회에 이를 보고하여야 한다.
④ 이사회의사록의 열람 또는 등사를 청구하려는 주주는 발행주식의 총수의 100분의 1 이상에 해당하는 주식을 보유하여야 한다.
⑤ 이사는 3월에 1회 이상 업무의 집행상황을 이사회에 보고하여야 한다.

해 설 및 정 답

주주는 이사회의사록의 열람 또는 등사를 청구할 수 있다(제391조의3 제3항).

정답_④

문 2_상법상 자본금 총액이 10억원 이상인 비상장주식회사의 이사회에 관한 설명으로 옳지 않은 것은? (2017 세무사)

① 이사는 대표이사로 하여금 다른 이사 또는 피용자의 업무에 관하여 이사회에 보고할 것을 요구할 수 있다.
② 이사회의 결의는 상법상 다른 규정이 없으면 이사과반수의 출석과 출석이사의 과반수로 하여야 한다. 그러나 정관으로 그 비율을 높게 정할 수 있다.
③ 정관에서 달리 정하는 경우를 제외하고 이사회는 이사의 전부 또는 일부가 직접 회의에 출석하지 아니하고 모든 이사가 음성을 동시에 송수신하는 원격통신수단에 의하여 결의에 참가하는 것을 허용할 수 있다.
④ 이사는 3월에 1회 이상 업무의 집행상황을 이사회에 보고하여야 한다.
⑤ 이사회의 결의로 감사를 이사회의 소집권자로 정하여야 한다.

⑤ 감사는 필요하면 회의의 목적사항과 소집이유를 서면에 적어 이사(소집권자가 있는 경우에는 소집권자를 말한다)에게 제출하여 이사회의 소집을 청구할 수 있고, 그 청구를 하였는데도 이사가 지체없이 이사회를 소집하지 아니하면 그 청구한 감사가 이사회를 소집할 수 있다(제412조의4 제1항, 제2항). 따라서 이사회의 결의로 정하는 것이 아니다.
① 제393조 제3항 ② 제391조 제1항
③ 제391조 제2항 ④ 제393조 제4항

정답_⑤

문 3_상법상 주식회사 이사회의 결의에 관한 설명으로 옳은 것은? (다툼이 있으면 판례에 따름) (2021 세무사)

① 이사회의 결의는 이사 과반수의 출석과 출석이사의 과반수로 하며, 그 비율은 정관으로 완화할 수 있다.
② 이사는 이사회의 승인을 얻은 경우에 한하여 타인에게 이사회의 출석과 의결권을 위임할 수 있다.
③ 이사회의 결의무효확인의 소가 인용되어 그 판결이 확정된 경우 대세적 효력이 인정된다.
④ 정관에서 달리 정하는 경우를 제외하고 이사회는 이사의 전부가 직접 회의에 출석하지 아니하고 모든 이사가 음성을 동시에 송수신하는 원격통신수단에 의하여 결의에 참가하는 것을 허용할 수 있다.
⑤ 이사회의 결의에 관하여 특별한 이해관계가 있는 이사라도 이사회의 승인이 있으면 의결권을 행사할 수 있다.

해 설 및 정 답

① 이사회의 결의는 이사 과반수의 출석과 출석이사의 과반수로 하며, 그 비율은 정관으로 완화할 수 없다(상법 제391조 제1항).
② 이사는 개성이 중시되므로 주주와 달리 타인에게 이사회의 출석과 의결권을 위임할 수 없다.
③ 이사회의 결의무효확인의 소는 상법상의 소송이 아니므로, 일반 소송법상의 소와 같이 그 판결이 확정된 경우 대세적 효력이 인정되지 않는다.
④ 정관에서 달리 정하는 경우를 제외하고 이사회는 이사의 전부가 직접 회의에 출석하지 아니하고 모든 이사가 음성을 동시에 송수신하는 원격통신수단에 의하여 결의에 참가하는 것을 허용할 수 있다(상법 제391조 제2항).
⑤ 이사회의 결의에 관하여 특별한 이해관계가 있는 이사는 이사회에서 의결권을 행사할 수 없다(상법 제391조 제3항, 제368조 제3항).

정답_④

문 4_다음의 보기는 상법상 주식회사의 이사회에 관한 설명이다. 옳은 내용에 해당하는 것만을 묶은 것은? (2008 세무사)

• 보기 •

가. 이사회 결의의 하자는 소 이외의 방법으로도 다툴 수 있다.
나. 감사는 이사회에 출석할 권리는 있으나, 의견을 진술할 권리는 없다.
다. 정관에 정함이 있는 경우에는 준비금의 자본금 전입, 신주발행사항은 주주총회의 권한으로 전환할 수 있다.
라. 주주총회에서 결정된 이사의 보수총액을 배분하는 이사회 결의에서 이사는 특별이해관계인이다.
마. 지배인의 선임은 대표이사가 하지만, 그 해임은 이사회의 결의에 의한다.

① 가, 다 ② 가, 나 ③ 나, 다
④ 라, 마 ⑤ 가, 마

가. 이사회 결의의 하자에 대해서는 상법에 규정이 없으므로, 소 이외의 방법으로도 다툴 수 있다.
나. 감사는 이사회에 출석할 권리와 그 이사회에서 의견을 진술할 권리가 있다(제391조의2 제1항).
라. 주주총회에서 이미 이사의 보수총액이 결정되었으므로, 이사의 보수총액을 배분하는 이사회의 결의에서 이사는 특별이해관계인에 해당하지 않는다.
마. 지배인의 선임과 그 해임은 이사회의 결의에 의한다(제393조 제1항).

정답_①

문 5_상법상 주식회사의 이사회의 결의에 관한 설명으로 옳지 않은 것은?(다툼이 있는 경우에는 판례에 의함) (2009 세무사 수정)

① 이사회의 결의는 이사 과반수의 출석과 출석이사의 과반수로 하여야 하지만, 정관으로 그 비율을 높게 정할 수 있다.
② 판례에 의하면 이사는 직접 의결권을 행사하여야 하며, 그 대리행사는 허용되지 않는다.
③ 정관에서 달리 정하는 경우를 제외하고 이사회는 이사의 전부 또는 일부가 직접 회의에 출석하지 아니하고 모든 이사가 음성을 동시에 송·수신하는 원격통신수단에 의하여 결의에 참가하는 것이 허용된다.

이사회결의의 하자의 주장방법에 대해 상법에 규정이 없으므로, 일반무효의 법리에 따라 해결하여야 한다. 따라서 소의 방법이든 소 외의 방법이든 무효의 주장은 가능하다.

정답_⑤

해설 및 정답

④ 이사회의 의사록에는 의사의 안건, 경과요령, 그 결과, 반대하는 자와 그 반대이유를 기재하고 출석한 이사 및 감사가 기명날인 또는 서명하여야 한다.

⑤ 판례에 의하면 이사회 결의의 하자에 대해서는 소의 방법으로만 무효를 주장하여야 한다.

문 6_상법상 주식회사의 이사회에 관한 설명으로 옳은 것은?

(2019 세무사)

① 대표이사 외의 이사는 이사회를 소집할 수 없다.

② 회사는 주주총회의 결의로 회사를 대표할 이사를 선정하여야 한다.

③ 감사는 이사가 법령 또는 정관에 위반한 행위를 하거나 그 행위를 할 염려가 있다고 인정한 때에는 이사회에 이를 보고하여야 한다.

④ 이사회의사록에는 의사의 안건, 경과요령, 그 결과, 반대하는 자와 그 반대이유를 기재하고, 출석하지 않은 이사를 포함한 이사 전원이 기명날인 또는 서명하여야 한다.

⑤ 주주가 영업시간 외에 이사회의사록의 열람을 청구한 경우 회사는 이에 응하여야 한다.

① 이사회는 각 이사가 소집한다(제390조 제1항).
② 회사는 이사회의 결의로 회사를 대표할 이사를 선정하여야 한다(제389조 제1항).
③ 감사는 이사가 법령 또는 정관에 위반한 행위를 하거나 그 행위를 할 염려가 있다고 인정한 때에는 이사회에 이를 보고하여야 한다(제391조의2 제2항).
④ 이사회의사록에는 의사의 안건, 경과요령, 그 결과, 반대하는 자와 그 반대이유를 기재하고, 출석한 이사 및 감사가 기명날인 또는 서명하여야 한다(제391조의3 제2항).
⑤ 주주가 영업시간 외에 이사회의사록의 열람을 청구한 경우 회사는 이유를 붙여 이를 거절할 수 있다(제391조의3 제4항).

정답_③

문 7_상법상 이사회에 관한 설명으로 옳지 않은 것은?

(2011 세무사)

① 이사회는 이사 및 감사 전원의 동의가 있으면 소집절차 없이 언제든지 회의할 수 있다.

② 이사회의 결의요건은 정관으로 그 비율을 높게 정할 수 있다.

③ 대법원 판례에 의하면 중요한 자산의 처분에 해당하더라도 이사회규정상 이사회 부의사항이 아니라면 이사회의 결의를 거칠 필요는 없다.

④ 감사는 이사가 법령 또는 정관에 위반한 행위를 하거나 그 행위를 할 염려가 있다고 인정한 때에는 이사회에 이를 보고하여야 한다.

⑤ 재적이사 6인 중 3인이 출석하여 3인 전원의 찬성으로 이루어진 이사회의 결의는 무효이다.

대법원 판례에 의하면 중요한 자산의 처분에 해당하더라도 이사회규정상 이사회 부의사항이 아니라도 반드시 이사회의 결의를 거쳐야 한다(대법원 2005.7.28. 선고 2005다3649).

정답_③

해 설 및 정 답

문 8_상법상 주식회사 이사회의 권한사항이 아닌 것은? (2011 세무사)

① 사채의 모집
② 검사인의 선임
③ 신주발행사항의 결정
④ 이사의 직무집행에 대한 감독
⑤ 이사의 경업거래에 대한 승인

검사인의 선임은 이사회의 권한사항이 아니며, 주주총회에서 선임하는 경우(제366조 제3항, 제367조)와 법원에서 선임하는 경우(제298조 제4항, 제310조, 제422조)가 있다. 사채모집(제469조), 신주발행사항의 결정(제416조), 이사의 직무집행에 대한 감독(제393조 제2항), 이사의 경업거래의 승인(제397조 제1항) 등은 이사회의 권한사항이다.

정답_②

문 9_A주식회사 대표이사 甲은 일부 이사에게 소집통지하지 아니하고 이사회를 개최하여, 乙을 지배인으로 선임하고 회사 중요재산을 丙에게 처분하며 10억원에 상당하는 신주발행을 한다는 결의를 하고 각각 실행하였다. 다음 설명 중 틀린 것은? (2008 세무사)

① 을에 대한 지배인 선임은 무효이다.
② 소집통지를 받지 못한 丁은 대표이사 甲을 상대로 이사회 결의무효확인의 소를 제기할 수 있다.
③ A회사 이사회의 결의에 대한 무효확인소송의 승소확정판결은 대세적 효력이 없다.
④ 丙이 선의이고 무과실이면 재산이전행위 자체는 유효하다.
⑤ 신주발행의 효력이 발생한 후에 A회사 주주가 이사회 결의 하자를 이유로 신주발행에 이의를 제기하려는 경우 신주발행 무효의 소만을 제기할 수 있다는 것이 판례의 입장이다.

이사회소집절차의 하자가 있는 경우에 그 하자에 대한 소송에 대해서는 상법에 규정이 없으므로, 일반 무효법리에 따른다는 것이 통설과 판례의 입장이다. 이에 따라 소송외의 방법에 의해 그 무효를 주장할 수 있으나, 소송상의 방법에 의해 무효주장을 할 수 있다. 이때 소집통지를 받지 못한 丁은 회사를 상대로 이사회 결의무효확인의 소를 제기할 수 있다.

정답_②

문 10_상법상 비상장주식회사의 이사회내 위원회에 관한 설명으로 옳지 않은 것은? (2021 세무사)

① 이사회는 대표이사의 선임에 관한 권한을 위원회에 위임할 수 있다.
② 감사위원회가 아닌 위원회는 2인 이상의 이사로 구성한다.
③ 위원회는 결의된 사항을 각 이사에게 통지하여야 한다.
④ 이사회는 감사위원회가 아닌 위원회가 결의한 사항에 대하여 다시 결의할 수 있다.
⑤ 이사회는 정관이 정한 바에 따라 위원회를 설치할 수 있다.

① 이사회는 대표이사의 선임에 관한 권한을 위원회에 위임할 수 없다(상법 제393조의2 제2항 제2호).
② 감사위원회가 아닌 위원회는 2인 이상의 이사로 구성한다(상법 제393조의2 제3항, 제415조의2 제1항).
③ 위원회는 결의된 사항을 각 이사에게 통지하여야 한다(상법 제393조의2 제4항).
④ 이사회는 감사위원회가 아닌 위원회가 결의한 사항에 대하여 다시 결의할 수 있다(상법 제393조의2 제4항, 제415조의2 제6항).
⑤ 이사회는 정관이 정한 바에 따라 위원회를 설치할 수 있다(상법 제393조의2 제1항).

정답_①

문 11_상법상 주식회사의 이사회내 위원회에 관한 설명으로 옳지 않은 것은? (2017 세무사)

① 최근 사업연도 말 현재의 자산총액이 2조원 이상인 상장회사는 사외이사 후보추천위원회를 설치하여야 한다.
② 비상장회사의 감사위원회는 3명 이상의 이사로 구성하고, 그 중 3분의 2 이상은 사외이사로 하여야 한다.
③ 최근 사업연도 말 현재의 자산총액이 2조원 이상인 상장회사의 경우 감사위원회 위원을 선임하거나 해임하는 권한은 주주총회에 있다.
④ 이사회는 위원회에 대표이사의 선임 및 해임에 관한 권한을 위임할 수 없다.
⑤ 감사위원회의 결의에 대하여 이사회는 다시 결의할 수 있고, 이사회가 다시 결의하는 경우 그 감사위원회의 결의는 그 효력을 잃게 된다.

해 설 및 정 답

⑤ 감사위원회의 결의에 대하여 이사회는 다시 결의할 수 없다(제415조의2 제7항).
① 제542조의8 제4항 ② 제415조의2 제2항
③ 제542조의12 제1항 ④ 제393조의2 제2항
정답_⑤

문 12_상법상 비상장회사의 이사회 내 위원회에 관한 설명으로 옳지 않은 것은? (2019 세무사)

① 감사위원회를 제외한 위원회는 2인 이상의 이사로 구성한다.
② 감사위원회의 위원의 해임에 관한 이사회의 결의는 이사 총수의 3분의 2 이상의 결의로 하여야 한다.
③ 감사위원회의 위원은 사외이사가 위원의 3분의 2이상이어야 한다.
④ 이사회는 위원회가 결의한 사항에 대하여 다시 결의할 수 없다.
⑤ 이사회는 정관이 정하는 바에 따라 위원회를 설치할 수 있다.

① 감사위원회를 제외한 위원회는 2인 이상의 이사로 구성한다(제393조의2 제3항, 제415조의2 제2항).
② 감사위원회의 위원의 해임에 관한 이사회의 결의는 이사 총수의 3분의 2 이상의 결의로 하여야 한다(제415조의2 제3항).
③ 감사위원회의 위원은 사외이사가 위원의 3분의 2이상이어야 한다(제415조의2 제2항).
④ 이사회는 감사위원회를 제외한 위원회가 결의한 사항에 대하여 다시 결의할 수 있다(제393조의2 제4항, 제415조의2 제6항).
⑤ 이사회는 정관이 정하는 바에 따라 위원회를 설치할 수 있다(제393조의2 제1항).
정답_④

문 13_상법상 주식회사의 이사회의 권한 중 이사회내 위원회에 위임할 수 있는 것은? (2020 세무사)

① 지배인의 선임
② 위원회 위원의 선임
③ 위원회의 설치
④ 대표이사의 선임
⑤ 주주총회의 승인을 요하는 사항의 제안

② 위원회 위원의 선임, ③ 위원회의 설치, ④ 대표이사의 선임, ⑤ 주주총회의 승인을 요하는 사항의 제안 및 정관으로 정하는 사항은 위원회에 위임할 수 없다(제393조의2 제2항).
정답_①

문 14_상법상 이사회내 위원회에 관한 설명으로 옳은 것은? (2005 세무사 수정)

① 위원회는 그 결의로 위원회를 대표할 자를 사외이사 중에서 선정하여야 한다.
② 위원회가 결의한 사항에 대하여 감사위원회의 결의를 제외하고는 이사회는 다시 결의할 수 있다.
③ 위원회는 3인 이상의 이사로 구성하여야 한다.
④ 위원회는 결의된 사항을 이사회에 통지하여야 한다.
⑤ 위원회는 주주총회의 결의로 설치하여야 한다.

해 설 및 정 답

① 위원회의 대표자는 이사인 이외의 제한이 없으므로 업무집행사원이든 사외이사이든 관계없다.
② 제393조의2 제4항 2문
③ 위원회는 원칙적으로 2인 이상의 이사로 구성하며, 감사위원회는 3인 이상의 이사로 구성된다(제393조의2 제3항).
④ 위원회는 결의된 사항을 각 이사에게 통지하여야 한다(제393조의2 제4항 1문).
⑤ 위원회는 정관의 정함으로 둘 수 있다(제393조의2 제1항).

정답_②

문 15_상법상 3인 이상의 이사를 둔 비상장주식회사의 이사회내 위원회에 관한 설명으로 옳은 것은? (2013 세무사)

① 이사회는 정관에 규정이 없더라도 주주총회의 특별결의를 얻어 위원회를 설치할 수 있다.
② 감사위원회는 3인 이상의 이사로 구성되고, 위원의 과반수는 사외이사이어야 한다.
③ 이사회는 대표이사의 선임을 위원회에 위임할 수 있다.
④ 이사회는 위원회의 설치와 그 위원의 선임 및 해임에 관하여 그 권한을 위원회에 위임할 수 없다.
⑤ 이사회는 원칙적으로 위원회가 결의한 사항에 대하여 다시 결의할 수 없다.

① 이사회는 정관에 규정이 있어야 위원회를 설치할 수 있다(제393조의2 제1항).
② 감사위원회는 3인 이상의 이사로 구성되고, 위원의 3분의2 이상은 사외이사이어야 한다(제415조의2 제2항).
③ 이사회는 대표이사의 선임을 위원회에 위임할 수 없다(제393조의2 제2항).
⑤ 이사회는 원칙적으로 위원회가 결의한 사항에 대하여 다시 결의할 수 있다(제393조의2 제4항).

정답_④

문 16_자본금 총액이 15억원으로 비상장인 甲 주식회사에서 상법상 미리 이사 3분의 2 이상의 수에 의한 이사회 승인이 요구되는 경우는? (2017 세무사)

① 甲 주식회사 이사의 배우자가 자기 또는 제3자의 계산으로 甲 주식회사와 거래를 하는 경우
② 甲 주식회사 이사가 자기 또는 제3자의 계산으로 회사의 영업부류에 속한 거래를 하는 경우
③ 甲 주식회사가 본점의 지배인을 선임하는 경우
④ 甲 주식회사가 영업 전부를 임대하는 경우
⑤ 甲 주식회사가 이사회내 위원회를 설치하는 경우

① 甲주식회사 이사의 배우자가 자기 또는 제3자의 계산으로 甲주식회사와 거래를 하는 경우, 즉 이사 등의 자기거래제한(제398조), 이사의 자산 및 사업기회이용 승인(제397조의2 제1항), 이사의 감사위원회 감사위원의 해임(제415조의2 제3항)은 총이사 3분의 2 이상에 의한 이사회의 승인을 요한다.
② 甲주식회사 이사가 자기 또는 제3자의 계산으로 회사의 영업부류에 속한 거래를 하는 경우, 즉 경업의 승인(제397조 제1항), ③ 甲주식회사가 본점의 지배인을 선임하는 경우(제393조 제1항), ⑤ 甲주식회사가 이사회내 위원회를 설치하는 경우(제393조의2 제1항)는 총이사 과반수의 출석과 출석이사의 과반수 찬성으로 결의한다(제391조 제1항).
④ 甲주식회사가 영업 전부를 임대하는 경우는 주주총회 특별결의사항이다(제374조 제1항 2호).

정답_①

문 17_상법상 주식회사의 대표이사에 관한 설명으로 옳은 것은? (다툼이 있으면 판례에 따름) (2015 세무사)

① 대표이사는 이사회에서만 선임된다.
② 회사를 대표할 이사의 성명과 주소는 설립등기사항이 아니다.
③ 이사가 회사에 대하여 소를 제기하는 경우 그 소에 관하여 대표이사가 회사를 대표한다.
④ 대표이사는 이사의 자격을 전제로 하므로 대표이사의 자격을 상실하면 이사의 자격도 상실한다.
⑤ 대표이사가 이사회의 결의를 거쳐야 할 거래행위에 관하여 이를 거치지 아니한 경우, 거래상대방이 이를 알았거나 알 수 있었을 때에는 그 거래행위는 무효이다.

해 설 및 정 답

① 대표이사는 이사회에서 선임하는 것이 원칙이지만, 정관으로 주주총회에서 선임하도록 정할 수 있다(제389조 제1항).
② 회사를 대표할 이사의 성명과 주소는 설립등기사항이다(제317조 제2항 9호).
③ 이사가 회사에 대하여 소를 제기하는 경우 그 소에 관하여 감사가 회사를 대표한다(제394조 제1항).
④ 대표이사는 이사의 자격을 전제로 하므로 이사의 자격을 상실하면 대표이사의 자격도 상실하지만, 대표이사의 자격을 상실하더라도 이사의 자격은 상실하지 않는다.

정답_⑤

문 18_상법상 회사의 대표에 관한 설명 중 옳은 것은? (2006 세무사)

① 합명회사는 정관에 규정이 있는 경우에 한하여 공동대표를 정할 수 있다.
② 합자회사의 유한책임사원은 무한책임사원 전원의 동의가 있는 경우에는 회사를 대표할 수 있다.
③ 주식회사의 대표이사는 이사회에서 선정하는 것이 원칙이나 정관에 정함이 있으면 주주총회에서 선정할 수 있다.
④ 주식회사의 대표이사가 수인인 경우 항상 공동으로 회사를 대표하여야 한다.
⑤ 유한회사가 이사에 대하여 소를 제기하는 경우에는 감사가 회사를 대표한다.

① 합명회사는 정관 또는 총사원의 동의로 공동대표를 정할 수 있다(제207조).
② 합자회사의 유한책임사원은 무한책임사원 전원의 동의가 있더라도 회사를 대표할 수 없다(제278조).
③ 제389조 제1항.
④ 주식회사의 대표이사가 수인인 경우 원칙적으로 각자가 회사를 대표하고, 공동대표이사를 정할 수 있다(제389조 제2항).
⑤ 유한회사가 이사에 대하여 소를 제기하는 경우에는 사원총회에서 대표를 정한다(제563조).

정답_③

문 19_상법상 주식회사의 대표이사에 관한 설명 중 옳지 않은 것은? (2004 세무사)

① 대표이사는 정관으로 주주총회에서 선임하기로 정한 경우 이외에는 이사회에서 선임한다.
② 대표이사의 대표권은 법률에 의하지 아니하고서도 회사 내부에서 제한할 수 있다.
③ 대표권이 남용된 경우에는 회사가 책임을 부담하지 않는다.
④ 공동대표이사가 있는 경우 회사에 대한 의사표시는 대표이사 1인에게만 하여도 효력이 있다.
⑤ 이사의 자격을 잃으면 대표이사의 자격도 당연히 상실한다.

③ 대표권이 남용된 경우에도 회사가 그 책임을 부담하지만, 다만 제3자가 악의 또는 선의에 중과실이 있는 때에는 책임을 부담하지 않는다는 것이 통설 · 판례의 입장이다.

정답_③

문 20_상법상 비상장주식회사의 이사 및 대표이사에 관한 설명으로 옳은 것은? (2014 세무사)

① 정관에 정함이 없어도 주주총회에서 회사를 대표할 이사를 선정할 수 있다.
② 판례에 의하면 이사회의 결의는 이사 과반수의 출석과 출석이사의 과반수로 하여야 하나 정관으로 그 비율을 낮게 정할 수 있다.
③ 정관으로 이사가 가질 주식의 수를 정한 경우에 다른 규정이 없는 때에는 이사는 그 수의 주권을 본점소재지의 관할 법원에 공탁하여야 한다.
④ 회사는 주주총회의 특별결의에 의하여 임기를 정하지 않은 이사를 언제든지 해임할 수 있다.
⑤ 대표이사의 퇴임으로 대표이사가 없게 되는 경우 새로운 대표이사가 취임할 때까지 업무담당이사가 회사의 대표권을 행사한다.

해설 및 정답

① 정관에 정함이 있으면 주주총회에서 회사를 대표할 이사를 선정할 수 있다(제389조 제1항).
② 판례에 의하면 이사회의 결의는 이사 과반수의 출석과 출석이사의 과반수로 하여야 하나 정관으로 그 비율을 높게 정할 수 있다(제391조 제1항).
③ 정관으로 이사가 가질 주식의 수를 정한 경우에 다른 규정이 없는 때에는 이사는 그 수의 주권을 감사에게 공탁하여야 한다(제387조).
④ 제385조 제1항
⑤ 대표이사의 퇴임으로 대표이사가 없게 되는 경우 이사회의 결의로 대표이사를 선임하게 되지만(이사회는 정관의 정함으로 소집통지에 관한 제한을 두지 않을 수 있으므로 지체없이 선임할 수 있으므로 제386조 제1항이 적용될 여지가 거의 없지만), 그러하지 않은 때에는 새로운 대표이사가 취임할 때까지 퇴임이사가 회사의 대표권을 행사한다(제386조 제1항 참조).

정답_④

문 21_상법상 주식회사의 대표이사에 관한 설명으로 옳은 것은? (2009 세무사)

① 이사와 회사 간의 소에 관하여는 대표이사가 회사를 대표한다.
② 회사가 수인의 대표이사를 두는 경우 각자 회사를 대표하는 것이 원칙이다.
③ 회사는 정관에 다른 규정이 없으면 주주총회의 결의로 대표이사를 선정하여야 한다.
④ 대표이사는 대표권의 제한을 등기하면 선의의 제3자에 대하여 대항할 수 있다.
⑤ 대표이사는 이사의 자격을 전제로 하므로, 대표이사의 자격을 상실하면 이사의 자격을 상실한다.

① 이사와 회사간의 소에 관하여는 감사가 회사를 대표한다(제394조 제1항).
③ 회사는 정관에 다른 규정이 없으면 이사회의 결의로 대표이사를 선정하여야 한다(제389조 제1항).
④ 대표이사는 대표권의 제한은 등기사항에 해당하지 않으며, 이를 등기하더라도 선의의 제3자에 대하여 대항할 수 없다.
⑤ 대표이사는 이사의 자격을 전제로 하므로, 이사의 자격을 상실하면 대표이사의 자격을 상실한다. 그러나 대표이사의 자격을 상실하더라도 이사의 자격을 상실하지 않는다.

정답_②

문 22_상법상 주식회사의 대표이사에 관한 설명으로 옳지 않은 것은? (2020 세무사)

① 대표이사가 그 업무집행으로 인하여 타인에게 손해를 가한 때에는 회사는 그 대표이사와 연대하여 배상할 책임이 있다.
② 감사가 설치된 회사에서 이사가 회사에 대하여 소를 제기하는 경우에 감사는 그 소에 관하여 회사를 대표한다.
③ 대표이사는 회사의 영업에 관하여 재판상 또는 재판외의 모든 행위를 할 권한이 있다.

① 대표이사가 그 업무집행으로 인하여 타인에게 손해를 가한 때에는 회사는 그 대표이사와 연대하여 배상할 책임이 있다(제389조 제3항, 제210조).
② 감사가 설치된 회사에서 이사가 회사에 대하여 소를 제기하는 경우에 감사는 그 소에 관하여 회사를 대표한다(제394조 제1항).
③ 대표이사는 회사의 영업에 관하여 재판상 또는 재판외의 모든 행위를 할 권한이 있다(제389조 제3항, 제209조 제1항).
④ 회사를 대표할 권한이 있는 것으로 인정될 만한 명칭을 사용한 이사의 행위에 대하여는

④ 회사를 대표할 권한이 있는 것으로 인정될 만한 명칭을 사용한 이사의 행위에 대하여는 그 이사가 회사를 대표할 권한이 없는 경우에도 회사는 선의의 제3자에 대하여 그 책임을 진다.

⑤ 공동대표이사가 있는 경우 제3자의 회사에 대한 의사표시는 공동대표이사 전원에 대하여 하여야 그 효력이 생긴다.

해 설 및 정 답

그 이사가 회사를 대표할 권한이 없는 경우에도 회사는 선의의 제3자에 대하여 그 책임을 진다(제395조).

⑤ 공동대표이사가 있는 경우 제3자의 회사에 대한 의사표시는 공동대표이사중 1인에 대하여 하여도 그 효력이 생긴다(제389조 제3항, 제208조 제2항).

정답_⑤

문 23_상법상 주식회사의 대표이사에 관한 설명으로 옳지 않은 것은?(다툼이 있는 경우에는 판례에 의함) (2010 세무사)

① 이사가 아닌 자는 대표이사가 될 수 없으며, 대표이사가 대표이사직을 상실하면 이사의 지위도 상실한다.

② 주주총회의 개최 없이 의사록만으로 대표자로 선임된 자의 행위에 대하여 회사가 대표자격의 외관현출에 귀책사유가 있는 경우 회사는 그 대표자의 행위에 대하여 책임을 진다.

③ 대표이사가 대표권제한을 위반한 경우에도 회사는 대표권제한으로써 선의의 제3자에게 대항하지 못한다.

④ 대표이사가 정당한 이유없이 그 임기 만료전에 대표이사직에서 해임당한 때에는 그 대표이사는 회사에 대하여 해임으로 인한 손해배상을 청구할 수 없다.

⑤ 대표이사가 이사회 결의를 거쳐야 할 거래행위에 관하여 이를 거치지 아니한 경우 거래상대방이 이를 알았거나 알 수 있었을 때에는 그 거래는 무효이다.

이사가 아닌 자는 대표이사가 될 수 없으며, 대표이사가 대표이사직을 상실하더라도 이사의 지위를 상실하는 것은 아니다. 그러나 이사의 지위를 상실하면 당연 대표이사의 지위도 상실한다.

② 위의 내용에 대해 과거판례는 제395조(표현대표이사)의 규정에 따라 회사의 책임을 인정하였으나, 현재의 판례(대판2004.2.27, 2002다19797)는 제39조(부실등기의 효력)에 따라 회사의 책임을 인정하고 있다.

④ 대표이사가 정당한 사유없이 해임된 때에는 손해배상을 청구할 수 있다는 것이 다수설의 입장이지만 판례(대판2004.12.10, 2004다25123)는 손해배상을 청구할 수 없다고 한다.

⑤ 대판2009.3.26., 2006다47677

정답_①

문 24_대표이사(및 업무집행이사)의 업무집행의 적법성과 타당성을 담보하는 제도 및 원칙으로 보기 어려운 것은? (2008 세무사)

① 경영판단의 법칙

② 이사의 충실의무

③ 감사기관의 독립성 보장

④ 이사회의 권한 강화

⑤ 소수주주권

경영판단의 법칙은 회사의 목적범위 내이고 이사의 권한내인 사항에 관해 이사가 내린 의사결정이 그같이 할 합리적인 근거가 있고, 회사의 이익을 위한 것이라는 믿음하에 어떤 다른 고려에 의한 영향을 받지 아니한 채 독립적인 판단을 통해 성실히 이루어진 것이라면 법원은 이에 개입하여 그 판단에 따른 거래를 무효로 하거나 그로 인한 회사의 손해에 관해 이사의 책임을 묻지 않는 원칙을 말한다. 따라서 이는 업무집행의 적법성과 타당성을 담보하는 제도로 보기 어렵다. 이러한 경영판단의 법칙은 성질상 임무해태에 국한하여 적용될 수 있고, 법령에 위반한 행위에 대해서는 적용될 수 없다(대판2005.10.28 2003다69638).

⑤의 소수주주권은 소유와 경영의 분리원칙에 반하여 주주에게 경영간섭을 허용하는 것으로, 이는 다수파주주의 전횡을 막고 개별주주의 주주권의 남용을 방지하는데 그 뜻이 있다.

정답_①

해 설 및 정 답

문 25_상법상 대표이사에 관한 설명으로 옳지 않은 것은?

(2011 세무사)

① 정관으로 대표이사를 주주총회에서 선임할 것을 정할 수 있다.
② 이사가 회사에 대하여 소를 제기하는 경우 대표이사가 그 소에 관하여 회사를 대표한다.
③ 제3자의 회사에 대한 의사표시는 공동대표이사 중의 1인에 대하여 이를 함으로써 그 효력이 생긴다.
④ 이사회가 대표이사의 권한을 내부적으로 제한하더라도 이러한 제한은 선의의 제3자에게 대항하지 못한다.
⑤ 이사회는 대표이사의 선임 및 해임에 관한 권한을 이사회내 위원회에 위임할 수 없다.

이사가 회사에 대하여 소를 제기하는 경우 감사가 그 소에 관하여 회사를 대표한다(제394조 제1항).

정답_②

문 26_상법상 주식회사의 대표이사에 관한 설명으로 옳은 것은? (다툼이 있는 경우에는 판례에 의함)

(2012 세무사)

① 대표이사는 이사회에서만 선임된다.
② 퇴임한 이사와 회사 간 소송에 있어서는 소송목적이 되는 권리관계가 그 이사의 재직중에 일어난 사유로 인한 것이라 할지라도 특별한 사정이 없는 한 대표이사가 회사를 대표한다.
③ 대표이사가 이사의 직에서 퇴임한다 하더라도 당연히 대표이사의 지위를 잃는 것은 아니다.
④ 대표이사의 종임은 등기사항이 아니다.
⑤ 대표이사는 부득이한 사유가 있는 경우에 한하여 사임할 수 있다.

① 대표이사는 원칙적으로 이사회에서 선임하며, 정관의 정함에 의해 주주총회에서 선임할 수 있다(제389조 제1항).
② 대판 2002.3.15, 2000다9086.
③ 이사이어야 대표이사가 될 수 있으므로, 대표이사가 이사의 직을 퇴임하면 당연히 대표이사의 지위를 잃는다.
④ 대표이사의 종임은 등기사항에 해당한다.
⑤ 대표이사는 언제든지 사임할 수 있으나, 회사에 불리한 시기에 사임하는 때에는 이로 인한 손해배상책임을 진다.

정답_②

문 27_상법상 주식회사의 대표이사에 관한 설명으로 옳지 않은 것은?

(2016 세무사)

① 공동대표이사를 선임한 경우 제3자의 회사에 대한 의사표시는 공동대표이사의 1인에 대하여 이를 함으로써 그 효력이 생긴다.
② 대표이사는 이사 중에서 선정하므로 대표이사의 자격을 상실하여도 이사의 자격이 당연히 상실되는 것은 아니다.
③ 대표이사는 회사의 영업에 관하여 재판상 또는 재판외의 모든 행위를 할 권한이 있다.
④ 대표이사는 이사가 회사에 대하여 소를 제기하는 경우에 그 소에 관하여 회사를 대표한다.
⑤ 대표이사가 그 업무집행으로 인하여 타인에게 손해를 가한 때에는 회사는 그 대표이사와 연대하여 배상할 책임이 있다.

감사는 이사가 회사에 대하여 소를 제기하는 경우에 그 소에 관하여 회사를 대표한다(제394조 제1항).

정답_④

문 28_상법상 자본금 총액이 10억원 이상인 비상장주식회사의 대표이사에 관한 설명으로 옳지 않은 것은? (2017 세무사)

① 회사는 정관으로 주주총회에서 대표이사를 선정할 것을 정할 수 있으며, 대표이사를 선정하는 경우에 수인의 대표이사가 공동으로 회사를 대표할 것을 정할 수 있다.

② 사장, 부사장, 전무, 상무 기타 회사를 대표할 권한어 있는 것으로 인정될 만한 명칭을 사용한 이사의 행위에 대하여는 그 이사가 회사를 대표할 권한이 없는 경우에도 회사는 선의의 제3자에 대하여 그 책임을 진다.

③ 공동대표이사를 둔 경우 상대방이 공동대표이사 전원에 대하여 의사표시를 하여야 회사에 대하여 그 효력이 생긴다.

④ 감사가 설치된 주식회사에서 회사와 대표이사간의 소송의 경우에 감사가 회사를 대표한다.

⑤ 대표이사가 그 업무집행으로 인하여 타인에게 손해를 가한 때에는 회사는 그 대표이사와 연대하여 손해배상책임을 부담한다.

해 설 및 정 답

③ 공동대표이사를 둔 경우 상대방이 공동대표이사중 1인에 대하여 의사표시를 하여도 회사에 대하여 그 효력이 생긴다(제389조 제3항, 제208조 제2항).
① 제389조 제1항, 제2항 ② 제395조
④ 제394조 제1항
⑤ 제389조 제3항, 제210조

정답_③

문 29_상법상 주식회사의 표현대표이사 제도에 관한 설명 중 옳지 않은 것은? (2007 세무사)

① 자본금이 10억원 미만인 주식회사에서 이사가 1인인 경우에 그 이사에 대하여는 표현대표이사에 관한 규정이 적용될 여지가 없다.

② 회사가 책임을 져야 할 표현대표이사의 행위는 대외적 행위뿐만 아니라 대내적 행위도 포함한다.

③ 제3자는 표현대표이사에게 회사의 대표권이 없다는 것을 알지 못하였어야 한다.

④ 회사가 명칭의 사용을 허락 또는 묵인함으로써 외관작출의 원인을 부여한 귀책사유가 있어야 한다.

⑤ 이사의 자격이 없는 사용인이나 이사의 직을 사임한 자에 대하여도 표현대표이사에 관한 상법규정이 유추적용될 수 있다.

② 회사가 책임을 져야 할 표현대표이사의 행위는 대외적 대표행위이며, 대내적 행위는 포함되지 않는다. 왜냐하면 대내적 행위는 거래안전과 관계없으므로 무효인 행위가 되기 때문이다.

정답_②

문 30_甲주식회사 대표이사 A는 대주주 B가 회사 업무집행에 영향력을 행사하고 대외적으로 대표이사라는 명칭을 사용하는 것을 알면서도 이를 방치하였다. 그러던 중 B는 그에게 대표권이 있다고 신뢰한 C와 납품계약을 맺었다. 이 납품계약의 효력에 관한 설명 중 옳은 것은?(판례에 따름) (2006 세무사)

① C가 무과실인 경우에만 甲회사가 이행책임을 부담한다.
② B는 이사가 아니므로 표현대표이사로서의 행위가 성립될 수 없다.
③ C에게 중과실이 있어서 표현대표이사의 행위로 인한 甲회사의 책임이 인정되지 않는 경우에도, C는 B에게 상법 제401조의 규정에 의한 손해배상책임을 물을 수 있다.
④ 甲회사는 동 납품계약을 사전에 인지하고 있었을 때만 납품계약상의 이행책임을 부담한다.
⑤ C와 체결한 납품계약에 대한 甲회사의 이행책임이 인정되는 경우에도, 그 계약에 대한 B의 이행책임은 면제되지 않는다.

해 설 및 정 답

위 설문은 표현대표이사의 책임 또는 업무집행지시자의 책임을 묻는 것이다. 표현대표이사가 된다면 회사의 책임이 되므로 ①②④⑤는 틀린 지문이다.

정답_③

문 31_회사의 표현대표이사책임이 성립할 수 없는 경우는? (다툼이 있는 경우에는 대법원 판례에 의함) (2011 세무사)

① 이사의 자격이 없는 자가 임의로 표현대표이사의 명칭을 사용하는 것을 회사가 알고도 그대로 두거나 아무런 조치 없이 용인상태에 놓아둔 경우
② 회사의 명칭사용 승인 없이 임의로 대표이사의 명칭을 참칭한 자의 행위에 대하여 그 명칭사용을 알지 못하고 제지하지 못한 점에 회사의 과실이 있는 경우
③ 제3자가 회사의 대표이사가 아닌 이사가 그 거래행위를 함에 있어서 회사를 대표할 권한이 있다고 믿었고 그와 같이 믿음에 있어서 중대한 과실이 없었던 경우
④ 회사가 수인의 대표이사가 공동으로 회사를 대표할 것을 정하고 이를 등기한 경우에도 공동대표이사 중의 1인이 대표이사라는 명칭을 사용하여 단독으로 법률행위를 하는 것을 용인하거나 방임한 경우
⑤ 표현대표이사가 자기의 명칭을 사용하지 아니하고 다른 대표이사의 명칭을 사용하여 행위를 한 경우에 회사가 알면서도 아무런 조치를 취하지 아니한 채 그대로 방치하여 소극적으로 묵인한 경우

회사의 명칭사용 승인 없이 임의로 대표이사의 명칭을 참칭한 자의 행위에 대하여 그 명칭사용을 알지 못하고 제지하지 못한 점에 회사의 과실이 있는 경우에는 표현대표이사의 책임이 인정되지 않는다(대법원 1975.5.27. 선고 74다1366 판결).
① 대법원 1985.6.11.선고 84다카963 판결
③ 대법원 2003.7.22. 선고 2002다40432 판결
④ 대법원 1992.10.27. 선고 92다19033 판결
⑤ 대법원 1979.2.13. 선고 77다2436 판결

정답_②

문 32_상법상 주식회사의 표현대표이사에 관한 설명으로 옳지 않은 것은? (다툼이 있는 경우에는 판례에 의함) (2014 세무사)

① 대표이사 아닌 자의 행위에 대하여 회사의 표현대표이사 책임이 성립하려면 그 행위가 대표이사의 권한에 속하는 것이어야 한다.
② 대표이사 아닌 이사가 진정한 대표이사의 명의를 사용하여 거래를 한 경우에는 상법상 표현대표이사의 성립을 위한 다른 요건이 갖추어져도 회사는 표현대표이사의 책임을 지지 않는다.
③ 공동대표이사 중 1인이 단독으로 회사를 대표할 권한이 있는 듯한 명칭을 회사로부터 허락받아 사용하면서 단독으로 대표행위를 한 경우 표현대표이사가 성립할 수 있다.
④ 이사의 자격이 없는 자가 회사를 대표할 권한이 있는 것으로 인정될 만한 명칭을 사용한 경우 회사가 표현대표이사의 책임을 질 수 있다.
⑤ 대표이사 아닌 자와 거래한 상대방의 악의에 대한 증명책임은 이를 주장하는 회사가 부담한다.

해 설 및 정 답

② 대표이사 아닌 이사가 진정한 대표이사의 명의를 사용하여 거래를 한 경우에는 상법상 표현대표이사의 성립을 위한 다른 요건이 갖추어져도 회사는 표현대표이사의 책임을 진다(대판2003.7.22, 2002다40432).
① 대판 2003.2.11, 2002다62029
③ 대판 1992.10.27, 92다19033
④ 대판 2005.9.9, 2004다17702
⑤ 대판 1971.6.29., 71다946

정답_②

문 33_상법상 주식회사 이사의 의무에 관한 설명으로 옳지 않은 것은? (2005 세무사)

① 이사는 이사회의 승인이 없으면 자기 또는 제3자의 계산으로 회사의 영업부류에 속한 거래를 하여서는 아니된다.
② 이사가 경업금지의무에 위반한 경우에 위반한 거래 자체는 유효하나 회사는 이사를 해임하거나 손해배상청구를 할 수 있다.
③ 이사는 이사회의 승인이 없으면 영리를 목적으로 하는 다른 회사의 무한책임사원이나 이사가 되지 못한다.
④ 이사는 이사회의 승인이 있는 때에 한하여 자기 또는 제3자의 계산으로 회사와 거래를 할 수 있다.
⑤ 이사의 경업금지의무 위반이나 겸직금지의무 위반 등으로 인해 회사에 대하여 부담하는 책임은 총주주의 동의가 있으면 면제할 수 있다.

③ 이사는 이사회의 승인이 없으면 동종영업 부류에 속하는 다른 회사의 무한책임사원이나 이사가 되지 못하므로, 다른 업종의 부류에 속하는 다른 회사의 무한책임사원이나 이사는 이사회의 승인없이 될 수 있다(제397조 제1항 참조).

정답_③

문 34_상법상 주식회사의 이사의 의무에 관한 설명 중 옳은 것은? (2006 세무사)

① 평이사도 다른 이사의 업무집행에 대하여 감시의무를 부담한다는 것이 대법원판례의 입장이다.
② 경영판단의 법칙은 이사의 충실의무위반에도 적용된다는 것이 통설의 입장이다.
③ 이사는 주주총회의 승인이 없으면 자기 또는 제3자의 계산으로 회사의 영업부류에 속한 거래를 하거나, 동종영업을 목적으로 하는 다른 회사의 무한책임사원이 되지 못한다.
④ 이사가 경업금지의무에 위반하여 거래를 한 경우 그 거래의 사법상 효력은 무효이다.
⑤ 어음·수표행위는 이사의 자기거래에 포함되지 않는다는 것이 판례의 입장이다.

해 설 및 정 답

② 경영판단의 법칙은 이사의 충실의무위반에 적용되지 않는다는 것이 통설의 입장이다.
③ 이사는 이사회의 승인이 없으면 자기 또는 제3자의 계산으로 회사의 영업부류에 속한 거래를 하거나, 동종영업을 목적으로 하는 다른 회사의 무한책임사원이 되지 못한다(제397조 제1항).
④ 이사가 경업금지의무에 위반하여 거래를 한 경우 그 거래의 사법상 효력은 유효이다. 따라서 위반거래로 인한 이익에 대한 회사의 개입권이 인정되는 것이다.
⑤ 어음·수표행위는 이사의 자기거래에 포함된다는 것이 판례의 입장이다.

정답_①

문 35_상법상의 이사의 의무에 관한 설명 중 틀린 것은? (2008 세무사)

① 이사가 충실의무를 위반하여 회사에 손해가 발생한 경우에 부담하는 손해배상책임은 총주주의 동의로 면제할 수 있다.
② 이사의 자기거래로 인하여 회사에 손해가 발생하면 이사회의 승인이 있었더라도 이사는 손해배상책임을 부담한다.
③ 이사는 회사의 정관, 주주총회의 의사록, 주주명부, 사채원부를 본점과 지점에 비치하여야 한다.
④ 이사의 채무에 대하여 회사가 이사의 채권자와 담보설정계약을 체결하는 경우에는 이사회의 승인을 받아야 한다.
⑤ 이사가 경업피지의무를 위반한 경우 회사는 개입권의 행사와는 별도로 손해배상청구도 가능하다.

이사는 회사의 정관 주주총회의 의사록은 본점과 지점에 주주명부, 사채원부를 본점에 비치하여야 한다(제396조 제1항).

정답_③

문 36_상법상 이사와 회사의 이익충돌방지제도에 관한 설명 중 옳지 않은 것은? (2006 세무사)

① 甲가구회사의 이사 A가 이사회의 승인을 얻어 자기소유의 목재를 甲회사에 공급한 경우에도, 그 결과 회사에 손해가 발생하였다면 손해배상책임을 져야 한다.
② 甲가구회사의 이사 A가 이사회의 승인 없이 친구 B의 계산으로 침대를 제조·판매하였다면, 甲회사는 그 거래에서 발생한 모든 이득을 회사로 귀속 시킬 수 있다.

② 이사가 이사회의 승인없이 타인의 계산으로 경업거래를 하였다면, 그로 인한 이익의 양도를 청구할 수 있을 뿐이므로(제397조 제2항), 그 발생한 모든 이득을 회사에 귀속시킨 수는 없다.

정답_②

③ 甲가구회사의 이사 A가 이사회의 승인 없이 자기의 계산으로 책상을 C에게 제조·판매하였다면, 甲회사는 현실적인 손해가 발생하지 않았을 경우에도 A를 해임할 수 있다.
④ 甲가구회사의 이사가 1인이라면, 이사의 경업이나 겸직은 주주총회의 결의로 승인받아야 한다.
⑤ 甲가구회사의 이사 A는 이사회의 승인이 없이도 乙철강회사의 이사를 겸할 수 있다.

문 37_상법상 자본금 총액이 10억원인 A주식회사의 이사 甲이 이사회의 승인 없이 제3자인 丙의 계산으로 A회사의 영업부류에 속한 거래를 乙과 한 경우, 이에 관한 설명으로 옳은 것을 모두 고른 것은? (2021 세무사)

> ㄱ. 乙의 선의·악의를 불문하고 甲과 乙 사이의 거래행위 자체는 유효하다.
> ㄴ. A회사는 경업금지의무 위반을 이유로 甲을 해임할 수 있다.
> ㄷ. A회사는 甲에 대하여 그 거래로 인한 손해의 배상을 청구할 수 있다.
> ㄹ. A회사는 丙의 계산으로 한 甲의 거래행위를 A회사의 계산으로 한 것으로 볼 수 있다.

① ㄱ, ㄴ, ㄷ ② ㄱ, ㄴ, ㄹ ③ ㄱ, ㄷ, ㄹ
④ ㄴ, ㄷ, ㄹ ⑤ ㄱ, ㄴ, ㄷ, ㄹ

문 38_상법상 주식회사의 이사의 의무에 관한 설명으로 옳지 않은 것은? (2016 세무사)

① 이사는 이사회의 승인 없이 현재 또는 장래에 회사의 이익이 될 수 있는 것으로서 회사의 직무를 수행하는 과정에서 알게 된 사업기회를 자기 또는 제3자의 이익을 위하여 이용하여서는 아니된다.
② 이사는 이사회의 승인이 없으면 자기 또는 제3자의 계산으로 회사의 영업부류에 속한 거래를 할 수 없으며 이 경우 이사회의 승인은 이사 3분의 2 이상의 수로써 하여야 한다.
③ 이사는 재임 중 뿐만 아니라 퇴임후에도 직무상 알게된 회사의 영업상 비밀을 누설하여서는 아니된다.
④ 이사가 자기 또는 제3자의 계산으로 회사와 거래를 하기 위하여는 미리 이사회에서 해당 거래에 관한 중요사실을 밝히고 이사회의 승인을 받아야 한다.
⑤ 회사의 기회 및 자산의 유용 금지를 위반하여 회사에 손해를 발생시킨 이사 및 승인한 이사는 연대하여 손해를 배상할 책임이 있으며 이로 인하여 이사 또는 제3자가 얻은 이익은 손해로 추정한다.

해 설 및 정 답

위 설문은 상법 제397조의 경업금지의무에 관한 내용이다. 이에 따르면 이사회의 승인없는 경업거래라도 이는 상대방의 선악을 불문하고 유효하다. 따라서 개입권이 인정되는 것이다(상법 제397조 제2항). 이사의 해임은 정당한 사유가 있든 없든 주주총회의 특별결의로 해임할 수 있으며, 위 설문에서는 경업금지의무를 위반한 것이므로 당연히 해임사유가 된다(상법 제385조 제1항). 이에 위반한 거래로 인하여 회사에 손해가 발생하면 법령에 위반한 행위로서 회사에 대하여 손해배상책임을 진다(상법 제399조 제1항). 또한 경업금지의 무위반행위에 대해 회사는 이사회의 결의로 개입권을 행사할 수 있으므로 갑의 계산으로 한 때에는 이를 회사의 계산으로 한 것으로 볼 수 있고, 제3자(丙)의 계산으로 한 때에는 회사는 이사에 대하여 이로 인한 이득의 양도를 청구할 수 있다(상법 제397조 제2항).

정답_①

이사는 이사회의 승인이 없으면 자기 또는 제3자의 계산으로 회사의 영업부류에 속한 거래를 할 수 없으며 이 경우 이사회의 승인은 이사 과반수 출석에 출석이사 과반수의 결의에 의한다(제397조, 제391조 제1항).

정답_②

문 39_상법상 주식회사 이사의 자기거래제한에 관한 설명으로 옳지 않은 것은? (다툼이 있는 경우에는 판례에 의함) (2010 세무사)

① 이사회의 승인은 사전승인뿐만 아니라 사후승인도 가능하다.
② 이사회의 승인은 이사의 자기거래의 유효요건에 불과하므로 이사의 책임을 면제하는 것은 아니다.
③ 이사와 회사간의 모든 거래에 대하여 이사회의 승인을 받아야 한다.
④ 이사회의 승인이 없는 거래는 대내적으로는 무효이지만 대외적으로는 선의의 제3자에게 대항하지 못한다.
⑤ 이사와 회사간의 거래행위는 누구의 명의로 하느냐는 문제되지 않고, 경제상의 이익의 주체가 이사 또는 제3자이면 된다.

해 설 및 정 답

이사와 회사간의 거래 중에서 회사의 이해관계에 영향이 있는 사항(이해충돌관계있는 사항)에 대하여는 이사회의 승인을 받아야 하지만, 회사에 유리하거나 회사의 이해에 영향을 주지 않는 사항은 이사회의 승인을 얻을 필요가 없다.
① 대판 2007.5.10, 2005다4284
④ 과거의 경우에는 선의와 악의로만 구분하여 선의의 제3자에게는 대항하지 못한다고 하였으나, 현재의 판례(대판2004.3.25, 2003다64688)는 중대한 과실이 있는 경우는 악의의 경우와 동일시하고 있다. 따라서 "선의에 중대한 과실이 없는" 제3자에게 대항하지 못한다고 해야 정확히 옳은 지문이 될 수 있다.

정답_③

문 40_상법상 자본금 총액이 10억원 이상인 주식회사의 회사의 기회 및 자산의 유용 금지에 관한 설명으로 옳은 것은? (2017 세무사)

① 집행임원은 회사의 기회 및 자산의 유용 금지의무를 부담하지 않는다.
② 정관에 이사의 회사에 대한 손해배상책임의 감면을 정하고 있는 경우에도, 이사가 회사의 기회를 유용하여 회사에 대하여 손해배상책임을 부담하는 경우에는 책임감면에 관한 정관규정이 적용되지 않는다.
③ 회사의 기회 및 자산의 유용 금지의 대상이 되는 사업기회를 이용하고자 하는 이사는 이사회의 승인결의에 있어서 의결권을 행사할 수 있다.
④ 회사의 기회 및 자산의 유용 금지의 대상이 되는 사업기회에 대한 이사회의 승인은 이사 전원의 동의가 있어야만 한다.
⑤ 회사의 기회 및 자산의 유용 금지 규정을 위반하여 회사에 손해를 발생시킨 이사는 회사에 대하여 손해를 배상하여야 하는데, 그 위반 행위로 인하여 제3자가 얻은 이익은 회사의 손해로 추정되지 않는다.

① 집행임원도 회사의 기회 및 자산의 유용금지의무를 부담한다(제408조의9, 제397조의2).
② 제400조 제2항
③ 회사의 기회 및 자산의 유용금지의 대상이 되는 사업기회를 이용하고자 하는 이사는 이사회의 승인결의에 있어서, 그 이사는 특별이해관계인에 해당되므로 의결권을 행사할 수 없다(제391조 제3항, 제368조 제4항).
④ 회사의 기회 및 자산의 유용금지의 대상이 되는 사업기회에 대한 이사회의 승인은 총이사 3분의 2 이상의 동의가 있어야만 한다(제397조의2 제1항).
⑤ 회사의 기회 및 자산의 유용금지 규정을 위반하여 회사에 손해를 발생시킨 이사는 회사에 대하여 손해를 배상하여야 하는데, 그 위반행위로 인하여 제3자가 얻은 이익은 회사의 손해로 추정된다(제397조의2 제2항).

정답_②

12 진도별 모의고사

문 1_상법 제397조의2에 의한 회사의 기회 및 자산의 유용 금지에 관한 설명으로 옳지 않은 것은? (2012 세무사)

① 이사는 현재 회사의 이익이 될 수 있는 회사의 사업기회 중 회사가 수행할 사업과 밀접한 관계가 있는 사업기회를 이사회의 승인없이 자기의 이익을 위하여 이용할 수 없다.

② 이사는 장래 회사의 이익이 될 수 있는 회사의 사업기회 중 직무를 수행하는 과정에서 알게 되거나 회사의 정보를 이용한 사업기회를 이사회의 승인없이 제3자의 이익을 위하여 이용할 수 없다.

③ 상법 제397조의2가 규정하고 있는 이사회의 승인은 이사 과반수의 출석과 출석이사의 과반수로 하여야 하며, 그 거래의 내용과 절차는 공정하여야 한다.

④ 상법 제397조의2의 규정을 위반하여 회사에 손해를 발생시킨 이사 및 승인한 이사는 연대하여 손해를 배상할 책임이 있으며 이로 인하여 이사 또는 제3자가 얻은 이익은 회사의 손해로 추정한다.

⑤ 집행임원의 경우 이사의 회사의 기회 및 자산의 유용금지에 관한 상법 제397조의2가 준용된다.

해설 및 정답

상법 제397조의2가 규정하고 있는 사업기회 이용의 이사회 승인은 총이사 3분의 2 이상으로 하여야 하고(제397조의2 제1항), 그 거래의 내용과 절차는 공정하여야 한다.

정답_③

문 2_주식회사 이사의 경업금지의무에 관한 설명 중 옳지 않은 것은? (2003 세무사)

① 이사는 이사회의 승인을 얻으면 회사의 영업부류에 속한 거래를 할 수 있다.

② 회사의 이사가 이사회의 승인 없이 동종영업을 목적으로 하는 회사를 설립하고 대표이사가 되어 영업준비작업을 하였더라도 영업활동개시 전에 대표이사를 사임한 경우에는 겸직금지의무위반에 해당되지 않는다.

③ 이사가 1인인 회사에서 그 이사는 주주총회의 승인을 받아야 회사의 영업부류에 속한 거래를 할 수 있다.

② 아직 개업을 준비하는 단계에 있는 회사의 이사를 겸하더라도 겸직금지의무를 위반한 것이다(대판1990. 11. 2, 90마745).

정답_②

④ 이사의 경업금지의무 위반으로 인한 회사의 개입권은 거래가 있은 날부터 1년 이내에 행사해야 한다.
⑤ 회사는 개입권 행사와는 별도로 경업금지의무를 위반한 이사에게 손해배상책임을 물을 수 있다.

문 3_다음 설명 중 가장 옳은 것은? (다툼이 있는 경우에는 판례에 의함) (2008 세무사)

① 甲은행(주식회사)의 이사 A와 甲은행과의 보통예금계약은 이사회의 승인이 있어야 유효하다.
② 甲과 乙 두 주식회사의 대표이사를 겸하고 있는 A가 甲회사 이사회의 승인없이 甲회사 건물을 乙회사에게 매각할 경우 그 매매계약은 무효이다.
③ 甲가구주식회사의 대표이사 A가 친구 B로부터 투자를 받아 회사에서 배운 기술로 가구를 만들어 B의 계산으로 C에게 판매한 경우 甲회사는 그 거래를 甲회사의 계산으로 한 것으로 할 수 있다.
④ 甲철강주식회사의 대표이사 A가 乙화재보험주식회사 이사로 취임하면, 甲회사는 개인적으로 상법상 겸직금지 의무위반으로 해임할 수 있다.
⑤ 甲가구주식회사 이사 A가 은행으로부터 甲회사를 연대보증인으로 하여 개인적으로 금전을 대여받는 경우는 甲회사의 이사회의 승인이 필요 없다.

해 설 및 정 답

① 甲은행(주식회사)의 이사 A와 甲은행과의 보통예금계약은 회사에 손해를 주는 것이 아니므로 이사회의 승인을 요하지 않는다.
② 甲과 乙 두 주식회사의 대표이사를 겸하고 있는 A가 甲회사 이사회의 승인없이 甲회사 건물을 乙회사에게 매각한 경우, 이는 자기거래제한의 위반행위로 그 매매계약은 무효이다.
③ 甲가구주식회사의 대표이사 A가 친구 B로부터 투자를 받아 회사에서 배운 기술로 가구를 만들어 B의 계산으로 C에게 판매한 경우, 甲회사는 A가 얻은 이익의 양도를 청구할 수 있을 뿐 B의 이익을 탈취하는 것은 인정되지 않는다.
④ 甲철강주식회사의 대표이사 A가 乙화재보험주식회사 이사로 취임하더라도 이는 겸직금지의무의 위반이 아니므로, 甲회사는 A를 겸업금지의무위반으로 해임할 수 없다.
⑤ 甲가구주식회사 이사 A가 은행으로부터 甲회사를 연대보증인으로 하여 개인적으로 금전을 대여받는 경우는 이사 A의 자기거래에 해당하므로, 甲회사의 이사회의 승인이 필요하다.

정답_②

문 4_갑은 A 주식회사의 이사이고, 을은 자기계산으로 A 주식회사의 의결권 없는 주식을 제외한 발행주식총수의 100분의 15를 소유한 자이다. 다음 거래 중 상법상 자기거래와 관련하여 이사회의 승인대상에 해당하지 않는 것은? (2012 세무사)

① 갑이 제3자의 계산으로 A 주식회사와 거래하는 경우
② 을이 자기의 계산으로 A 주식회사와 거래하는 경우
③ 갑의 배우자가 제3자의 계산으로 A 주식회사와 거래하는 경우
④ 갑과 갑의 배우자가 공동으로 의결권 있는 발행주식총수의 100분의 60을 가진 B 주식회사가 자기의 계산으로 A 주식회사와 거래하는 경우
⑤ 을이 단독으로 의결권 있는 발행주식총수의 100분의 40을 가진 C 주식회사가 제3자의 계산으로 A 주식회사와 거래하는 경우

을이 단독으로 의결권있는 발행주식총수의 100분의 50 이상을 가진 회사가 제3자의 계산으로 A 주식회사와 거래하는 경우 이사회의 승인을 얻어야 하므로, 100분의 40을 가진 회사는 이사회의 승인을 필요로 하지 않는다(제398조 제5호 참조).

정답_⑤

문 5_상법상 주식회사의 이사와 회사 간의 이익충돌을 방지하기 위한 제도로 옳지 않은 것은? (2013 세무사)

① 이사와 회사간의 소에 있어서 감사가 회사를 대표하는 것
② 자기주식 취득금지
③ 정관이나 주주총회에 의한 이사의 보수 결정
④ 이사와 회사 간의 자기거래 제한
⑤ 이사의 경업금지의무

해 설 및 정 답

자기주식 취득금지는 회사의 자본금 충실을 위한 제도이다.

정답_②

문 6_상법상 주식회사의 업무집행지시자에 관한 설명으로 옳지 않은 것은? (2005 세무사)

① 회사에 대한 자신의 영향력을 이용하여 이사에게 업무집행을 지시한 자는 업무집행지시자에 속한다.
② 이사의 이름으로 직접 업무를 집행한 자는 업무집행지시자에 속한다.
③ 이사가 아니면서 명예회장·회장·사장·부사장 등 회사의 업무를 집행할 권한이 있는 것으로 인정될 만한 명칭을 사용하여 회사의 업무를 집행한 자는 업무집행지시자에 속한다.
④ 업무집행지시자의 책임제도나 표현대표이사제도는 모두 회사에게 책임을 부담하게 하는 제도라는 점에서 일치한다.
⑤ 회사 및 제3자에 대한 책임에 있어서 업무집행지시자의 책임은 이사와 동일하다.

④ 업무집행지시자의 책임에 관한 제401조의2는 업무집행지시자의 회사 및 제3자에 대한 책임을 규정한 것이라면(제401조의2 제1항), 표현대표이사제도는 회사의 책임을 인정하는 제도이다(제395조).

정답_④

문 7_상법상 주식회사의 업무집행지시자 등의 책임에 관한 설명으로 옳지 않은 것은? (2009 세무사)

① 업무집행지시자 등에 대하여 대표소송으로 책임을 추궁할 수 있다.
② 회사 또는 제3자에 대하여 손해를 배상할 책임이 있는 이사는 업무집행지시자 등과 연대하여 그 책임을 진다.
③ 회사에 대한 자신의 영향력을 이용하여 이사에게 업무집행을 지시한 자는 회사에 대한 책임의 적용에 있어서 이사로 본다.
④ 이사의 이름으로 직접 업무를 집행한 자는 업무집행지시자 등의 책임을 지지 않는다.
⑤ 이사가 아니면서 상무의 명칭을 사용하여 회사의 업무를 집행한 자는 업무집행지시자 등의 책임을 진다.

이사의 이름으로 직접 업무를 집행한 자는 업무집행지시자 등의 책임을 진다(제401조의2 제1항 2호 참조)

정답_④

해 설 및 정 답

문 8_이사가 상법 제399조의 회사에 대한 책임을 부담하는 경우 그 감면에 관한 설명으로 옳은 것을 모두 고른 것은?

(2016 세무사)

ㄱ. 주주 전원의 동의로 이사의 책임을 면제할 수 있다.
ㄴ. 회사는 정관으로 정하는 바에 따라 이사의 책임을 사내이사가 그 행위를 한 날 이전 최근 1년간의 보수액의 6배를 초과하는 금액에 대하여 면제할 수 있다.
ㄷ. 회사는 정관으로 정하는 바에 따라 이사의 책임을 사외이사가 그 행위를 한 날 이전 최근 1년간의 보수액의 3배를 초과하는 금액에 대하여 면제할 수 있다.
ㄹ. 이사가 고의 또는 중대한 과실로 손해를 발생시킨 경우에는 손해배상액의 제한이 허용되지 아니한다.

① ㄱ, ㄴ ② ㄴ, ㄷ ③ ㄱ, ㄴ, ㄹ
④ ㄱ, ㄷ, ㄹ ⑤ ㄱ, ㄴ, ㄷ, ㄹ

정답_⑤

문 9_상법상 비상장회사의 이사의 책임에 관한 설명으로 옳은 것은?

(2017 세무사)

① 이사가 회사에 대하여 손해배상책임을 부담하는 경우 주주 전원의 동의로 그 책임을 면제할 수 없다.
② 정기주주총회에서 재무제표를 승인한 후 1년내에 다른 결의가 없으면 그 즉시 회사는 이사의 책임을 해제한 것으로 본다.
③ 회사는 이사가 고의 또는 중대한 과실로 손해를 발생시킨 경우 정관에 책임감면 규정이 있으면 이를 적용하여 이사의 회사에 대한 손해배상책임을 최근 1년간의 보수액의 6배를 초과하는 금액에 대하여 면제할 수 있다.
④ 회사에 대한 자신의 영향력을 이용하여 이사에게 업무집행을 지시한 자는 그 지시하거나 집행한 업무에 관하여 회사 및 제3자에 대한 손해배상책임의 적용에 있어서 이사로 본다.
⑤ 이사가 이사회의 결의에 의하여 고의 또는 과실로 법령에 위반한 행위를 하여 회사에 손해를 배상할 책임을 지는 경우 그 이사회 결의에 참가하지 않은 이사도 그 결의에 찬성한 것으로 추정한다.

① 이사가 회사에 대하여 손해배상책임을 부담하는 경우 주주 전원의 동의로 그 책임을 면제할 수 있다(제400조 제1항).
② 정기주주총회에서 재무제표를 승인한 후 2년내에 다른 결의가 없으면 부정행위가 없는 한 그 즉시 회사는 이사의 책임을 해제한 것으로 본다(제450조 제1항).
③ 회사는 이사가 고의 또는 중대한 과실로 손해를 발생시킨 경우에는 정관에 책임감면 규정이 있으면 이를 적용하여 이사의 회사에 대한 손해배상책임을 최근 1년간의 보수액(상여금과 주식매수선택권의 행사로 인한 이익을 포함한다)의 6배(사외이사의 경우는 3배)를 초과하는 금액에 대하여 면제할 수 없다(제400조 제2항).
④ 제401조의2 제1항
⑤ 이사가 이사회의 결의에 의하여 고의 또는 과실로 법령에 위반한 행위를 하여 회사에 손해를 배상할 책임을 지는 경우 그 이사회 결의에 참가한 이사로서 이의를 한 기재가 의사록에 없는 자는 그 결의에 찬성한 것으로 추정한다(제399조 제3항).

정답_④

문 10_상법상 비상장회사의 이사의 책임에 관한 설명으로 옳지 않은 것은? (2019 세무사)

① 이사가 고의로 법령에 위반한 행위를 하여 회사에 대하여 손해배상책임을 부담하는 경우에 주주 전원의 동의로 이사의 책임을 면제할 수 있다.

② 회사는 이사가 경업금지의무를 위반한 경우에는 이사의 회사에 대한 손해배상책임을 감면할 수 없다.

③ 정기주주총회에서 재무제표를 승인한 후 2년 내에 다른 결의가 없으면 회사는 이사의 부정행위에 따른 책임을 해제한 것으로 본다.

④ 이사회의 결의에 참가한 이사로서 이의를 한 기재가 의사록에 없는 자는 그 결의에 찬성한 것으로 추정한다.

⑤ 이사가 아니면서 전무나 상무의 명칭을 사용하여 회사의 업무를 집행한 자는 그 지시하거나 집행한 업무에 관한 책임에 있어서 이를 이사로 본다.

해 설 및 정 답

① 이사가 고의로 법령에 위반한 행위를 하여 회사에 대하여 손해배상책임을 부담하는 경우에 주주 전원의 동의로 이사의 책임을 면제할 수 있다(제400조 제1항).
② 회사는 이사가 경업금지의무를 위반한 경우에는 이사의 회사에 대한 손해배상책임을 (정관으로) 감면할 수 없다(제400조 제2항 단서). 엄밀히 문구에 오류가 있다.
③ 정기주주총회에서 재무제표를 승인한 후 2년 내에 다른 결의가 없으면 회사는 이사의 부정행위에 따른 책임을 제외하고 해제한 것으로 본다(제450조).
④ 이사회의 결의에 참가한 이사로서 이의를 한 기재가 의사록에 없는 자는 그 결의에 찬성한 것으로 추정한다(제399조 제3항).
⑤ 이사가 아니면서 전무나 상무의 명칭을 사용하여 회사의 업무를 집행한 자는 그 지시하거나 집행한 업무에 관한 책임에 있어서 이를 이사로 본다(제401조의2 제1항).

정답_③

문 11_상법상 주식회사의 이사에 관한 설명으로 옳은 것은? (2010 세무사 수정)

① 사장, 부사장, 전무, 상무 기타 회사를 대표할 권한이 있는 것으로 인정될 만한 명칭을 사용한 이사의 행위에 대하여는 그 이사가 회사를 대표할 권한이 없는 경우에도 회사는 모든 제3자에 대하여 그 책임을 진다.

② 대표이사가 그 업무집행으로 인하여 타인에게 손해를 가한 때에는 대표이사가 아니라 회사만 그 손해를 배상할 책임이 있다.

③ 회사가 이사에 대하여 또는 이사가 회사에 대하여 소를 제기하는 경우에는 다른 이사 과반수의 결의로 회사를 대표하는 자를 선정하여야 한다.

④ 이사가 고의 또는 과실로 법령 또는 정관에 위반한 행위를 하거나 그 임무를 해태한 때에는 그 이사는 회사에 대하여 연대하여 손해를 배상할 책임이 있다. 이 때에 이사의 책임은 주주총회의 특별결의로 면제할 수 있다.

⑤ 이사가 고의 또는 중대한 과실로 인하여 그 임무를 해태한 때에는 그 이사는 제3자에 대하여 연대하여 손해를 배상할 책임이 있다.

① 사장, 부사장, 전무, 상무 기타 회사를 대표할 권한이 있는 것으로 인정될 만한 명칭을 사용한 이사의 행위에 대하여는 그 이사가 회사를 대표할 권한이 없는 경우에도 회사는 선의의 제3자에 대하여 그 책임을 진다(제395조).
② 대표이사가 그 업무집행으로 인하여 타인에게 손해를 가한 때에는 대표이사와 회사는 연대하여 그 손해를 배상할 책임이 있다(제389조 제3항, 제210조).
③ 회사가 이사에 대하여 또는 이사가 회사에 대하여 소를 제기하는 경우에는 감사가 회사를 대표한다(제394조).
④ 이사가 법령 또는 정관에 위반한 행위를 하거나 그 임무를 해태한 때에는 그 이사는 회사에 대하여 연대하여 손해를 배상할 책임이 있다. 이 때에 이사의 책임은 주주총회의 특수결의(총주주의 동의)로 면제할 수 있다(제400조).

정답_⑤

문 12_상법상 주식회사 이사의 회사에 대한 책임에 관한 설명으로 옳지 않은 것은? (2012 세무사)

① 이사가 고의로 법령에 위반한 행위를 한 경우라도 그 이사의 회사에 대한 손해배상책임은 주주 전원의 동의로 면제할 수 있다.
② 손해배상의 원인이 된 이사의 행위가 이사회의 결의에 의한 것인 경우 그 결의에 참가한 이사로서 이의를 한 기재가 의사록에 없는 자는 그 결의에 찬성한 것으로 추정한다.
③ 정기총회에서 재무제표 등의 승인을 한 후 2년내에 다른 결의가 없으면 부정행위의 경우를 제외하고는 회사는 이사의 책임을 해제한 것으로 본다.
④ 이사의 회사에 대한 책임의 감면 기준이 되는 보수액에는 상여금과 주식매수선택권의 행사로 인한 이익 등이 포함되지 아니한다.
⑤ 이사가 고의 또는 중대한 과실로 회사에 손해를 발생시킨 경우에는 정관에 의해 이사의 회사에 대한 손해배상책임액을 감경할 수 있도록 한 상법의 규정은 적용되지 않는다.

해 설 및 정 답

④ 이사의 회사에 대한 책임의 감면 기준이 되는 보수액에는 상여금과 주식매수선택권의 행사로 인한 이익 등이 포함된다(제400조 제2항).

정답_④

문 13_상법상 비상장주식회사 이사의 위법행위 유지청구권에 관한 설명 중 옳지 않은 것은? (2004 세무사)

① 이사의 위법행위가 있더라도 그로 인하여 회사에 손해가 발생할 염려가 없는 경우에는 유지청구권을 행사할 수 없다.
② 발행주식총수의 100분의 1 이상에 해당하는 주식을 가진 주주는 위법행위에 대한 유지청구를 할 수 있다.
③ 유지청구는 이사가 정관에 위반하는 행위를 하는 경우에도 할 수 있다.
④ 유지청구의 소를 제기하는 경우 피고는 회사가 된다.
⑤ 유지청구는 소송 이외의 방법으로도 할 수 있다.

④ 이사의 위법행위유지청구는 이사에 대하여 하는 것이므로(제402조), 유지청구의 소를 제기하는 경우 피고는 이사가 된다.

정답_④

문 14_상법상 이사의 위법행위에 대한 유지청구권에 관한 설명으로 옳지 않은 것은? (2011 세무사)

① 감사 또는 감사위원회는 이사의 위법행위에 대한 유지청구권을 행사할 수 있다.
② 비상장회사의 주주의 경우 발행주식의 총수의 100분의 1 이상에 해당하는 주식을 가져야 행사할 수 있다.
③ 유지청구의 상대방은 회사이다.
④ 이사가 법령 또는 정관에 위반한 행위를 하여 이로 인하여 회사에 회복할 수 없는 손해가 생길 염려가 있는 경우에 인정된다.
⑤ 위법행위의 유지청구권의 행사에 관한 증뢰에 대해서는 형벌의 제재가 있다.

해 설 및 정 답

③ 이사의 위법행위에 대한 유지청구권은 회사의 이익을 위한 행위로, 그 상대방은 이사이다(제402조).

정답_③

문 15_상법상 비상장주식회사의 대표소송에 관한 설명 중 옳지 않은 것은? (2004 세무사)

① 회사에 대하여 이사의 책임을 추궁할 소제기의 청구는 그 이유를 기재한 서면으로 하여야 한다.
② 대표소송을 제기한 주주의 보유주식이 제소 후 발행주식총수의 100분의 1 미만으로 감소된 경우(발행주식을 보유하지 않게 된 경우 제외) 제기된 소송은 각하된다.
③ 회사가 주주로부터 이사의 책임추궁의 소제기를 청구 받고 30일 내에 소를 제기하지 아니한 때에는 소제기를 청구한 주주는 즉시 회사를 위하여 소를 제기할 수 있다.
④ 법정기간의 경과로 인하여 회사에 회복할 수 없는 손해가 생길 염려가 있는 경우에는 회사에 소의 제기를 청구할 자격이 있는 주주는 즉시 소를 제기할 수 있다.
⑤ 주주가 제기한 대표소송은 법원의 허가를 얻지 않고는 소의 취하, 청구의 포기, 화해를 할 수 없다.

② 대표소송을 제기한 주주의 보유주식이 제소 후 발행주식총수의 100분의 1 미만으로 감소된 경우(발행주식을 보유하지 않게 된 경우 제외)에도 제소의 효력에는 영향이 없다(제403조 제5항).

정답_②

문 16_상법상 비상장회사의 대표소송에 관한 설명으로 옳지 않은 것은? (2015 세무사)

① 대표소송은 회사의 본점소재지의 지방법원의 관할에 전속한다.
② 발행주식 총수의 100분의 1 이상에 해당하는 주식을 가지는 주주는 회사에 대하여 이사의 책임을 추궁할 소의 제기를 청구할 수 있다.
③ 대표소송을 제기한 주주는 소를 제기한 후 지체없이 회사에 대하여 그 소송의 고지를 하여야 한다.
④ 주주가 대표소송을 제기한 경우 회사의 동의만 있으면 청구의 포기를 할 수 있다.
⑤ 대표소송을 제기한 주주가 패소한 때에는 악의인 경우 외에는 회사에 대하여 손해를 배상할 책임이 없다.

해 설 및 정 답

주주가 대표소송을 제기한 경우 법원의 허가를 얻은 경우에만 청구의 포기를 할 수 있다(제403조 제6항 참조).

정답_④

문 17_상법상 비상장회사의 주주대표소송에 관한 설명으로 옳은 것을 모두 고른 것은? (2016 세무사)

ㄱ. 대표소송은 회사의 본점소재지의 지방법원의 관할에 전속한다.
ㄴ. 발행주식의 총수의 100분의 1 이상에 해당하는 주식을 가진 주주는 회사에 대하여 이사의 책임을 추궁할 소의 제기를 청구할 수 있다.
ㄷ. 대표소송을 제기한 주주가 제소후 발행주식을 전혀 보유하지 아니하게 된 경우에 제소의 효력에는 영향이 없다.
ㄹ. 회사는 주주의 대표소송에 참가할 수 없다.

① ㄱ, ㄴ　② ㄱ, ㄷ　③ ㄴ, ㄹ
④ ㄱ, ㄴ, ㄷ　⑤ ㄱ, ㄷ, ㄹ

ㄷ. 대표소송을 제기한 주주가 제소후 발행주식을 전혀 보유하지 아니하게 된 경우에 제소의 효력에는 영향이 있다(제403조 제5항).
ㄹ. 회사는 주주의 대표소송에 참가할 수 있다(제404조 제1항).

정답_①

문 18_상법상 주주의 대표소송에 관한 설명으로 옳지 않은 것은? (다툼이 있는 경우에는 판례에 의함) (2009 세무사)

① 대표소송을 제기하기 전에 먼저 회사에 대하여 이사의 책임을 추궁할 소의 제기를 서면으로 청구하여야 한다.
② 판례에 의하면 지배회사의 주주는 종속회사의 이사에 대하여 대표소송을 제기할 수 있다.
③ 주주의 권리행사와 관련하여 재산상의 이익을 공여받은 자의 책임을 추궁하기 위하여 대표소송을 제기할 수 있다.
④ 피고인 이사는 원고인 주주의 악의를 소명하여 그 주주에게 상당한 담보를 제공하게 할 것을 법원에 청구할 수 있다.
⑤ 소를 제기한 주주가 패소한 때에는 악의인 경우 외에는 회사에 대하여 손해를 배상할 책임이 없다.

판례에 의하면 지배회사의 주주는 종속회사의 이사에 대하여 대표소송을 제기할 수 없다(대판2004.9.23., 2003다49221).

정답_②

문 19_상법상 비상장주식회사에서 주주의 대표소송에 관한 설명으로 옳지 않은 것은? (2018 세무사)

① 주주가 대표소송을 제기한 때에는 지체없이 회사에 대하여 그 소송의 고지를 하여야 한다.

② 주주의 대표소송이 제기된 경우에 원고와 피고의 공모로 인하여 소송의 목적인 회사의 권리를 사해할 목적으로써 판결을 하게 한 때에는 회사는 확정한 종국판결에 대하여 재심의 소를 제기할 수 있다.

③ 대표소송에서 소를 제기한 주주가 패소한 때에는 선의의 경우에도 회사에 대해 손해배상책임을 진다.

④ 회사는 소송고지의 유무에 불구하고 주주의 대표소송에 참가할 수 있다.

⑤ 회사의 발행주식총수의 100분의 1에 해당하는 주식을 가진 주주는 회사에 대하여 이사의 책임을 추궁할 소의 제기를 청구할 수 있다.

해 설 및 정 답

대표소송에서 소를 제기한 주주가 패소한 때에는 악의의 경우 외에는 회사에 대하여 손해배상책임을 지지 않는다(상법 제405조 제2항). 따라서 선의의 경우에는 회사에 대해 손해배상책임을 지지 않는다.

① 상법 제404조 제2항 ② 상법 제406조
④ 상법 제404조 제1항
⑤ 상법 제403조 제1항

정답_③

문 20_상법상 비상장회사의 주주대표소송에 관한 설명 중 옳지 않은 것은? (2007 세무사)

① 제소권자는 무의결권주를 포함하여 발행주식총수의 100분의 1 이상에 해당하는 주식을 가진 주주이다.

② 소수주주가 대표소송을 제기하려면 원칙적으로 먼저 회사에 대하여 서면으로 이사의 책임을 추궁하는 소의 제기를 청구하여야 한다.

③ 통설에 따르면 대표소송의 대상이 되는 이사의 책임범위는 이사의 위법행위에 대한 책임, 이사의 신주인수담보책임 및 이러한 채무 이외에 이사가 회사에 대하여 부담하는 모든 채무를 포함한다.

④ 제소주주의 주식보유비율이 제소 후 발행주식총수의 100분의 1 미만으로 감소한 경우에 법원은 이를 이유로 소를 각하할 수도 있다.

⑤ 원고가 승소하면 회사에 대하여 소송비용 및 그 밖에 소송으로 인하여 지출한 비용 중 상당한 금액의 지급을 청구할 수 있다.

④ 제소주주의 주식보유비율이 제소 후 발행주식총수의 100분의 1 미만으로 감소한 경우에도 그 소송에는 아무런 영향을 미치지 않는다(제403조 제5항).

정답_④

문 21_상법상 비상장회사의 주주의 대표소송에 관한 설명으로 옳은 것은? (2019 세무사)

① 대표소송을 제기한 주주의 보유주식이 소송제기 후 발행주식총수의 100분의 1 미만으로 감소한 경우에 그 제소는 무효로 된다.
② 대표소송을 제기한 주주는 소를 제기한 후 상당한 기간 내에 회사에 대하여 그 소송을 고지하여야 하며, 그 회사는 소송에 참가하여야 한다.
③ 회사는 대표소송을 제기한 주주의 악의를 소명하여 주주에게 상당한 담보를 제공하게 할 것을 법원에 청구할 수 있다.
④ 대표소송을 제기한 주주가 패소한 경우, 과실이 있는 때에는 악의가 없더라도 회사에 대하여 손해배상책임을 부담한다.
⑤ 대표소송을 제기한 주주가 승소한 때에는 회사는 그 주주에게 소송비용 및 그 밖에 소송으로 인하여 지출한 비용의 전액을 지급하여야 한다.

해 설 및 정 답

① 대표소송을 제기한 주주의 보유주식이 소송제기 후 발행주식총수의 100분의 1 미만으로 감소한 경우(발행주식을 보유하지 아니하게 된 경우를 제외한다)에도 그 제소의 효력에는 영향이 없다(제403조 제5항).
② 대표소송을 제기한 주주는 소를 제기한 후 지체없이 회사에 대하여 그 소송을 고지하여야 하며, 그 회사는 소송에 참가할 수 있다(제404조 제1항, 제2항).
③ 회사는 대표소송을 제기한 주주의 악의를 소명하여 주주에게 상당한 담보를 제공하게 할 것을 법원에 청구할 수 있다(제403조 제7항, 제176조 제3항, 제4항).
④ 대표소송을 제기한 주주가 패소한 경우, 악의의 경우에만 회사에 대하여 손해배상책임을 부담한다(제405조 제2항 반대해석).
⑤ 대표소송을 제기한 주주가 승소한 때에는 회사는 그 주주에게 소송비용 및 그 밖에 소송으로 인하여 지출한 비용 중 상당한 금액을 지급하여야 한다(제405조 제1항).

정답_③

문 22_상법상 비상장주식회사의 주주대표소송에 관한 설명으로 옳지 않은 것은? (다툼이 있는 경우에는 판례에 의함) (2012 세무사)

① 대표소송을 제기한 주주는 소를 제기한 후 지체없이 회사에 대하여 그 소송의 고지를 하여야 한다.
② 소를 제기한 주주의 보유주식이 제소 후 발행주식총수의 100분의 1미만으로 감소한 경우에도 주식을 1주라도 보유하고 있으면 제소의 효력에는 영향이 없다.
③ 회사에 대하여 이사의 책임을 추궁할 소의 제기를 청구한 주주는 회사가 청구를 받은 날로부터 30일을 경과하기 전이라도 회사에 회복할 수 없는 손해가 생길 염려가 있는 경우에는 즉시 회사를 위하여 소를 제기할 수 있다.
④ 대표소송이 제기된 경우에 원고와 피고의 공모로 인하여 소송의 목적인 회사의 권리를 사해할 목적으로써 판결을 하게 한 때에는 재심청구 당시의 주주는 확정한 종국판결에 대하여 재심의 소를 제기할 수 있다.
⑤ 타인의 승낙을 얻어 그 타인 명의로 주금을 납입한 경우 명의차용인은 주주명부에 명의개서를 하지 않으면 대표소송을 제기할 수 없다.

주주명부에 기재된 명의상 주주는 회사에 대한 관계에서 자신의 실질적 권리를 증명하지 않아도 주주 권리를 행사할 수 있는 자격수여적 효력을 인정받을 뿐이지 주주명부 기재에 의하여 창설적 효력을 인정받는 것은 아니므로, 주식을 인수하면서 타인의 승낙을 얻어 그 명의로 출자하여 주식대금을 납입한 경우에는 실제로 주식을 인수하여 대금을 납입한 명의차용인만이 실질상 주식인수인으로서 주주가 되고 단순한 명의대여인은 주주가 될 수 없으며, 이는 회사를 설립하면서 타인 명의를 차용하여 주식을 인수한 경우에도 마찬가지이다. 또한 상법 제403조 제1항은 '발행주식의 총수의 100분의 1 이상에 해당하는 주식을 가진 주주'가 주주대표소송을 제기할 수 있다고 규정하고 있을 뿐, 주주의 자격에 관하여 별도 요건을 규정하고 있지 않으므로, 주주대표소송을 제기할 수 있는 주주에 해당하는지는 위 법리에 따라 판단하여야 한다(대법원 2011.5.26. 선고 2010다22552 판결). 따라서 명의차용인인 실질주주는 대표소송을 제기할 수 있다.

정답_⑤

문 23_상법상 비상장주식회사(이하 '모회사'라 한다) 주주의 다중대표소송에 관한 설명으로 옳지 않은 것은? (2021 세무사)

① 모회사 발행주식총수의 100분의 1 이상에 해당하는 주식을 가진 주주는 자회사에 대하여 자회사 이사의 책임을 추궁할 소의 제기를 청구할 수 있다.

② 다중대표소송이 제기된 경우, 소송의 당사자는 법원의 허가를 얻지 아니하고는 소의 취하, 청구의 포기 · 인락 · 화해를 할 수 없다.

③ 다중대표소송을 제기한 주주가 패소한 때에는 악의인 경우 외에는 회사에 대하여 손해를 배상할 책임이 없다.

④ 모회사 주주가 자회사 이사의 책임을 추궁할 소의 제기를 청구한 후, 모회사가 보유한 자회사 주식이 그 발행주식총수의 100분의 50 이하로 감소하더라도 전혀 보유하지 않게 된 경우가 아닌 한 제소의 효력에는 영향이 없다.

⑤ 모회사 주주와 자회사 이사의 공모로 인하여 소송의 목적인 자회사의 권리를 사해할 목적으로써 판결을 하게 한 때에도 자회사는 확정한 종국판결에 대하여 재심의 소를 제기할 수 없다.

해 설 및 정 답

① 모회사 발행주식총수의 100분의 1 이상에 해당하는 주식을 가진 주주는 자회사에 대하여 자회사 이사의 책임을 추궁할 소의 제기를 청구할 수 있다(상법 제406조의1 제1항).
② 다중대표소송이 제기된 경우, 소송의 당사자는 법원의 허가를 얻지 아니하고는 소의 취하, 청구의 포기 · 인락 · 화해를 할 수 없다(상법 제406조의2 제3항, 제403조 제6항).
③ 다중대표소송을 제기한 주주가 패소한 때에는 악의인 경우 외에는 회사에 대하여 손해를 배상할 책임이 없다(상법 제406조의2 제3항, 제405조 제2항).
④ 모회사 주주가 자회사 이사의 책임을 추궁할 소의 제기를 청구한 후, 모회사가 보유한 자회사 주식이 그 발행주식총수의 100분의 50 이하로 감소하더라도 전혀 보유하지 않게 된 경우가 아닌 한 제소의 효력에는 영향이 없다(상법 제406조의2 제4항).
⑤ 모회사 주주와 자회사 이사의 공모로 인하여 소송의 목적인 자회사의 권리를 사해할 목적으로써 판결을 하게 한 때에도 자회사는 확정한 종국판결에 대하여 재심의 소를 제기할 수 있다(상법 제406조의2 제3항, 제406조).

정답_⑤

문 24_상법상 이사에 대한 직무집행정지가처분 및 직무대행자선임에 관한 설명 중 옳은 것은? (다툼이 있으면 판례에 의함) (2007 세무사)

① 이사선임결의무효나 취소의 소 또는 이사해임의 소가 제기된 경우에 법원은 직권에 의하여 가처분으로써 직무집행정지 또는 직무대행자선임을 할 수 있다.

② 직무대행자가 법원의 허가를 얻지 않고 회사의 상무에 속하지 아니하는 행위를 한 경우, 회사는 언제나 제3자에 대하여 책임을 진다.

③ 이사선임결의의 무효나 취소를 본안소송으로 하는 경우, 이사직무집행정지 가처분에 있어서 당해 이사만 피신청인이 될 수 있을 뿐 회사에게는 피신청인의 적격이 없다.

④ 청산인 직무대행자가 주주들의 요구에 따라 소집한 주주총회에서 새로운 이사를 선임하는 결의를 하게 되면, 그 주주총회의 결의에 의해 청산인 직무대행자의 권한이 당연히 소멸된다.

⑤ 직무대행자는 법원의 허가가 있거나 가처분명령에 정함이 있는 경우에 한하여 변호사에 대한 소송대리의 위임을 할 수 있다.

① 이사선임결의무효나 취소의 소 또는 이사해임의 소가 제기된 경우에 법원은 당사자의 청구에 의하여 가처분으로써 직무집행정지 또는 직무대행자선임을 할 수 있다.
② 직무대행자가 법원의 허가를 얻지 않고 회사의 상무에 속하지 아니하는 행위를 한 경우, 회사는 선의의 제3자에 대하여 책임을 지며, 악의의 제3자에 대해서는 책임을 지지 않는다.
④ 청산인 직무대행자가 주주들의 요구에 따라 소집한 주주총회에서 새로운 청산인을 선임하는 결의를 하게 되더라도 그 주주총회의 결의에 의한 청산인 직무대행자의 권한이 당연히 소멸되지 않고, 직무대행의 기간이 종료하거나 종국판결의 확정되는 때에 소멸한다.
⑤ 직무대행자는 법원의 허가가 있거나 가처분명령에 정함이 없는 경우에도, 변호사에 대한 소송대리의 위임은 통상의 업무범위에 해당하므로 할 수 있다.

정답_③

문 25_상법상 주식회사의 이사의 직무대행자에 관한 설명으로 옳지 않은 것은? (다툼이 있으면 판례에 따름) (2017 세무사)

① 법원에 의한 직무대행자의 선임은 등기사항이 아니다.
② 이사의 직무대행자는 가처분명령에 다른 정함이 있는 경우 외에는 회사의 상무에 속하지 아니한 행위를 하지 못한다. 그러나 법원의 허가를 얻은 경우에는 그러하지 아니하다.
③ 직무대행자가 정기주주총회를 소집함에 있어서 그 안건에 이사회의 구성 자체를 변경하는 행위 등 회사의 경영 및 지배에 영향을 미칠 수 있는 것이 포함되어 있다면 그 안건의 범위에서 정기총회의 소집은 상무에 속하지 않는다.
④ 법원은 당사자의 신청에 의하여 직무집행정지의 가처분을 변경 또는 취소할 수 있다.
⑤ 이사선임결의의 무효나 취소 또는 이사해임의 소가 제기된 경우에는 법원은 당사자의 신청에 의하여 가처분으로써 이사의 직무집행을 정지할 수 있고 또는 직무대행자를 선임할 수 있다.

해 설 및 정 답

① 법원에 의한 직무대행자의 선임의 처분이 있는 때에는 본점과 지점의 소재지에서 그 등기를 하여야 한다(제407조 제3항).
② 제408조 제1항
③ 대판 2007.6.28., 2006다62362
④ 제407조 제2항
⑤ 제407조 제1항

정답_①

문 26_상법상 주식회사 이사의 직무집행정지 및 직무대행자 선임의 가처분에 관한 설명으로 옳은 것은? (2021 세무사)

① 이사선임결의의 무효나 취소의 소가 제기된 경우, 법원은 직권에 의하여 가처분으로써 이사의 직무집행을 정지할 수 있다.
② 직무집행정지의 가처분이 있는 때에는 본점과 지점의 소재지에서 그 등기를 하여야 한다.
③ 법원은 본안소송이 제기되기 전에는 급박한 사정이 있는 때라도 직무집행정지 가처분을 할 수 없다.
④ 가처분으로 선임된 직무대행자는 법원의 허가를 얻은 경우 외에는 회사의 상무에 속하지 아니한 행위를 하지 못한다.
⑤ 가처분으로 선임된 직무대행자가 그 권한을 위반한 경우에도 회사는 선의의 제3자에 대하여 책임을 지지 않는다.

① 이사선임결의의 무효나 취소의 소가 제기된 경우, 법원은 당사자의 신청에 의하여 가처분으로써 이사의 직무집행을 정지할 수 있다(상법 제407조 제1항).
② 직무집행정지의 가처분이 있는 때에는 본점과 지점의 소재지에서 그 등기를 하여야 한다(상법 제407조 제3항).
③ 법원은 본안소송이 제기되기 전에는 급박한 사정이 있는 때라도 직무집행정지 가처분을 할 수 있다(상법 제407조 제1항).
④ 가처분으로 선임된 직무대행자는 가처분결정에 다른 정함이 없거나 법원의 허가를 얻지 않은 경우에는 회사의 상무에 속하지 아니한 행위를 하지 못한다(상법 제408조 제1항).
⑤ 가처분으로 선임된 직무대행자가 그 권한을 위반한 경우에도 회사는 선의의 제3자에 대하여 책임을 진다(상법 제408조 제2항).

정답_②

문 27_상법상 집행임원을 둔 회사(이하 "집행임원 설치회사"라 함)에 관한 설명으로 옳지 않은 것은? (2016 세무사)

① 집행임원 설치회사는 대표이사를 두지 못한다.
② 집행임원 설치회사의 이사회는 집행임원의 선임·해임권한이 있다.
③ 집행임원의 임기는 정관에 다른 규정이 없으면 2년을 초과하지 못한다.
④ 집행임원 설치회사의 이사회 의장은 정관의 규정이 없으면 이사회 결의로 선임한다.
⑤ 집행임원이 이사회 소집청구를 한 후 이사가 지체없이 이사회 소집 절차를 밟지 아니하면 집행임원은 즉시 이사회를 소집할 수 있다.

해 설 및 정 답

집행임원이 이사회 소집청구를 한 후 이사가 지체없이 이사회 소집 절차를 밟지 아니하면 집행임원은 법원의 허가를 받아 이사회를 소집할 수 있다(제408조의7 제2항).

정답_⑤

문 28_집행임원에 관한 다음 설명 중 옳지 않은 것은? (2018 세무사)

① 집행임원을 둔 회사는 대표이사를 두지 못한다.
② 집행임원의 청구에도 불구하고 소정 기간 내에 이사회를 소집하지 않을 경우, 집행임원은 별도의 절차 없이 이사회를 소집할 수 있다.
③ 집행임원은 이사회의 요구가 있으면 언제든지 이사회에 출석하여 요구한 사항을 보고하여야 한다.
④ 사장, 부사장, 전무, 상무 기타 회사를 대표할 권한이 있는 것으로 인정될 만한 명칭을 사용한 집행임원의 행위에 대하여는 그 집행임원이 회사를 대표할 권한이 없는 경우에도 회사는 선의의 제3자에 대하여 그 책임을 진다.
⑤ 집행임원이 고의 또는 과실로 그 임무를 게을리한 경우에는 그 집행임원은 집행임원 설치회사에 손해를 배상할 책임이 있으며, 이러한 책임은 주주 전원의 동의로 면제할 수 있다.

집행임원의 청구에도 불구하고 소정 기간 내에 이사회를 소집하지 않을 경우, 집행임원은 법원의 허가를 받아 이사회를 소집할 수 있다(상법 제408조의7 제2항).
① 상법 제408조의2 제1항
③ 상법 제408조의6 제2항
④ 상법 제408조의9, 제401조의2
⑤ 상법 제408조의8 제1항, 제408조의9, 제400조

정답_②

문 29_상법상 비상장회사의 집행임원에 관한 설명으로 옳지 않은 것은? (2019 세무사)

① 집행임원의 임기는 정관에 다른 규정이 없으면 2년을 초과하지 못한다.
② 집행임원은 필요하면 회의의 목적사항과 소집이유를 적은 서면을 이사에게 제출하여 이사회 소집을 청구할 수 있다.
③ 집행임원을 둔 회사는 이사회의 회의를 주관하기 위하여 이사회 의장을 두어야 한다.
④ 2명 이상의 집행임원이 선임된 경우에는 주주총회의 결의로 회사를 대표할 대표집행임원을 선임하여야 한다.
⑤ 이사는 대표집행임원으로 하여금 다른 집행임원의 업무에 관하여 이사회에 보고할 것을 요구할 수 있다.

해 설 및 정 답

① 집행임원의 임기는 정관에 다른 규정이 없으면 2년을 초과하지 못한다(제408조의3 제1항).
② 집행임원은 필요하면 회의의 목적사항과 소집이유를 적은 서면을 이사에게 제출하여 이사회 소집을 청구할 수 있다(제408조의7 제1항).
③ 집행임원을 둔 회사는 이사회의 회의를 주관하기 위하여 이사회 의장을 두어야 한다(제408조의2 제4항).
④ 2명 이상의 집행임원이 선임된 경우에는 이사회의 결의로 회사를 대표할 대표집행임원을 선임하여야 한다(제408조의5 제1항).
⑤ 이사는 대표집행임원으로 하여금 다른 집행임원의 업무에 관하여 이사회에 보고할 것을 요구할 수 있다(제408조의6 제3항).

정답_④

문 30_甲은 비상장주식회사 A의 상법상의 집행임원이다. 상법상 다음의 설명 중 옳은 것은? (2014 세무사)

① A회사는 상근감사 또는 감사위원회를 반드시 설치하여야 한다.
② 甲은 이사회의 소집권자인 이사에게 그 소집을 청구하였음에도 그 이사가 지체없이 이사회의 소집절차를 밟지 아니하면 다른 절차 없이 스스로 이사회를 소집할 수 있다.
③ A회사의 이사회는 乙을 집행임원으로 추가 선임할 수 있으나, 甲과 乙이 공동으로 회사를 대표하도록 정할 수는 없다.
④ A회사의 이사회는 정관의 규정이 없거나 주주총회의 승인이 없는 경우 甲의 보수를 결정할 수 있다.
⑤ 甲이 과실로 정관 위반행위를 하여 회사에 대하여 부담하는 손해배상책임은 주주총회의 특별결의로 면제할 수 있다.

① A회사는 정관에 정함으로 감사위원회를 설치할 수 있고(제415조의2 제1항), 상근감사는 상장회사중 자산 1천억원 이상의 회사의 경우 감사위원회를 설치하지 않는 경우 설치하여야 한다(제542조의10 제1항).
② 甲은 이사회의 소집권자인 이사에게 그 소집을 청구하였음에도 그 이사가 지체없이 이사회의 소집절차를 밟지 아니하면 법원의 허가를 얻어 이사회를 소집할 수 있다(제408조의7 제2항).
③ A회사의 이사회는 乙을 집행임원으로 추가 선임할 수 있으며, 대표집행임원에 대하여는 대표이사에 관한 규정을 준용하므로 甲과 乙이 공동으로 회사를 대표하도록 정할 수는 있다(제408조의5 제2항).
④ 제408조의3 제3항 6호
⑤ 甲이 과실로 정관 위반행위를 하여 회사에 대하여 부담하는 손해배상책임은 주주총회의 특수결의(총주주의 동의)로 면제할 수 있다(제400조 제1항).

정답_④

문 31_상법상 주식회사의 집행임원에 관한 설명으로 옳지 않은 것은? (2013 세무사)

① 집행임원의 임기는 정관에 다른 규정이 없으면 2년을 초과하지 못한다.
② 집행임원이 고의 또는 중대한 과실로 그 임무를 게을리한 경우에는 그 집행임원은 제3자에게 손해를 배상할 책임이 있다.

③ 집행임원 설치회사의 이사회 의장은 정관에 규정이 없으면 이사회 결의로 선임하며, 사외이사이어야 한다는 제한은 없다(제408조의2 제4항).

정답_③

③ 집행임원 설치회사의 이사회 의장은 사외이사 중에서 선임하여야 한다.
④ 집행임원의 해임에 관한 이사회의 결의는 이사 과반수의 출석과 출석이사의 과반수로 하여야 하지만 정관으로 그 비율을 높게 정할 수 있다.
⑤ 집행임원을 둘 것인지의 여부는 회사가 자율적으로 결정할 수 있다.

문 32_상법상 자본금 총액이 10억원인 비상장주식회사의 감사와 감사위원회에 관한 설명으로 옳은 것은? (2013 세무사)

① 감사의 수는 3인을 초과할 수 없다.
② 감사의 임기는 취임후 5년내의 최종의 결산기에 관한 정기총회의 종결시까지로 한다.
③ 감사가 감사보고서를 법정 양식에 따라 작성하면 감사록의 작성의무는 면제된다.
④ 감사위원회 위원의 해임에 관한 이사회의 결의는 이사 총수의 3분의 2 이상의 결의로 하여야 한다.
⑤ 자회사의 감사는 그 직무를 수행하기 위하여 필요한 때에는 모회사에 대하여 영업의 보고를 요구할 수 있다.

해 설 및 정 답

① 감사의 수는 제한이 없다.
② 감사의 임기는 취임 후 3년 내의 최종의 결산기에 관한 정기총회의 종결시까지로 한다(제410조).
③ 감사가 감사보고서를 법정 양식에 따라 작성하는 것과 관계없이 감사한 사항에 대한 감사록의 작성의무가 있다(제413조의2).
⑤ 자회사의 감사는 모회사에 대하여 영업의 보고를 요구할 수 없다. 모회사의 감사는 자회사에 대하여 영업의 보고를 요구할 수 있다(제412조의5 제1항).

정답_④

문 33_상법상 주식회사의 감사제도에 관한 설명 중 옳은 것은? (2004 세무사)

① 의결권 없는 주식을 제외한 발행주식총수의 100분의 3을 초과하는 주식을 가진 대주주는 감사 선임결의에서 의결권을 행사를 할 수 없다.
② 감사는 이사의 위법행위 유지청구권 등 업무집행 전반을 감사할 권한을 가진다.
③ 주식회사는 이사회 내 위원회의 하나인 감사위원회를 감사와 병존하여 설치할 수 있다.
④ 감사위원회는 이사회내의 다른 위원회와 동일하게 2인 이상의 이사로 구성한다.
⑤ 자연인인 과점주주와 그 배우자 및 직계존·비속은 감사위원회 위원으로 선임될 수 없다.

① 의결권 없는 주식을 제외한 발행주식총수의 100분의 3을 초과하는 주식을 가진 대주주는 감사 선임결의에서 그 초과하는 주식에 대해서만 의결권을 행사를 할 수 없다(제409조 제2항).
② 감사는 이사의 위법행위 유지청구권 등 업무집행 전반을 감사할 권한을 가진다(제412조).
③ 주식회사는 이사회 내 위원회의 하나인 감사위원회는 감사에 갈음하여 설치할 수 있는 것이므로, 감사와 병존하여 설치할 수 없다(제415조의2 제1항).
④ 감사위원회는 이사회내의 다른 위원회와 달리 3인 이상의 이사로 구성한다(제415조의2 제2항 본문).
⑤ 자연인인 과점주주와 그 배우자 및 직계존·비속은 감사위원회 위원으로 선임될 수는 있으나, 감사위원의 3분의 1을 넘을 수 없다(제415조의2 제2항 단서).

정답_②

문 34_甲주식회사의 발행주식의 내용이 〈보기〉와 같은 경우에, 상법상 감사 선임 결의에서 원칙적으로 의결권이 제한되는 주식의 총수는 얼마인가? (2006 세무사)

• 보기 •

- 甲주식회사의 발행주식 총수 : 100만주
- 의결권 없는 이익배당우선주 : 10만주
- 단주처리를 위해 취득한 자기주식 : 5만주
- 자회사인 乙회사가 타 회사를 흡수합병하면서 취득한 甲회사의 주식 : 5만주
- 1만주 이상 소유한 주주는 3인임 – A : 6만주, B : 5만주 , C : 4만주
- 다만, 甲, 乙, A, B, C가 보유한 甲회사의 주식은 모두 보통주임.

① 10만주 ② 20만주 ③ 26만 9천주
④ 27만 3천 5백주 ⑤ 27만 8천주

해 설 및 정 답

총주식 100만주에서 의결권없는 주식 20만주를 제외한 80만주가 주주총회 결의에 있어서 발행주식총수에 해당한다. 따라서 A가 가진 주식 중 3만6천주, B가 가진 주식 중 2만6천주, C가 가진 주식 중 1만6천주는 의결권이 제한된다. 그렇다면 의결권이 제한되는 주식은 의결권없는 주식 20만주와 ABC주주의 의결권제한주식 7만8천주를 합하여, 27만8천주는 의결권제한주식총수가 되는 것이다.

정답_⑤

문 35_상법상 주식회사의 감사에 관한 설명으로 옳지 않은 것은? (2021 세무사)

① 자본금의 총액이 10억원 미만인 회사의 경우에는 감사를 선임하지 아니할 수 있다.
② 정기총회에서 재무제표와 그 부속명세서에 대해 승인한 후 2년 내에 다른 결의가 없으면, 회사는 감사의 부정행위에 따른 책임을 해제한 것으로 본다.
③ 모회사의 감사는 그 직무를 수행하기 위하여 필요한 때에는 자회사에 대하여 영업의 보고를 요구할 수 있다.
④ 감사는 회사 및 자회사의 이사 또는 지배인 기타의 사용인의 직무를 겸하지 못한다.
⑤ 감사는 언제든지 이사에 대하여 영업에 관한 보고를 요구하거나 회사의 업무와 재산상태를 조사할 수 있다.

① 자본금의 총액이 10억원 미만인 회사의 경우에는 감사를 선임하지 아니할 수 있다(상법 제409조 제4항).
② 정기총회에서 재무제표와 그 부속명세서에 대해 승인한 후 2년 내에 다른 결의가 없으면, 회사는 감사의 책임을 해제한 것으로 본다. 그러나 부정행위가 있는 때에는 그러하지 아니한다(상법 제450조).
③ 모회사의 감사는 그 직무를 수행하기 위하여 필요한 때에는 자회사에 대하여 영업의 보고를 요구할 수 있다(상법 제412조의5 제1항).
④ 감사는 회사 및 자회사의 이사 또는 지배인 기타의 사용인의 직무를 겸하지 못한다(상법 제411조).
⑤ 감사는 언제든지 이사에 대하여 영업에 관한 보고를 요구하거나 회사의 업무와 재산상태를 조사할 수 있다(상법 제412조 제1항).

정답_②

문 36_甲 주식회사는 2015년 5월 1일에 성립된 회사로 乙 주식회사의 상법상 모회사이다. A는 甲 주식회사의 주주이고, B는 甲 주식회사의 이사이며, C는 甲 주식회사의 감사이다. 다음 설명으로 옳지 않은 것은? (甲 주식회사, 乙 주식회사, 丙 주식회사는 모두 비상장 주식회사이며 각 회사의 자본금 총액은 20억원이다.) (2017 세무사)

① 2015년 7월 1일에 주권이 발행되지 않은 상태에서 A가 제3자인 D에게 甲 주식회사의 주식을 양도했다면 이 양도는 甲 주식회사에 대하여 효력이 없다.
② B는 재임 중뿐만 아니라 퇴임 후에도 직무상 알게 된 甲주식회사의 영업상 비밀을 누설하여서는 안 된다.

④ 회사의 감사는 회사 및 자회사의 이사 또는 지배인 기타의 사용인의 직무를 겸하지 못한다(제411조). 따라서 C는 甲주식회사의 지배인의 직무를 겸할 수 없고, 乙주식회사의 지배인의 직무는 겸할 수도 없다.
① 제335조 제3항 ② 제382조의4
③ 제397조 제1항 ⑤ 제523조의2 제1항

정답_④

해설 및 정답

③ B는 甲 주식회사 이사회의 승인이 없으면 甲주식회사의 영업과 동종인 영업을 목적으로 하는 다른 회사의 이사가 되지 못한다.
④ C는 甲 주식회사의 지배인의 직무를 겸할 수 없으나 乙주식회사의 지배인의 직무는 겸할 수 있다.
⑤ 乙 주식회사가 丙 주식회사를 흡수합병하면서 합병계약서에 따라 소멸회사인 丙 주식회사의 주주에게 제공하는 재산이 甲 주식회사의 주식을 포함하는 경우라면 乙주식회사는 그 지급을 위하여 甲 주식회사의 주식을 취득할 수 있다.

문 37_상법상 주식회사 감사의 권한에 속하는 것만을 묶은 것은? (2007 세무사)

• 보기 •

ㄱ. 이사회의사록의 기명날인 또는 서명권
ㄴ. 이사의 위법행위유지청구권
ㄷ. 신주발행유지청구권
ㄹ. 감사의 해임에 관한 의견진술권
ㅁ. 주주총회의사록의 기명날인 또는 서명권
ㅂ. 회사의 업무와 재산상태 조사권

① ㄱ, ㄴ, ㄷ, ㄹ ② ㄱ, ㄴ, ㄹ, ㅂ ③ ㄱ, ㄷ, ㄹ, ㅁ
④ ㄴ, ㄹ, ㅁ, ㅂ ⑤ ㄴ, ㄷ, ㅁ, ㅂ

신주발행유지청구권은 주주에게만 인정되는 것이고, 주주총회의사록의 기명날인 또는 서명권은 주주총회의 의장과 출석한 이사에게 인정되는 것이다. 기타의 사항은 감사의 권한에 속한다.

정답_②

문 38_상법상 주식회사의 감사에 관한 설명으로 옳지 않은 것은? (2016 세무사)

① 감사는 주주총회에서 선임한다.
② 감사는 언제든지 이사에 대하여 영업에 관한 보고를 요구하거나 회사의 업무와 재산상태를 조사할 수 있다.
③ 감사는 주주총회에서 감사의 해임에 관하여 의견을 진술할 수 있다.
④ 감사는 자회사의 감사를 겸하지 못한다.
⑤ 감사는 회사의 비용으로 전문가의 도움을 구할 수 있다.

감사는 자회사의 이사를 겸하지 못하지만(제411조), 감사를 겸하지 못하는 규정은 없다.

정답_④

문 39_상법상 주식회사의 감사에 관한 설명으로 옳지 않은 것은? (2012 세무사)

① 감사는 주주총회에서 감사의 해임에 관하여 의견을 진술할 수 있다.
② 자본금총액이 10억원 미만인 회사의 경우에는 감사를 선임하지 아니할 수 있다.
③ 감사는 필요하면 회의의 목적사항과 소집이유를 서면에 적어 소집권자인 이사에게 제출하여 이사회 소집을 청구할 수 있다.
④ 감사가 이사회소집청구를 했음에도 이사가 지체없이 이사회를 소집하지 아니하면, 그 청구한 감사는 법원의 허가를 받아 이사회를 소집할 수 있다.
⑤ 의결권 없는 주식을 제외한 발행주식총수의 100분의 3을 초과하는 수의 주식을 가진 주주는 그 초과하는 주식에 관하여 감사의 선임에 있어서는 의결권을 행사하지 못한다.

해 설 및 정 답

감사가 이사회소집청구를 했음에도 이사가 지체없이 이사회를 소집하지 아니하면, 그 청구한 감사는 이사회를 소집할 수 있다(제412조의4 제2항).

정답_④

문 40_상법상 주식회사의 감사 등에 관한 설명으로 옳지 않은 것은? (2015 세무사)

① 자본금의 총액이 30억원인 비상장회사의 경우, 모집설립시 창립총회에서 이사와 감사를 선임하여야 한다.
② 자본금의 총액이 10억원 미만인 비상장회사로서 감사를 선임하지 아니한 경우 주주총회가 이사의 직무집행을 감사한다.
③ 감사위원회가 그 결의로 감사위원회를 대표할 자를 선정하는 경우 수인의 위원이 공동으로 대표할 것을 정할 수 있다.
④ 최근 사업연도 말 현재의 자산총액이 3조원인 상장회사가 주주총회에서 상근감사를 선임한 경우에는 감사위원회를 설치할 수 없다.
⑤ 상장회사가 감사의 선임에 관한 사항을 목적으로 하는 주주총회를 소집통지하는 경우에는 감사 후보자의 성명, 약력, 추천인, 그 밖에 대통령령으로 정하는 후보자에 관한 사항을 통지하여야 한다.

최근 사업연도 말 현재의 자산총액이 3조원인 상장회사는 감사위원회를 설치하여야 하므로(제542조의11 제1항), 상근감사를 둘 수 없다.

정답_④

13 진도별 모의고사

해 설 및 정 답

문 1_상법상 비상장주식회사의 감사와 감사위원회에 관한 설명으로 옳지 않은 것은? (2020 세무사)

① 자본금 총액이 10억원 미만인 회사의 경우에는 감사를 선임하지 아니할 수 있다.
② 감사는 자회사의 이사 또는 지배인 기타 사용인의 직무를 겸하지 못한다.
③ 회사는 정관이 정하는 바에 따라 감사위원회를 설치한 경우에는 감사를 둘 수 없다.
④ 감사위원회의 위원의 해임에 관한 이사회의 결의는 이사 총수의 3분의 2 이상의 결의로 하여야 한다.
⑤ 감사위원회의 결의사항을 통지받은 각 이사는 이사회의 소집을 요구할 수 있으며, 이사회는 감사위원회가 결의한 사항에 대하여 다시 결의할 수 있다.

① 자본금 총액이 10억원 미만인 회사의 경우에는 감사를 선임하지 아니할 수 있다(제409조 제4항).
② 감사는 자회사의 이사 또는 지배인 기타 사용인의 직무를 겸하지 못한다(제411조).
③ 회사는 정관이 정하는 바에 따라 감사위원회를 설치한 경우에는 감사를 둘 수 없다(제415조의2 제1항).
④ 감사위원회의 위원의 해임에 관한 이사회의 결의는 이사 총수의 3분의 2 이상의 결의로 하여야 한다(제415조의2 제3항).
⑤ 감사위원회의 결의사항을 통지받은 각 이사는 이사회의 소집을 요구할 수 있으며, 이사회는 감사위원회가 결의한 사항에 대하여 다시 결의할 수 없다(제415조의2 제6항).

정답_⑤

문 2_상법상 감사위원회에 관한 설명으로 옳은 것은? (2005 세무사)

① 감사위원회 위원은 주주인 이사이어야 한다.
② 감사위원회를 두는 회사는 감사를 둘 수 없다.
③ 감사위원회의 설치는 주주총회의 결의로 하여야 한다.
④ 감사위원회 위원의 수는 2인 이상이면 된다.
⑤ 감사위원회 위원의 해임에 관한 이사회의 결의는 이사 과반수의 출석과 출석 과반수의 결의로 하여야 한다.

① 감사위원회 위원은 이사이면 되고 반드시 주주이어야 하는 것은 아니다.
③ 감사위원회의 설치는 정관의 규정에 의한다(제415조의2 제1항).
④ 감사위원회 위원의 수는 3인 이상이어야 한다(제415조의2 제2항).
⑤ 감사위원회 위원의 해임은 총이사 3분의 2 이상의 결의로 한다(제415조의2 제3항).

정답_②

문 3_상법상 비상장주식회사의 감사위원회에 관한 설명으로 옳지 않은 것은? (2021 세무사)

① 감사위원회를 설치한 회사는 감사를 둘 수 없다.
② 감사위원회에는 사외이사가 위원의 3분의 2 이상이어야 한다.
③ 감사위원회는 이사회의 결의로 그 위원회를 대표할 자를 선정하여야 한다.

① 감사위원회를 설치한 회사는 감사를 둘 수 없다(상법 제415조의2 제1항).
② 감사위원회에는 사외이사가 위원의 3분의 2 이상이어야 한다(상법 제415조의2 제2항).
③ 감사위원회는 그 위원회의 결의로 그 위원회를 대표할 자를 선정하여야 한다(상법 제415조의2 제4항).

④ 감사위원회의 위원의 해임에 관한 이사회의 결의는 이사 총수의 3분의 2 이상의 결의로 하여야 한다.
⑤ 감사위원회는 회사의 비용으로 전문가의 조력을 구할 수 있다.

해 설 및 정 답

④ 감사위원회의 위원의 해임에 관한 이사회의 결의는 이사 총수의 3분의 2 이상의 결의로 하여야 한다(제415조의2 제3항).
⑤ 감사위원회는 회사의 비용으로 전문가의 조력을 구할 수 있다(제415조의2 제5항).

정답_③

문 4_상법상 주식회사의 감사 및 감사위원회에 관한 설명 중 옳지 않은 것은? (2007 세무사)

① 감사의 선임시에 주주의 의결권 행사비율을 정관으로 상법에 규정된 것보다 더욱 낮게 정할 수 있다.
② 감사에게는 이사회의 출석권과 의견진술권이 있으므로, 감사에 대하여도 이사회의 소집통지를 하여야 한다.
③ 감사에 대하여도 이사와 마찬가지로 경업금지의무나 자기거래금지의무가 적용된다.
④ 감사위원회는 이사회 내 위원회이지만, 반드시 3인 이상의 이사로 구성되어야 한다.
⑤ 감사위원회의 위원의 해임에 관한 이사회의 결의는 이사 총수의 3분의 2 이상의 결의로 하여야 한다.

③ 감사는 업무를 감사할 뿐 업무집행권이 없으므로 경업금지의무나 자기거래금지의무는 없다.

정답_③

문 5_상법상 주식회사의 감사제도에 관한 설명으로 옳지 않은 것은? (2010 세무사)

① 감사는 회사의 회계 및 업무감사를 직무로 하는 주식회사의 필요적 상설기관이지만, 자본금 10억원 미만인 비상장회사는 감사를 두지 않을 수 있다.
② 감사는 주주총회에서 선임하는데, 의결권없는 주식을 제외한 발행주식총수의 100분의 3을 초과하는 수의 주식을 가진 주주는 그 초과하는 주식에 관하여 감사의 선임에 있어서는 의결권을 행사하지 못한다.
③ 회사가 이사에 대하여 소를 제기한 경우에는 감사가 그 소에 관하여 회사를 대표한다
④ 감사위원회의 위원은 회사의 상장 여부에 관계없이 반드시 주주총회의 결의로 선임하고 해임한다.
⑤ 감사해임의 소가 제기된 경우에는 법원은 당사자의 신청에 의하여 가처분으로써 감사의 직무집행을 정지할 수 있다.

비상장회사의 감사위원회의 위원은 이사회에서 선임한다(제393조의2 제2항 3호). 그러나 상장회사의 경우 자산2조원 이상의 회사인 경우에는 주주총회의 결의로 이사를 선임한 후 선임된 이사 중에서 감사위원을 선임하고(제542조의12 제2항), 선임과 해임은 주주총회의 권한으로 한다(제542조의12 제1항).

정답_④

문 6_다음 보기는 상법상 주식회사의 감사 및 감사위원회에 관한 설명이다. 옳은 내용에 해당하는 것만을 묶은 것은? (2008 세무사)

• 보기 •

가. 의결권없는 주식을 제외한 발행주식총수의 100분의 3을 초과하는 수의 주식을 가진 주주는 그 초과하는 주식에 관하여 감사의 선임에 있어서는 의결권을 행사하지 못한다.
나. 감사는 자회사의 지배인의 직무를 겸하지 못한다.
다. 이사는 회사에 현저하게 손해를 미칠 염려가 있는 사실을 발견한 때에는 2개월 내에 감사에게 이를 보고해야 한다.
라. 감사위원회의 위원의 해임에 관한 이사회의 결의는 이사회의 과반수의 결의로 하여야 한다.
마. 감사의 임기는 취임 후 3년 내의 최종의 결산기에 관한 정기총회의 종결시까지로 한다.

① 가, 다, 라 ② 가, 나, 마 ③ 다, 라 마
④ 가, 다, 마 ⑤ 가, 나, 라

해 설 및 정 답

다. 이사는 회사에 현저하게 손해를 미칠 염려가 있는 사실을 발견한 때에는 즉시 감사에게 이를 보고해야 한다.
라. 감사위원회의 위원의 해임에 관한 이사회의 결의는 총이사 3분의 2 이상의 찬성으로 하여야 한다.

정답_②

문 7_상법상 주식회사의 감사 또는 감사위원회에 관한 설명으로 옳지 않은 것은? (2011 세무사)

① 감사는 회사 및 자회사의 이사 또는 지배인 기타의 사용인의 직무를 겸하지 못한다.
② 대법원 판례에 의하면 회사에 대한 감사의 불법행위책임은 총주주의 동의로 면제할 수 있다.
③ 회사는 정관이 정한 바에 따라 감사에 갈음하여 감사위원회를 설치할 수 있다.
④ 회사와 감사의 관계는 민법의 위임에 관한 규정이 준용되지만 이사와 달리 감사는 경업금지의무 및 자기거래금지의무를 부담하지 않는다.
⑤ 비상장회사의 경우 감사위원회의 위원의 해임에 관한 이사회의 결의는 이사 총수의 3분의 2 이상의 결의로 하여야 한다.

대법원 판례에 의하면 회사에 대한 감사의 불법행위책임은 총주주의 동의로 면제할 수 없다(대법원 1996.4.9. 선고 95다56316 판결).

정답_②

문 8_상법상 상장주식회사의 감사와 감사위원회에 관한 설명으로 옳지 않은 것은? (2012 세무사)

① 최근 사업연도말 현재의 자산총액이 1천억원 이상 2조원 미만인 상장회사의 경우 상법상 상장회사에 대한 특례규정에 따른 감사위원회의 위원으로 재임하였던 이사는 상근감사가 될 수 없다.

② 최근 사업연도말 현재의 자산총액이 2조원 이상인 상장회사 가운데 상법 시행령에서 달리 정하는 경우를 제외하고는 주주총회에서 이사를 선임한 후 선임된 이사중에서 감사위원회 위원을 선임하여야 한다.

③ 최근 사업연도말 현재의 자산총액이 1천억원 이상 2조원 미만인 상장회사의 경우 감사위원회 위원을 선임할 수 있다.

④ 최근 사업연도말 현재의 자산총액이 2조원 이상인 상장회사 가운데 상법 시행령에서 달리 정하는 경우를 제외하고는 감사위원회의 대표는 사외이사로 하여야 한다.

⑤ 최근 사업연도말 현재의 자산총액이 2조원 이상인 상장회사 가운데 상법 시행령에서 달리 정하는 경우를 제외하고는 감사위원회위원을 선임하거나 해임하는 권한은 주주총회에 있다.

해 설 및 정 답

최근 사업연도말 현재의 자산총액이 1천억원 이상 2조원 미만인 상장회사의 경우 상법상 상장회사에 대한 특례규정에 따른 감사위원회의 위원으로 재임하였던 자는 상근감사가 될 수 있다(제542조의10 제2항 2호 단서).

정답_①

문 9_상법상 주식회사에 관한 설명으로 옳은 것은? (다툼이 있는 경우에는 판례에 의함) (2014 세무사)

① 비상장주식회사가 정관으로 감사선임시 의결권 없는 주식을 제외한 발행주식총 수의 100분의 2를 초과하는 주식에 관하여 의결권을 행사하지 못한다는 내용을 정하였다면 그 규정은 효력이 없다.

② A회사가 채무를 면탈할 목적으로 기업의 형태나 내용이 실질적으로 동일한 B회사를 설립하였다면, A회사의 채권자는 B회사의 법인격이 부인되어야 함을 주장할 수 있다.

③ 이사의 법령 위반행위로 인하여 회사에 대하여 부담하는 손해배상책임을 판단함에 있어서는 경영판단의 법칙이 적용된다.

④ 업무집행지시자의 책임은 영향력 행사에 대한 책임이므로 그의 지시를 받은 이사의 업무집행이 적법하고 정당하게 이루어진 경우에도 회사에 대하여 손해배상책임을 부담할 수 있다.

⑤ 회사는 이사회의 의사록을 본점에 비치하여야 하고 주주나 채권자는 영업시간내에는 이 서류의 열람 또는 등사를 청구할 수 있다.

① 비상장주식회사가 정관으로 감사선임시 의결권 없는 주식을 제외한 발행주식총수의 100분의 2를 초과하는 주식에 관하여 의결권을 행사하지 못한다는 내용을 정하였다면 그 규정은 효력이 있다(제409조 제3항).
② 대판 2001.1.19, 97다21604
③ 이사의 법령 위반행위로 인하여 회사에 대하여 부담하는 손해배상책임을 판단함에 있어서는 경영판단의 법칙이 적용되지 않는다(대판 2005.10.28, 2003다69638).
④ 업무집행지시자의 책임은 그자를 이사와 동일시하여 책임을 지우는 것이며, 그의 지시를 받은 이사의 업무집행이 적법하고 정당하게 이루어진 경우에는 회사에 대하여 손해배상책임을 부담하지 않는다.
⑤ 회사는 이사회의 의사록은 본점에 비치할 의무가 없으며, 주주는 영업시간내에는 이 서류의 열람 또는 등사를 청구할 수 있다(제391조의3 제3항). 회사채권자는 이사회의사록의 열람 및 등사청구권이 없다.

정답_②

문 10_상법상 신주의 발행에 관한 설명으로 옳지 않은 것은?

(2018 세무사)

① 주식청약서에는 주주에 대한 신주인수권의 제한에 관한 사항을 적어야 한다.

② 회사는 정관에 정하는 바에 따라 신기술의 도입, 재무구조의 개선 등 회사의 경영상 목적을 달성하기 위하여 필요한 경우에 주주 외의 자에게 신주를 배정할 수 있다.

③ 신주의 인수인은 회사의 동의 없이 인수한 주식에 대한 납입채무와 주식회사에 대한 채권을 상계할 수 있다.

④ 이사는 신주의 인수인으로 하여금 그 배정한 주수(株數)에 따라 납입기일에 그 인수한 주식에 대한 인수가액의 전액을 납입시켜야 한다.

⑤ 회사는 신주의 인수권을 가진 자에 대하여 그 인수권을 가지는 주식의 종류 및 수와 일정한 기일까지 주식인수의 청약을 하지 아니하면 그 권리를 잃는다는 뜻을 통지하여야 한다.

해설 및 정답

신주의 인수인은 회사의 동의 없이 인수한 주식에 대한 납입채무와 주식회사에 대한 채권을 상계할 수 없다(상법 제421조 제2항).
① 상법 제420조 제5호 ② 상법 제418조 제2항 단서
④ 상법 제421조 제1항 ⑤ 상법 제419조 제1항 전문

정답_③

문 11_상법상 주식회사의 신주발행에 관한 설명으로 옳지 않은 것은?

(2020 세무사)

① 신주의 인수인은 납입 또는 현물출자의 이행을 한 때에는 납입기일의 다음 날부터 주주의 권리의무가 있다.

② 신주인수권증서가 발행된 경우 신주인수인은 신주인수권증서에 기재한 납입장소에서 납입하여야 한다.

③ 신주에 대하여 이미 주주의 권리를 행사한 주주는 신주의 발행으로 인한 변경등기를 한 날부터 1년 내에 한하여 사기, 강박 또는 착오를 이유로 그 인수를 취소할 수 있다.

④ 회사가 정관으로 정하는 바에 따라 전자등록기관의 전자등록부에 신주인수권을 등록한 경우 신주인수권의 양도는 전자등록부에 등록하여야 효력이 발생한다.

⑤ 신주발행의 무효는 주주·이사 또는 감사에 한하여 신주를 발행한 날부터 6개월 내에 소만으로 이를 주장할 수 있다.

① 신주의 인수인은 납입 또는 현물출자의 이행을 한 때에는 납입기일의 다음 날부터 주주의 권리의무가 있다(제423조 제1항).
② 신주인수권증서가 발행된 경우 신주인수인은 신주인수권증서에 기재한 납입장소에서 납입하여야 한다(제420조의2 제2항 2호, 제420조 2호, 제302조 9호).
③ 신주에 대하여 이미 주주의 권리를 행사한 주주는 사기, 강박 또는 착오를 이유로 그 인수를 취소할 수 없다(제427조).
④ 회사가 정관으로 정하는 바에 따라 전자등록기관의 전자등록부에 신주인수권을 등록한 경우 신주인수권의 양도는 전자등록부에 등록하여야 효력이 발생한다(제420조의4, 제356조의2 제2항).
⑤ 신주발행의 무효는 주주·이사 또는 감사에 한하여 신주를 발행한 날부터 6개월 내에 소만으로 이를 주장할 수 있다(제429조).

정답_③

문 12_상법상 주식회사의 신주발행에 관한 설명으로 옳지 않은 것은?

(2021 세무사)

① 이사와 통모하여 현저하게 불공정한 발행가액으로 주식을 인수한 자는 회사에 대하여 공정한 발행가액과의 차액에 상당한 금액을 지급할 의무가 있다.

② 신주의 발행으로 인한 변경등기를 한 날부터 1년을 경과한 후에는 신주를 인수한 자는 신주인수권증서의 요건의 흠결을 이유로 하여 그 인수의 무효를 주장하지 못한다.

③ 신주발행의 무효는 주주 · 이사 또는 감사에 한하여 신주를 발행한 날부터 6월내에 소만으로 이를 주장할 수 있다.

④ 신주발행무효의 판결이 확정된 때에는 신주는 소급하여 그 효력을 잃는다.

⑤ 신주발행무효의 판결이 확정된 때에는 회사는 신주의 주주에 대하여 그 납입한 금액을 반환하여야 한다.

해 설 및 정 답

① 이사와 통모하여 현저하게 불공정한 발행가액으로 주식을 인수한 자는 회사에 대하여 공정한 발행가액과의 차액에 상당한 금액을 지급할 의무가 있다(상법 제424조의2 제1항).
② 신주의 발행으로 인한 변경등기를 한 날부터 1년을 경과한 후에는 신주를 인수한 자는 신주인수권증서의 요건의 흠결을 이유로 하여 그 인수의 무효를 주장하지 못한다(상법 제427조).
③ 신주발행의 무효는 주주 · 이사 또는 감사에 한하여 신주를 발행한 날부터 6월내에 소만으로 이를 주장할 수 있다(상법 제429조).
④ 신주발행무효의 판결이 확정된 때에는 신주는 장래에 대하여 효력을 잃는다(상법 제431조 제1항).
⑤ 신주발행무효의 판결이 확정된 때에는 회사는 신주의 주주에 대하여 그 납입한 금액을 반환하여야 한다(상법 제432조 제1항).

정답_④

문 13_상법상 통상의 신주발행에 관한 설명 중 옳은 것은?

(2007 세무사)

① 주식의 액면미달발행을 하려면 회사가 성립한 날로부터 2년이 경과한 후에 주주총회의 특별결의가 있어야 하며, 이 결의에서 주식의 최저발행가액을 정하여야 한다.

② 신주의 인수인이 납입기일에 그 인수가액을 납입하지 않은 때에는 이사가 연대하여 납입할 의무를 부담한다.

③ 판례에 의하면, 현물출자로 인한 신주발행의 경우 당해 신주를 인수할 자가 이미 특정되어 있더라도, 주주총회 특별결의에 의해 일반주주의 신주인수권이 인정될 수 있다.

④ 신주의 발행으로 인한 변경등기가 되면, 신주를 인수한 자는 주식청약서의 요건의 흠결을 이유로 하여 그 인수의 무효를 주장하거나 사기나 강박 등을 이유로 하여 그 인수를 취소하지 못한다.

⑤ 신주의 인수인이 납입을 한 때에는 납입기일부터 주주로서의 권리의무가 발생한다.

② 신주발행의 경우 납입기일내에 납입하지 않은 때에는 미발행주식으로 돌아감으로 인하여 이사에게 납입담보책임은 발생할 여지가 없다.
③ 판례에 의하면, 현물출자로 인한 신주발행의 경우 당해 신주를 인수할 자가 이미 특정되어 있더라도, 주주총회 특별결의에 의해 일반주주의 신주인수권이 인정될 수 없다.
④ 신주의 발행가액으로 인한 변경등기후 1년이 경과하면, 신주를 인수한 자는 주식청약서의 요건의 흠결을 이유로 하여 그 인수의 무효를 주장하거나 사기나 강박 등을 이유로 하여 그 인수를 취소하지 못한다(제427조).
⑤ 신주의 인수인이 납입을 한 다음 날로부터 주주로서의 권리의무가 발생한다(제423조 제1항).

정답_①

문 14_상법상 주식회사의 신주발행에 관한 설명 중 옳지 않은 것은? (2007 세무사)

① 추상적 신주인수권은 주식과 분리하여 타인에게 양도할 수 없으나 구체적 신주인수권은 그 양도성이 인정된다.
② 회사가 제3자의 신주인수권을 무시하고 신주를 발행하고자 하는 경우에는 그 제3자는 회사에 대하여 그 발행의 유지를 청구할 수 있다.
③ 신주인수권증서는 정관의 규정이나 정관에 의한 주주총회의 결의 또는 이사회의 결의로 신주인수권을 양도할 수 있다는 것을 정한 경우에 한하여 발행될 수 있다.
④ 신주인수인이 이사와 통모하여 현저하게 불공정한 발행가액으로 주식을 인수한 경우 회사에 대하여 공정한 발행가액과의 차액을 지급할 책임이 있다.
⑤ 주주의 신주인수권은 정관의 규정이나 정관에 의한 주주총회의 결의 또는 이사회의 결의가 있어야 그 양도를 할 수 있다.

해 설 및 정 답

② 회사와 제3자간의 신주인수권의 부여는 당사자간의 계약이므로, 제3자의 신주인수권을 무시한 경우라도 제3자의 신주발행유지청구는 인정되지 않는다. 다만, 제3자는 그로 인하여 받은 손해의 배상을 청구할 수 있을 뿐이다.

정답_②

문 15_상법상 주주의 신주인수권에 관한 설명으로 옳지 않은 것은? (2021 세무사)

① 회사는 정관의 규정이 없더라도 경영상 목적을 달성하기 위하여 필요한 경우에는 주주 외의 자에게 신주를 배정할 수 있다.
② 주주는 그가 가진 주식 수에 따라서 신주의 배정을 받을 권리가 있다.
③ 신주의 인수인은 회사의 동의가 있으면 신주인수가액의 납입채무와 회사에 대한 채권을 상계할 수 있다.
④ 신주인수권증서가 발행된 경우, 신주인수권의 양도는 신주인수권증서의 교부에 의하여서만 이를 행한다.
⑤ 신주인수권증서의 점유자는 이를 적법한 소지인으로 추정한다.

① 회사는 정관의 규정이 있는 경우 경영상 목적을 달성하기 위하여 필요한 경우에는 주주 외의 자에게 신주를 배정할 수 있다(상법 제418조 제2항).
② 주주는 그가 가진 주식 수에 따라서 신주의 배정을 받을 권리가 있다(상법 제418조 제1항).
③ 신주의 인수인은 회사의 동의가 있으면 신주인수가액의 납입채무와 회사에 대한 채권을 상계할 수 있다(상법 제421조 제2항).
④ 신주인수권증서가 발행된 경우, 신주인수권의 양도는 신주인수권증서의 교부에 의하여서만 이를 행한다(상법 제420조의3 제1항).
⑤ 신주인수권증서의 점유자는 이를 적법한 소지인으로 추정한다(상법 제420조의3 제2항, 제336조 제2항).

정답_①

문 16_상법상 신주인수권에 관한 설명으로 옳지 않은 것은?

(2014 세무사)

① 회사가 보유하는 자기주식에 대하여는 신주인수권이 인정되지 않는다.

② 신주인수권증서가 발행된 경우 신주인수권의 양도는 증서의 교부에 의한다.

③ 제3자의 신주인수권이 무시되는 경우 제3자는 신주발행유지청구권을 행사할 수 있다.

④ 신주인수권증서는 주주의 신주인수권에 대해서만 발행할 수 있으며 제3자의 신주인수권에 대해서는 발행할 수 없다.

⑤ 판례에 의하면 회사가 정관이나 이사회의 결의로 주주의 신주인수권의 양도에 관한 사항을 결정하지 않았더라도 회사가 신주인수권의 양도를 승낙한 경우에는 회사에 대하여 효력이 있다.

해 설 및 정 답

신주발행유지청구권은 신주발행으로 인하여 손해를 입을 염려가 있는 주주이며(제424조), 제3자의 신주인수권이 무시되는 경우에도 제3자는 신주발행유지청구권을 행사할 수 없고 손해배상청구만이 가능하다.

정답_③

문 17_상법상 신주인수권에 관한 설명으로 옳지 않은 것은?

(2015 세무사)

① 주주가 가지는 신주인수권을 양도할 수 있는 것에 관한 사항은 정관에 다른 규정이 없는 한, 원칙적으로 이사회가 결정한다.

② 신주배정일에 확정된 구체적 신주인수권의 경우 주식과 분리하여 신주인수권증서에 의하여 양도할 수 없다.

③ 신주인수권증서를 상실한 자는 주식청약서에 의하여 주식의 청약을 할 수 있다.

④ 회사는 신주인수권증서를 발행하는 대신 정관으로 정하는 바에 따라 전자등록기관의 전자등록부에 신주인수권을 등록할 수 있다.

⑤ 회사는 신주인수권을 가진 자에 대하여 그 인수권을 가지는 주식의 종류 및 수와 일정한 기일까지 주식인수의 청약을 하지 아니하면 그 권리를 잃는다는 뜻을 통지하여야 한다.

신주배정일에 확정된 구체적 신주인수권의 경우 주식과 분리하여 신주인수권증서에 의하여 양도할 수 있다(제420조의3 제1항).

정답_②

문 18_상법상 주주의 신주인수권에 관한 설명으로 옳지 않은 것은? (2011 세무사)

① 신주인수권부사채권자가 신주인수권을 행사한 경우 신주의 발행가액의 전액을 납입한 때에 주주가 된다.

② 신주인수권증서의 점유자는 적법한 소지인으로 추정되며, 신주인수권의 양도는 그 신주인수권증서의 교부에 의하여서만 할 수 있다.

③ 기명주식의 경우 회사는 신주인수권자에 대하여 그 인수권을 가지는 주식의 종류 및 수와 일정한 기일까지 주식인수의 청약을 하지 아니하면 그 권리를 잃는다는 뜻을 통지하여야 한다.

④ 주주에 대한 신주인수권의 제한에 관한 사항은 주식청약서에 기재되어야 한다.

⑤ 대법원 판례에 의하면 회사가 정관이나 이사회의 결의로 신주인수권의 양도에 관한 사항을 정하지 않았다면 신주인수권을 양도할 수 없다.

해 설 및 정 답

대법원 판례에 의하면 회사가 정관이나 이사회의 결의로 신주인수권의 양도에 관한 사항을 정하지 않았다 하더라도 지명채권양도의 방법으로 신주인수권을 양도할 수 있다(대법원 1995.5.23. 선고 94다36421 판결).

정답_⑤

문 19_상법상 주주의 신주인수권에 관한 설명으로 옳지 않은 것은? (2020 세무사)

① 신주인수권증서의 점유자는 이를 적법한 소지인으로 추정한다.

② 신주인수권증서를 상실한 자는 주식청약서에 의하여 주식의 청약을 할 수 있다.

③ 신주인수권증서가 발행된 경우 신주인수권의 양도는 신주인수권증서의 교부에 의하여서만 이를 행한다.

④ 주주에게 배당할 이익으로 주식을 소각할 것을 정한 때에는 그 규정을 신주인수권증서에 기재하여야 한다.

⑤ 신주인수권증서에 의한 청약은 주식청약서에 의한 주식의 청약이 있는 때에는 그 효력을 잃는다.

① 신주인수권증서의 점유자는 이를 적법한 소지인으로 추정한다(제420조의3 제2항, 제336조 제2항).
② 신주인수권증서를 상실한 자는 주식청약서에 의하여 주식의 청약을 할 수 있다(제420조의5 제2항).
③ 신주인수권증서가 발행된 경우 신주인수권의 양도는 신주인수권증서의 교부에 의하여서만 이를 행한다(제420조의3 제1항).
④ 주주에게 배당할 이익으로 주식을 소각할 것을 정한 때는 신주인수권증서의 기재사항이 아니다(제420조의2 제2항 참조)
⑤ 주식청약서에 의한 주식의 청약은 신주인수권증서에 의한 청약이 있는 때에는 그 효력을 잃는다(제420조의5 제2항 단서).

정답_④

문 20_상법상 자본금 총액이 15억원인 비상장주식회사에 관한 설명으로 옳지 않은 것은?(단, 정관에 상법과 달리 정하는 규정이 없다.) (2018 세무사)

① 정관의 변경은 주주총회의 특별결의에 의하여야 한다.
② 회사는 해산된 후에도 청산의 목적범위내에서 존속하는 것으로 본다.
③ 신주의 인수인은 납입 또는 현물출자의 이행을 한 때에는 납입기일의 다음 날로부터 주주의 권리의무가 있다.
④ 의결권없는 주식을 제외한 발행주식총수의 100분의 3을 초과하는 수의 주식을 가진 주주는 그 초과하는 주식에 관하여 감사의 선임에 있어서는 의결권을 행사하지 못한다.
⑤ 신주인수권증서를 상실한 자가 주식청약서에 의하여 주식의 청약을 한 경우 그 청약은 신주인수권증서에 의한 청약이 있는 때에도 그 효력을 잃지 않는다.

해 설 및 정 답

신주인수권증서를 상실한 자가 주식청약서에 의하여 주식의 청약을 한 경우 그 청약은 신주인수권증서에 의한 청약이 있는 때에는 그 효력을 잃는다(상법 제420조의5 제2항).
① 상법 제434조 ② 상법 제245조
③ 상법 제423조 제1항 ④ 상법 제409조 제2항

정답_⑤

문 21_상법상 신주발행에 관한 설명으로 옳지 않은 것은? (2017 세무사)

① 금전으로 출자하는 주주에게 신주를 발행하는 경우 주주는 그가 가진 주식 수에 따라서 신주의 배정을 받을 권리가 있다.
② 회사가 성립한 날로부터 2년을 경과한 후에 주식을 발행하는 경우에는 주주총회의 특별결의와 법원의 인가를 얻어서 주식을 액면미달의 가액으로 발행할 수 있다. 이 경우 법원의 인가를 얻은 날로부터 1월내에 발행하여야 하며, 법원은 이 기간을 연장하여 인가할 수 있다.
③ 회사는 신주인수권증서를 발행하는 대신 정관으로 정하는 바에 따라 전자등록기관의 전자등록부에 신주인수권을 등록할 수 있다.
④ 회사가 법령 또는 정관에 위반하거나 현저하게 불공정한 방법에 의하여 주식을 발행함으로써 주주가 불이익을 받을 염려가 있는 경우에는 그 주주는 회사에 대하여 그 발행을 유지할 것을 청구할 수 있다.
⑤ 이사와 통모하여 현저하게 불공정한 발행가액으로 주식을 인수한 자는 회사채권자에 대하여 공정한 발행가액과의 차액에 상당한 금액을 지급할 의무가 있다.

⑤ 이사와 통모하여 현저하게 불공정한 발행가액으로 주식을 인수한 자는 회사에 대하여 공정한 발행가액과의 차액에 상당한 금액을 지급할 의무가 있다(제424조의2 제1항).
① 제418조 제1항 ② 제417조
③ 제420조의4 ④ 제424조

정답_⑤

문 22_상법상 신주발행에 관한 설명으로 옳지 않은 것은? (2016 세무사)

① 주식의 액면미달발행을 위한 주주총회의 결의에서는 주식의 최저발행가액을 정하여야 한다.
② 신주인수권증서가 발행된 경우 신주인수권의 양도는 신주인수권증서의 교부에 의하여서만 이를 행한다.
③ 이사와 통모하여 현저하게 불공정한 발행가액으로 주식을 인수한 자는 회사에 대하여 공정한 발행가액과의 차액에 상당한 금액을 지급할 의무가 있다.
④ 신주의 인수인은 회사의 동의가 있으면 인수한 주식에 대한 인수가액의 납입채무와 그 주식회사에 대한 채권을 상계할 수 있다.
⑤ 신주의 인수인이 납입 또는 현물출자의 이행을 한 때에는 신주발행의 변경등기일로부터 주주의 권리의무가 발생한다.

해설 및 정답

신주의 인수인이 납입 또는 현물출자의 이행을 한 때에는 납입기일의 다음 날로부터 주주의 권리의무가 발생한다(제423조 제1항).

정답_⑤

문 23_상법상 신주의 발행에 관한 설명으로 옳은 것은? (2015 세무사)

① 액면미달의 발행을 하는 경우 주식의 최저발행가액은 이사회에서 결정한다.
② 신주인수인은 납입기일부터 주주의 권리의무가 있다.
③ 주주 외의 자에게 신주를 배정하는 경우 회사는 그 자에게 신주의 인수방법을 그 납입기일의 1주 전까지 통지하여야 한다.
④ 이사는 인수담보책임을 이행하더라도 그 이사의 회사에 대한 손해배상책임에는 영향을 미치지 아니한다.
⑤ 신주의 발행으로 인한 변경등기를 한 날로부터 1년을 경과한 후에도 신주를 인수한 자는 강박을 이유로 하여 그 인수를 취소할 수 있다.

① 액면미달의 발행을 하는 경우 주식의 최저발행가액은 주주총회의 특별결의로 결정한다(제417조 제2항). ② 신주인수인은 납입기일 다음날로부터 주주의 권리의무가 있다(제423조 제1항). ③ 주주 외의 자에게 신주를 배정하는 경우 회사는 그 자에게 신주의 인수방법을 그 납입기일의 2주전까지 통지하여야 한다(제418조 제4항). ④ 제428조 제2항. ⑤ 신주의 발행으로 인한 변경등기를 한 날로부터 1년을 경과한 후에는 신주를 인수한 자는 강박을 이유로 하여 그 인수를 취소할 수 없다(제427조).

정답_④

문 24_상법상 주식회사의 신주발행에 관한 설명으로 옳지 않은 것은? (2014 세무사)

① 이사와 통모하여 현저하게 불공정한 발행가액으로 주식을 인수한 자의 책임은 주주의 대표소송으로 추궁할 수 있다.
② 주식인수인은 회사의 동의를 얻지 않으면 납입채무와 회사에 대한 채권을 상계할 수 없다.

신주의 발행으로 인한 변경등기가 있은 후 아직 인수하지 아니한 주식이 있는 때에는 이사가 이를 공동으로 인수한 것으로 본다(제428조).

정답_③

③ 신주의 발행으로 인한 변경등기가 있은 후 아직 인수하지 아니한 주식이 있는 때에는 이사와 감사가 이를 공동으로 인수한 것으로 본다.
④ 신주의 발행으로 인한 변경등기를 한 날로부터 1년을 경과한 후에는 신주를 인수한 자는 주식청약서의 요건의 흠결을 이유로 그 인수의 무효를 주장하지 못한다.
⑤ 판례에 의하면 현물출자에 의해 신주가 발행된 경우 법원에 의해 선임된 검사인의 검사를 받지 않아도 신주발행 및 변경등기가 당연무효로 되지는 않는다.

문 25_상법상 신주발행에 관한 설명으로 옳지 않은 것은? (2019 세무사)

① 회사가 현저하게 불공정한 방법에 의하여 주식을 발행함으로써 주주가 불이익을 받을 염려가 있는 경우에는 그 주주는 회사에 대하여 그 발행을 유지할 것을 청구할 수 있다.
② 이사와 통모하여 현저하게 불공정한 발행가액으로 주식을 인수한 자가 있는 경우, 주주는 그로 하여금 회사에 대하여 공정한 발행가액과의 차액에 상당한 금액을 지급하도록 대표소송을 제기할 수 있다.
③ 신주의 발행으로 인한 변경등기가 있은 후에 주식인수의 청약이 취소된 때에는 기존의 주주가 이를 공동으로 인수한 것으로 본다.
④ 회사가 신주를 액면미달의 가액으로 발행한 경우에 주식의 발행에 따른 변경등기에는 미상각액을 등기하여야 한다.
⑤ 신주발행무효의 판결이 확정된 때에는 회사는 신주의 주주에 대하여 그 납입한 금액을 반환하여야 한다.

해 설 및 정 답

① 회사가 현저하게 불공정한 방법에 의하여 주식을 발행함으로써 주주가 불이익을 받을 염려가 있는 경우에는 그 주주는 회사에 대하여 그 발행을 유지할 것을 청구할 수 있다(제424조).
② 이사와 통모하여 현저하게 불공정한 발행가액으로 주식을 인수한 자가 있는 경우, 주주는 그로 하여금 회사에 대하여 공정한 발행가액과의 차액에 상당한 금액을 지급하도록 대표소송을 제기할 수 있다(제424조의2 제2항).
③ 신주의 발행으로 인한 변경등기가 있은 후에 주식인수의 청약이 취소된 때에는 이사가 이를 공동으로 인수한 것으로 본다(제428조 제1항).
④ 회사가 신주를 액면미달의 가액으로 발행한 경우에 주식의 발행에 따른 변경등기에는 미상각액을 등기하여야 한다(제426조).
⑤ 신주발행무효의 판결이 확정된 때에는 회사는 신주의 주주에 대하여 그 납입한 금액을 반환하여야 한다(제432조 제1항).

정답_③

문 26_상법상 주식의 발행과 그 효력발생시기에 관한 연결 중 옳지 않은 것은? (2006 세무사)

① 설립시 주식발행 – 설립등기시
② 주식배당에 의한 신주발행 – 당해 정기주주총회의 종결시
③ 주주에게 전환권이 있는 전환주식의 전환에 의한 신주발행 – 주주의 전환권 행사시
④ 이사회의 준비금 자본금 전입 결의에 의한 신주발행 – 신주배정기준일
⑤ 신주인수권부 사채에 부여된 권리행사로 인한 신주발행 – 변경등기시

⑤ 신주인수권부 사채에 부여된 권리행사로 인한 신주발행 – 대용납입을 제외하고는 납입한 때(제516조의10).

정답_⑤

문 27_甲주식회사의 이사회는 5억원의 증자를 결의하였으나, 현실적으로 신주의 청약금액은 4억원이었고 최종적으로 납입기일까지 3억원만이 납입되었다. 그런데 이사는 4억원의 증자를 한 것으로 변경등기하였다. 다음 설명 중 옳은 것은? (2006 세무사)

① 이사들은 공동으로 2억원의 인수담보책임을 부담한다.
② 이사들은 연대하여 2억원의 납입담보책임을 부담한다.
③ 이사들의 자본충실책임은 총주주의 동의로 면제될 수 있다.
④ 이사가 자본충실책임을 부담하는 경우에도 손해배상책임이 면제되는 것은 아니다.
⑤ 신주발행이나 변경등기 과정에서 임무를 해태한 이사들만이 공동으로 1억의 인수담보책임을 부담한다.

해 설 및 정 답

④ 4억원의 변경등기를 하였고, 실제 3억이 납입되었으므로, 모든 이사는 공동으로 1억의 금액에 대해 인수담보책임을 진다. 이사는 신주발행의 경우에는 납입담보책임이 없다. 이사의 자본충실책임은 총주주의 동의로 면제할 수 없다. 이사의 자본충실책임과는 별개로 회사의 손해에 대한 손해배상책임이 인정된다.

정답_④

문 28_상법상 위법 · 불공정한 신주발행에 관한 설명 중 옳지 않은 것은? (2004 세무사)

① 회사가 법령 · 정관에 위반하거나 또는 현저하게 불공정한 방법에 의하여 신주를 발행함으로써 주주가 불이익을 받을 염려가 있는 경우에는 그 주주는 회사에 대하여 신주발행의 유지를 청구할 수 있다.
② 신주발행유지의 청구는 소에 의할 수도 있고, 소 이외의 방법에 의하여 할 수도 있다.
③ 신주발행의 무효는 주주 · 이사 또는 감사에 한하여 신주를 발행한 날로부터 1년 내에 소만으로 주장할 수 있다.
④ 이사와 통모하여 현저하게 불공정한 발행가액으로 주식을 인수한 자는 회사에 대하여 공정한 발행가액과의 차액에 상당한 금액을 지급할 의무가 있다.
⑤ 불공정한 가액으로 주식을 인수한 자에 대한 차액지급을 청구하는 소에 관하여는 주주의 대표소송에 관한 규정이 준용된다.

③ 신주발행의 무효는 주주 · 이사 또는 감사에 한하여 신주를 발행한 날로부터 6월 내에 소만으로 주장할 수 있다(제429조).

정답_③

문 29_신주의 위법 · 불공정한 발행에 관한 설명 중 옳지 않은 것은? (2003 세무사)

① 회사가 수권주식총수를 초과하여 신주를 발행하는 경우 그 것으로 인하여 불이익을 받을 염려가 있는 주주는 회사에 대하여 신주의 발행을 유지할 것을 청구할 수 있다.
② 이사와 공모하여 현저하게 불공정한 발행가액으로 주식을 인수한 자는 회사에 대하여 공정한 발행가액과의 차액에 상당한 금액을 지급할 의무가 있다.
③ 현물출자시 검사를 밟지 않은 것만으로는 자본충실을 해하지 않는 한 무효의 원인이라고 할 수 없다.
④ 신주발행무효의 확정판결이 있는 때에는 그 판결 전에 이루어진 그 주식의 양도는 무효가 된다.
⑤ 신주발행무효의 확정판결이 있는 때에는 신주의 주주는 주주권을 상실한다.

해 설 및 정 답

④ 신주발행무효의 확정판결은 소급효가 제한되고, 장래에 대해 그 효력이 있다(제431조 제1항). 따라서 판결 전에 이루어진 주식의 양도는 유효하다.

정답_④

문 30_상법상 주식회사의 신주발행에 관한 설명 중 틀린 것은? (2008 세무사)

① 이사회는 정관에 다른 정함이 없는 한 신주발행시에 신주인수권의 양도에 관한 사항을 정하여야 한다.
② 이사회의 신주발행결정에 따라 신주배정일에 확정된 구체적 신수인수권은 주식과 분리하여 신주인수권증서에 의하여 양도할 수 있다.
③ 신주인수권증서란 청약기일 전 2주간 유통되는 주주의 신주인수권을 표창하는 유가증권이다.
④ 부당한 신주발행으로 불이익을 받을 염려가 있는 경우, 회사의 발행주식총수의 100분의 1미만에 해당하는 주식을 가진 주주도 회사에 대하여 신주발행을 유지할 것을 청구할 수 있다.
⑤ 신주발행무효의 판결이 확정된 때에는 신주는 그 배정일에 소급하여 효력을 잃는다.

신주발행무효의 판결이 확정된 때에는 신주는 장래에 대하여 효력을 잃는다.(제431조 제1항).

정답_⑤

문 31_상법상 주식회사의 신주발행에 관한 설명으로 옳지 않은 것은? (2009 세무사)

① 주주는 그가 가진 주식 수에 따라서 신주의 배정을 받을 권리가 있다.
② 신주발행유지청구권은 발행주식총수의 100분의 1 이상의 주식을 보유한 주주에게 인정되는 소수주주권이다.
③ 이사와 통모하여 현저하게 불공정한 발행가액으로 주식을 인수한 자의 회사에 대한 책임은 주주가 대표소송을 통하여 추궁할 수 있다.
④ 신주발행의 무효는 주주·이사 또는 감사에 한하여 신주를 발행한 날로부터 6월 내에 소만으로 이를 주장할 수 있다.
⑤ 신주의 인수인은 납입 또는 현물출자의 이행을 한 때에는 납입기일의 다음날로부터 주주의 권리의무가 있다.

해 설 및 정 답

신주발행유지청구권은 신주발행으로 불이익을 받을 염려가 있는 개별주주에게 인정되는 단독주주권이다(제424조 참조).

정답_②

문 32_상법상 주식회사의 신주발행에 관한 설명으로 옳은 것은? (2012 세무사)

① 신주발행무효의 판결이 확정된 때에는 그 신주는 소급하여 효력을 잃는다.
② 성립 후 2년이 경과한 회사는 이사회의 결의와 법원의 인가를 얻어서 주식을 액면미달의 가액으로 발행할 수 있다.
③ 신주의 인수인이 납입기일에 현물출자의 이행을 하지 아니한 때에는 그 권리를 잃는다.
④ 신주의 인수인은 회사의 동의 없이 주금납입채무와 회사에 대한 채권을 상계할 수 있다.
⑤ 신주발행의 무효는 주주 또는 이사에 한하여 신주발행일로부터 6월내에 소만으로 이를 주장할 수 있다.

① 신주발행무효의 판결이 확정된 때에는 그 신주는 장래에 대하여 효력을 잃는다(제431조 제1항).
② 성립후 2년이 경과한 회사는 주주총회의 특별결의와 법원의 인가를 얻어서 주식을 액면미달의 가액으로 발행할 수 있다(제417조 제1항).
③ 제423조 제2항.
④ 신주의 인수인은 회사의 동의를 얻어 주금납입채무와 회사에 대한 채권을 상계할 수 있다(제421조 제2항).
⑤ 신주발행의 무효는 주주 또는 이사나 감사에 한하여 신주발행일로부터 6월내에 소만으로 이를 주장할 수 있다(제429조).

정답_③

문 33_다음은 주식회사의 신주발행에 관한 설명이다. 옳은 것만으로 묶인 것은? (2010 세무사)

ㄱ. 실질적인 자본금의 증가를 위한 신주발행은 원칙적으로 이사회가 결정하지만, 정관에 규정을 두어 주주총회의 결의사항으로 할 수도 있다.
ㄴ. 회사가 성립한 날부터 2년을 경과한 후에 주식을 발행하는 경우에는 주주총회의 특별결의와 법원의 인가를 얻어 액면미달가액으로 발행할 수 있는데, 이 경우에는 주식의 최고발행가액을 정해야 한다.
ㄷ. 회사가 신주발행을 할 경우에 주주는 그가 가진 주식수에 따라서 신주를 배정받을 권리가 있지만, 정관에 정하는 바에 따라 특별한 제한 없이 주주 이외의 제3자에게도 신주를 배정할 수 있다.

ㄱ. 제416조
ㄴ. 회사가 성립한 날부터 2년을 경과한 후에 주식을 발행하는 경우에는 주주총회의 특별결의와 법원의 인가를 얻어 액면미달가액으로 발행할 수 있는데, 이 경우에는 주식의 최저발행가액을 정해야 한다(제417조).
ㄷ. 회사가 신주발행을 할 경우에 주주는 그가 가진 주식수에 따라서 신주를 배정받을 권리가 있지만, 정관에 정하는 바에 따라 주주 이외의 제3자에게도 신주를 배정할 수 있다. 다만, 제3자에 대하여 신주를 배정하는 것은 신기술의 도입이나 재무구조의 개선 등 경영상의

ㄹ. 회사가 신주를 발행함에 있어서 이사회의 결의로 신주인수권을 양도할 수 있음을 정한 경우에는 양도방법의 제한 없이 자유롭게 양도할 수 있다.
ㅁ. 신주의 인수인은 납입 또는 현물출자의 이행을 한 때에는 납입기일의 다음 날로부터 주주의 권리의무가 있다.
ㅂ. 신주발행의 무효는 주주, 이사, 감사에 한하여 신주발행일로부터 6월 내에 소만으로 이를 주장할 수 있다.

① ㄱ, ㄷ, ㅁ ② ㄱ, ㅁ, ㅂ ③ ㄴ, ㄷ, ㄹ
④ ㄷ, ㄹ, ㅂ ⑤ ㄹ, ㅁ, ㅂ

해 설 및 정 답

목적을 달성하기 위한 경우에 한하여 인정된다(제418조 제2항 단서).
ㄹ. 회사가 신주를 발행함에 있어서 이사회의 결의로 신주인수권을 양도할 수 있음을 정한 경우에는 자유롭게 양도할 수 있다. 이러한 양도는 신주인수권증서의 교부방법에 의한다(제420조의4).
ㅁ. 제423조 제1항
ㅂ. 제429조

정답_②

문 34_상법상 주식회사의 신주발행에 관한 설명으로 옳지 않은 것은? (2013 세무사)

① 이사는 신주의 인수인으로 하여금 그 배정한 주식수에 따라 납입기일에 그 인수한 주식에 대한 인수가액의 전액을 납입시켜야 한다.
② 신주의 인수인은 회사의 동의가 있는 경우에 인수한 주식의 납입채무와 그 회사에 대한 채권을 상계할 수 있다.
③ 신주발행 시 현물출자에 관한 사항은 이사회에서 정할 수 없고, 반드시 정관에 정함이 있어야 한다.
④ 현물출자의 목적인 재산의 가액이 자본금의 5분의 1을 초과하지 아니하고 5천만원을 초과하지 아니하는 경우에는 현물출자에 대한 검사를 생략할 수 있다.
⑤ 변제기가 돌아온 회사에 대한 금전채권을 출자의 목적으로 하는 경우로서 그 가액이 회사장부에 적혀 있는 가액을 초과하지 아니하는 경우 현물출자에 대한 검사를 생략할 수 있다.

③ 신주발행 시 현물출자에 관한 사항은 정관에 규정이 없으면 이사회에서 정할 수 있다(제416조).

정답_③

문 35_상법상 자본금 감소에 관한 설명으로 옳지 않은 것은? (2010 세무사)

① 자본금 감소는 결손의 보전을 위한 경우를 제외하고는 주주총회 특별결의 사항이다.
② 자본금 감소결의에 대하여 사채권자가 이의를 함에는 사채권자집회의 결의가 있어야 한다.
③ 단주가 발생한 경우 원칙적으로 그 부분에 대하여 발행한 신주를 경매하여 각 주수에 따라 그 대금을 종전의 주주에게 지급하여야 한다.
④ 자본금 감소 결의에 이의를 제출한 채권자가 있으면 자본금 감소 결의는 그 효력을 상실한다.
⑤ 파산관재인은 소 이외의 방법으로는 자본금 감소의 무효를 주장할 수 없다.

자본금 감소 결의에 이의를 제출한 채권자가 있다고 하여 자본금 감소 결의는 그 효력을 상실하는 것은 아니다. 이의를 제출한 채권자에 대해서는 그 보호절차로써, 변제기에 도래한 채무는 변제하여야 하고, 아직 변제기가 도래하지 아니한 경우에는 채권자에게 상당한 담보를 제공하거나 이를 목적으로 하여 신탁회사에 상당한 재산의 신탁을 하여야 한다(제439조 제2항, 제232조).

정답_④

문 36_상법상 ( )안에 들어갈 기간으로 옳은 것은? (2018 세무사)

> 주식회사의 감자무효의 소의 제소기간은 자본금 감소로 인한 변경등기가 된 날부터 ( )내이다.

① 6개월　② 1년　③ 2년
④ 3년　⑤ 5년

해 설 및 정 답

상법 제445조의 규정에 따라 '6개월'내에 소(訴)만으로 주장할 수 있다.

정답_①

문 37_상법상 주식회사 자본금의 감소에 관한 설명으로 옳지 않은 것은? (2016 세무사)

① 결손의 보전(補塡)을 위한 자본금의 감소는 주주총회의 특별결의에 의하여야 한다.
② 결손의 보전을 위하여 자본금을 감소하는 경우에는 채권자의 이의제기 절차를 요하지 않는다.
③ 사채권자가 이의를 제기하려면 사채권자집회의 결의가 있어야 한다.
④ 주식을 병합할 경우에는 회사는 1월 이상의 기간을 정하여 그 뜻과 그 기간 내에 주권을 회사에 제출할 것을 공고하고 주주명부에 기재된 주주와 질권자에 대하여는 각별로 그 통지를 하여야 한다.
⑤ 자본금 감소의 무효는 주주 · 이사 · 감사 · 청산인 · 파산관재인 또는 자본금의 감소를 승인하지 아니한 채권자만이 자본금 감소로 인한 변경등기가 된 날부터 6개월 내에 소(訴)만으로 주장할 수 있다.

결손의 보전(補塡)을 위한 자본금의 감소는 주주총회의 보통결의에 의하여야 한다(제438조 제2항).

정답_①

문 38_상법상 주식회사의 자본금 감소에 관한 설명으로 옳은 것은? (2021 세무사)

① 결손의 보전을 위하여 자본금을 감소하는 경우에는 주주총회의 특별결의가 필요하다.
② 자본금의 감소를 승인한 채권자는 자본금 감소로 인한 변경등기가 된 날부터 6개월내에 소만으로 자본금 감소의 무효를 주장할 수 있다.
③ 자본금 감소 무효의 판결은 대세적 효력이 있으며, 소급효가 인정된다.
④ 사채권자는 사채권자집회의 결의가 없어도 이의를 제기할 수 있다.
⑤ 결손의 보전을 위하여 자본금을 감소하는 경우에는 채권자 보호절차를 거쳐야 한다.

① 결손의 보전을 위하여 자본금을 감소하는 경우에는 주주총회의 보통결의가 필요하다(상법 제438조 제1항 단서).
② 자본금의 감소를 승인하지 아니한 채권자는 자본금 감소로 인한 변경등기가 된 날부터 6개월내에 소만으로 자본금 감소의 무효를 주장할 수 있다(상법 제445조). 감소를 승인한 채권자는 자본금 감소의 무효를 주장할 수 없다..
③ 자본금 감소 무효의 판결은 대세적 효력이 있으며, 소급효가 인정된다(상법 제446조, 제190조 본문). 상법 제190조 단서가 준용되지 않으므로 대세적 효력이 있다..
④ 사채권자는 사채권자집회의 결의가 있어야 이의를 제기할 수 있다(상법 제439조 제3항).
⑤ 결손의 보전을 위하여 자본금을 감소하는 경우에는 채권자 보호절차를 거치지 않아도 된다(상법 제439조 제2항 단서).

정답_③

문 39_상법상 비상장주식회사의 자본금 감소에 관한 설명으로 옳지 않은 것은? (2017 세무사)

① 이사회의 결의에 의하여 회사가 보유하는 자기주식을 소각하는 경우에도 자본금 감소에 관한 규정에 따라서만 소각할 수 있다.

② 주식을 병합할 경우에는 회사는 1월 이상의 기간을 정하여 그 뜻과 그 기간 내에 주권을 회사에 제출할 것을 공고하고 주주명부에 기재된 주주와 질권자에 대하여는 각별로 그 통지를 하여야 한다.

③ 주식의 병합은 주권제출 기간이 만료한 때에 그 효력이 생기지만 상법상 채권자의 이의절차가 종료하지 아니한 때에는 그 종료한 때 효력이 생긴다.

④ 자본금 감소에 대하여 사채권자가 이의를 제기하려면 사채권자집회의 결의가 있어야 한다.

⑤ 자본금 감소의 무효는 주주 · 이사 · 감사 · 청산인 · 파산관재인 또는 자본금의 감소를 승인하지 아니한 채권자만이 자본금 감소로 인한 변경등기가 된 날부터 6개월 내에 소(訴)만으로 주장할 수 있다.

해 설 및 정 답

① 원칙적으로 주식은 자본금 감소에 관한 규정에 따라서만 소각(消却)할 수 있다. 다만 이사회의 결의에 의하여 회사가 보유하는 자기주식을 소각하는 경우에는 경우에는 그러하지 아니하다(제343조 제1항).
② 제440조 ③ 제441조 ④ 제439조 제3항
⑤ 제445조

정답_①

문 40_상법상 주식회사의 자본금의 감소에 관한 설명으로 옳은 것은? (2014 세무사)

① 자본금을 감소하는 경우 사채권자가 이의를 제기하려면 법원의 허가를 받아야 한다.

② 결손보전을 위한 자본금의 감소는 주주총회의 보통결의에 의한다.

③ 주식을 병합하는 경우 회사는 2주간 이상의 기간을 정하여 주권을 회사에 제출할 것을 공고하여야 한다.

④ 주식을 병합하는 경우 구주권을 회사에 제출할 수 없는 자가 있는 경우 회사는 1월 이상의 이의기간이 경과한 후에 신주권을 청구자에게 교부할 수 있다.

⑤ 주식을 병합하는 경우 단주의 처리를 위하여 거래소의 시세 없는 주식은 법원의 허가 없이 회사가 주주와 협의하여 경매 외의 방법으로 매각할 수 있다.

① 자본금을 감소하는 경우 사채권자가 이의를 제기하려면 사채권자집회의 결의를 거쳐야 한다(제439조 제3항).
② 제438조 제2항
③ 주식을 병합하는 경우 회사는 1월 이상의 기간을 정하여 주권을 회사에 제출할 것을 공고하여야 한다(제440조).
④ 주식을 병합하는 경우 구주권을 회사에 제출할 수 없는 자가 있는 경우 회사는 3월 이상의 이의기간이 경과한 후에 신주권을 청구자에게 교부할 수 있다(제442조).
⑤ 주식을 병합하는 경우 단주의 처리를 위하여 거래소의 시세없는 주식은 법원의 허가를 얻어 경매 외의 방법으로 매각할 수 있다(제443조 난서).

정답_②

14 진도별 모의고사

문 1_상법상 주식회사의 자본금 감소에 관한 설명으로 옳지 않은 것은? (2020 세무사)

① 회사가 자본금을 감소하는 경우 주주총회의 특별결의로 그 감소의 방법을 정하여야 한다.
② 주식병합을 통한 자본금 감소의 효력은 본점소재지에서 자본금 변경등기를 한 때에 발생한다.
③ 회사가 결손의 보전을 위하여 자본금을 감소하는 경우에는 채권자이의절차를 거치지 않아도 된다.
④ 회사의 자본금 감소에 대하여 사채권자가 이의를 제기하려면 사채권자집회의 결의가 있어야 한다.
⑤ 자본금 감소의 무효는 주주 · 이사 · 감사 · 청산인 · 파산관재인 또는 자본금의 감소를 승인하지 아니한 채권자만이 자본금 감소로 인한 변경등기가 된 날부터 6개월 내에 소만으로 주장할 수 있다.

해 설 및 정 답

① 회사가 자본금을 감소하는 경우 주주총회의 특별결의로 그 감소의 방법을 정하여야 한다(제439조 제1항).
② 주식병합을 통한 자본금 감소의 효력은 그 최종의 절차가 종료한 때에 그 효력이 발생한다(제441조).
③ 회사가 결손의 보전을 위하여 자본금을 감소하는 경우에는 채권자이의절차를 거치지 않아도 된다(제439조 제2항 단서).
④ 회사의 자본금 감소에 대하여 사채권자가 이의를 제기하려면 사채권자집회의 결의가 있어야 한다(제439조 제3항).
⑤ 자본금 감소의 무효는 주주 · 이사 · 감사 · 청산인 · 파산관재인 또는 자본금의 감소를 승인하지 아니한 채권자만이 자본금 감소로 인한 변경등기가 된 날부터 6개월 내에 소만으로 주장할 수 있다(제445조).

정답_②

문 2_다음의 과정이 상법상 유효하기 위하여 ( ) 안에 들어갈 용어의 순서가 옳게 묶인 것은? (2011 세무사)

> 건설업을 영위하는 A 주식회사는 경기도 성남시 분당구 정자동에 주소를 두고 있다. 동 회사는 2011년 3월 2일 성남시 소재 본점에서 주주총회를 개최하고 액면금액 500원의 기명식 보통주 10주를 1주로 (ㄱ)하여 발행주식의 총수를 6,000만주에서 600만주로 하는 (ㄴ)을(를) 위하여 주주총회에서 (ㄷ)를 하였다. 동 회사는 채권자보호절차 등을 모두 완료한 다음 발행주식의 총수 및 자본금의 총액에 대하여 (ㄹ)를 마쳤다.

	ㄱ	ㄴ	ㄷ	ㄹ
①	병합	자본금 변경	보통결의	변경등기
②	소각	자본금 전입	보통결의	경정등기
③	병합	자본금 감소	특별결의	변경등기
④	소각	자본금 감소	특별결의	변경등기
⑤	합병	자본금 변경	특수결의	경정등기

건설업을 영위하는 A 주식회사는 경기도 성남시 분당구 정자동에 주소를 두고 있다. 동 회사는 2011년 3월 2일 성남시 소재 본점에서 주주총회를 개최하고 액면금액 500원의 기명식 보통주 10주를 1주로 (병합)하여 발행주식의 총수를 6,000만주에서 600만주로 하는 (자본금 감소)을(를) 위하여 주주총회에서 (특별결의)를 하였다. 동 회사는 채권자보호절차 등을 모두 완료한 다음 발행주식의 총수 및 자본금의 총액에 대하여 (변경등기)를 마쳤다.

정답_③

문 3_상법상 주식회사와 관련된 무효판결의 소급효가 인정되는 것은? (2016 세무사)

① 감자무효의 소 ② 합병무효의 소 ③ 분할무효의 소
④ 설립무효의 소 ⑤ 주식이전무효의 소

문 4_상법상 주식회사의 사채에 관한 설명 중 옳지 않은 것은? (2007 세무사 수정)

① 사채는 액면미달발행이 가능하며, 회사가 자기사채를 취득하는 것도 허용된다.
② 회사는 이사회의 결의로 이익참가부사채나 교환사채를 발행할 수 있다.
③ 사채의 상환청구권의 소멸시효는 10년이지만, 사채의 이자청구권의 소멸시효는 5년이다.
④ 사채관리회사는 사채권자를 위하여 사채의 상환을 받음에 필요한 재판상 또는 재판 외의 모든 행위를 할 수 있다.
⑤ 〈삭제〉

문 5_상법상 자본금 총액이 15억원인 비상장주식회사의 사채에 관한 설명으로 옳은 것은〉 (2018 세무사)

① 기명사채의 이전은 취득자의 성명과 주소를 사채원부에 기재하고 그 성명을 채권에 기재하지 아니하면 당사자 사이에 효력이 없다.
② 사채의 상환청구권은 10년간 행사하지 아니하면 소멸시효가 완성한다.
③ 이사회는 정관의 규정이 없이 이사회의 결의로 대표이사에게 사채의 금액 및 종류를 정하여 2년 이내에 사채를 발행할 것을 위임할 수 있다.
④ 사채가 수인의 공유에 속하는 경우 그 권리를 행사할 자가 없는 때에는 공유자에 대한 통지나 최고는 그 전원에 대하여 하여야 한다.
⑤ 사채관리회사가 사채를 발행한 회사와 사채권자집회의 동의를 받아 사임할 때에는 사채권자집회의 동의는 출석한 사채권자 의결권의 3분의 2 이상의 수와 발행한 사채총수의 3분의 1 이상의 수로써만 하여야 한다.

해 설 및 정 답

(문 3) 제446조 참조.

정답_①

(문 4) 정답_정답 없음

(문 5) ① 기명사채의 이전은 취득자의 성명과 주소를 사채원부에 기재하고 그 성명을 채권에 기재하지 아니하면 회사 기타의 제3자에게 대항하지 못한다(상법 제479조 제1항).
② 상법 제487조 제1항
③ 이사회는 정관의 규정이 없이 이사회의 결의로 대표이사에게 사채의 금액 및 종류를 정하여 1년 이내에 사채를 발행할 것을 위임할 수 있다(상법 제469조 제4항).
④ 사채가 수인의 공유에 속하는 경우 그 권리를 행사할 자가 없는 때에는 공유자에 대한 통지나 최고는 공유자중 1인에 대하여 하면 된다(상법 제489조 제2항, 제333조 제3항).
⑤ 사채관리회사가 사채를 발행한 회사와 사채권자집회의 동의를 받아 사임할 때에는 사채권자집회의 동의는 출석한 사채권자 의결권의 과반수로 결정할 수 있다(상법 제495조 제2항).

정답_②

문 6_상법상 사채에 관한 설명으로 옳지 않은 것은? 2016 세무사)

① 회사는 이사회의 결의에 의하여 사채를 발행할 수 있다.
② 사채관리회사는 법원의 허가를 받은 경우에 한하여 사임할 수 있다.
③ 각 신주인수권부사채에 부여된 신주인수권의 행사로 인하여 발행할 주식의 발행가액의 합계액은 각 신주인수권부사채의 금액을 초과할 수 없다.
④ 신주인수권부사채에 있어서 신주인수권증권이 발행된 경우에 신주인수권의 양도는 신주인수권증권의 교부에 의하여서만 이를 행한다.
⑤ 전환사채의 인수권을 가진 주주는 그가 가진 주식의 수에 따라서 전환사채의 배정을 받을 권리가 있다.

해 설 및 정 답

사채관리회사는 사채발행회사와 사채권자집회의 동의를 받아 사임할 수 있다(제481조).

정답_②

문 7_상법상 사채에 관한 설명으로 옳지 않은 것은? (2019 세무사)

① 사채의 경우에는 주금납입의 경우와 달리 상법상 상계금지의 제한규정은 없다.
② 회사가 사채를 발행할 경우에는 발행할 사채의 총액을 정관에 기재하여야 한다.
③ 회사는 이사회의 결의에 의하여 사채를 발행할 수 있으나 이사회는 정관이 정하는 바에 따라 대표이사에게 사채의 금액과 종류를 정하여 1년을 초과하지 않는 기간내에 사채를 발행할 것을 위임할 수 있다.
④ 사채의 납입에는 분할납입이 인정된다.
⑤ 사채의 인수인은 그 사채의 사채관리회사가 될 수 없다.

① 사채는 회사의 채무이므로 주금납입의 경우와 달리 상법상 상계금지의 제한규정은 없다.
② 회사가 사채를 발행할 경우에는 발행할 사채의 총액은 사채청약서에 이를 기재하여야 하고(제474조 제2항 4호), 전환사채나 신주인수권부사채의 발행은 이를 등기하여야 한다(제514조의2 제2항, 제516조의8 제1항).
③ 회사는 이사회의 결의에 의하여 사채를 발행할 수 있으나 이사회는 정관이 정하는 바에 따라 대표이사에게 사채의 금액과 종류를 정하여 1년을 초과하지 않는 기간내에 사채를 발행할 것을 위임할 수 있다(제469조 제4항).
④ 사채의 납입에는 분할납입이 인정된다(제476조 제1항).
⑤ 사채의 인수인은 그 사채의 사채관리회사가 될 수 없다(제480조의3 제2항).

정답_②

문 8_상법상 주식과 사채에 관한 설명으로 옳지 않은 것은?

(2017 세무사)

① 회사가 발행할 주식의 총수는 정관에 기재되어야 한다.
② 회사가 다른 회사의 발행주식총수의 100분의 1을 취득한 때에는 그 다른 회사에 대하여 지체없이 이를 통지하여야 한다.
③ 사채의 납입은 상계가 허용된다.
④ 사채를 발행한 회사 또는 사채관리회사는 사채권자집회를 소집할 수 있다.
⑤ 회사는 주주총회의 특별결의로 액면주식을 분할할 수 있다.

② 회사가 다른 회사의 발행주식총수의 10분의 1을 좌과하여 취득한 때에는 그 다른 회사에 대하여 지체없이 이를 통지하여야 한다(제342조의3).
① 제289조 제1항 3호 ④ 제491조 제1항
⑤ 제329조의2 제1항
③ 주식의 경우에는 회사의 동의가 없으면 주금납입을 회사의 채권과 상계할 수 없으나(제421조 제2항), 사채의 납입은 채권이므로 회사에 대한 채권과의 상계가 허용된다.

정답_②

문 9_상법상 자본금 총액이 10억원인 주식회사의 사채발행에 관한 설명으로 옳지 않은 것은? (2021 세무사)

① 회사가 사채를 발행하기 위해서는 주주총회의 승인을 얻어야 한다.
② 회사는 주식이나 그 밖의 다른 유가증권으로 교환 또는 상환할 수 있는 사채를 발행할 수 있다.
③ 사채의 모집이 완료한 때에는 이사는 지체없이 인수인에 대하여 각 사채의 전액 또는 제1회의 납입을 시켜야 한다.
④ 회사는 사채전액의 납입이 완료한 후가 아니면 채권을 발행하지 못한다.
⑤ 회사가 채권을 기명식에 한할 것으로 정한 경우, 사채권자는 기명식의 채권을 무기명식으로 할 것을 회사에 청구할 수 없다.

해 설 및 정 답

① 회사가 사채를 발행하기 위해서는 이사회의 승인을 얻어야 한다(상법 제469조 제1항).
② 회사는 주식이나 그 밖의 다른 유가증권으로 교환 또는 상환할 수 있는 사채를 발행할 수 있다(상법 제469조 제2항).
③ 사채의 모집이 완료한 때에는 이사는 지체없이 인수인에 대하여 각 사채의 전액 또는 제1회의 납입을 시켜야 한다(상법 제476조 제1항).
④ 회사는 사채전액의 납입이 완료한 후가 아니면 채권을 발행하지 못한다(상법 제478조 제1항).
⑤ 회사가 채권을 기명식에 한할 것으로 정한 경우, 사채권자는 기명식의 채권을 무기명식으로 할 것을 회사에 청구할 수 없다(상법 제480조).

정답_①

문 10_상법상 자본금 총액이 10억원 미만인 A주식회사에 관한 설명으로 옳지 않은 것은? (2019 세무사)

① A 주식회사가 무기명식의 채권을 발행한 경우, 사채권자집회를 소집할 때에는 회일의 3주 전에 사채권자집회를 소집하는 뜻과 회의의 목적사항을 공고하여야 한다.
② A 주식회사는 주주총회를 소집하는 경우에 주주총회일의 10일 전에 각 주주에게 서면으로 통지를 발송하거나 각 주주의 동의를 받아 전자문서로 통지를 발송할 수 있다.
③ A 주식회사는 주주 전원의 동의가 있을 경우에는 소집절차 없이 주주총회를 개최할 수 있다.
④ A 주식회사는 1명 또는 2명의 이사를 둘 수 있다.
⑤ A 주식회사는 감사를 선임하지 아니할 수 있다.

① A 주식회사가 무기명식의 채권을 발행한 경우, 사채권자집회를 소집할 때에는 회일의 2주 전에 사채권자집회를 소집하는 뜻과 회의의 목적사항을 공고하여야 한다(제491조의2 제2항).
② A 주식회사는 주주총회를 소집하는 경우에 주주총회일의 10일 전에 각 주주에게 서면으로 통지를 발송하거나 각 주주의 동의를 받아 전자문서로 통지를 발송할 수 있다(제363조 제3항).
③ A 주식회사는 주주 전원의 동의가 있을 경우에는 소집절차 없이 주주총회를 개최할 수 있다(제363조 제4항).
④ A 주식회사는 1명 또는 2명의 이사를 둘 수 있다(제383조 제1항 단서).
⑤ A 주식회사는 감사를 선임하지 아니할 수 있다(제409조 제4항).

정답_①

문 11_상법상 사채권자집회에 관한 설명으로 옳지 않은 것은? (2016 세무사)

① 사채권자집회는 사채를 발행한 회사 또는 사채관리회사가 소집한다.
② 무기명식의 채권을 가진 자는 그 채권을 공탁하지 아니하면 사채권자집회의 소집을 청구할 수 없다.
③ 사채권자집회에서 각 사채권자는 그가 가지는 해당 종류의 사채금액의 합계액(상환받은 액은 제외함)에 따라 의결권을 가진다.

사채권자집회의 결의요건은 주주총회의 특별결의 요건에 따른다(제495조 제1항).

정답_④

해 설 및 정 답

④ 사채권자집회의 결의요건은 주주총회의 보통결의 요건에 따른다.

⑤ 사채권자집회의 소집자는 결의한 날로부터 1주간내에 결의의 인가를 법원에 청구하여야 한다.

문 12_상법상 주식회사의 사채관리회사 및 사채권자집회에 관한 설명으로 옳은 것은? (2014 세무사)

① 사채관리회사는 사채를 발행한 회사가 법원의 허가를 얻어 지정한다.

② 사채관리회사는 부득이한 사유로 법원의 허가를 받은 경우에도 사채를 발행한 회사와 사채권자집회의 동의를 받아야 사임할 수 있다.

③ 사채관리회사는 사채권자집회의 결의를 위반한 행위를 한 때에도 직접 사채권자에 대하여 손해배상책임을 지지 않는다.

④ 사채권자집회에 출석하지 아니한 사채권자는 서면에 의하여 의결권을 행사할 수 없다.

⑤ 사채권자집회의 결의는 법원의 인가를 얻어야 효력이 발생하며 인가의 청구자는 사채권자집회의 대표자이다.

① 사채관리회사는 사채를 발행한 회사가 임의로 지정할 수 있다(제480조의2).
② 사채관리회사는 부득이한 사유로 법원의 허가를 받은 경우에는 사채를 발행한 회사와 사채권자집회의 동의를 받지 않고 사임할 수 있다(제481조 2문).
③ 사채관리회사는 사채권자집회의 결의를 위반한 행위를 한 때에도 직접 사채권자에 대하여 손해배상책임을 진다(제484조의2 제3항).
④ 사채권자집회에 출석하지 아니한 사채권자는 서면에 의하여 의결권을 행사할 수 있다(제495조 제3항).
⑤ 사채권자집회의 결의는 원칙적으로 법원의 인가를 얻어야 효력이 발생하며(제498조 제1항 본문), 그 인가의 청구자는 사채권자집회의 소집자이다(제496조).

정답_정답없음

문 13_상법상 사채관리회사에 관한 설명으로 옳지 않은 것은? (2021 세무사)

① 사채의 인수인은 그 사채의 사채관리회사가 될 수 없다.

② 사채관리회사는 법원의 허가를 받은 경우에 한하여 사임할 수 있다.

③ 사채관리회사는 사채권자를 위하여 사채에 관한 채권을 변제받으면 지체 없이 그 뜻을 공고하고, 알고 있는 사채권자에게 통지하여야 한다.

④ 사채관리회사가 둘 이상 있을 때에는 그 권한에 속하는 행위는 공동으로 하여야 한다.

⑤ 사채관리회사에게 줄 보수와 그 사무 처리에 필요한 비용은 사채를 발행한 회사와의 계약에 약정된 경우 외에는 법원의 허가를 받아 사채를 발행한 회사로 하여금 부담하게 할 수 있다.

① 사채의 인수인은 그 사채의 사채관리회사가 될 수 없다(상법 제480조의3 제2항).
② 사채관리회사는 발행회사와 사채권자집회의 동의를 받아 사임할 수 있으나, 부득이한 사유가 있는 때에는 법원의 허가를 받은 경우에 사임할 수 있다(상법 제481조).
③ 사채관리회사는 사채권자를 위하여 사채에 관한 채권을 변제받으면 지체 없이 그 뜻을 공고하고, 알고 있는 사채권자에게 통지하여야 한다(상법 제484조 제2항).
④ 사채관리회사가 둘 이상 있을 때에는 그 권한에 속하는 행위는 공동으로 하여야 한다(상법 제485조 제1항).
⑤ 사채관리회사에게 줄 보수와 그 사무 처리에 필요한 비용은 사채를 발행한 회사와의 계약에 약정된 경우 외에는 법원의 허가를 받아 사채를 발행한 회사로 하여금 부담하게 할 수 있다(상법 제507조 제1항).

정답_②

문 14_상법상 특수한 사채가 아닌 것은? (2012 세무사)

① 신주인수권부사채 ② 전환사채
③ 이익참가부사채 ④ 교환사채
⑤ 담보부사채

문 15_상법상 주식회사의 사채발행에 관한 설명으로 옳은 것은? (2014 세무사)

① 회사는 자기사채를 취득할 수 없다.
② 사채의 액면미달발행은 허용되지 않는다.
③ 사채의 납입은 분할납입 및 상계의 방법으로 할 수 없다.
④ 사채권자는 원칙적으로 기명식의 채권을 무기명식으로, 무기명식의 채권을 기명식으로 전환할 것을 회사에 청구할 수 없다.
⑤ 회사는 정관에 규정이 없더라도 신기술의 도입을 위하여 필요한 경우 주주총회의 특별결의로 주주 이외의 제3자에게 전환사채를 발행할 수 있다.

문 16_상법상 전환사채에 관한 설명으로 옳지 않은 것은? (다툼이 있으면 판례에 따름) (2015 세무사)

① 회사가 전환사채를 발행할 경우에는 사채의 총액에 관하여 정관에 다른 규정이 없다면 이사회가 이를 결정한다.
② 주주외의 자에 대하여 전환사채를 발행하는 경우에 그 발행할 수 있는 전환사채의 액에 관하여 정관에 규정이 없으면 주주총회의 특별결의로써 이를 정하여야 한다.
③ 전환사채발행의 무효의 소에 관하여는 신주발행무효의 소에 관한 상법 제429조가 유추적용된다.
④ 전환사채의 인수권을 가진 주주는 그가 가진 주식의 수에 따라서 전환사채의 배정을 받을 권리가 있지만, 각 전환사채의 금액중 최저액에 미달하는 단수에 대하여는 그러하지 아니하다.
⑤ 회사가 전환사채를 발행한 때에는 정관에 전환사채의 발행총액을 기재하여야 한다.

해 설 및 정 답

특수사채로 상법이 인정하는 것은 이익참가부사채, 교환(상환)사채, 파생결합사채, 전환사채, 신주인수권부사채가 있다(제469조 제2항, 제513조, 제516조의2).

정답_⑤

① 회사는 자기주식은 취득이 제한되지만, 자기사채의 취득은 제한이 없으므로 이를 취득할 수 있다.
② 주식은 액면미달발행이 제한되지만, 사채의 액면미달발행은 제한이 없으므로 허용된다.
③ 주식의 납입은 분할납입이 인정되지 않으며 상계가 제한되지만, 사채의 납입은 분할납입 및 상계의 방법으로 할 수 있다.
④ 사채권자는 원칙적으로 기명식의 채권을 무기명식으로, 무기명식의 채권을 기명식으로 전환할 것을 회사에 청구할 수 있다(제479조).
⑤ 제513조 제3항

정답_⑤

회사가 전환사채를 발행한 때에는 이사회의 결정으로 전환사채의 발행총액을 기재하여야 한다(제513조 제2항).

정답_⑤

문 17_상법상 전환사채에 관한 설명으로 옳은 것은? (2019 세무사)

① 주주 외의 자에 대하여 전환사채를 발행하는 경우에는 정관에 규정이 없으면 이사회에서 발행사항에 관하여 결정한다.

② 사채의 전환은 전환사채권자가 전환을 청구하여 회사가 주식을 발행한 때 그 효력이 발생한다.

③ 주주명부폐쇄기간 중에는 전환사채가 주식으로 전환되지 못한다.

④ 전환사채의 인수권을 가진 주주는 그가 가진 주식의 수에 따라서 전환사채의 배정을 받을 권리가 있으나 각 전환사채의 금액 중 최저액에 미달하는 단수에 대하여는 그러하지 아니하다.

⑤ 전환사채의 발행가액 총액은 전환에 의하여 발행하는 주식의 액면가액 총액과 동일하여야 한다.

해 설 및 정 답

① 주주 외의 자에 대하여 전환사채를 발행하는 경우에는 정관에 규정이 없으면 주주총회 특별결의로 발행사항에 관하여 결정한다(제513조 제3항).
② 사채의 전환은 전환사채권자가 전환을 청구한 때 그 효력이 발생한다(제516조 제2항, 제350조 제1항).
③ 주주명부폐쇄기간 중에 전환사채가 주식으로 전환되더라도 그 주주총회에서는 의결권이 없다(제516조 제2항, 제350조 제2항).
④ 전환사채의 인수권을 가진 주주는 그가 가진 주식의 수에 따라서 전환사채의 배정을 받을 권리가 있으나 각 전환사채의 금액 중 최저액에 미달하는 단수에 대하여는 그러하지 아니하다(제513조의2).
⑤ 전환사채의 발행가액 총액은 전환에 의하여 발행하는 주식의 발행가액 총액과 동일하여야 한다(제516조, 제348조).

정답_④

문 18_상법상 주식회사의 전환사채에 관한 설명으로 옳은 것은? (2009 세무사)

① 전환사채의 인수권을 주주에게 부여하는 경우는 정관의 규정이 없으면 주주총회의 특별결의로써 그 발행을 결정한다.

② 주주 이외의 자에 대하여 전환사채를 발행하기로 결정된 경우에는 전환의 조건 등에 관하여 정관에 규정이 없으면 이사회가 이를 정한다.

③ 전환사채를 발행한 때에는 사채의 납입이 완료된 날로부터 2주간 내에 본점소재지에서 전환사채의 등기를 하여야 한다.

④ 정관에 다른 정함이 없으면 이익배당에 관하여는 그 전환을 청구한 때가 속하는 영업연도의 직전 영업연도말에 전환된 것으로 본다.

⑤ 전환사채를 목적으로 하는 질권에 대하여는 전환에 의하여 주주가 받을 주식에 대하여 물상대위가 인정되지 않는다.

① 전환사채의 인수권을 주주에게 부여하는 경우는 정관의 규정이 없으면 이사회의 결의로써 그 발행을 결정한다(제513조 제1항).
② 주주 이외의 자에 대하여 전환사채를 발행하기로 결정된 경우에는 전환의 조건 등에 관하여 정관에 규정이 없으면 주주총회의 특별결의로 이를 정한다(제513조 제3항).
③ 제514조의2 제1항
④ 정관에 다른 정함이 없으면 이익배당에 관하여는 그 전환을 청구한 때가 속하는 영업연도말에 전환된 것으로 본다(제516조, 제350조 제3항 전단).
⑤ 전환사채를 목적으로 하는 질권에 대하여는 전환에 의하여 주주가 받을 주식에 대하여 물상대위가 인정된다(제516조 제2항, 제339조).

정답_③

문 19_상법상 전환사채에 관한 설명으로 옳지 않은 것은? (다툼이 있는 경우에는 대법원 판례에 의함) (2011 세무사)

① 회사는 자기가 발행한 전환사채를 자기 또는 타인의 계산으로 제3자로부터 취득할 수 없다.

② 회사가 전환사채를 발행한 때에는 그 납입이 완료된 날로부터 2주간 내에 본점의 소재지에서 전환사채의 등기를 하여야 한다.

③ 전환사채의 발행에 무효원인이 있는 경우 신주발행무효의 소에 관한 규정을 유추적용하여 전환사채발행무효의 소를 제기할 수 있다.

④ 주주외의 자에 대하여 전환사채를 발행하는 경우에 그 발행할 수 있는 전환사채의 액, 전환의 조건, 전환으로 인하여 발행할 주식의 내용과 전환을 청구할 수 있는 기간에 관하여 정관에 규정이 없으면 주주총회 특별결의로써 이를 정하여야 한다.

⑤ 전환의 조건 중의 하나인 전환가액에 관하여 주식의 액면금액 이상이라는 일응의 기준을 정관에 정하되 구체적인 전환가액은 전환사채의 발행시마다 이사회에서 결정하도록 위임할 수 있다.

해 설 및 정 답

회사는 자기가 발행한 전환사채를 자기 또는 타인의 계산으로 제3자로부터 취득할 수 있다. 다만, 회사는 자기주식을 취득할 수 없으므로 전환권을 행사할 수 없다.
⑤ 대법원 2004.6.25. 선고 2000다37326 판결

정답_①

문 20_상법상 전환사채에 관한 설명으로 옳지 않은 것은?(다툼이 있으면 판례에 따름) (2020 세무사)

① 회사가 법령 또는 정관에 위반하거나 현저하게 불공정한 방법에 의하여 전환사채를 발행함으로써 주주가 불이익을 받을 염려가 있는 때에는 그 주주는 회사에 대하여 전환사채 발행을 유지할 것을 청구할 수 있다.

② 이사와 통모하여 현저하게 불공정한 발행가액으로 전환사채를 인수한 자는 회사에 대하여 공정한 발행가액과의 차액에 해당하는 금액을 지급할 의무가 있다.

③ 전환사채를 발행한 경우 신주발행과 사실상 유사하므로 전환사채발행의 경우에도 신주발행무효의 소에 관한 규정이 유추적용된다.

④ 회사는 정관에 정하는 바에 따라 주주 외의 자에게 전환사채를 발행할 수 있다. 다만, 이 경우에는 신기술의 도입, 재무구조의 개선 등 회사의 경영상 목적을 달성하기 위하여 필요한 경우에 한한다.

⑤ 전환사채권자가 발행회사의 주식으로 전환을 청구한 경우 발행회사가 전환을 승낙한 때에 비로소 전환의 효력이 발생하고 그 시점부터 주주가 된다.

① 회사가 법령 또는 정관에 위반하거나 현저하게 불공정한 방법에 의하여 전환사채를 발행함으로써 주주가 불이익을 받을 염려가 있는 때에는 그 주주는 회사에 대하여 전환사채 발행을 유지할 것을 청구할 수 있다(제516조 제1항, 제424조).
② 이사와 통모하여 현저하게 불공정한 발행가액으로 전환사채를 인수한 자는 회사에 대하여 공정한 발행가액과의 차액에 해당하는 금액을 지급할 의무가 있다(제516조 제1항, 제424조의2).
③ 전환사채를 발행한 경우 신주발행과 사실상 유사하므로 전환사채발행의 경우에도 신주발행무효의 소에 관한 규정이 유추적용된다(판례).
④ 회사는 정관에 정하는 바에 따라 주주 외의 자에게 전환사채를 발행할 수 있다. 다만, 이 경우에는 신기술의 도입, 재무구조의 개선 등 회사의 경영상 목적을 달성하기 위하여 필요한 경우에 한한다(제513조 제3항, 제418조 제2항 단서).
⑤ 전환사채권자가 발행회사의 주식으로 전환을 청구한 경우에는 청구한 때 그 효력이 발생하므로, 전환청구시부터 주주가 된다(제516조 제2항, 제350조 제1항).

정답_⑤

문 21_상법상 주식회사의 신주인수권부사채에 관한 설명으로 옳지 않은 것은? (2009 세무사)

① 각 신주인수권부사채에 부여된 신주인수권의 행사로 인하여 발행할 주식의 발행가액의 합계액은 각 신주인수권부사채의 금액을 초과할 수 없다.
② 신주인수권증권이 발행된 경우에 신주인수권의 양도는 신주인수권증권의 교부에 의하여서만 이를 행한다.
③ 신주인수권을 행사하려는 자는 청구서 2통을 회사에 제출하고 신주의 발행가액의 전액을 납입하여야 한다.
④ 사채의 상환금으로 신주의 발행가액을 대용납입하는 경우가 아닌 한, 신주인수권의 행사로 발행되는 주식에 대하여는 물상대위가 인정되지 않는다.
⑤ 신주인수권을 행사한 자는 신주의 발행가액의 전액을 납입하고 주권의 교부를 받은 때에 주주가 된다.

해 설 및 정 답

신주인수권을 행사한 자는 대용납입의 경우를 제외하고는 신주의 발행가액의 전액을 납입한 때에 주주가 된다(제516조의10).

정답_⑤

문 22_상법상 주식회사의 신주인수권부사채에 관한 설명으로 옳은 것은? (2017 세무사)

① 신주인수권증권이 발행된 경우에 신주인수권의 양도는 신주인수권증권의 교부에 의하여서만 이를 행한다.
② 각 신주인수권부사채에 부여된 신주인수권의 행사로 인하여 발행할 주식의 발행가액의 합계액은 각 신주인수권부사채의 금액을 초과할 수 있다.
③ 신주의 발행가액의 일부만을 납입한 자도 신주인수권을 행사할 수 있다.
④ 주주외의 자에 대한 신주인수권부사채의 발행은 금지된다.
⑤ 회사는 신주인수권증권을 발행하는 대신 정관으로 정하여도 전자등록기관의 전자등록부에 신주인수권을 등록할 수 없다.

① 제516조의6 제1항
② 각 신주인수권부사채에 부여된 신주인수권의 행사로 인하여 발행할 주식의 발행가액의 합계액은 각 신주인수권부사채의 금액을 초과할 수 없다(제516조의2 제3항).
③ 신주인수권을 행사하려는 자는 청구서 2통을 회사에 제출하고, 신주의 발행가액의 전액을 납입하여야 한다(제516조의9 제1항).
④ 주주외의 자에 대한 신주인수권부사채의 발행은 정관에 규정이 있거나 정관에 규정이 없으면 이사회(정관으로 주주총회가 이를 결정하도록 정할 수 있다)가 결정할 수 있다(제516조의2 제2항 8호).
⑤ 회사는 신주인수권증권을 발행하는 대신 정관으로 정하여도 전자등록기관의 전자등록부에 신주인수권을 등록할 수 있다(제516조의7).

정답_①

문 23_상법상 신주인수권부사채에 관한 설명으로 옳지 않은 것은? (2019 세무사)

① 신주인수권부사채의 발행사항 중 정관에 규정이 없는 것은 이사회가 결정하지만, 정관으로 주주총회에서 이를 결정하도록 정한 경우에는 그러하지 아니하다.
② 신기술의 도입, 재무구조의 개선 등 회사의 경영상의 목적을 달성하기 위하여 필요한 경우에 한하여 정관에 정하는 바에 따라 주주 외의 자에게 신주인수권부사채를 발행할 수 있다.
③ 각 신주인수권부사채에 부여된 신주인수권의 행사로 인하여 발행할 주식의 발행가액의 합계액은 각 신주인수권부사채의 금액과 동일하여야 한다.
④ 신주인수권을 행사한 자는 신주의 발행가액을 납입한 때에 주주가 된다.
⑤ 신주인수권증권이 발행된 경우에 신주인수권의 양도는 신주인수권증권의 교부에 의하여서만 이를 행한다.

해 설 및 정 답

① 신주인수권부사채의 발행사항 중 정관에 규정이 없는 것은 이사회가 결정하지만, 정관으로 주주총회에서 이를 결정하도록 정한 경우에는 그러하지 아니하다(제516조의2 제2항).
② 신기술의 도입, 재무구조의 개선 등 회사의 경영상의 목적을 달성하기 위하여 필요한 경우에 한하여 정관에 정하는 바에 따라 주주 외의 자에게 신주인수권부사채를 발행할 수 있다(제516조의2 제4항, 제418조 제2항 단서).
③ 각 신주인수권부사채에 부여된 신주인수권의 행사로 인하여 발행할 주식의 발행가액의 합계액은 각 신주인수권부사채의 금액을 초과할 수 없다(제516조의2 제3항).
④ 신주인수권을 행사한 자는 신주의 발행가액을 납입한 때에 주주가 된다(제516조의10).
⑤ 신주인수권증권이 발행된 경우에 신주인수권의 양도는 신주인수권증권의 교부에 의하여서만 이를 행한다(제516조의6 제1항).

정답_③

문 24_상법상 주식회사의 신주인수권부사채에 관한 다음 설명 중 가장 옳지 않은 것은? (2002 세무사)

① 분리형 신주인수권부사채의 경우 신주인수권의 양도는 신주인수권증권의 교부에 의해서만 가능하다.
② 분리형 신주인수권부사채의 경우 신주인수권의 행사는 신주발행청구서에 신주인수권증권을 첨부하여 회사에 제출함으로써 한다.
③ 신주인수권의 행사로 인하여 발행할 주식의 발행가액총액은 신주인수권부사채의 발행가액총액과 일치하여야 한다.
④ 신주인수권의 행사로 인하여 발행되는 신주의 효력발생시기는 대용납입이 인정되지 않는 경우 신주의 발행가액의 전액이 납입된 때이다.
⑤ 신주인수권부사채를 목적으로 한 질권자는 대용납입이 인정되지 않는 경우 신주인수권의 행사로 인하여 발행되는 주식에 대하여 물상대위권을 행사할 수 없다.

③ 신주인수권의 행사로 인하여 발행할 주식의 발행가액총액은 신주인수권부사채의 발행가액총액을 초과할 수 없다(제516조의2 제3항).

정답_③

문 25_상법상 특수사채에 관한 설명으로 옳지 않은 것은?

(2010 세무사)

① 신주인수권부사채의 경우 신주인수권을 행사함에는 신주발행가액 전액을 납입하여야 한다.
② 대용납입이 인정된 신주인수권부사채의 경우에는 사채권자가 대용납입에 의해 신주인수권을 행사하면 그로 인해 발행할 신주의 발행가액에 상응한 사채의 액은 소멸한다.
③ 전환사채의 경우 사채권자가 전환청구서를 회사에 제출함으로써 전환의 효력이 생기고 회사의 승낙을 요하지 않는다.
④ 전환사채의 경우 전환청구기간중에는 언제든지 전환을 청구할 수 있으나, 주주명부폐쇄기간중에는 전환을 청구할 수 없다.
⑤ 주주 외의 자에게 전환사채를 발행하는 때에는 그 발행 할 수 있는 전환사채의 액, 전환조건, 전환으로 발행할 주식의 내용과 전환청구기간에 관하여 정관에 규정이 없으면 주주총회의 특별결의로써 정하여야 한다.

해 설 및 정 답

전환사채의 경우 전환청구기간중에는 언제든지 전환을 청구할 수 있으며, 주주명부폐쇄기간중에도 전환을 청구할 수 있다(제516조 제2항, 제350조 제2항).

정답_④

문 26_상법상 주식회사의 회계규정에 관한 설명 중 옳지 않은 것은?

(2006 세무사 수정)

① 주식회사의 회계규정은 강행규정이다.
② 회사는 성립한 때와 매 결산기에 회계장부에 의하여 대차대조표를 작성하여야 한다.
③ 손익계산서는 재무제표이지만, 상업장부는 아니다.
④ 이사는 매 결산기에 재무제표와 영업보고서를 작성하여, 이에 대한 정기주주총회의 승인을 받아야 한다.
⑤ 정관에 정하는 바에 따라 일정한 경우 재무제표를 이사회의 결의로 승인할 수 있으며, 이 때에는 이사는 재무제표의 내용을 주주총회에 보고하여야 한다.

④ 이사는 매 결산기에 재무제표는 작성하여 이사회의 승인을 얻고, 이에 대한 정기주주총회의 승인을 받아야 한다. 그러나 영업보고서는 작성하여 이사회의 승인을 얻고 주주총회에 보고하여야 한다.

정답_④

문 27_상법상 주식회사의 회계에 관한 설명으로 옳지 않은 것은? (2014 세무사)

① 이사는 매 결산기마다 재무제표와 영업보고서를 작성하여 이사회의 승인을 받아야 한다.
② 이사는 정기주주총회의 회일의 6주간 전에 재무제표와 영업보고서를 감사에게 제출하여야 한다.
③ 감사는 재무제표와 영업보고서를 받은 날부터 4주 내에 감사보고서를 이사에게 제출하여야 한다.
④ 이사는 정기총회에 재무제표를 제출하여 승인을 받고 영업보고서를 제출하여 그 내용을 보고하여야 한다.
⑤ 회사는 감사 전원의 동의만 있으면 정관으로 정하는 바에 따라 주주총회에 의한 재무제표의 승인을 이사회 결의로 갈음할 수 있다.

해 설 및 정 답

회사는 감사(감사위원회설치회사의 경우 감사위원) 전원의 동의와 외부감사인의 적정의견이 있으면 정관으로 정하는 바에 따라 주주총회에 의한 재무제표의 승인을 이사회 결의로 갈음할 수 있다(제449조의2 제1항). 그런데 "① 이사는 매 결산기마다 재무제표와 영업보고서를 작성하여 이사회의 승인을 받아야 한다."는 지문의 경우에는 명확히 표현되어지기 위해서는 "이사회가 존재하지 아니하는 회사를 제외하고"라는 문구가 적혀야 된다.

정답_⑤

문 28_상법상 자본금 총액이 15억원인 주식회사의 회계에 관한 설명으로 옳지 않은 것은? (2020 세무사)

① 이사회의 결의로 재무제표의 승인이 가능한 회사의 이사는 이사회의 승인을 얻은 재무제표를 주주총회에 보고할 의무가 없다.
② 이사는 영업보고서를 정기주주총회에 제출하여 그 내용을 보고하여야 한다.
③ 이사는 정기주주총회 회일의 6주간 전에 재무제표를 감사 또는 감사위원회에 제출하여야 한다.
④ 이사가 매결산기에 작성하는 영업보고서는 상법에서 규정하고 있는 재무제표에 포함되지 않는다.
⑤ 정기주주총회에서 재무제표를 승인하는 결의 후 2년 내에 다른 결의가 없으면 회사는 이사와 감사의 책임을 해제한 것으로 본다. 그러나 이사 또는 감사의 부정행위에 대하여는 그러하지 아니하다.

① 이사회의 결의로 재무제표의 승인이 가능한 회사의 이사는 이사회의 승인을 얻은 재무제표를 주주총회에 보고하여야 한다(제449조의2 제2항).
② 이사는 영업보고서를 정기주주총회에 제출하여 그 내용을 보고하여야 한다(제449조 제2항).
③ 이사는 정기주주총회 회일의 6주간 전에 재무제표를 감사 또는 감사위원회에 제출하여야 한다(제447조의3).
④ 이사가 매결산기에 작성하는 영업보고서는 상법에서 규정하고 있는 재무제표에 포함되지 않는다(제447조 제1항 참조, 제447조의2).
⑤ 정기주주총회에서 재무제표를 승인하는 결의 후 2년 내에 다른 결의가 없으면 회사는 이사와 감사의 책임을 해제한 것으로 본다. 그러나 이사 또는 감사의 부정행위에 대하여는 그러하지 아니하다(제450조).

정답_①

문 29_상법상 주식회사의 회계에 관한 설명으로 옳은 것은? (2012 세무사)

① 이사의 직무수행에 관하여 부정한 행위 또는 법령이나 정관의 규정을 위반하는 중대한 사실이 있는 경우 감사 또는 감사위원회가 정기주주총회에 제출하기 위해 작성하는 감사보고서에 그 사실이 기재되어야 한다.
② 회사가 자본금의 결손보전에 충당하는 경우 자본준비금과 이익준비금 중 먼저 이익준비금으로 자본금의 결손보전에 충당하여야 한다.
③ 이익배당금의 지급청구권은 3년간 이를 행사하지 아니하면 소멸시효가 완성한다.
④ 주주총회의 결의에 의하여 준비금의 전부 또는 일부를 자본금에 전입할 경우 주주는 주권이 발행된 때로부터 신주의 주주가 된다.
⑤ 감사위원회 설치회사는 외부감사인의 적정의견 및 감사위원 과반수의 동의가 있는 경우 정관에 정하는 바에 따라 재무제표 등을 이사회의 결의로 승인할 수 있다.

해 설 및 정 답

① 제447조의4 제2항 10호
② 회사가 자본금의 결손보전에 충당하는 경우 자본준비금이든 이익준비금이든 순서에 관계없이 충당할 수 있다(제460조).
③ 이익배당금의 지급청구권은 5년간 이를 행사하지 아니하면 소멸시효가 완성한다(제464조의2 제2항).
④ 주주총회의 결의에 의하여 준비금의 전부 또는 일부를 자본금에 전입할 경우, 주주는 그 주주총회의 결의시로부터 신주의 주주가 된다(제461조 제4항).
⑤ 감사위원회 설치회사는 외부감사인의 적정의견 및 감사위원 전원의 동의가 있는 경우 정관에 정하는 바에 따라 재무제표 등을 이사회의 결의로 승인할 수 있다(제449조의2 제1항).

정답_①

문 30_상법상 주식회사의 재무제표 등 회계에 관한 설명으로 옳지 않은 것은? (2013 세무사)

① 재무제표가 법령 및 정관으로 정하는 바에 따라 재무상태 및 경영성과를 적정하게 표시하고 있다는 외부감사인의 의견이 있고, 감사(감사위원회 설치회사의 경우에는 감사위원을 말한다) 전원의 동의가 있으면 회사는 정관으로 정하는 바에 따라 이사회의 결의로 재무제표를 승인할 수 있다.
② 정관에서 정하는 바에 따라 이사회의 결의로 재무제표 등을 승인하는 경우에는 이익배당에 관하여도 이사회가 결정한다.
③ 회사채권자는 영업시간 내에 언제든지 재무제표 등의 비치된 서류를 열람할 수 있다.
④ 이사는 정기총회회일의 1주간 전부터 재무제표 등의 서류와 감사보고서를 본점에 3년간, 그 등본을 지점에 2년간 비치하여야 한다.
⑤ 정기총회에서 재무제표의 승인을 한 후 2년내에 다른 결의가 없으면 회사는 이사나 감사의 부정행위가 없는 한 이사와 감사의 책임을 해제한 것으로 본다.

이사는 정기총회회의일의 1주간 전부터 재무제표 등의 서류와 감사보고서를 본점에 5년간, 그 등본을 지점에 3년간 비치하여야 한다(제448조 제1항).

정답_④

문 31_상법상 주식회사의 자본금 등에 관한 설명으로 옳지 않은 것은? (2012 세무사)

① 회사가 무액면주식을 신주발행하는 경우 자본금은 주식발행가액의 2분의 1이상의 금액으로서 정관에 다른 규정이 없는 한 이사회에서 자본금으로 계상하기로 한 금액의 총액으로 한다.
② 회사는 적립된 자본준비금과 이익준비금의 총액이 자본금의 1.5배를 초과하는 경우에 주주총회결의에 따라 그 초과한 금액 범위에서 이익준비금을 우선 감액하여야 한다.
③ 이익준비금과 자본준비금은 자본금의 결손보전에 충당하는 경우 외에는 처분하지 못한다.
④ 결손보전을 위한 자본금의 감소는 정관에 다른 정함이 없는 한 출석한 주주의 의결권의 과반수와 발행주식총수의 4분의 1이상의 수에 의한 주주총회결의에 의한다.
⑤ 주식의 포괄적 이전의 경우 설립하는 완전모회사의 자본금은 주식이전의 날에 완전자회사가 되는 회사에 현존하는 순자산액에서 그 회사의 주주에게 지급할 금액을 뺀 액을 초과하지 못한다.

해 설 및 정 답

② 회사는 적립된 자본준비금과 이익준비금의 총액이 자본금의 1.5배를 초과하는 경우에 주주총회결의에 따라 그 초과한 금액 범위에서 이를 감액할 수 있고(제461조의2), 그 순서에는 제한이 없다.
③ 이익준비금과 자본준비금은 자본금의 결손보전에 충당하는 경우 외에는 처분하지 못한다(제460조)는 규정 그대로 출제된 것이지만, 자본금전입에 사용할 수 있기 때문에 틀린 지문이다. 이에 대해 과거에도 중복답안으로 인정한 바 있다.

정답_②, ③

문 32_상법상 주식회사의 재무제표 등과 관련된 설명 중 옳지 않은 것은? (2007 세무사)

① 주주총회가 재무제표를 승인한 후 2년내에 다른 결의가 없으면 이사와 감사 또는 감사위원회의 부정행위가 있더라도 그 책임을 물을 수 없다.
② (상장회사를 제외하고는) 감사 또는 감사위원회는 주주총회 2주간 전까지 감사보고서를 작성하여 이사에게 제출하여야 한다.
③ 감사보고서에는 이사의 직무수행에 관하여 부정행위 또는 법령·정관에 위반하는 중대한 사실이 있는 때에는 그 사실을 기재하여야 한다.
④ 감사보고서에는 회계장부·영업보고서·재무제표 등의 서류가 법령 또는 정관의 규정에 따라 적합하게 기재되고 회사의 상황을 정확하게 표시하고 있는지 등을 기재하여야 한다.
⑤ 대표이사는 정기총회회일의 1주간 전부터 재무제표 등의 서류와 감사보고서를 본점에 5년간, 그 등본을 지점에 3년간 비치하여야 한다.

① 주주총회가 재무제표를 승인한 후 2년내에 다른 결의가 없으면 이사와 감사 또는 감사위원회의 책임은 회사가 해제한 것으로 본다. 다만, 부정행위가 있는 때에는 2년이 경과하더라도 그 책임을 물을 수 있다(제450조).

정답_①

문 33_상법상 주식회사 재무제표의 승인절차에 관한 설명 중 틀린 것은? (2008 세무사)

① 이사는 매결산기에 재무제표와 영업보고서를 작성하여 이사회의 승인을 얻어야 한다.
② 감사는 재무제표 등의 서류를 받은 날로부터 4주간내에 감사보고서를 이사에게 제출하여야 한다.
③ 주주총회는 이사에 의하여 주주총회에 제출된 재무제표를 수정하여 결의할 수 없다.
④ 주주총회가 재무제표를 승인한 때에 이사는 지체없이 대차대조표를 공고하여야 한다.
⑤ 주주총회에서 재무제표의 승인 후 다른 결의 없이 2년이 경과하여도 이사와 감사 등의 부정행위에 의한 책임은 해제되지 않는다.

해 설 및 정 답

주주총회는 이사에 의하여 주주총회에 제출된 재무제표를 수정하여 결의할 수 있다.

정답_③

문 34_상법상 재무제표의 승인, 열람 및 등본의 교부에 관한 설명으로 옳지 않은 것은? (2011 세무사)

① 이사는 매결산기에 재무제표와 그 부속명세서를 작성하여야 한다.
② 주주와 회사채권자는 영업시간내에 언제든지 본점 또는 지점에 비치된 재무제표를 열람할 수 있다.
③ 주주와 회사채권자는 회사가 정한 비용을 지급하고 비치된 재무제표의 등본이나 초본의 교부를 청구할 수 있다.
④ 이사는 재무제표에 대한 주주총회의 승인을 얻은 때에는 대차대조표를 지체없이 공고하여야 한다.
⑤ 정기주주총회에서 재무제표의 승인을 한 후 2년 내에 다른 결의가 없으면 회사는 이사 또는 감사의 부정행위에 대한 책임을 해제한 것으로 본다.

정기주주총회에서 재무제표의 승인을 한 후 2년 내에 다른 결의가 없으면 회사는 이사 또는 감사의 책임을 해제한 것으로 본다. 다만, 부정행위가 있는 때에는 그러하지 아니하다(제450조).

정답_⑤

문 35_상법상 준비금에 관한 설명으로 옳지 않은 것은? (2005 세무사 수정)

① 회사는 주식배당의 경우를 제외하고는 매 결산기마다 이익배당액의 10분의 1 이상의 금액을 이익준비금으로 적립하여야 한다.
② 준비금의 자본금 전입은 주주총회에서도 결정할 수 있다.
③ 법정준비금은 자본금의 결손 보전에 충당하는 경우 외에는 이를 처분하지 못한다.

③ 주식회사의 경우에는 법정준비금을 자본금의 결손보전에 충당하거나 자본전입에 사용할 수 있다(제460조 제1항, 제461조). 유한회사의 경우에는 법정준비금을 자본전입에 사용할 수는 없으나, 자본금의 결손보전에 충당할 수 있다(제583조, 제460조).

정답_③

④ 준비금의 자본금 전입에 따라 신주를 발행하는 경우 각 주주에 대하여 그가 가진 주식의 수에 따라 주식을 발행하여야 한다.
⑤ 액면 이상의 주식을 발행한 때에는 그 액면을 초과한 금액은 자본준비금으로 적립하여야 한다.

문 36_상법상 주식회사의 준비금에 관한 설명으로 옳은 것은? (2016 세무사)

① 자본준비금은 자본금의 결손 보전에 충당하는 경우 이를 처분할 수 있으나 이익준비금은 그러하지 아니하다.
② 자본금의 2분의 1이 될 때까지 매 결산기 주식배당 및 이익배당액의 10분의 1 이상을 이익준비금으로 적립하여야 한다.
③ 무액면주식을 발행하는 경우 주식의 발행가액 중 자본금으로 계상하지 아니하는 금액은 이익준비금으로 계상하여야 한다.
④ 준비금의 전부 또는 일부를 자본금에 전입하는 경우 주주에 대하여 그가 가진 주식의 수에 따라 주식을 발행하여야 한다.
⑤ 적립된 자본준비금 및 이익준비금의 총액이 자본금의 1.5배를 초과하는 경우에 이사회의 결의에 따라 그 초과한 금액 범위에서 자본준비금과 이익준비금을 감액할 수 있다.

해 설 및 정 답

① 자본준비금과 이익준비금은 자본금의 결손 보전에 충당하는 경우 이를 처분할 수 있다(제460조).
② 자본금의 2분의 1이 될 때까지 매 결산기 이익배당액의 10분의 1 이상을 이익준비금으로 적립하여야 한다. 다만, 주식배당의 경우에는 그러하지 아니하다(제458조).
③ 무액면주식을 발행하는 경우 주식의 발행가액 중 자본금으로 계상하지 아니하는 금액은 자본준비금으로 계상하여야 한다(제451조 제2항).
⑤ 적립된 자본준비금 및 이익준비금의 총액이 자본금의 1.5배를 초과하는 경우에 주주총회의 결의에 따라 그 초과한 금액 범위에서 자본준비금과 이익준비금을 감액할 수 있다(제461조의2).

정답_④

문 37_상법상 주식회사의 각종 준비금에 관한 설명으로 옳지 않은 것은? (2015 세무사)

① 회사는 자본거래에서 발생한 잉여금을 대통령령으로 정하는 바에 따라 자본준비금으로 적립하여야 한다.
② 회사는 이사회의 결의에 의하여 준비금의 전부 또는 일부를 자본금에 전입할 수 있지만, 정관으로 주주총회에서 결정하기로 정한 경우에는 그러하지 아니하다.
③ 회사는 적립된 자본준비금 및 이익준비금의 총액이 자본금의 1.5배를 초과하는 경우에 주주총회의 결의에 따라 그 초과한 금액 범위에서 자본준비금과 이익준비금을 감액할 수 있다.
④ 합병이나 분할 또는 분할합병의 경우 소멸 또는 분할되는 회사의 이익준비금이나 그 밖의 법정준비금은 합병 · 분할 · 분할합병 후 존속되거나 새로 설립되는 회사가 승계할 수 있다.
⑤ 주식배당을 하는 경우, 회사는 그 자본금의 2분의 1이 될 때까지 매 결산기 이익배당액의 10분의 1 이상을 이익준비금으로 적립하여야 한다.

주식배당의 경우를 제외하고 회사는 그 자본금의 2분의 1이 될 때까지 매 결산기 이익배당액의 10분의 1 이상을 이익준비금으로 적립하여야 한다(제458조).

정답_⑤

문 38_상법상 주식회사의 준비금에 관한 설명으로 옳은 것은? (2014 세무사)

① 주식배당을 하는 경우 그 배당액의 10분의 1 이상을 이익준비금으로 적립하여야 한다.
② 분할합병의 경우 소멸되는 회사의 법정준비금은 분할합병 전에 모두 처분하여야 한다.
③ 법정준비금은 자본금의 결손보전에 먼저 충당하고 남은 금액을 한도로 이월하여야 한다.
④ 정관에 다른 정함이 없는 한 이사회의 결의에 의하여 준비금의 전부 또는 일부를 자본금에 전입할 수 있다.
⑤ 적립된 법정준비금의 총액이 자본금의 1.5배를 초과하는 경우에 이사회의 결의에 따라 그 초과한 금액의 범위에서 법정준비금을 감액할 수 있다.

해 설 및 정 답

① 주식배당을 하는 경우에는 이익준비금의 적립을 하지 않아도 된다(제458조).
② 분할합병의 경우 소멸되는 회사의 법정준비금은 분할합병으로 존속 또는 신설하는 회사가 이를 승계할 수 있다(제459조 제2항).
③ 법정준비금은 자본금의 결손전보에 충당하고 남은 금액은 자본금으로 전입하거나 감액하여 배당할 수 있다(제461조, 제461조의2).
④ 제461조 제1항
⑤ 적립된 법정준비금의 총액이 자본금의 1.5배를 초과하는 경우에 주주총회의 결의에 따라 그 초과한 금액의 범위에서 법정준비금을 감액할 수 있다(제461조의2).

정답_④

문 39_상법상 자본금 총액이 15억원인 비상장주식회사의 자본금과 준비금에 관한 설명으로 옳지 않은 것은? (2018 세무사)

① 회사가 무액면주식을 발행하는 경우 주식의 발행가액 중 자본금으로 계상하지 아니하는 금액은 자본준비금으로 계상하여야 한다.
② 회사는 그 자본금의 2분의 1이 될 때까지 매 결산기 이익배당액의 10분의 1 이상을 이익준비금으로 적립하여야 하지만 주식배당의 경우에는 그러하지 아니하다.
③ 액면주식을 발행하는 경우 회사의 자본금은 상법에서 달리 규정한 경우 외에는 발행주식의 액면총액으로 한다.
④ 회사는 이사회의 결의에 의하여 준비금의 전부 또는 일부를 자본금에 전입할 수 있으나, 정관으로 주주총회에서 결정하기로 정한 경우에는 그러하지 아니하다.
⑤ 회사는 적립된 자본준비금 및 이익준비금의 총액이 자본금의 1.5배를 초과하는 경우에 대표이사가 단독으로 그 초과한 금액 범위에서 자본준비금과 이익준비금을 감액할 수 있다.

회사는 적립된 자본준비금 및 이익준비금의 총액이 자본금의 1.5배를 초과하는 경우에 주주총회의 결의에 따라 그 초과한 금액 범위에서 자본준비금과 이익준비금을 감액할 수 있다(상법 제461조의2).
① 상법 제451조 제2항 ② 상법 제458조
③ 상법 제451조 제1항 ④ 상법 제461조 제1항

정답_⑤

문 40_상법상 주식회사의 준비금에 관한 설명으로 옳지 않은 것은? (2009 세무사 수정)

① 준비금의 자본금 전입은 영업연도말에 한하여 가능하다.
② 준비금의 자본금 전입은 정관으로 주주총회에서 결의하기로 정한 경우가 아니면 이사회의 결의로 결정한다.
③ 주주총회의 결의로 준비금을 자본금 전입한 경우에 주주는 그 주주총회의 결의가 있은 때로부터 신주의 주주가 된다.
④ 회사는 그 자본금의 2분의 1에 달할 때까지 매결산기의 이익배당액의 10분의1 이상의 금액을 이익준비금으로 적립하여야 한다.
⑤ 회사는 적립된 자본준비금 및 이익준비금의 총액이 자본금의 1.5배를 초과하는 경우에 주주총회의 결의에 따라 그 초과한 금액 범위에서 자본준비금과 이익준비금을 감액할 수 있다.

해 설 및 정 답

준비금의 자본금 전입의 시기에 관한 규정이 없으므로, 영업연도중 언제든지 가능하다. 이러한 근거로, 자본금 전입에 의한 신주의 이익배당에 관하여는 제350조 제3항 후단(이익대방에 관하여는 정관의 정함으로 자본전입이 있은 영업연도의 직전영업연도말에 신주가 발행된 것으로 할 수 있다) 규정이 준용되는 것을 들 수 있다(제461조 제6항).

정답_①

15 진도별 모의고사

해 설 및 정 답

문 1_상법상 법정준비금에 관한 설명으로 옳지 않은 것은?

(2010 세무사 수정)

① 회사는 자본거래에서 발생한 잉여금을 전액 자본준비금으로 적립하여야 한다.

② 주식배당의 경우를 제외하고는 자본금의 2분의 1이 될 때까지 매결산기 이익배당액의 10분의 1 이상을 이익준비금으로 적립하여야 한다.

③ 회사는 정관에 다른 정함이 없는 한 이사회의 결의에 의하여 준비금 전부를 자본금에 전입할 수 있다.

④ 회사는 자본거래에서 발생한 잉여금을 대통령령으로 정하는 바에 따라 자본준비금으로 적립하여야 한다.

⑤ 회사는 준비금의 자본금 전입의 경우에는 주주에 대하여 그가 가진 주식의 수에 따라 주식을 발행하여야 한다.

정답_정답없음

문 2_상법상 주식회사의 준비금에 관한 설명으로 옳지 않은 것은?

(2011 세무사 수정)

① 정관의 정한 바에 의하여 주주총회가 준비금의 자본금 전입에 관하여 결의를 한 때로부터 주주는 새로 발행하는 신주의 주주가 된다.

② 준비금의 자본금 전입을 위한 이사회의 결의가 있는 때에는 회사는 일정한 날을 정하여 그 날에 주주명부에 기재된 주주가 신주의 주주가 된다는 뜻을 그 날의 2주간 전에 공고하여야 한다.

③ 회사는 그 자본금의 2분의 1에 달할 때까지 매결산기의 이익배당액의 10분의 1 이상의 금액을 이익준비금으로 적립하여야 한다.

④ 회사는 적립된 법정준비금의 총액이 자본금의 2배를 초과하는 경우에 주주총회의 결의에 따라 그 초과한 금액 범위에서 자본준비금과 이익준비금을 감액할 수 있다.

⑤ 준비금의 전부 또는 일부를 자본금에 전입할 경우 채권자 보호절차가 필요하지 않다.

회사는 적립된 법정준비금의 총액이 자본금의 1.5배를 초과하는 경우에 주주총회의 결의에 따라 그 초과한 금액 범위에서 자본준비금과 이익준비금을 감액할 수 있다(제461조의2).

정답_④

문 3_상법상 주식회사의 이익배당에 관한 설명으로 옳지 않은 것은? (중간배당이 아닌 경우에 한함) (2010 세무사 수정)

① 이익배당을 하려면 배당가능이익과 주주총회의 승인결의가 있어야 한다.
② 이익배당은 배당내용이 종류주식을 발행한 경우 이외에는 각 주주가 가진 주식의 수에 따라서 평등하게 지급하여야 한다.
③ 이익배당금의 지급청구권은 5년간 이를 행사하지 아니하면 소멸시효가 완성한다.
④ 배당금은 주주총회의 결의가 있는 때로부터 1월 이내에 지급되어야 하고, 배당금지급시기를 주주총회에서 달리 정할 수 없다.
⑤ 주식에 의한 배당은 이익배당총액의 2분의 1에 상당하는 금액을 초과하지 못한다.

해 설 및 정 답

배당금은 주주총회의 결의가 있는 때로부터 1월 이내에 지급되어야 하고, 배당금지급시기를 주주총회에서 달리 정할 수 있다(제464조의2 제1항 단서).

정답_④

문 4_상법상 주식회사의 이익배당에 관한 설명으로 옳지 않은 것은? (2021 세무사)

① 회사는 정관으로 금전 외의 재산으로 배당을 할 수 있음을 정할 수 있다.
② 상법 규정에 따른 배당가능이익을 초과하여 이익배당을 한 경우, 회사채권자는 배당한 이익을 회사에 반환할 것을 청구할 수 있다.
③ 이익배당은 주주총회의 결의로 정하여야 하지만, 재무제표를 상법 규정에 따라 이사회가 승인하는 경우에는 이사회의 결의로 정한다.
④ 이익배당에 관하여 내용이 다른 종류주식이 아닌 한, 이익배당은 각 주주가 가진 주식의 수에 따라 한다.
⑤ 년 2회의 결산기를 정한 회사는 중간배당을 할 수 있음을 정관으로 정할 수 있다.

① 회사는 정관으로 금전 외의 재산으로 배당을 할 수 있음을 정할 수 있다(상법 제462조의4 제1항).
② 상법 규정에 따른 배당가능이익을 초과하여 이익배당을 한 경우, 회사채권자는 배당한 이익을 회사에 반환할 것을 청구할 수 있다(상법 제462조 제3항).
③ 이익배당은 주주총회의 결의로 정하여야 하지만, 재무제표를 상법 규정에 따라 이사회가 승인하는 경우에는 이사회의 결의로 정한다(상법 제462조 제2항).
④ 이익배당에 관하여 내용이 다른 종류주식이 아닌 한, 이익배당은 각 주주가 가진 주식의 수에 따라 한다(상법 제464조).
⑤ 년 1회의 결산기를 정한 회사는 중간배당을 할 수 있음을 정관으로 정할 수 있다(상법 제462조의3 제1항).

정답_⑤

문 5_상법상 액면주식을 발행하는 비상장주식회사의 배당에 관한 설명으로 옳지 않은 것은? (2018 세무사)

① 주식배당의 경우 신주의 발행가액을 주식의 권면액을 초과하는 금액으로 결정할 수 있다.
② 이사회가 적법하게 재무제표를 승인하는 경우 금전에 의한 이익배당은 이사회 결의로 정한다.
③ 회사가 이익배당을 새로이 발행하는 주식으로써 하기로 주주총회에서 결의한 경우 주주들은 그 주주총회가 종결한 때부터 신주의 주주가 된다.
④ 모회사가 보유하고 있는 자회사의 주식으로 모회사의 주주들에게 현물배당을 하기 위해서는 모회사 정관에 현물로 배당할 수 있음을 정하고 있어야 한다.
⑤ 배당가능이익이 없음에도 주주가 금전으로 배당받은 경우 회사의 채권자는 주주를 상대로 회사에 배당금을 반환할 것을 청구할 수 있다.

해 설 및 정 답

주식배당의 경우 신주의 발행가액은 주식의 권면액으로 한다(상법 제462조의2 제2항).
② 상법 제462조 제2항 단서
③ 상법 제462조의2 제4항
④ 상법 제462조의4
⑤ 상법 제462조 제3항

정답_①

문 6_상법상 주식회사의 이익배당에 관한 설명으로 옳지 않은 것은? (2020 세무사)

① 주식배당은 이익배당총액의 2분의 1에 상당하는 금액을 초과하지 못한다.
② 연 1회의 결산기를 정한 회사는 영업년도중 1회에 한하여 이사회의 결의로 일정한 날을 정하여 그 날의 주주에 대하여 이익을 배당할 수 있음을 정관으로 정할 수 있다.
③ 배당가능이익이 없음에도 이익배당을 한 경우 회사채권자는 배당한 이익을 회사에 반환할 것을 청구할 수 있다.
④ 주식배당을 하는 경우 그 자본금의 2분의 1이 될 때까지 주식으로 배당할 이익의 금액의 10분의 1 이상의 금액을 이익준비금으로 적립하여야 한다.
⑤ 이익배당우선주식을 보유한 주주에 대하여 주식배당을 하는 경우 그 주주에게 같은 종류의 이익배당우선주식으로 배당할 수 있다.

① 주식배당은 이익배당총액의 2분의 1에 상당하는 금액을 초과하지 못한다(제462조의2 제1항 단서).
② 연 1회의 결산기를 정한 회사는 영업년도중 1회에 한하여 이사회의 결의로 일정한 날을 정하여 그 날의 주주에 대하여 이익을 배당할 수 있음을 정관으로 정할 수 있다(제462조의3 제1항).
③ 배당가능이익이 없음에도 이익배당을 한 경우 회사채권자는 배당한 이익을 회사에 반환할 것을 청구할 수 있다(제462조 제3항).
④ 이익배당을 하는 경우 그 자본금의 2분의 1이 될 때까지 주식으로 배당할 이익의 금액의 10분의 1 이상의 금액을 이익준비금으로 적립하여야 한다. 다만 주식배당의 경우에는 그러하지 이니하다(제458조).
⑤ 이익배당우선주식을 보유한 주주에 대하여 주식배당을 하는 경우 그 주주에게 같은 종류의 이익배당우선주식으로 배당할 수 있다(제462조의2 제2항).

정답_④

문 7_상법상 주식회사의 이익배당에 관한 설명으로 옳은 것은?

(2017 세무사)

① 이익배당금의 지급청구권은 1년간 이를 행사하지 아니하면 소멸시효가 완성된다.
② 이익배당은 예외없이 주주총회의 결의로 정한다.
③ 회사는 정관으로 금전 외의 재산으로 배당을 할 수 있음을 정할 수 있다.
④ 연 2회의 결산기를 정한 회사도 영업년도 중 1회에 한하여 이사회의 결의로 일정한 날을 정하여 그 날의 주주에 대하여 중간배당을 할 수 있음을 정관으로 정할 수 있다.
⑤ 회사는 대차대조표의 순자산액으로부터 그 결산기에 적립하여야 할 이익준비금의 액을 공제하지 아니하고 이익배당을 할 수 있다.

해 설 및 정 답

① 이익배당금의 지급청구권은 5년간 이를 행사하지 아니하면 소멸시효가 완성된다(제464조의2 제2항).
② 이익배당은 주주총회의 결의로 정한다. 다만 정관의 정함에 의하여 재무제표를 이사회가 승인하는 경우에는 이사회의 결의로 정한다(제462조 제2항).
③ 제462조의4 제1항
④ 연 1회의 결산기를 정한 회사도 영업년도 중 1회에 한하여 이사회의 결의로 일정한 날을 정하여 그 날의 주주에 대하여 중간배당을 할 수 있음을 정관으로 정할 수 있다(제462조의3 제1항).
⑤ 회사는 대차대조표의 순자산액으로부터 그 결산기에 적립하여야 할 이익준비금의 액을 공제하고 이익배당을 할 수 있다(제462조 제1항 3호).

정답_③

문 8_상법상의 중간배당제도에 관한 설명으로 옳지 않은 것은?

(2001 세무사)

① 연 1회의 결산기를 정한 회사의 경우에 영업연도중 1회에 한하여 중간배당을 할 수 있다.
② 중간배당은 주식으로 배당할 수 없다.
③ 중간배당은 정관에 다른 규정이 없으면 주주총회의 결의로도 가능하다.
④ 중간배당금은 원칙적으로 이사회의 결의가 있는 날부터 1월 이내에 지급하여야 한다.
⑤ 중간배당을 할 때에도 그 10분의 1 이상에 해당하는 금액을 이익준비금으로 적립하여야 한다.

③ 중간배당은 정관의 정함에 의하여 연 1회의 결산기를 정한 회사에서 1회에 한하여 이사회의 결의로 금전으로써 배당할 수 있다. 따라서 명문규정으로 이사회의 결의사항으로 정하고 있다. 중간배당의 경우 중간배당에 따라 적립하여야 할 이익준비금은 적립하여야 한다(제462조의2 제2항).

정답_③

문 9_상법상 주식회사의 배당에 관한 설명으로 옳은 것은?

(2019 세무사)

① 주식배당의 경우 주주는 배당받은 신주의 주권을 교부받은 때에 신주의 주주가 된다.
② 회사가 주식배당을 하는 경우에 주주총회의 특별결의에 의하여 액면초과의 발행가액을 정할 수 있다.
③ 주주의 이익배당금의 지급청구권은 3년간 이를 행사하지 아니하면 소멸시효가 완성한다.

① 주식배당의 경우 주주는 주주총회가 종결한 때부터 신주의 주주가 된다(제462조의2 제4항).
② 회사가 주식배당을 하는 경우에 주식의 권면액으로 한다(제462조의2 제2항).
③ 주주의 이익배당금의 지급청구권은 5년간 이를 행사하지 아니하면 소멸시효가 완성한다(제464조의2 제2항).
④ 회사는 주주총회의 결의에 의하여 이익의 배당을 새로이 발행하는 주식으로써 할 수 있다(제462조의2 제1항).

④ 회사는 주주총회의 결의에 의하여 이익의 배당을 새로이 발행하는 주식으로써 할 수 있다.
⑤ 이익배당은 주중회의 결의로 정하고, 정관에서 이를 이사회의 결의로 정하도록 변경할 수 없다.

해 설 및 정 답

⑤ 이익배당은 주중회의 결의로 정하고, 다만 정관의 정함으로 재무제표를 이사회가 승인하는 경우에는 정관에서 이를 이사회의 결의로 정하도록 변경할 수 있다(제462조 제2항).

정답_④

문 10_상법상 주식회사의 이익배당에 관한 설명 중 옳지 않은 것은? (2007 세무사 수정)

① 주주총회 또는 이사회 결의일로부터 1개월 이내에 배당금을 지급하여야 하지만, 주주총회 또는 이사회에서 이 시기를 달리 정할 수 있다.
② 배당가능이익이 있더라도 주주총회의 결의에 의하여 이익배당을 유보할 수 있다.
③ 위법한 이익배당의 경우 회사채권자는 주주에 대하여 배당금을 회사에 반환할 것을 청구할 수 있다.
④ 회사는 정관의 규정에 의하여도 영업연도 중간에는 이익을 배당할 수 없다.
⑤ 회사는 정관에서 금전 이외의 재산으로 배당할 수 있음을 정할 수 있다.

④ 회사는 정관의 규정에 의하여 영업연도 중간에 1회에 한하여 이익배당을 할 수 있다(제462조의3 제1항).

정답_④

문 11_상법상 주식회사의 배당제도에 관한 설명으로 옳지 않은 것은? (2012 세무사)

① 회사는 주주총회결의에 의하여 이익배당총액의 2분의 1에 상당하는 금액을 초과하지 않는 한도에서 이익배당을 새로이 발행하는 주식으로써 할 수 있다.
② 회사는 주식배당 부분에 대해서 그 자본금의 2분의 1이 될 때까지 매 결산기 이익배당액의 10분의 1이상을 이익준비금으로 적립하여야 한다.
③ 상법상 재무제표를 이사회가 승인하는 경우에는 이익배당을 이사회결의로 정한다.
④ 회사는 정관으로 금전 외의 재산으로 배당을 할 수 있음을 정할 수 있다.
⑤ 상법상의 배당가능이익이 없음에도 불구하고 금전배당한 경우에 회사채권자는 배당한 이익을 회사에 반환할 것을 청구할 수 있다.

② 회사는 자본금의 2분의 1이 될 때까지 매 결산기 이익배당액의 10분의 1 이상을 이익준비금으로 적립하여야 하지만, 주식배당의 부분은 제외된다(제458조).

정답_②

문 12_상법상 주식회사의 이익배당에 관한 설명 중 틀린 것은? (2008 세무사 수정)

① 정기주주총회에서 재무제표를 승인함으로써 비로소 구체적 이익배당청구권이 발생하는데, 주주는 주주의 지위와 독립하여 이를 양도할 수 있다.
② 주주총회에서 따로 이익배당금의 지급시기를 정하지 아니한 경우에는 주주총회결의가 있는 날부터 1월내에 배당금을 지급하여야 한다.
③ 연 1회의 결산기를 정한 회사는 영업연도 중 2회에 한하여 중간배당을 할 수 있음을 정관으로 정할 수 있다.
④ 이익배당총액의 2분의 1을 한도로 주식배당이 허용된다.
⑤ 기명주식의 등록질권자는 주식배당에 의하여 주주가 받을 신주에 대해서도 질권을 행사할 수 있다.

해 설 및 정 답

③ 연 1회의 결산기를 정한 회사는 영업연도 중 1회에 한하여 중간배당을 할 수 있음을 정관으로 정할 수 있다(제462조의3 제1항).

정답_③

문 13_상법상 주식회사의 이익배당에 관한 설명으로 옳지 않은 것은? (2013 세무사)

① 주식에 의한 배당은 이익배당총액의 2분의 1에 상당하는 금액을 초과할 수 있다.
② 회사는 정관으로 금전 외의 재산으로 배당을 할 수 있음을 정할 수 있다.
③ 중간배당에서도 금전 이외의 재산으로 배당을 할 수 있다.
④ 정관의 규정에 의하여 현물배당을 결정한 회사는 주주가 배당되는 금전 외의 재산 대신 금전의 지급을 회사에 청구할 수 있도록 정할 수 있다.
⑤ 정관의 규정에 의하여 현물배당을 결정한 회사는 일정 수 미만의 주식을 보유한 주주에 대하여는 금전 외의 재산 대신 금전을 지급할 수 있다.

주식에 의한 배당은 이익배당총액의 2분의 1에 상당하는 금액을 초과할 수 없다(제462조의2 제1항 단서).

정답_①

문 14_상법상 액면주식을 발행한 비상장 주식회사의 이익(주식)배당에 관한 설명으로 옳지 않은 것은? (2014 세무사)

① 회사의 채권자는 위법배당을 받은 주주에 대하여 배당받은 이익을 회사에 반환할 것을 소 또는 소 이외의 방법으로 청구할 수 있다.
② 주식배당은 이익배당총액의 2분의 1에 상당하는 금액을 초과하지 못한다.

주식배당으로 인하여 발생하는 액면주식의 발행가액은 주식의 권면액으로 하여야 한다(제462조의2 제2항)

정답_③

해 설 및 정 답

③ 주식배당으로 인하여 발행하는 액면주식의 발행가액은 주식의 시가를 기준으로 하여야 한다.
④ 중간배당은 결산기가 연 1회인 회사로서 정관으로 정한 경우에 영업연도 중 1회에 한하여 허용된다.
⑤ 주주의 이익배당금 지급청구권은 5년간 행사하지 않으면 소멸시효가 완성한다.

문 15_상법상 주식회사의 배당에 관한 설명으로 옳지 않은 것은? (2016 세무사)

① 이익배당은 주주총회의 결의로 정한다. 다만, 상법 규정에 따라 재무제표를 이사회가 승인하는 경우에는 이사회의 결의로 정한다.
② 배당가능이익에 관한 제한규정을 위반하여 이익을 배당한 경우에 회사채권자는 배당한 이익을 회사에 반환할 것을 청구할 수 있다.
③ 회사는 주주총회의 결의에 의하여 이익배당총액의 전액의 배당을 새로이 발행하는 주식으로써 할 수 있다.
④ 주식배당은 주식의 권면액으로 하며, 회사가 종류주식을 발행한 때에는 각각 그와 같은 종류의 주식으로 할 수 있다.
⑤ 중간배당은 정관 규정에 의하여 이사회의 결의로 할 수 있다.

회사는 주주총회의 결의에 의하여 이익배당총액의 2분의 1에 상당하는 금액을 초과하지 않는 범위내에서 새로이 발행하는 주식으로써 배당할 수 있다(제462조의2 제1항).

정답_③

문 16_상법상 액면주식을 발행한 비상장주식회사의 주식배당에 관한 설명으로 옳지 않은 것은? (2017 세무사)

① 주식배당은 이익배당총액의 2분의 1에 상당하는 금액을 초과하지 못한다.
② 주식의 배당은 주식의 권면액으로 한다.
③ 주식으로 배당을 받은 주주는 주식배당 결의가 있는 주주총회가 종결한 때부터 신주의 주주가 된다.
④ 주식배당에 의하여 회사의 자본금은 증가하지 않는다.
⑤ 회사가 종류주식을 발행한 때에는 각각 그와 같은 종류의 주식으로 주식배당을 할 수 있다.

④ 주식배당에 의하여 회사의 신주발행이 되어 주식수가 증가하므로 회사의 자본금은 증가한다.
① 제462조의2 제1항 ② 제462조의2 제2항
③ 제462조의2 제4항 ⑤ 제462조의2 제2항

정답_④

문 17_상법상 주식회사의 주식배당에 관한 설명으로 옳지 않은 것은? (2009 세무사)

① 주식배당은 주주총회의 특별결의를 요한다.
② 주식배당은 이익배당총액의 2분의 1에 상당하는 금액을 초과하지 못한다.
③ 회사가 주식배당을 하는 경우에 주식의 등록질권자는 그 주식에 대한 배당으로 발행되는 주권의 교부를 회사에 대하여 청구할 수 있다.
④ 주식배당의 경우에 신주의 발행가액은 주식의 권면액으로 한다.
⑤ 주식배당을 받은 주주는 주식배당의 결의가 있는 주주총회가 종결한 때로부터 신주의 주주가 된다.

해 설 및 정 답

주식배당은 주주총회의 보통결의를 요한다(제462조의2 제1항).

정답_①

문 18_상법상 주식회사에서 소수주주의 요건을 갖춘 주주의 회계장부열람권에 관한 설명으로 옳지 않은 것은? (다툼이 있는 경우에는 판례에 의함) (2013 세무사)

① 비상장회사의 경우 발행주식 총수의 100분의 3 이상에 해당하는 주식을 가진 주주가 행사할 수 있는 권리이다.
② 주주가 회계장부열람의 청구를 함에는 이유를 붙인 서면으로 하여야 한다.
③ 자회사의 회계장부라 할지라도 모회사가 보관하고 있고 모회사의 회계상황을 파악하기 위한 근거자료로서 실질적으로 필요한 경우, 모회사의 회계서류로서 모회사의 소수주주는 자회사의 회계장부의 열람을 청구할 수 있다.
④ 주주의 회계장부열람 청구에 대하여 회사가 주주의 열람청구가 부당함을 증명하더라도 회사는 열람청구를 거부하지 못한다.
⑤ 회계장부열람을 청구하는 주주가 회사의 경쟁사로서 그 취득한 정보를 경업에 이용할 우려가 있는 경우에는 부당한 청구로 보아야 한다.

주주의 회계장부열람 청구에 대하여 회사가 주주의 열람청구가 부당함을 증명하면 회사는 열람청구를 거부할 수 있다(제466조 제2항).
③ 대법원 2001. 10. 26. 선고 99다58051 판결.

정답_④

문 19_상법상 비상장주식회사 주주의 회계감독권에 관한 설명으로 옳은 것은? (2014 세무사)

① 주주는 보유하는 주식 수에 관계없이 영업시간 내에 언제든지 재무제표 및 그 부속명세서를 열람할 수 있다.

② 발행주식총수의 100분의 1 이상에 해당하는 주식을 가진 주주는 회계장부의 열람 또는 등사를 청구할 수 있다.

③ 주주는 구두 또는 서면에 의하여 회계장부의 열람을 청구할 수 있으며 청구이유를 구체적으로 밝혀야 한다.

④ 이사는 정기총회 회일의 2주간 전부터 재무제표 및 영업보고서와 감사보고서를 본점 및 지점에 5년간 비치하여야 한다.

⑤ 회사의 업무집행에 관하여 부정행위가 있음을 의심할 사유가 있는 경우 발행주식총수의 100분의 1 이상에 해당하는 주식을 가진 주주는 회사의 재산상태를 조사하게 하기 위하여 법원에 검사인의 선임을 청구할 수 있다.

해 설 및 정 답

① 제448조 제2항
②, ③ 발행주식총수의 100분의 3 이상에 해당하는 주식을 가진 주주는 서면에 의하여 회계장부의 열람 또는 등사를 청구할 수 있으며 청구이유를 구체적으로 밝혀야 한다(제466조).
④ 이사는 정기총회 회일의 1주간 전부터 재무제표 및 영업보고서와 감사보고서를 본점에 5년, 지점에 3년간 비치하여야 한다(제448조 제1항).
⑤ 회사의 업무집행에 관하여 부정행위가 있음을 의심할 사유가 있는 경우 발행주식총수의 100분의 3 이상에 해당하는 주식을 가진 주주는 회사의 재산상태를 조사하게 하기 위하여 법원에 검사인의 선임을 청구할 수 있다(제467조 제1항).

정답_①

문 20_상법상 자본금 총액이 10억원 이상인 비상장주식회사의 주주의 경영감독에 관한 설명으로 옳지 않은 것은? (2017 세무사)

① 발행주식총수의 100분의 3 이상에 해당하는 주식을 가진 주주가 회사에 대하여 회계의 장부와 서류의 열람 또는 등사를 청구하려면 자신의 청구가 정당함을 증명하여야 한다.

② 회사의 업무집행에 관하여 부정행위 또는 법령이나 정관에 위반한 중대한 사실이 있음을 의심할 사유가 있는 때에는 발행주식의 총수의 100분의 3 이상에 해당하는 주식을 가진 주주는 회사의 업무와 재산상태를 조사하게 하기 위하여 법원에 검사인의 선임을 청구할 수 있다.

③ 주주와 회사채권자는 영업시간 내에 언제든지 본점과 지점에 비치된 회사의 정관, 주주총회의 의사록, 본점에 비치된 주주명부, 사채원부의 열람 또는 등사를 청구할 수 있다.

④ 주주는 영업시간내에 이사회의사록의 열람 또는 등사를 청구할 수 있다.

⑤ 주주와 회사채권자는 영업시간 내에 언제든지 상법에 따라 비치·공시된 재무제표 및 영업보고서와 감사보고서를 열람할 수 있으며 회사가 정한 비용을 지급하고 그 서류의 등본이나 초본의 교부를 청구할 수 있다.

① 발행주식총수의 100분의 3 이상에 해당하는 주식을 가진 주주가 회사에 대하여 회계의 장부와 서류의 열람 또는 등사를 청구하면, 회사는 주주의 청구가 부당함을 증명하지 아니하면 이를 거부하지 못한다(제466조 제1항, 제2항).
② 제467조 제1항 ③ 제396조 제2항
④ 제391조의3 제3항 ⑤ 제448조 제2항

정답_①

해 설 및 정 답

문 21_상법상 주식회사에서 주주의 권리행사와 관련한 이익공여금지에 관한 설명으로 옳지 않은 것은? (2013 세무사)

① 회사는 누구에게든지 주주의 권리행사와 관련하여 재산상의 이익을 공여할 수 없다.
② 회사가 특정의 주주에 대하여 무상으로 재산상의 이익을 공여한 경우에는 주주의 권리행사와 관련하여 이를 공여한 것으로 추정한다.
③ 회사가 주주의 권리행사와 관련하여 재산상의 이익을 공여한 때에는 그 이익을 공여받은 자는 이를 회사에 반환하여야 한다.
④ 이익공여의 금지규정의 위반으로 공여받은 이익을 반환하여야 하는 자는 자기가 회사에 지급한 대가가 있는 때에는 그 반환을 받을 수 있다.
⑤ 회사의 이익반환청구는 이사 또는 집행임원이 하여야 하기 때문에 어떠한 경우에도 소수주주는 이익반환청구에 관한 대표소송을 제기할 수 없다.

소수주주는 이익반환청구에 관한 대표소송을 제기할 수 있다(제467조의2 제4항).

정답_⑤

문 22_상법상 최근 사업연도 말 현재의 자산총액이 2조원 이상인 상장회사에서의 집중투표에 관한 설명으로 옳지 않은 것은? (2012 세무사)

① 집중투표의 방법으로 이사를 선임하는 경우에는 투표의 최다수를 얻은 자부터 순차적으로 선임되는 것으로 한다.
② 의결권 없는 주식을 제외한 발행주식총수의 100분의 1이상에 해당하는 주식을 보유한 자는 정관에서 달리 정함이 없는 한 회사에 대하여 집중투표로 이사를 선임할 것을 청구할 수 있다.
③ 집중투표가 배제된 정관을 변경하려는 경우 의결권 없는 주식을 포함한 발행주식총수의 100분의 3을 초과하는 수의 주식을 가진 주주는 그 초과하는 주식에 관하여 의결권을 행사하지 못한다.
④ 정기주주총회에서 집중투표로 이사를 선임할 것을 청구하는 경우 직전 연도의 정기주주총회일에 해당하는 그 해의 해당일의 6주 전까지 서면 또는 전자문서로 회사에 청구하여야 한다.
⑤ 회사가 주주총회의 목적사항으로 집중투표 배제에 관한 정관변경에 관한 의안을 상정하려는 경우에는 그 밖의 사항의 정관변경에 관한 의안과 별도로 상정하여 의결하여야 한다.

집중투표가 배제된 정관을 변경하려는 경우 정관에 다른 정함이 없는 한 의결권없는 주식을 제외한 발행주식총수의 100분의 3을 초과하는 수의 주식을 가진 주주는 그 초과하는 주식에 관하여 의결권을 행사하지 못한다(제542조의7 제3항).

정답_③

문 23_상법상 상장회사의 주주대표소송에 관한 설명으로 옳지 않은 것은? (2010 세무사)

① 소가 제기된 경우에 원고와 피고의 공모로 인하여 소송의 목적인 회사의 권리를 사해할 목적으로써 판결을 하게 한 때에는 회사 또는 주주는 확정한 종국판결에 대하여 재심의 소를 제기할 수 있다.
② 회사가 적법한 요건을 갖춘 주주의 소제기 청구를 받은 날로부터 30일내에 소를 제기하지 아니한 때에는 그 주주는 즉시 회사를 위하여 소를 제기할 수 있다.
③ 주주가 소를 제기한 경우 당사자는 법원의 허가를 얻지 아니하고는 소의 취하, 청구의 포기 · 인락, 화해를 할 수 없다.
④ 회사는 주주가 제기한 소송에 참가할 수 있다.
⑤ 6개월 전부터 계속하여 의결권없는 주식을 제외한 발행주식총수의 1만분의 1 이상에 해당하는 주식을 보유한 자는 회사에 대하여 이사의 책임을 추궁할 소의 제기를 청구할 수 있다.

해 설 및 정 답

6개월 전부터 계속하여 발행주식총수의 1만분의 1 이상에 해당하는 주식을 보유한 자는 회사에 대하여 이사의 책임을 추궁할 소의 제기를 청구할 수 있다(제542조의6 제6항).

정답_⑤

문 24_상법상 상장회사의 주주총회에 관한 설명으로 옳지 않은 것은? (2010 세무사)

① 회사가 주주총회를 소집하는 경우 의결권 있는 발행주식 총수의 100분의 3 이하의 주식을 소유한 주주에게는 정관으로 정하는 바에 따라 일간신문에 공고하거나 전자적 방법으로 공고함으로써 소집통지를 생략할 수 있다.
② 회사가 주주총회에서 이사 · 감사의 선임을 하고자 하는 경우 이사 · 감사 후보자의 성명, 약력, 추천인, 그 밖에 대통령령으로 정하는 후보자에 관한 사항을 통지하거나 공고하여야 한다.
③ 회사가 주주총회에서 이사 · 감사의 선임을 하고자 하는 경우 법정요건을 갖추어 통지하거나 공고한 후보자 중에서 선임하여야 한다.
④ 사전에 통지하거나 공고한 이사 또는 감사 후보자가 사퇴한 경우에도 회사는 주주총회 현장에서 후보자를 추천하여 이사 또는 감사로 선임할 수 없다.
⑤ 6개월 전부터 계속하여 발행주식 총수의 1천분의 15 이상에 해당하는 주식을 보유한 주주는 임시주주총회의 소집을 청구할 수 있다.

회사가 주주총회를 소집하는 경우 의결권 있는 발행주식 총수의 100분의 1 이하의 주식을 소유한 주주에게는 정관으로 정하는 바에 따라 일간신문에 공고하거나 전자적 방법으로 공고함으로써 소집통지를 생략할 수 있다(제542조의4 제1항, 상법시행령 제10조 제1항).

정답_①

문 25_상법상 최근 사업연도말 현재의 자산총액이 2조원 이상인 상장회사의 사외이사 선임에 관한 특례규정의 내용이다. 옳지 않은 것은? (2010 세무사)

① 사외이사를 3명 이상으로 하되, 이사 총수의 과반수가 되도록 해야 한다.
② 사외이사 후보를 추천하기 위하여 상법 제393조의2(이사회 내 위원회)의 위원회로서 사외이사후보추천위원회를 설치하여야 한다.
③ 사외이사 후보추천위원회가 사외이사 후보를 추천할 때에는 적법한 요건을 갖춘 주주가 주주총회일의 6주 전에 추천한 사외이사 후보를 포함시켜야 한다.
④ 주주총회에서 사외이사를 선임하려는 경우에는 사외이사후보추천위원회의 추천을 받은 자 중에서 선임하여야 한다.
⑤ 사외이사후보추천위원회는 사외이사가 총위원의 3분의 1 이상이 되도록 구성하여야 한다.

해설 및 정답

사외이사후보추천위원회는 사외이사가 총위원의 과반수가 되도록 구성하여야 한다(제542조의8 제4항 2문).

정답_⑤

문 26_상법상 최근 사업년도말 현재 자산총액이 2조원 이상인 상장회사의 감사위원회 구성 등에 관한 설명으로 옳지 않은 것은? (상법 시행령 제16조 제1항 단서에 규정된 회사는 제외함) (2010 세무사 수정)

① 감사위원회위원을 선임하거나 해임하는 권한은 주주총회에 있다.
② 주주총회에서 선임된 이사는 감사위원회위원을 겸할 수 없다.
③ 최대주주, 최대주주의 특수관계인, 그 밖에 대통령령으로 정하는 자가 소유하는 상장회사의 의결권 있는 주식의 합계가 그 회사의 의결권 없는 주식을 제외한 발행주식총수의 100분의 3을 초과하는 경우 그 주주는 그 초과하는 주식에 관하여 사외이사가 아닌 감사위원회위원을 선임하거나 해임할 때에는 의결권을 행사하지 못한다. 다만 정관에서 이보다 낮은 주식보유비율을 정할 수 있다.
④ 감사위원회위원은 주주총회의 특별결의로 해임할 수 있다.
⑤ 주주총회의 목적사항으로 감사의 보수결정을 위한 의안을 상정하려는 경우에는 이사의 보수결정을 위한 의안과는 별도로 상정하여 의결하여야 한다.

주주총회에서 선임된 이사 중에서 감사위원회위원을 선임하여야 하므로(제542조의12 제2항), 당연히 이사는 감사위원회위원을 겸할 수 있다.

정답_②

문 27_A주식회사는 최근 사업연도말 현재의 자산총액이 2조원 이상인 상장회사이다. 상법상 A회사에 관한 설명으로 옳지 않은 것은?

(2014 세무사)

① A회사의 감사위원회의 위원을 선임하거나 해임하는 권한은 주주총회에 있다.

② A회사의 이사회는 준법지원인을 1인 이상 반드시 선임하여야 한다.

③ A회사가 이사를 선임하고자 하는 경우 주주총회의 소집통지나 공고를 함에 있어 상법 소정의 방법에 따라 통지하거나 공고한 후보자 중에서 선임하여야 한다.

④ A회사가 사외이사 후보를 추천하기 위하여 설치한 이사회내 위원회는 사외이사가 총위원의 3분의 2 이상이 되도록 구성하여야 한다.

⑤ 파산선고를 받고 복권되지 아니한 자는 A회사의 사외이사가 될 수 없다.

해 설 및 정 답

A회사가 사외이사 후보를 추천하기 위하여 설치한 이사회내 위원회는 사외이사가 총위원의 과반수 되도록 구성하여야 한다(제542조의8 제4항 2문).

① 제542조의12 제1항

② 제542조의13 제2항 ③ 제542조의5

⑤ 제542조의8 제2항 2호

정답_④

문 28_상법상 준법지원인제도에 관한 설명으로 옳지 않은 것은?

(2012 세무사)

① 준법지원인 설치의무가 있는 상장회사는 준법지원인이었던 사람에 대하여 그 직무수행과 관련된 사유로 부당한 인사상 불이익을 주어서는 아니 된다.

② 준법지원인은 퇴임 후에도 직무상 알게 된 회사의 영업상 비밀을 누설하여서는 아니 된다.

③ 준법지원인은 준법통제기준의 준수여부를 점검하여 그 결과를 감사 또는 감사위원회에 보고하여야 한다.

④ 준법지원인 설치의무가 있는 상장회사가 준법지원인을 임면하려면 이사회 결의를 거쳐야 한다.

⑤ 준법지원인 설치의무가 있는 상장회사는 준법지원인을 상근으로 하여야 하며, 준법지원인이 그 직무를 독립적으로 수행하도록 하여야 한다.

준법지원인은 준법통제기준의 준수여부를 점검하여 그 결과를 이사회에 보고하여야 한다(제542조의13 제3항).

정답_③

해 설 및 정 답

문 29_상법상 준법지원인에 관한 설명으로 옳지 않은 것은?

(2017 세무사)

① 최근 사업연도 말 현재의 자산총액이 5천억원 이상인 상장회사는 다른 법률에 따라 내부통제기준 및 준법감시인을 두어야 하는 상장회사가 아니면 준법지원인을 두어야 한다.
② 준법지원인은 이사회 결의에 의하여 선임된다.
③ 준법지원인의 임기는 3년이며, 다만 다른 법률의 규정이 준법지원인의 임기를 3년보다 단기로 정하고 있는 경우에는 다른 법률이 우선하여 적용된다.
④ 준법지원인은 재임 중뿐만 아니라 퇴임 후에도 직무상 알게 된 회사의 영업상 비밀을 누설하여서는 아니 된다.
⑤ 준법지원인은 상근으로 하여야 하고, 그 직무를 독립적으로 수행할 수 있도록 하여야 한다.

③ 준법지원인의 임기는 3년이며, 다만 다른 법률의 규정이 준법지원인의 임기를 3년보다 단기로 정하고 있는 경우에는 상법상 임기가 다른 법률에 우선하여 적용된다(제542조의13 제11항).
① 제542조의13 제1항, 제2항
② 제542조의13 제4항
④ 제542조의13 제8항
⑤ 제542조의13 제6항, 제9항

정답_③

문 30_상법상 준법지원인에 관한 설명으로 옳지 않은 것은?

(2019 세무사)

① 준법지원인은 준법통제기준의 준수여부를 점검하여 그 결과를 이사회에 보고하여야 한다.
② 준법지원인은 선량한 관리자의 주의로 그 직무를 수행하여야 하며, 재임 중뿐만 아니라 퇴임 후에도 직무상 알게 된 회사의 비밀을 누설하여서는 아니 된다.
③ 다른 법률에 따라 내부통제기준 및 준법감시인을 두어야 하는 상장회사는 상법상 준법지원인을 두지 않아도 된다.
④ 준법지원인은 비상근으로도 할 수 있으며, 회사 내의 다른 업무 중 자신의 업무수행에 영향을 줄 수 있는 영업 관련 업무를 담당하여서는 아니 된다.
⑤ 최근 사업년도말의 자산총액이 5천억원 이상인 상장회사가 준법지원인을 임면하려면 이사회 결의를 거쳐야 한다.

① 준법지원인은 준법통제기준의 준수여부를 점검하여 그 결과를 이사회에 보고하여야 한다(제542조의13 제3항).
② 준법지원인은 선량한 관리자의 주의로 그 직무를 수행하여야 하며, 재임 중뿐만 아니라 퇴임 후에도 직무상 알게 된 회사의 비밀을 누설하여서는 아니 된다(제542조의13 제7항, 제8항).
③ 다른 법률에 따라 내부통제기준 및 준법감시인을 두어야 하는 상장회사는 상법상 준법지원인을 두지 않아도 된다(제542조의13 제11항).
④ 준법지원인은 상근으로 하여야 하며(제542조의13 제6항), 회사 내의 다른 업무 중 자신의 업무수행에 영향을 줄 수 있는 영업 관련 업무를 담당하여서는 아니 된다(제542조의13 제9항).
⑤ 최근 사업년도말의 자산총액이 5천억원 이상인 상장회사가 준법지원인을 임면하려면 이사회 결의를 거쳐야 한다(제542조의13 제4항).

정답_④

문 31_상법상 상장회사의 신용공여가 원칙적으로 금지되는 대상이 아닌 것은?

(2011 세무사)

① 감사 ② 이사 ③ 이사의 특수관계인
④ 주요주주 ⑤ 주요주주의 특수관계인

신용공여금지의 대상은 주요주주 및 그의 특수관계인, 이사 및 집행위원, 감사이다(제542조의9 제1항).

정답_③

문 32_상법상 유한회사에 관한 설명으로 옳지 않은 것은?

(2014 세무사)

① 출자 1좌의 금액은 100원 이상으로 균일하여야 한다.
② 정관에 의하여 1인 또는 수인의 감사를 둘 수 있으나, 감사위원회 제도는 인정되지 않는다.
③ 이사가 수인인 경우에 정관에 다른 정함이 없으면 지배인의 선임 또는 해임, 지점의 설치 · 이전은 이사 3분의 2의 결의에 의하여야 한다.
④ 정관변경의 결의는 총사원의 반수 이상이며 총사원의 의결권의 4분의 3 이상을 가진 자의 동의로 한다.
⑤ 회사가 이사에 대하여 또는 이사가 회사에 대하여 소를 제기하는 경우 사원총회는 그 소에 관하여 회사를 대표할 자를 선정하여야 한다.

해 설 및 정 답

이사가 수인인 경우에 정관에 다른 정함이 없으면 지배인의 선임 또는 해임, 지점의 설치 · 이전은 이사 과반수의 결의에 의하여야 한다(제564조 제1항).

정답_③

문 33_상법상 유한회사에 관한 설명으로 옳지 않은 것은?

(2016 세무사)

① 유한회사가 이사에 대하여 소를 제기하는 경우 사원총회가 그 소에 관하여 회사를 대표할 자를 선정하여야 한다.
② 자본금 총액이 20억원인 유한회사를 설립하는 경우에는 공증인의 인증은 정관의 효력발생 요건이 아니다.
③ 유한회사의 임시총회는 감사도 소집할 수 있다.
④ 유한회사의 정관으로 이사를 정하지 아니한 때에는 이사의 선임을 위해 회사성립 전에 각 사원이 사원총회를 소집할 수 있다.
⑤ 사원총회의 결의를 하여야 할 경우에 총사원의 동의가 있는 때에는 서면에 의한 결의를 할 수 있다.

자본금 총액이 20억원인 유한회사를 설립하는 경우에는 공증인의 인증은 정관의 효력발생 요건이다(제543조 제3항, 제292조).

정답_②

문 34_상법상 유한회사의 소수사원권이 아닌 것은? (2016 세무사)

① 대표소송권
② 집중투표청구권
③ 청산인 해임청구권
④ 이사의 위법행위에 대한 유지청구권
⑤ 회사의 업무와 재산상태를 조사하게 하기 위한 검사인의 선임청구권

집중투표청구권은 유한회사에서는 인정되지 않는다.

정답_②

문 35_상법상 유한회사에 관한 설명으로 옳지 않은 것은?

(2017 세무사)

① 각 사원은 그 출자좌수에 따라 지분을 가진다.
② 이사가 수인인 경우에 정관에 다른 정함이 없으면 사원총회에서 회사를 대표할 이사를 선정하여야 한다.
③ 사원의 지분에 관하여 지시식 증권을 발행할 수 있다.
④ 사원의 지분은 질권의 목적으로 할 수 있다.
⑤ 회사성립 후에 출자금액의 납입 또는 현물출자의 이행이 완료되지 아니하였음이 발견된 때에는 회사성립당시의 사원, 이사와 감사는 회사에 대하여 그 납입되지 아니한 금액 또는 이행되지 아니한 현물의 가액을 연대하여 지급할 책임이 있다.

해설 및 정답

③ 유한회사는 사원의 지분에 관하여 지시식 또는 무기명식의 증권을 발행하지 못한다(제555조).
① 제554조 ② 제562조 제2항
④ 제559조 제1항 ⑤ 제551조 제1항

정답_③

문 36_상법상 유한회사에 관한 설명으로 옳지 않은 것은?

(2020 세무사)

① 회사는 정관으로 정하는 바에 따라 사원의 지분양도를 제한할 수 있다.
② 회사는 자본금을 증가할 때 관고 기타의 방법에 의하여 출자의 인수인을 공모할 수 없다.
③ 회사가 총회의 결의를 하여야 하는 경우에 총사원의 동의가 있는 때에는 서면에 의한 결의를 할 수 있다.
④ 자본금 증가의 경우에 출자의 인수를 한 자는 자본금 증가의 변경등기일로부터 이익배당에 관하여 사원과 동일한 권리를 가진다.
⑤ 회사가 존립기간의 만료로 해산한 경우에 사원총회의 특별결의로 회사를 계속할 수 있다.

① 회사는 정관으로 정하는 바에 따라 사원의 지분양도를 제한할 수 있다(제556조).
② 회사는 자본금을 증가할 때 관고 기타의 방법에 의하여 출자의 인수인을 공모할 수 없다(제589조 제2항).
③ 회사가 총회의 결의를 하여야 하는 경우에 총사원의 동의가 있는 때에는 서면에 의한 결의를 할 수 있다(제577조 제1항).
④ 자본금 증가의 경우에 출자의 인수를 한 자는 출자의 납입의 기일 또는 현물출자의 목적인 재산의 급여의 기일로부터 이익배당에 관하여 사원과 동일한 권리를 가진다(제590조).
⑤ 회사가 존립기간의 만료로 해산한 경우에 사원총회의 특별결의로 회사를 계속할 수 있다(제610조 제1항).

정답_④

문 37_상법상 유한회사에 관한 설명으로 옳지 않은 것은?

(2018 세무사)

① 상법은 유한회사 이사의 임기는 3년을 초과하지 못한다고 규정하고 있다.
② 유한회사는 정관에 의하여 1인 또는 수인의 감사를 둘 수 있다.
③ 이사가 수인인 경우에 정관에 다른 정함이 없으면 사원총회에서 회사를 대표할 이사를 선정하여야 한다.

유한회사의 이사의 임기에 대해서는 상법상 규정이 없다.
② 상법 제568조 제1항 ③ 상법 제563조
④ 상법 제573조 ⑤ 상법 제575조

정답_①

④ 총사원의 동의가 있을 때에는 소집절차없이 총회를 열 수 있다.

⑤ 각 사원은 출자1좌마다 1개의 의결권을 가진다. 그러나 정관으로 의결권의 수에 관하여 다른 정함을 할 수 있다.

해 설 및 정 답

문 38_상법상 유한회사에 관한 설명으로 옳은 것은? (2019 세무사)

① 회사설립 시 정관으로 이사를 정하지 아니한 때에는 회사성립 전에 사원총회를 열어 이사를 선임하여야 한다.

② 사원은 자기의 지분을 자유롭게 양도할 수 있으며, 정관으로 지분의 양도를 제한할 수 없다.

③ 이사가 수인인 경우에 정관에 다른 정함이 없으면 이사회에서 회사를 대표할 이사를 선정하여야 한다.

④ 회사가 이사에 대하여 또는 이사가 회사에 대하여 소를 제기하는 경우에는 감사가 회사를 대표한다.

⑤ 유한회사는 사원의 지분에 관하여 지시식 또는 무기명식의 증권을 발행할 수 있다.

① 회사설립 시 정관으로 이사를 정하지 아니한 때에는 회사성립 전에 사원총회를 열어 이사를 선임하여야 한다(제547조 제1항).
② 사원은 자기의 지분을 자유롭게 양도할 수 있으며, 정관으로 지분의 양도를 제한할 수 있다(제556조).
③ 이사가 수인인 경우에 정관에 다른 정함이 없으면 사원총회에서 회사를 대표할 이사를 선정하여야 한다(제562조 제2항).
④ 회사가 이사에 대하여 또는 이사가 회사에 대하여 소를 제기하는 경우에는 사원총회는 그 소에 관하여 회사를 대표할 자를 선정하여야 한다(제563조).
⑤ 유한회사는 사원의 지분에 관하여 지시식 또는 무기명식의 증권을 발행할 수 없다(제555조).

정답_①

문 39_상법상 유한회사에 관한 설명으로 옳은 것은? (2021 세무사)

① 자본금은 최소 1,000만원이어야 한다.

② 사원 총수는 50인을 초과할 수 없다.

③ 사원이 그 지분의 전부를 양도하려는 경우, 정관의 규정이 없는 한 사원총회의 승인을 얻어야 한다.

④ 사원이 1인으로 된 때에는 해산사유가 된다.

⑤ 이사가 자기 또는 제3자의 계산으로 회사와 거래하려는 경우, 감사가 없는 때에는 사원총회의 승인을 얻어야 한다.

① 다른 회사들과 같이 유한회사의 경우에도 최저자본금의 제한이 없다.
② 사원 총수는 1인 이상이면 되며, 그 제한이 없다.
③ 사원이 그 지분의 전부를 양도하려는 경우, 정관의 규정이 없는 한 자유롭게 할 수 있다(상법 제556조).
④ 사원이 1인으로 된 때에는 해산사유가 되지 않는다(상법 제609조 제1항 참조).
⑤ 이사가 자기 또는 제3자의 계산으로 회사와 거래하려는 경우, 감사가 없는 때에는 사원총회의 승인을 얻어야 한다(상법 제563조 제3항).

정답_⑤

문 40_상법상 유한회사에 관한 설명으로 옳지 않은 것은? (2012 세무사)

① 유한회사에는 설립무효의 소와 설립취소의 소가 인정된다.

② 유한회사는 1인에 의한 설립이 가능하다.

③ 유한회사는 정관에 의하여 1인 또는 수인의 감사를 둘 수 있다.

④ 이사가 수인인 경우 정관에 정함이 있는 경우에 한하여 수인의 이사가 공동으로 회사를 대표할 수 있다.

⑤ 출좌 1좌의 금액은 100원 이상으로 균일하게 하여야 한다.

이사가 수인인 경우 정관에 정함이나 사원총회의 결의로 수인의 이사가 공동으로 회사를 대표할 수 있다(제562조 제3항).

정답_④

■ 저자 소개 ■

▌이 상 수

- 건국대학교 법학과 졸업
- 법학박사
- (전) 독일 Köln대학 보험법연구소 객원연구원
- (전) 한국능률협회 세무사과정 외래강사
- (전) 건국대 · 단국대 · 상명대 · 경희대 · 서경대 외래강사
- (현) 웅지세무대학 교수

《주요저서 및 논문》

- 상법개론 [제5판] (피앤씨미디어, 2021)
- 상법기본강의 [제5판] (피앤씨미디어, 2021)
- 법무사시험을 위한 상법전(형설출판사, 2021)
- CPA 상법전(형설출판사, 2017)
- CTA 회사법전 [제16판] (형설출판사, 2018)
- 5일 완성 최종정리 요점상법[제7판] (회경사, 2016)
- 5일 완성 최종정리 요점회사법(회경사, 2017)
- 상법 진도별 모의고사 600제[제10판] (회경사, 2021)
- 세무사 회사법(형설출판사, 2017)
- 타인을 위한 생명보험계약상의 보험수익자의 법적 지위에 관한 연구(박사학위 논문, 1994)
- 독일법상 보험자의 파산과 보험계약자의 보호(보험학회지, 1998)
- 집행임원제도(법무연구, 2013)

[제11판]

세무사시험 준비를 위한

회사법 진도별 기출문제 및 모의고사 600제

2008년 12월 2일 초판 발행
2009년 9월 4일 제2판 1쇄 발행
2010년 7월 9일 제3판 1쇄 발행
2012년 2월 16일 제4판 1쇄 발행
2012년 12월 21일 제5판 1쇄 발행
2013년 12월 26일 제6판 1쇄 발행
2014년 8월 13일 제7판 1쇄 발행
2015년 10월 29일 제8판 1쇄 발행
2016년 11월 23일 제9판 1쇄 발행
2018년 12월 11일 제10판 1쇄 발행
2021년 7월 30일 제11판 1쇄 발행

지은이 | 이 상 수
발행인 | 이 진 근
발행처 | 회 경 사
서울시 구로구 디지털로33길 11, 1008호
(구로동 에이스테크노타워 8차)
전화 : 02 · 2025 - 7840 / 7841, FAX : 02 · 2025 - 7842
Homepage : http://www.macc.co.kr
E-mail : macc7@macc.co.kr
등록일 1993년 8월 17일 제16-447호

값 19,900원

ISBN 978-89-6044-230-6 13360